KB043618

Arthur Rackham

Vintage Illust Book _ 01

Arthur Rackham

아서 래컴 일러스트북

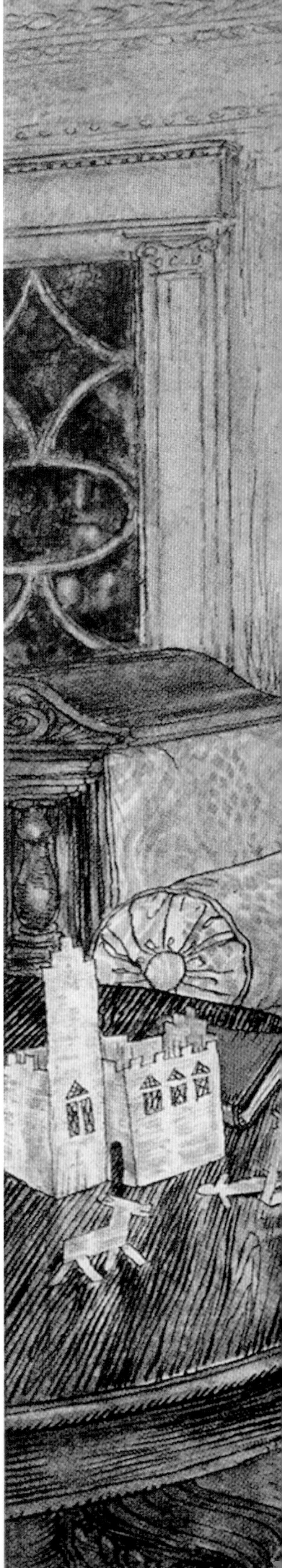

꽃피는책

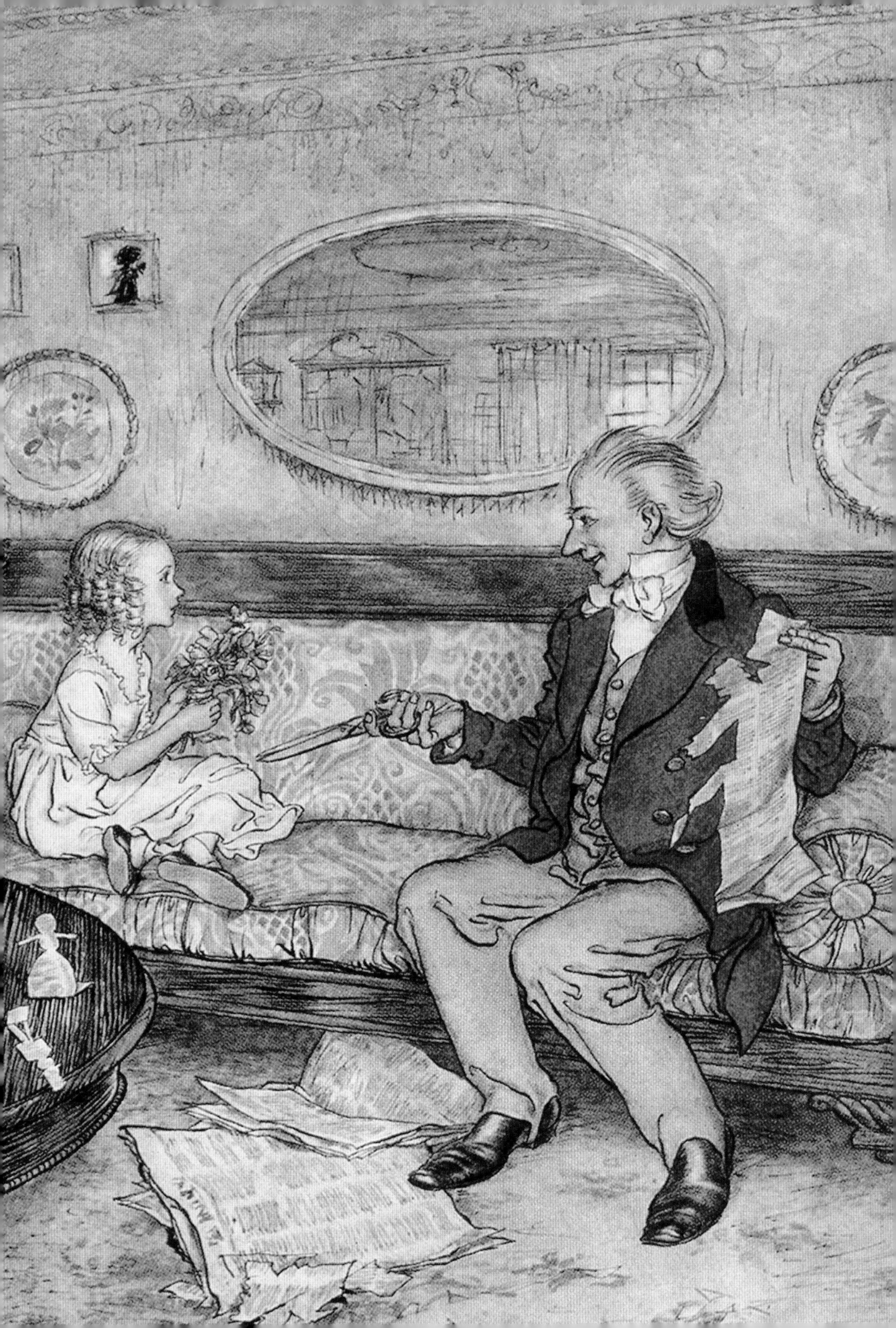

INTRODUCTION

현대 판타지 문학의 대가를 꼽으라면 『반지의 제왕』을 쓴 JRR 톨킨을 꼽을 사람이 많을 것이다. 그렇다면, 문학 삽화에서라면 어떨까? 아마도, 아니 분명 영국 출신 일러스트레이터 아서 래컴을 1순위로 꼽을 것이다. 사실 이 두 사람은 밀접한 관계를 맺고 있는데, 1890~1930년대 활동한 래컴의 그림은 1954년 출간된 『반지의 제왕』보다 시대상으로 앞서, 톨킨의 캐릭터 묘사에 많은 영감을 줬기 때문이다. 『반지의 제왕』에 묘사된, 인간계를 제외한 수많은 생명체의 기괴하고 신비한 형상은 래컴의 탁월한 일러스트레이션 안에 이미 존재해 있던 것이다.

신화와 요정 이야기, 우화, 민간전승 등 신비하고 초월적인 이야기에 대한 깊은 이해 없이는 불가능한 래컴의 그림은 오늘날에도 여전히 매력적이다. 초기 작품은 다소 평범했지만 워싱턴 어빙의 소설 『립 밴 윙클』 삽화를 통해 래컴은 일약 인기 작가로 발돋움하게 된다. 이상한 산에서 한잠 자고 일어나니 20년이 지나 있었다는 황당한 이야기를, 전혀 어색하지 않게 표현해낸 래컴은 급격한 시대변화에 혼란을 감추지 못하는 수염투성이 립 밴 윙클의 모습을 신비한 난쟁이들의 세계와 평범한 사람들의 세계 사이에 교차시킴으로써 이상하면서도 자연스럽게 어우러지게 했다.

우아하고 미려한 아르누보 양식의 곡선이 화면의 흐름을 주도하는 래컴의 일러스트레이션이 가장 빛날 때는 그림 형제와 안데르센의 동화, 『이상한 나라의 앨리스』, 『켄싱턴 공원의 피터 팬』, 『걸리버 여행기』, 『버드나무에 부는 바람』 같은 독자의 상상력을 강하게 자극하는 작품과 만났을 때다. 이 만남은 특히 셰익스피어의 『한여름 밤의 꿈』과 『템페스트』, 그리고 『운디네』 같은 요정과 마녀와 난쟁이, 괴물과 용, 그리고 비틀어진 나무 인간 등 상상 속 생명체와 의인화된 생물체가 수없이 등장하는 고전 작품에서 더욱 빛을 발한다. 탁월한 상상력으로 작품 속 등장인물을 재창조한 그의 삽화가 문자의 한계를 훌쩍 뛰어넘어 원작에 더욱 강렬한 빛을 선사하기 때문이다.

고목이 살아나 말을 하고, 날개 달린 요정이 밤하늘을 날아다니는가 하면, 앨리스와 하트의 여왕이 말다툼하고, 영원한 어린아이 피터 팬이 요정들과 뛰노는 모습을 작품만큼이나 아니 작품보다 더 신비하고 아름답게, 그리고 가끔은 더없이 기괴하게 묘사한 아서 래컴의 삽화는 보는 것 자체만으로도 더없는 감동과 재미와 즐거움을 준다. 그중에서도 설화를 비장한 서사시로 승화시킨 바그너의 〈니벨룽의 반지〉 삽화들은 글과 함께 어우러진 그림의 힘이 얼마나 커질 수 있는지 더없이 잘 보여준다.

래컴은 사회적, 재정적 안정을 중시하는 아버지 밑에서 재정적 독립을 위해 열여덟 살 되던 해 웨스트민스터 화재보험회사에서 하급 사무원으로 근무해야 했고, 뒤늦게 삽화가로서 인정받은 후에도 재정적 압박으로부터 자유롭지 못했다. 대부분의 사람이 은퇴를 생각할 나이에

일을 따내기 위해 지구를 반 바퀴 돌아 미국에 간 것도 그 때문이었다. 하지만 압박의 결과는 작품엔 축복을 내리는 열정이 되었다. 래컴은 임종이 다가오는 와중에도 최상의 인쇄 품질을 걱정하며 출판업자에게 편지를 보내 다음 작업을 의논했는데, 이런 열정이 그의 마지막 작품이 된 『버드나무에 부는 바람』에 잉글랜드 예술의 '황금 같은 오후'를 보여주는 절대 잊지 못할 이미지들을 선사했다.

좀 더 사실적이고 정확한 동작을 구현하기 위해 래컴의 시선은 늘 포즈를 취한 모델을 향해 있었고, 고품질의 작품을 위해 이미 작품을 사들인 수집가들에게 작품을 손봐도 괜찮겠냐는 허락을 구하는 편지를 썼으며, 그림 동화에 나오는 고블린 중 한 명이 되어 "낡고 푸른 양복과 헝겊 슬리퍼 차림으로, 팔레트를 한 팔에 얹은 채 손에 쥔 붓을 휘두르며 작업실에서 팔짝팔짝 뛰어다녔다."

아서 래컴은 정작 모국인 잉글랜드에서는 훈장이나 작위를 하나도 받지 못했을 뿐만 아니라 영국 공공 컬렉션에 그의 작품이 전시된 적도 거의 없었다. 그렇지만 래컴 본인의 말마따나 '나를 먹고살게 만든' 나라인 미국은 그의 원화를 공공 자료로 가장 많이 보유하고 있고, 뉴욕, 필라델피아, 오스틴, 루이빌의 도서관에는 특히 많은 작품이 존재한다. 그에게 '기사 작위'를 수여한 것도, 1967년 뉴욕의 컬럼비아대학교에서 탄생 100주년 전시회로 그를 기린 것도 미국이었다. 프랑스, 이탈리아, 스페인도 래컴의 업적에 메달과 훈장을 수여했는데, 정작 영국에서는 1979년이 되어서야 셰필드, 브리스톨, 빅토리아 앤드 앨버트 등에서 1년간 이 조용한 천재의 전시회가 열렸다. 래컴은 "어린이 방에서 생을 다하는 것은 내 책들이 도달할 가장 바람직한 종말"이라는 자신의 말처럼 당대는 물론 이후 세대 어린이에게 압도적인 영향력을 행사했고, 그의 영향력은 이후 문학 작품은 물론 영화와 애니메이션 등 다양한 장르에서 끊임없이 재현되고 있다.

알브레히트 뒤러, 조지 크룩생크, 존 테니얼, 오브리 비어즐리에게 영향을 받은 그는 확실한 선, 부드러운 색조, 서로 얽힌 나뭇가지와 거품이 일어나는 파도, 구불구불한 덩굴, 의인화된 나무들 같은 정교한 배경 속에 도깨비와 님프, 거인과 악령, 바다용과 요정들이 가득한 신비한 세계를 창조했다. 래컴은 동시대는 물론 후대 삽화가들에게도 막강한 영향력을 행사했는데, 특히 디즈니 스튜디오의 애니메이션 〈백설공주〉에는 그의 양식으로부터 영감을 받은 것이 분명한 장면들이 다수 담겨 있다. 래컴은 1939년 『버드나무에 부는 바람』을 완성한 지 몇 주 만에 암으로 사망했는데, 그의 마지막 그림은 두더지와 물쥐가 소풍을 위해 보트에 짐을 싣는 장면이다.

꽃피는책 편집부

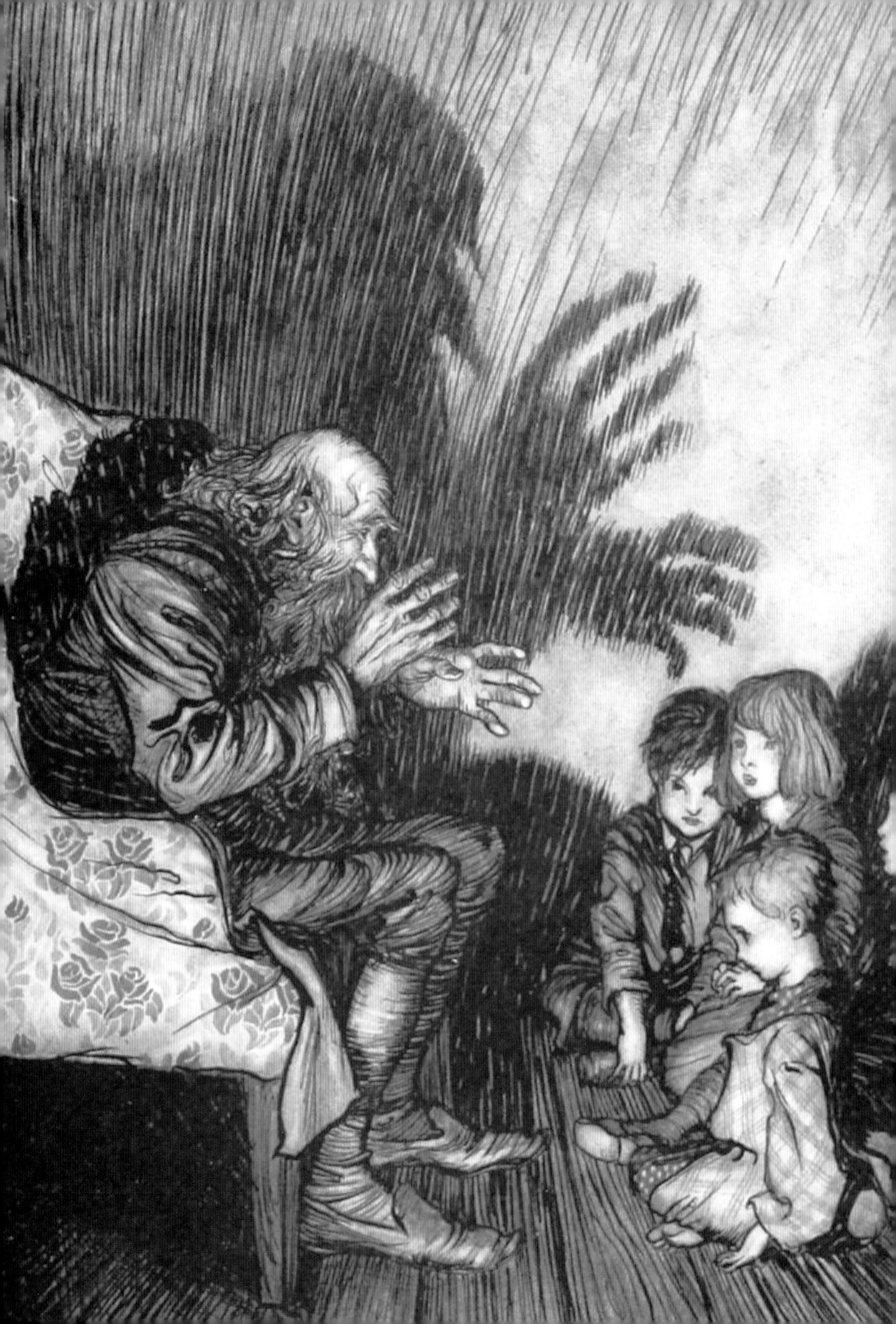

차례

립 밴 윙클

Rip Van Winkle

「립 밴 윙클」은 「슬리피 할로우*The Legend of Sleepy Hollow*」로 유명한 미국 작가 워싱턴 어빙Washington Irving의 작품으로, 1819년 출간된 단편소설집 『스케치북*The Sketch Book*』에 수록된 작품 중 하나다.

미국이 식민지이던 시대, 네덜란드에서 미국으로 이주, 뉴욕주 캐츠킬 산맥 자락 네덜란드 이주민 마을에 살던 립 밴 윙클은 착하고 정직하며, 마을 여인들과 아이들도 좋아하는 좋은 이웃으로, 심지어 그를 보고 짖는 개가 마을에 없을 정도였다. 하지만 자신의 가정과 농장을 꾸리는 일만은 등한시해 늘 부인에게 구박받았다. 어느 하루, 립 밴 윙클은 캐츠킬산으로 사냥을 나갔다가 네덜란드 선조들의 유령을 만난다. 이 유령들은 술을 마시며 볼링 경기를 하고 있었는데, 그들의 술을 한 잔 또 한 잔 훔쳐 마시던 립 밴 윙클은 결국 취해 잠이 들게 된다. 그리고 일어나 보니, 미국은 독립국이 되었고 자신은 백발노인이 되어 있었다. 마을로 돌아온 립 밴 윙클은 무려 20년간이나 잠들어 있었다는 것과 그 사이 아내는 죽고 집은 폐허가 되었다는 사실을 알게 된다.

1904년, 어니스트 브라운 앤드 필립스는 아서 래컴에게 이 작품의 삽화 50점을 컬러로 그려 달라 의뢰한다. 이에 래컴은 시골 생활을 담은 풍속화 안에 난쟁이, 귀신, 원주민 노파의 영혼 같은 상상적 인물들을 살아 움직이듯 생생하게 묘사한 삽화들을 그려 보낸다. 이 삽화들은 곧 하이네만에 재판매되고, 1905년 3월 브라운 앤드 필립스의 레스터 화랑에서 래컴의 다른 작품 39점과 함께 전시되었는데, 10월경 모두 구매자를 찾았다. 「립 밴 윙클」 삽화들은 래컴의 천재성을 분명하게 인식시켰고, 엄청난 명성을 그에게 선사했다.

1

캐츠킬 산맥은 그 신비한 빛깔과 모양이 하루에도 시시각각 변했고,
이는 산맥 주변 현명한 부인들에게 완벽한 일기예보가 됐다.

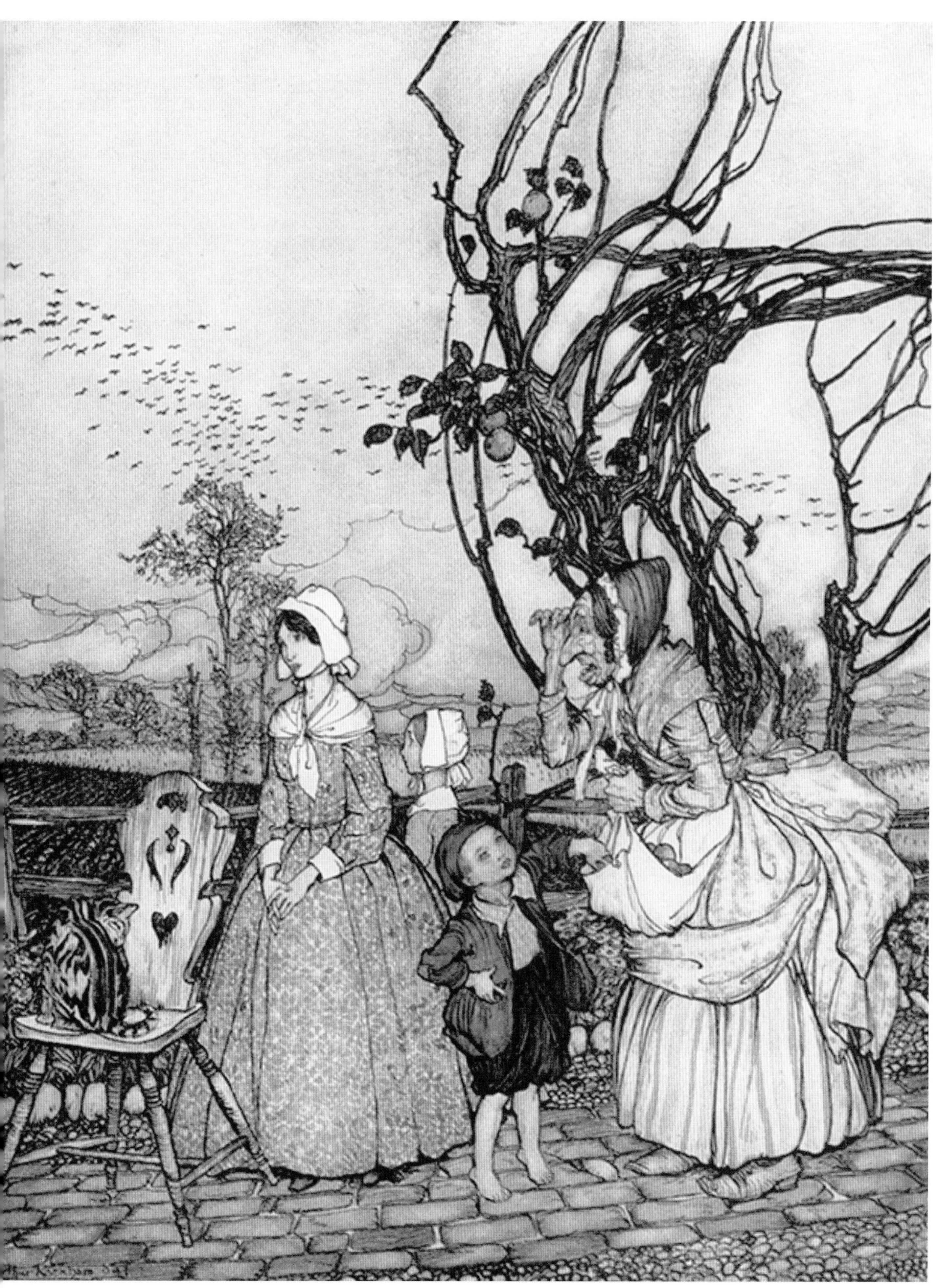

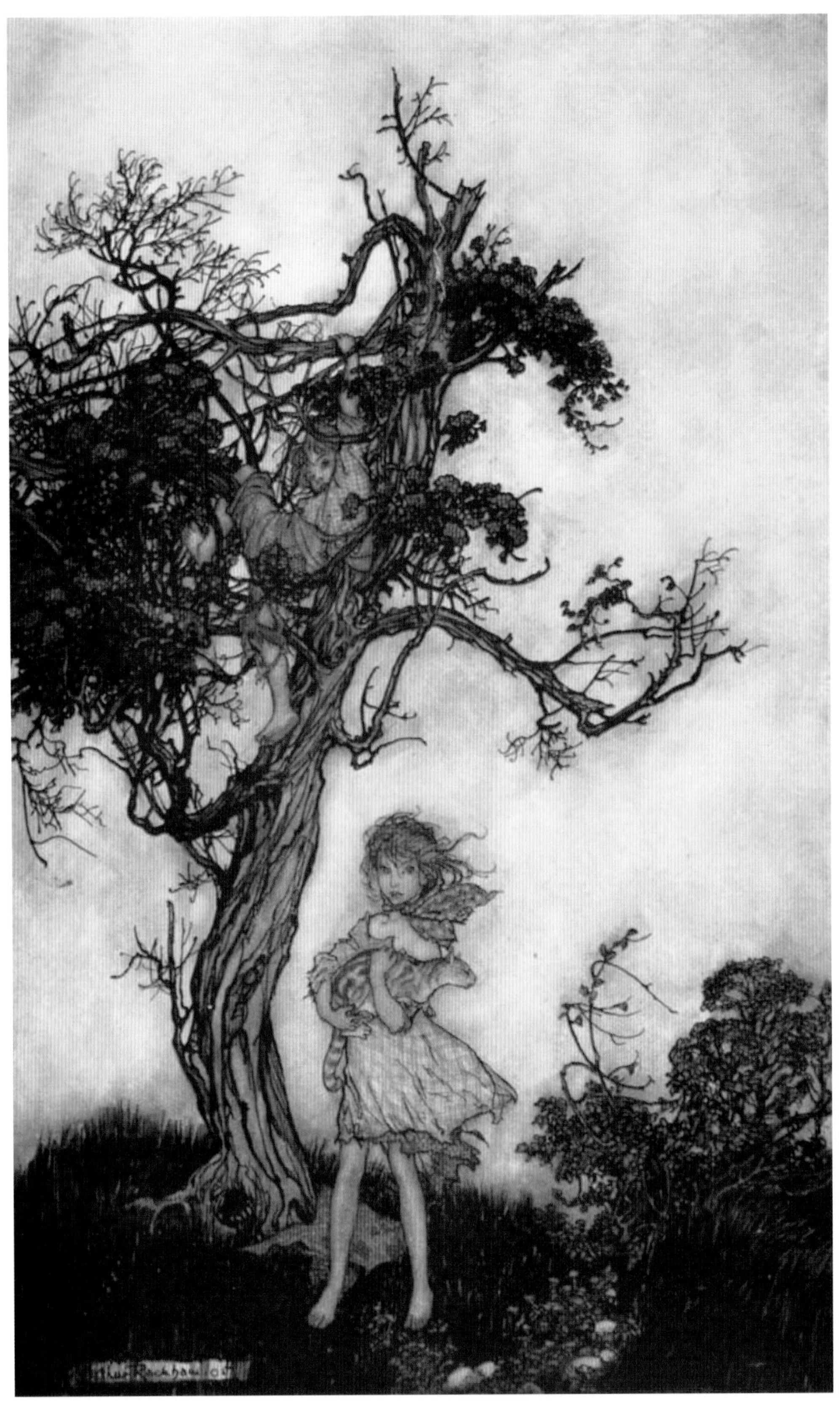

2
돌보지 않아 황폐해진 그의 농장처럼
립 밴 윙클의 아이들은 부모 없는 아이들인 양 남루하고 거칠었다.

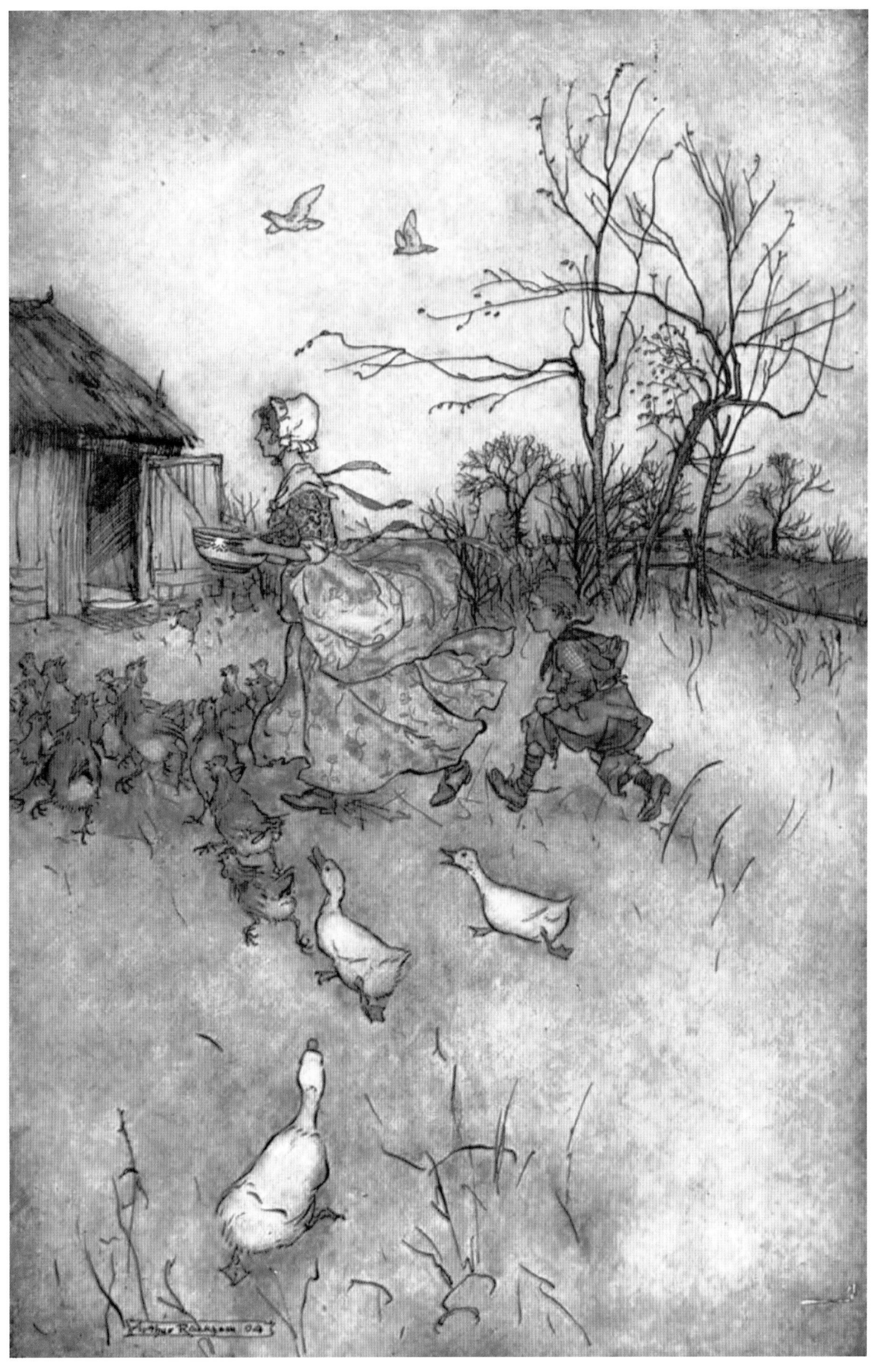

3
립 밴 윙클의 아들은 악천후 속 귀부인이 옷을 추켜올리듯,
아버지가 버린 헐거운 바지를 한 손으로 애써 움켜쥔 채, 제 엄마 발치를 망아지처럼 쫓아다녔다.

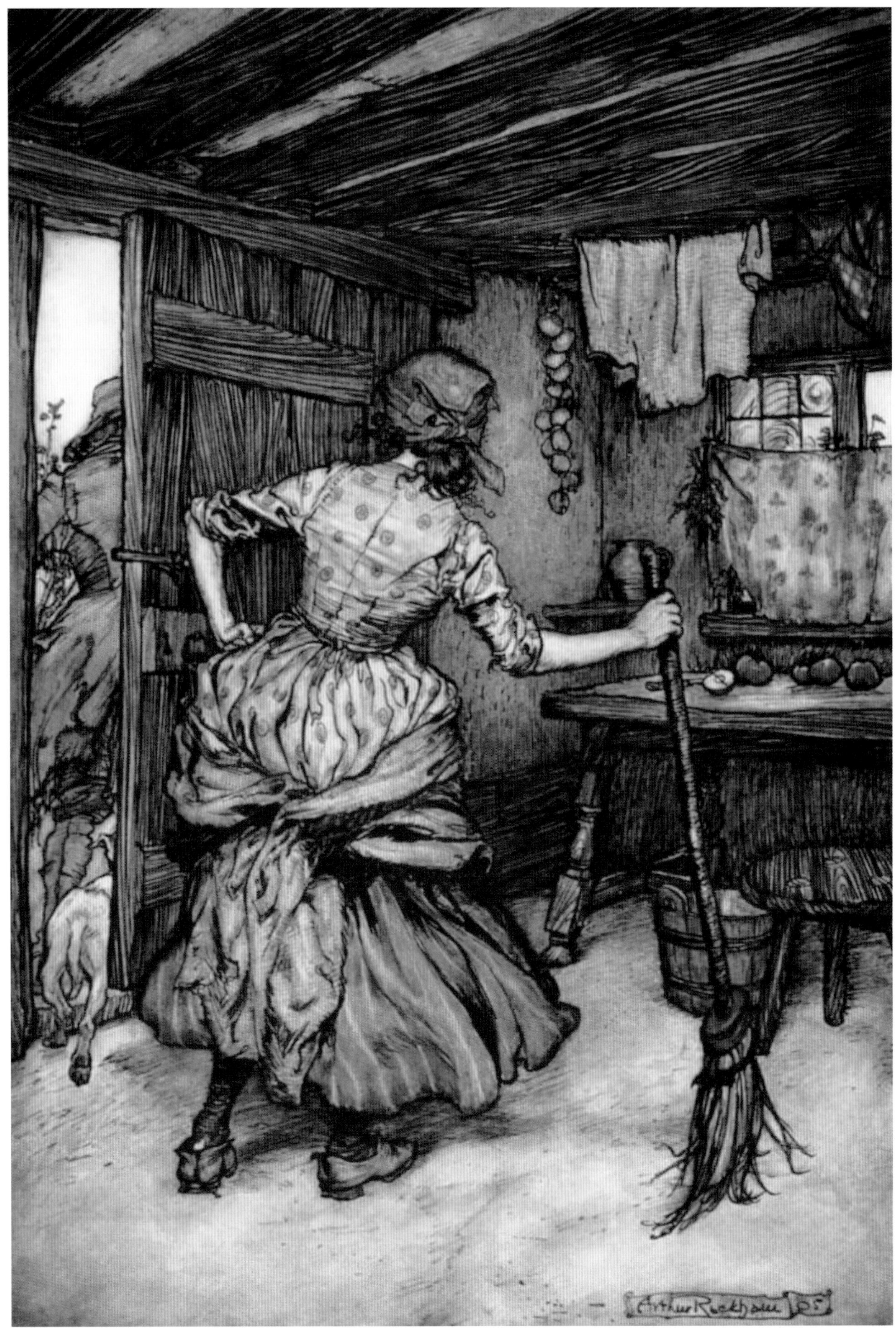

4
립 밴 윙클은 어쩔 수 없이 힘을 짜내 집을 나섰는데,
사실 그건 공처가의 유일한 아군이기도 했다.

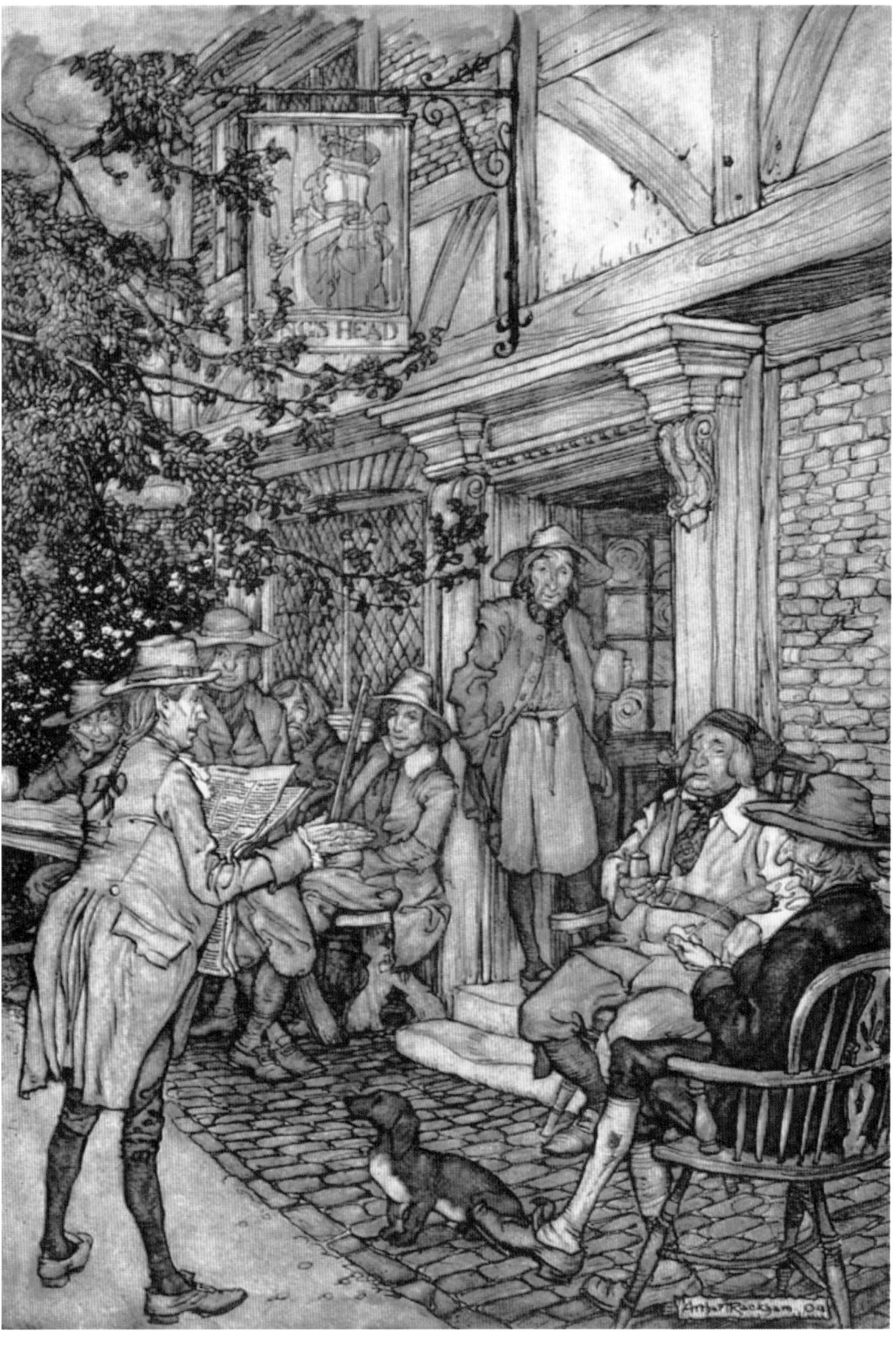

5
집에서 쫓겨난 립 밴 윙클은 한동안 마을의 현자, 철학자, 기타 게으른 사람들이 조지 3세의 혈색 좋은 초상화가 걸린 작은 여관 앞 벤치에서 모임을 갖는, 일종의 영구적인 클럽에 빈번히 드나들며 자신을 위로하곤 했다.

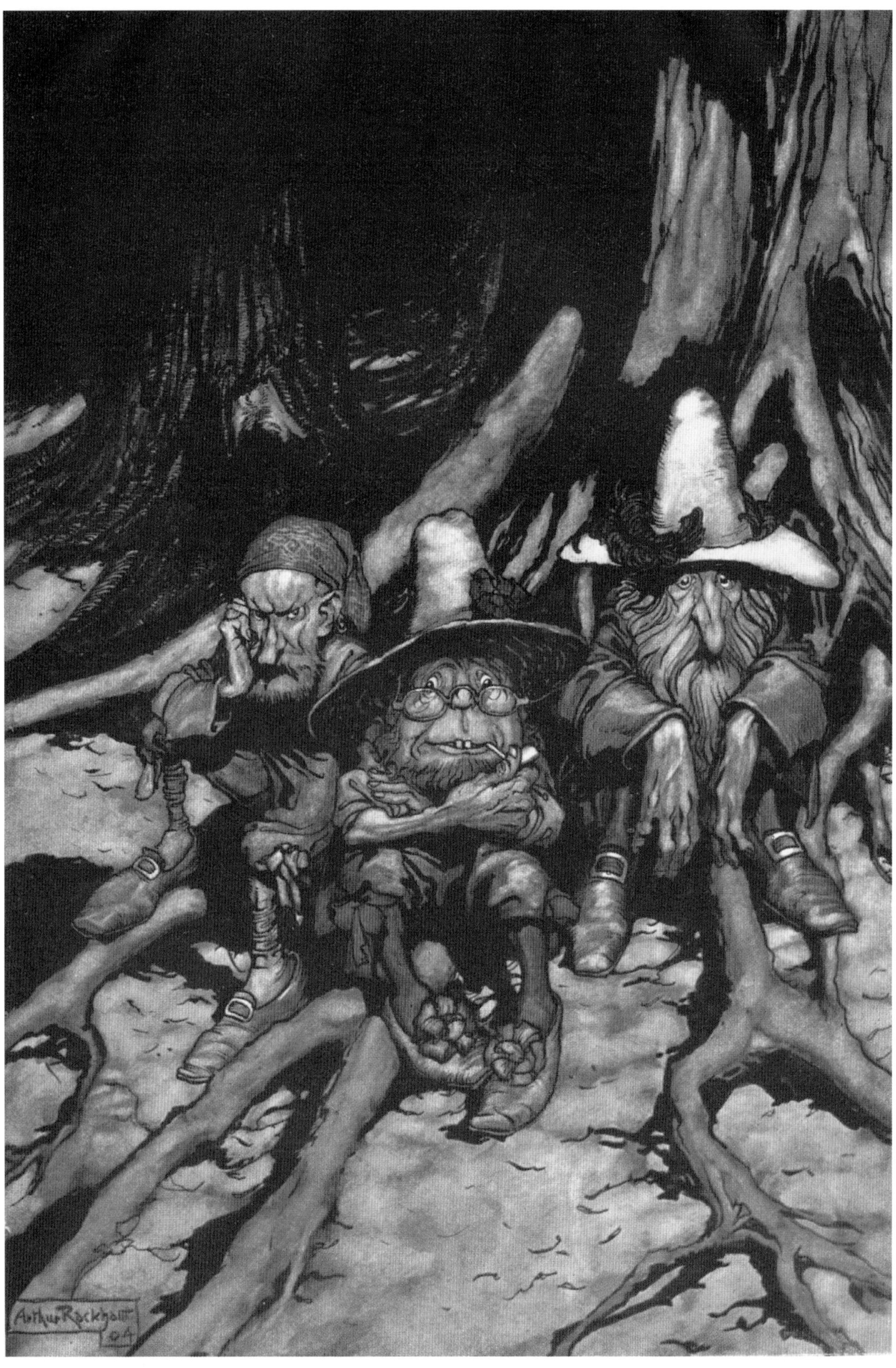

6
립 밴 윙클이 다가가자 갑자기 놀이를 멈춘 유령들은 조각상처럼 시선을 고정시킨 채 이상하고 무뚝뚝하고 흐리멍덩한 표정으로 그를 쳐다보았다.

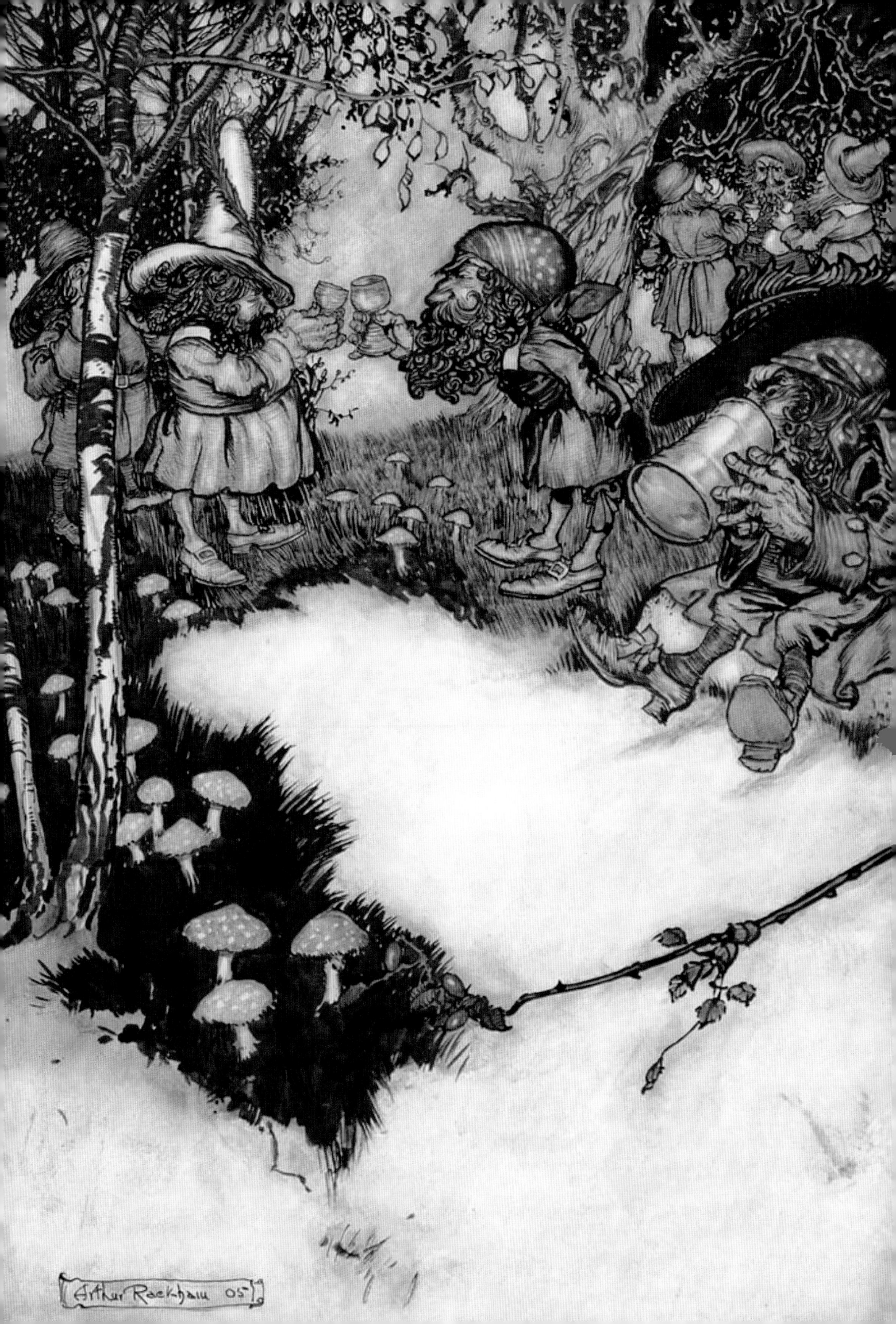
Arthur Rackham 05

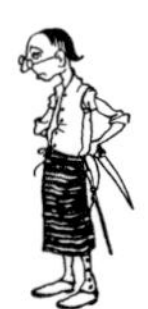

7
선조 유령들은 어떤 말도 하지 않았고,
그저 립 밴 윙클이 따른 술을 꿀꺽꿀꺽 들이켰다.

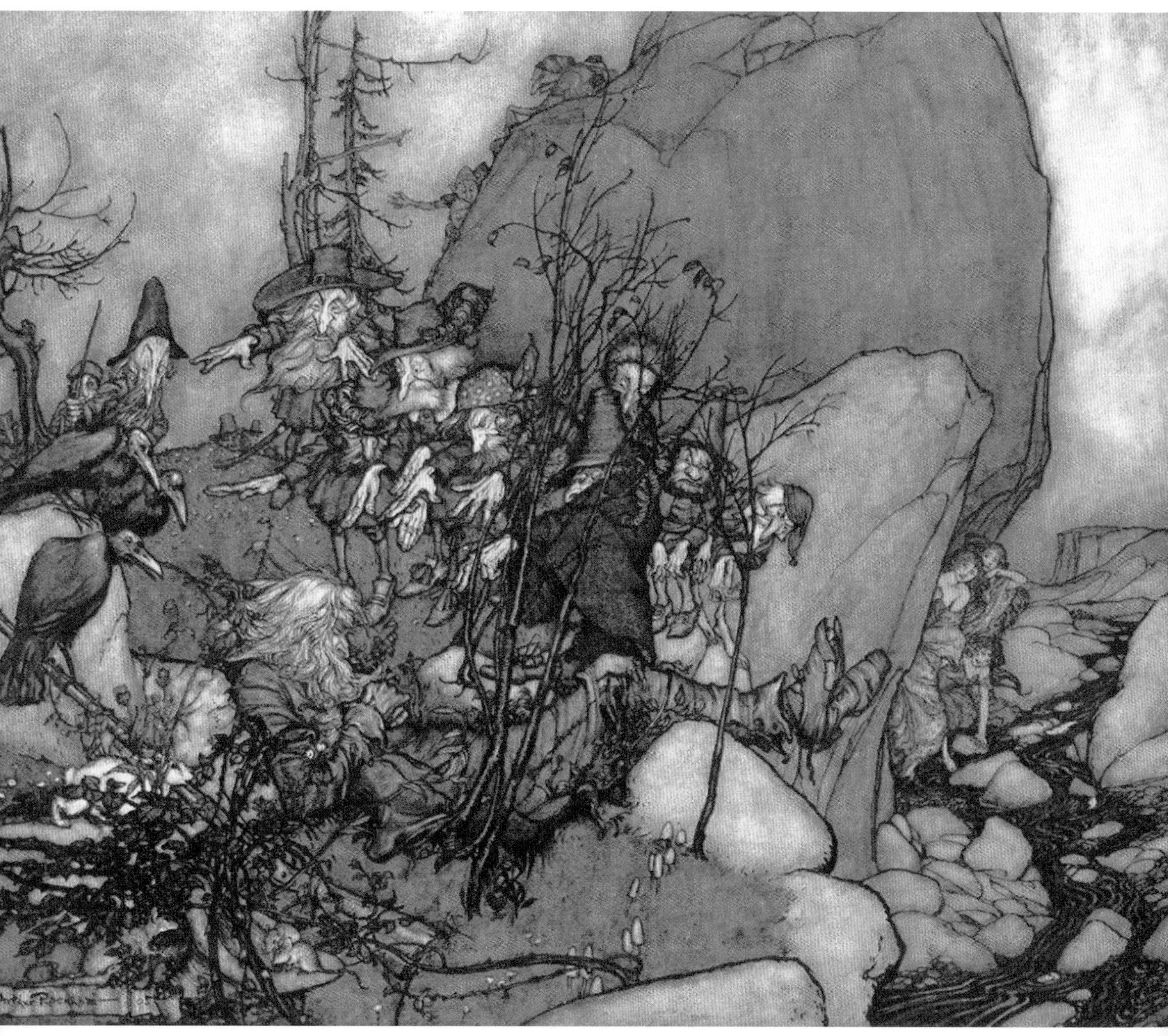

8
한잔 또 한잔, 선조 유령들의 술을 훔쳐 마시던 립 밴 윙클은 결국 깊은 잠에 빠졌다.

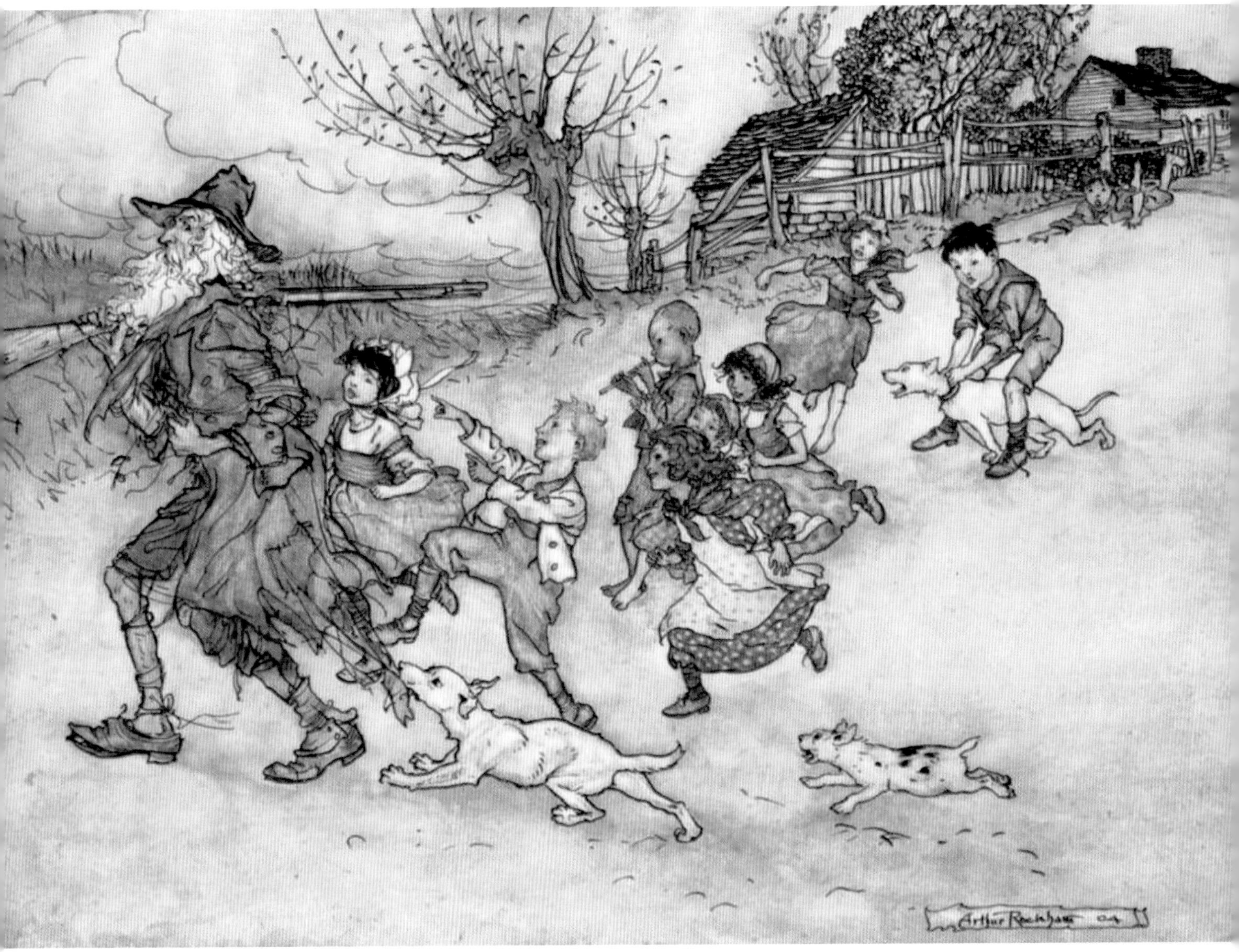

9
한 무리의 낯선 아이들이 그를 쫓아 달려와선, 회색 수염을 가리키며 놀려댔다.

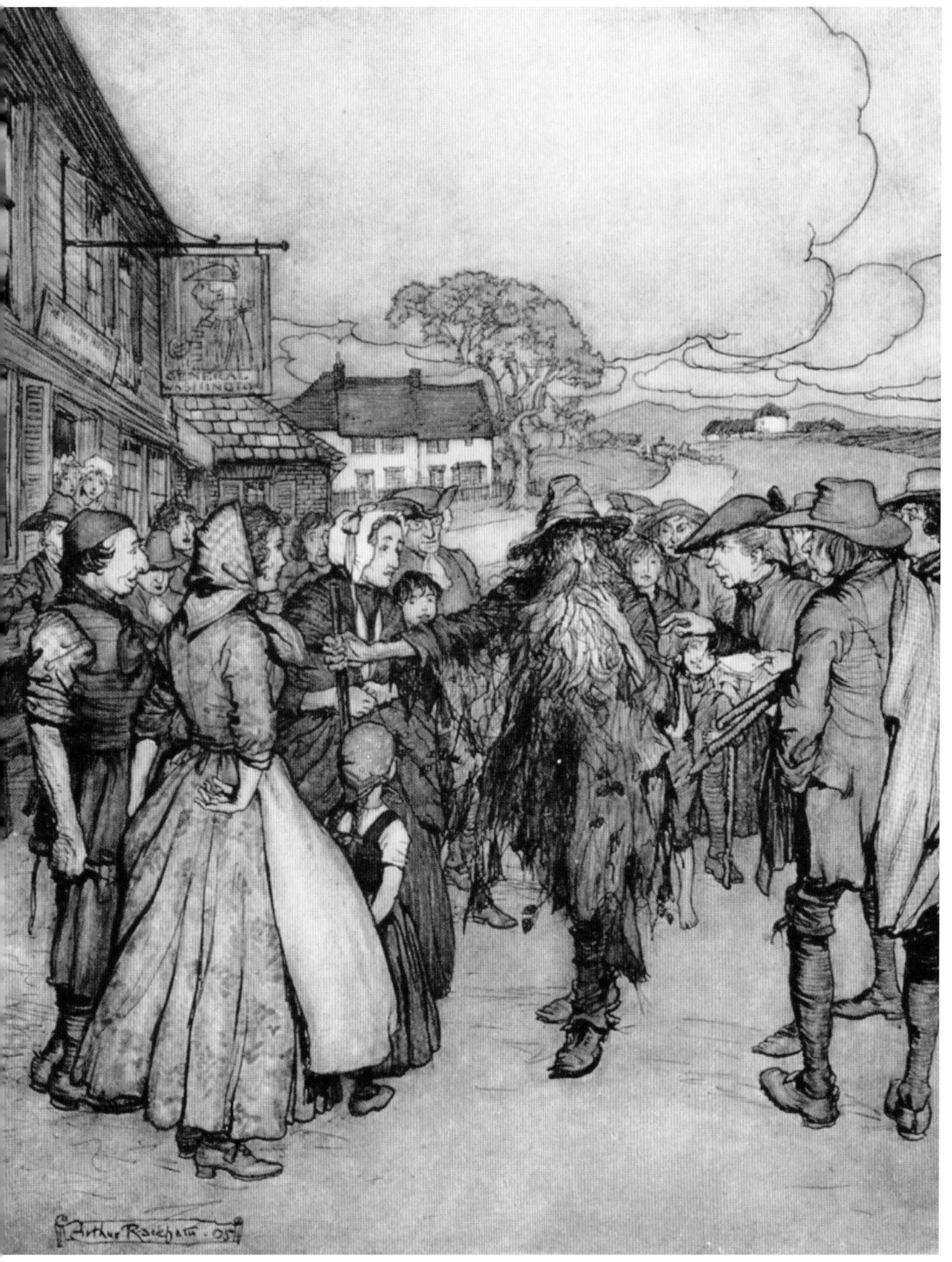

10
사람들은 그의 주위로 몰려들어선 머리 꼭대기부터 발끝까지, 호기심 가득한 눈으로 쳐다봤다.

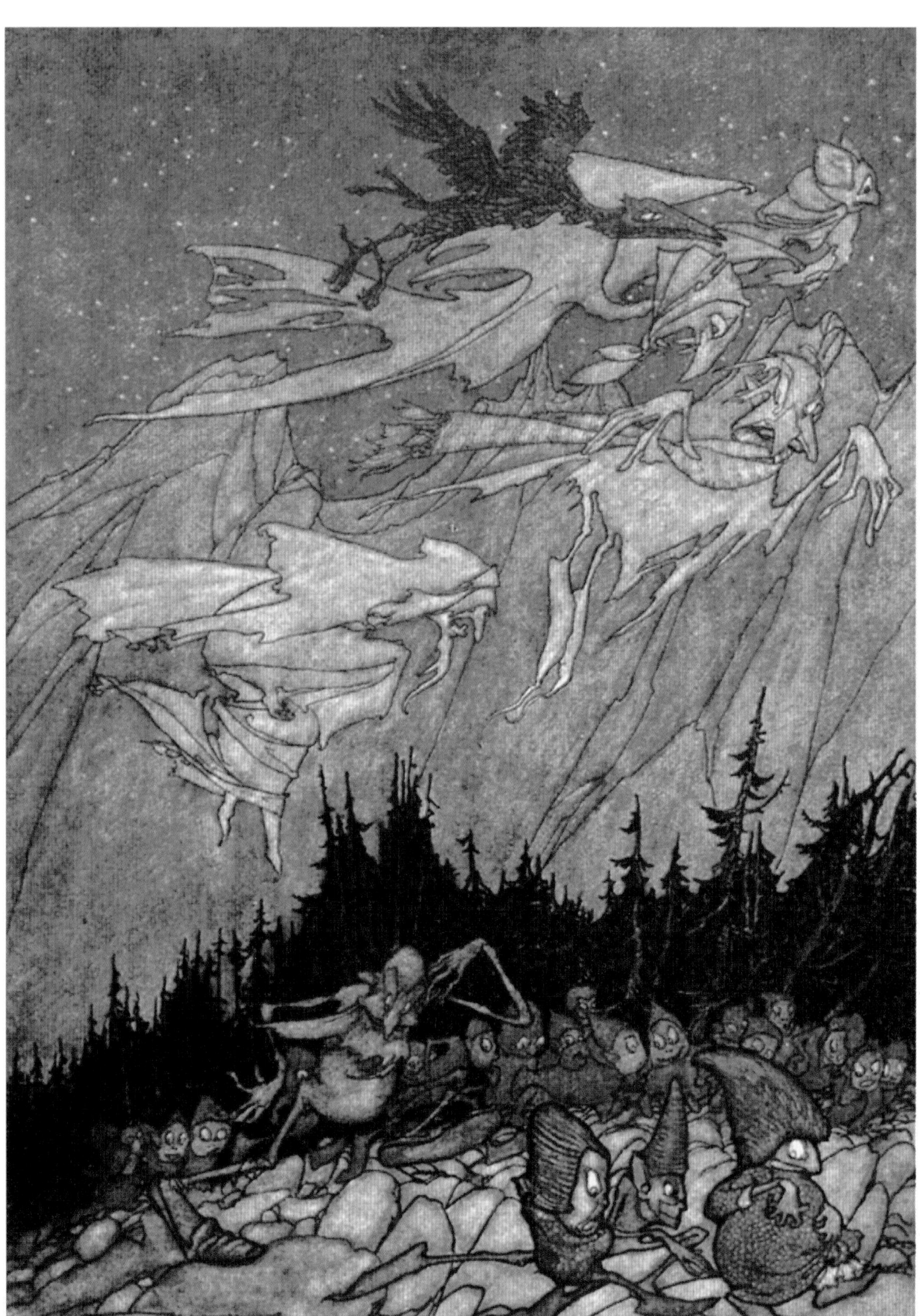

11
캐츠킬 산맥은 언제나
우화로 가득한 곳이었다.

12
캐츠킬 산맥의 인디언들은 어머니라 부르는
늙은 부인 정령에 지배받았는데,
캐츠킬산 꼭대기에 살던 그녀는 하늘에 새 달을 매달고
오래된 달은 잘라 별로 만들었다.

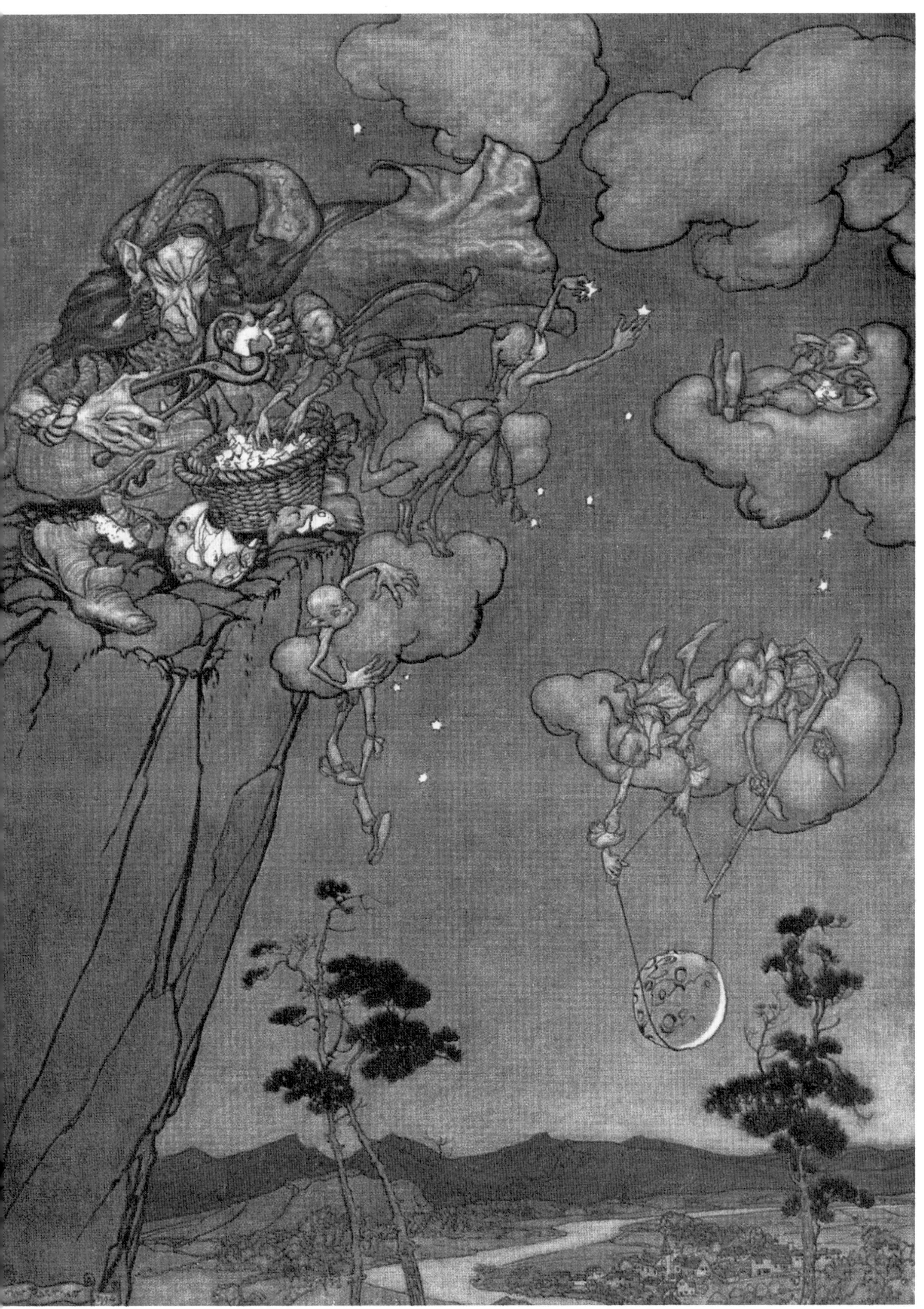

켄싱턴 공원의 피터 팬

Peter Pan in Kensington Garden

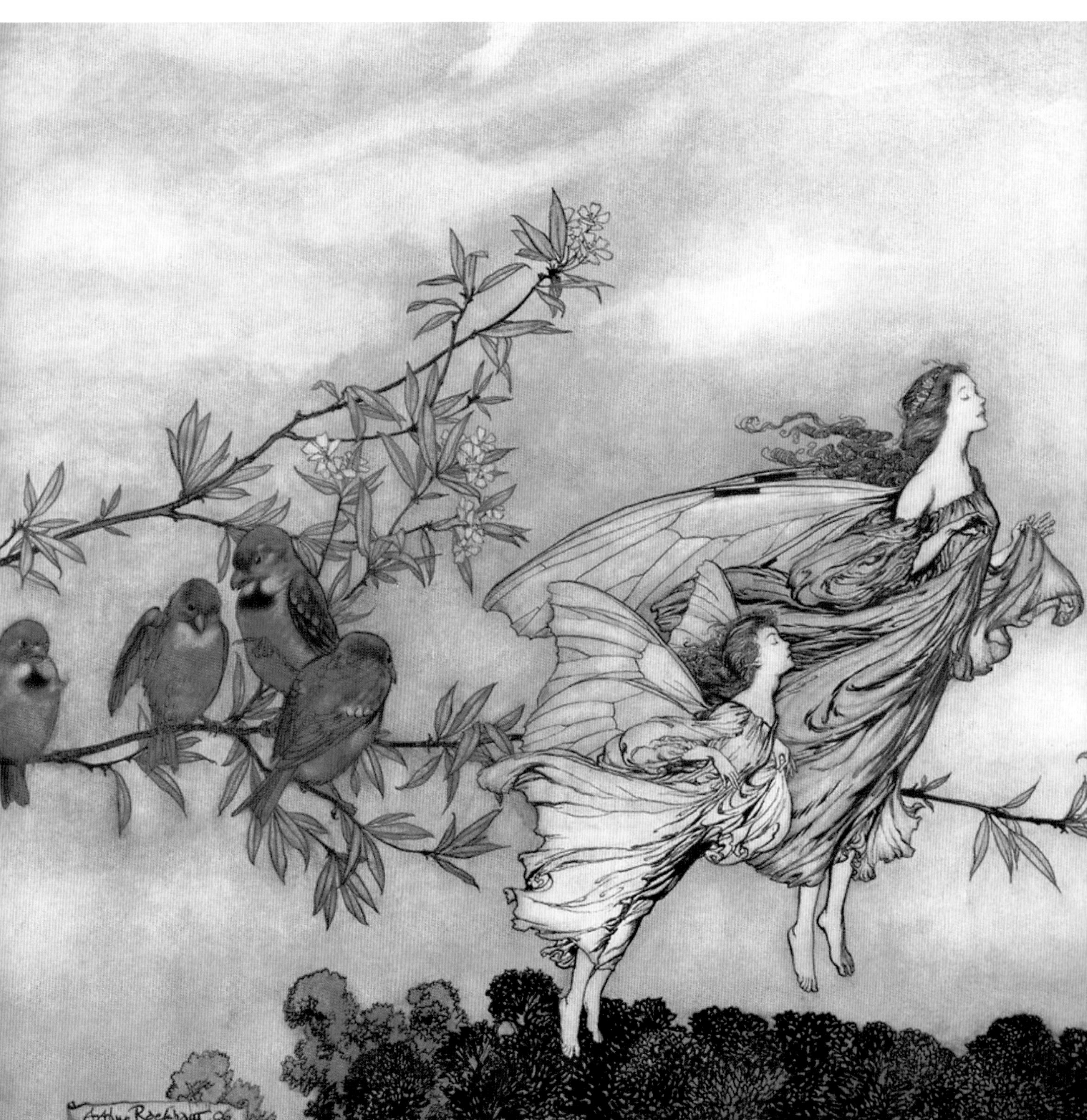

13
요정들은 새들과 티격태격한다.

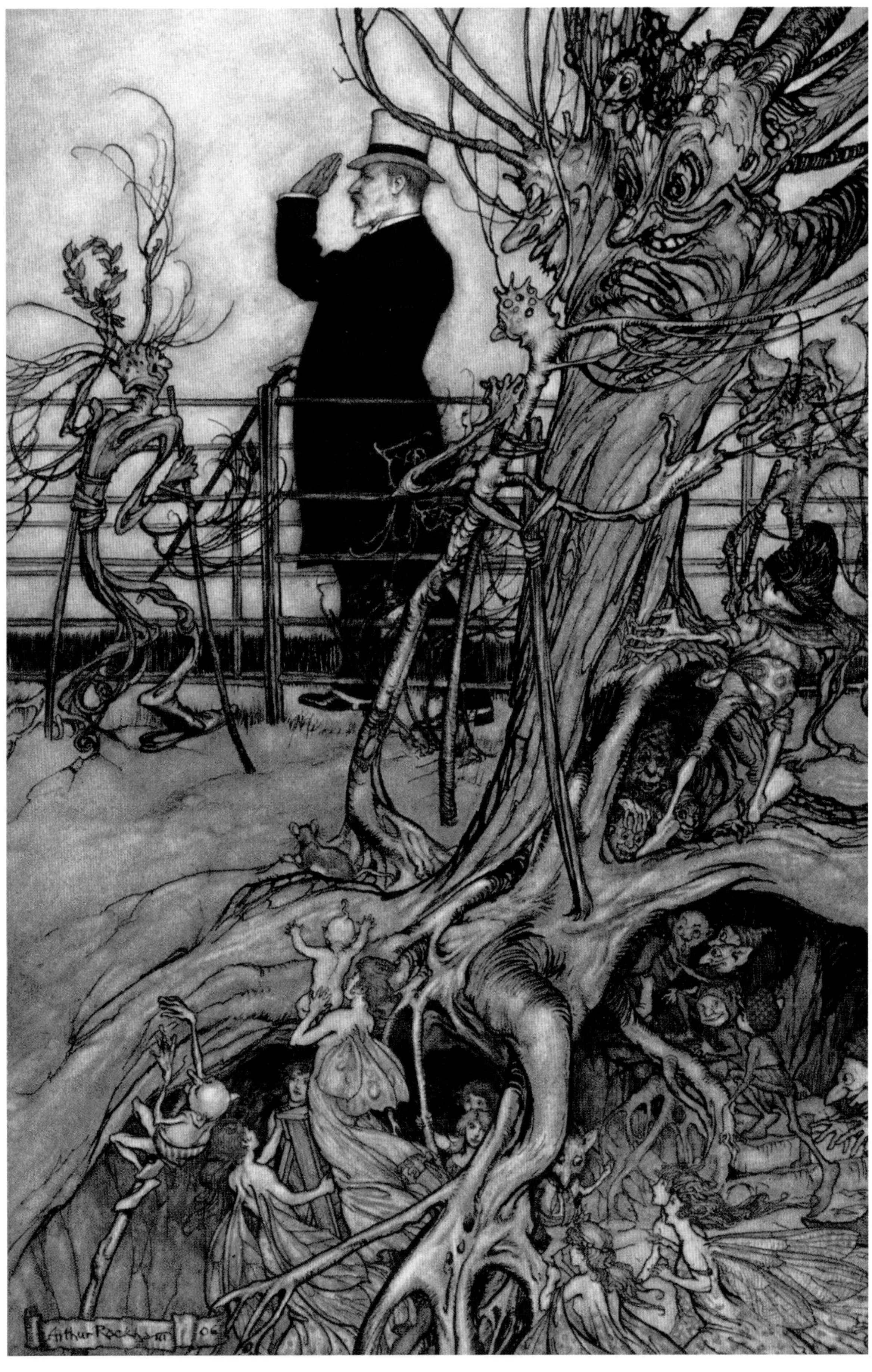

14
켄싱턴 공원은 왕이 사는 런던에 있다.

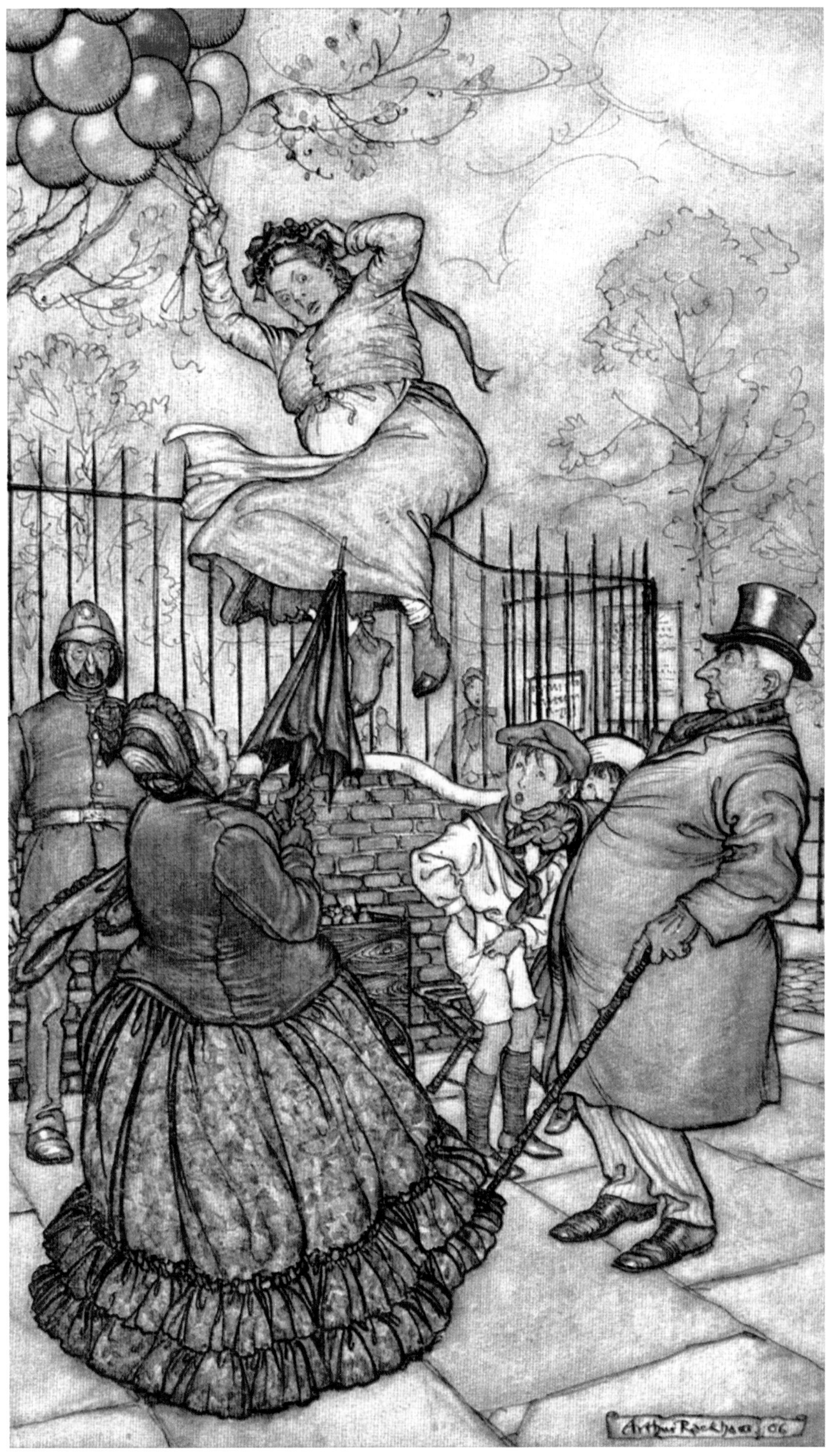

15
공원 바로 밖에 있는 풍선 든 여자.

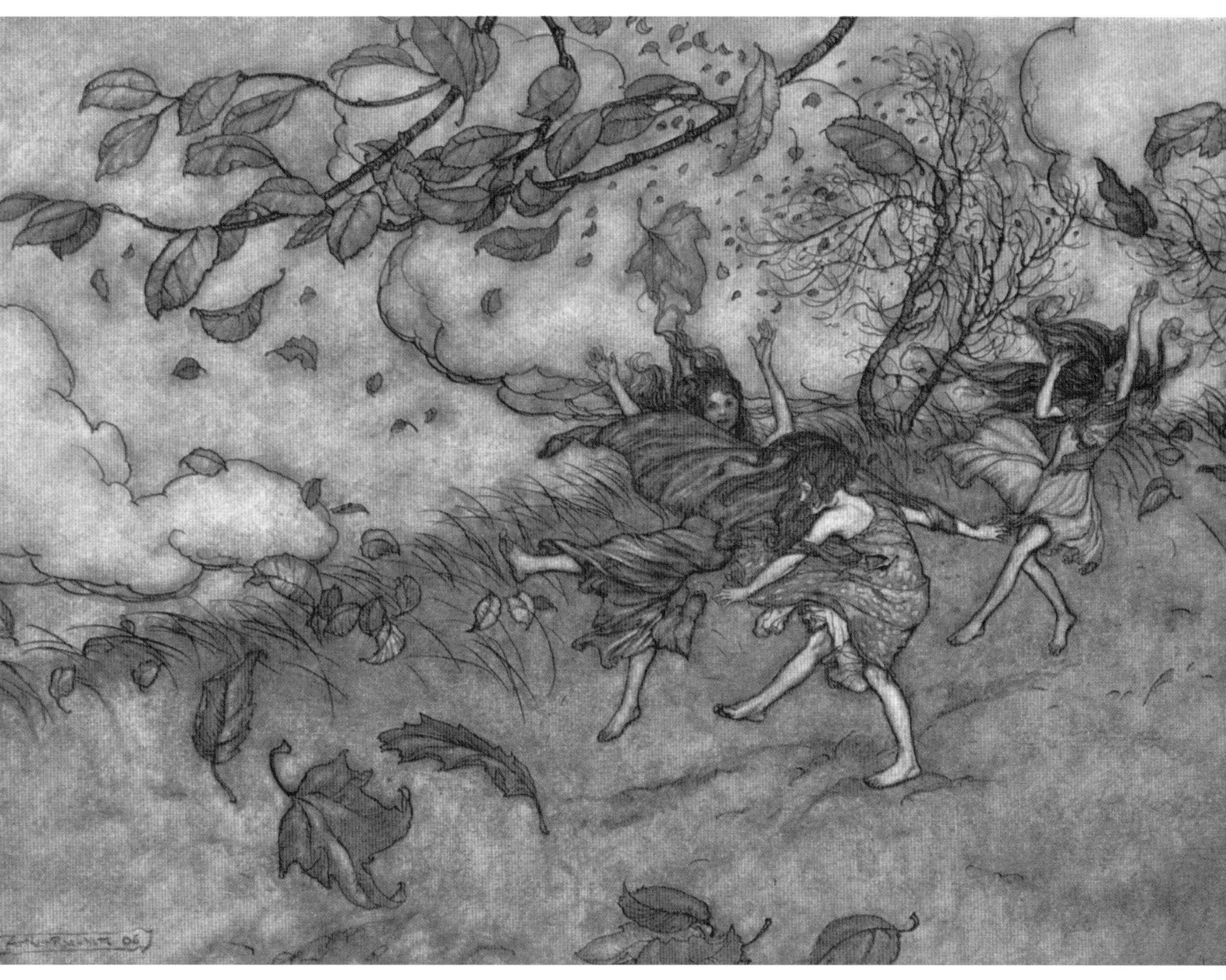

16
떨어지는 잎만큼 재미있는 건 거의 없다.

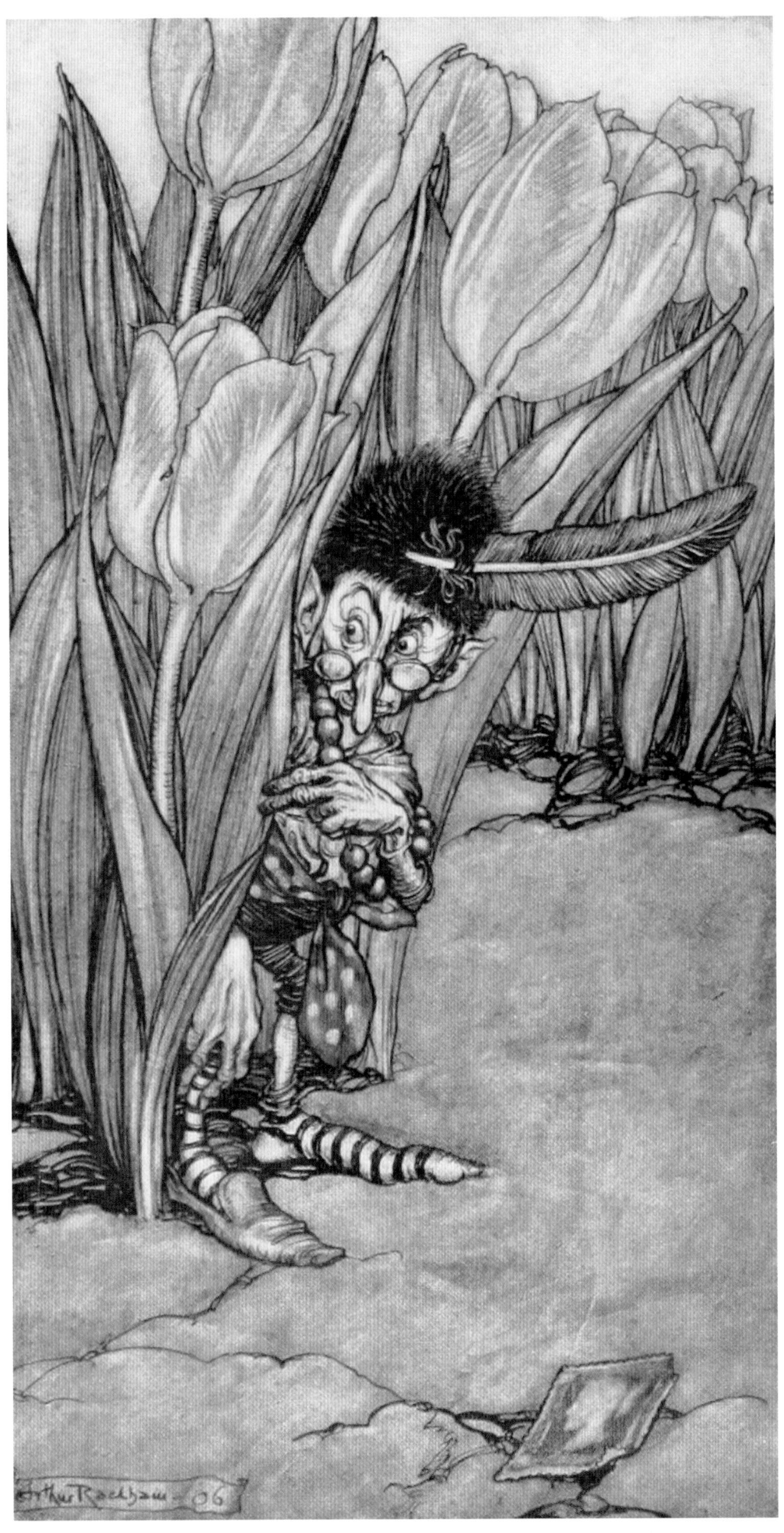

17
피터의 목소리가 들리자 요정은 깜짝 놀라 튤립 뒤로 몸을 숨겼다.

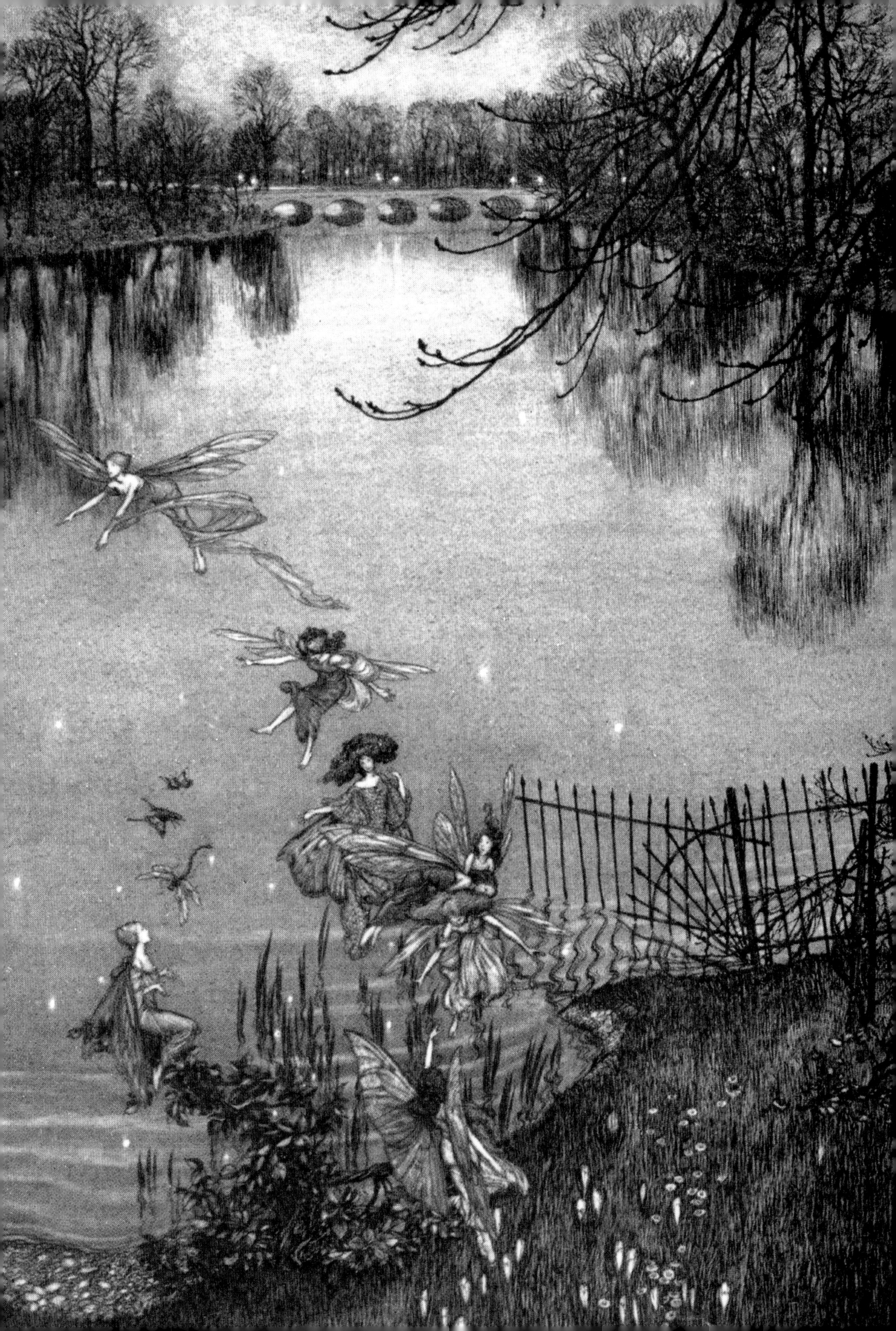

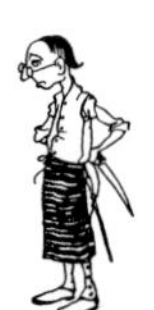

18

사랑스러운 호수 서펜타인 바닥에는 물에 잠긴 숲이 있다.
가장자리를 가만히 들여다보면 나무들이 모두 거꾸로 자라는 걸 볼 수 있는데,
밤에는 별들도 잠겨 있다 한다.

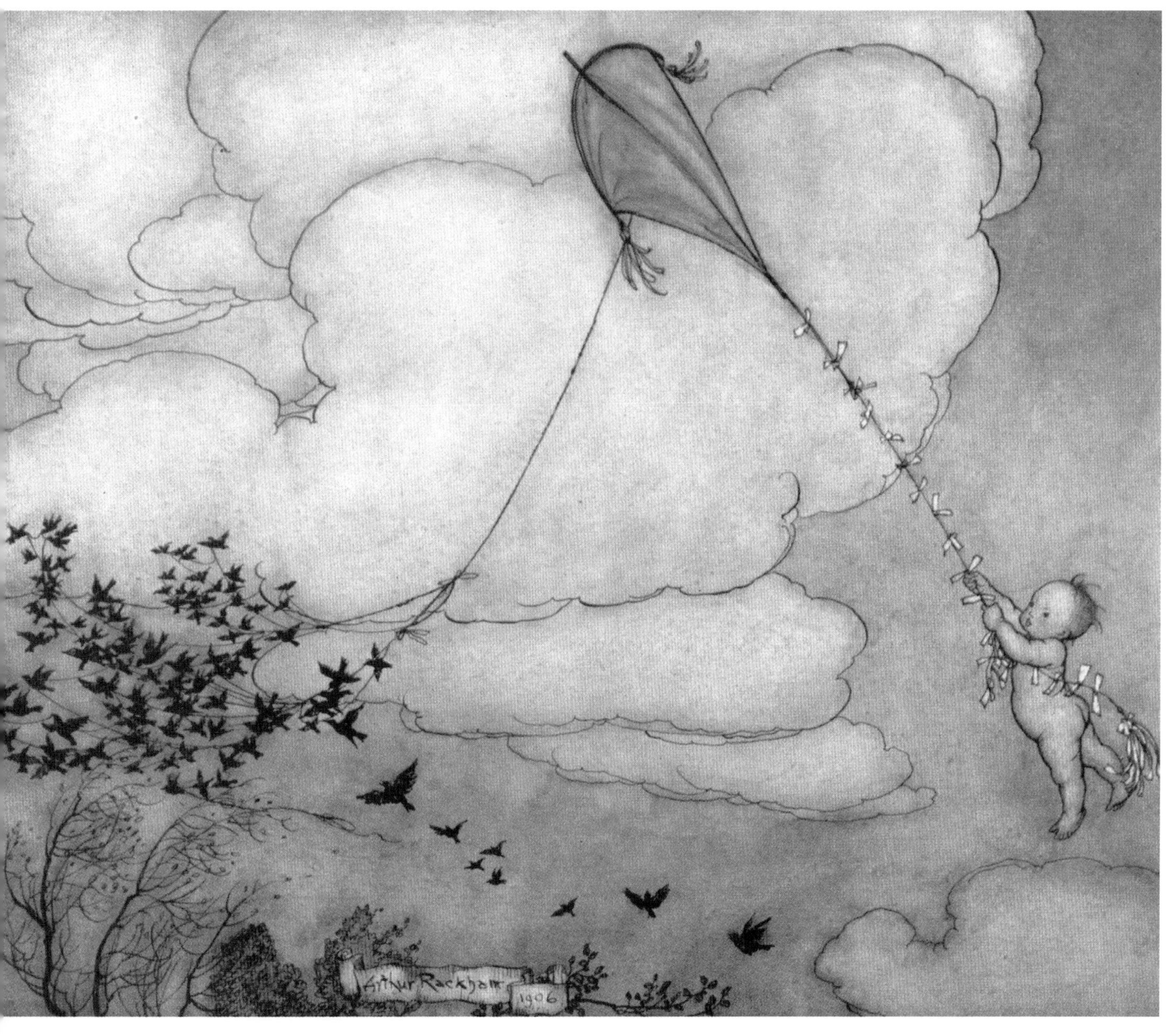

19
백 마리의 새가 줄을 잡고 날아가자 피터는 줄 끝에 매달렸다.

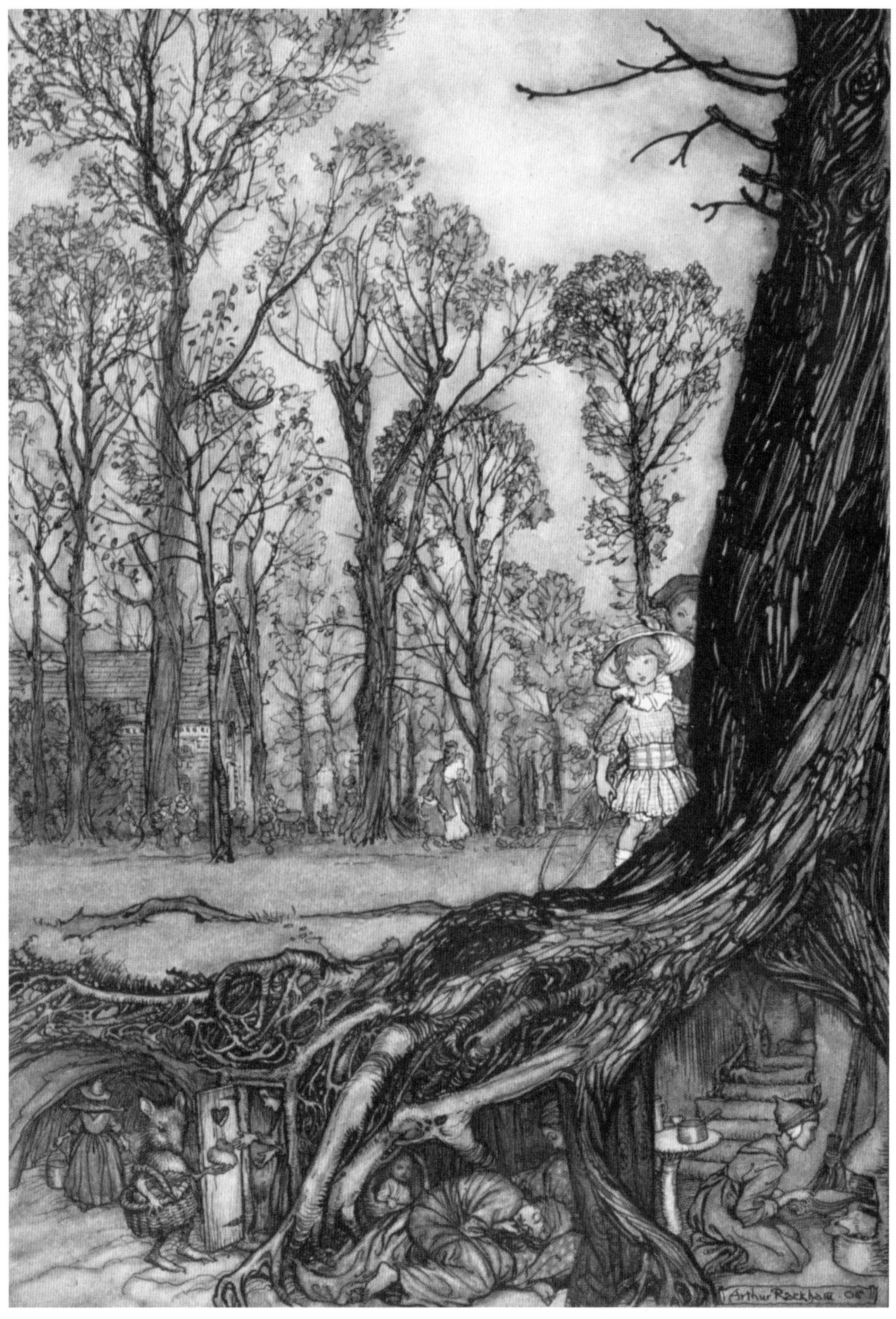

20
요정들은 해가 질 때까지 거의 숨어 있다.

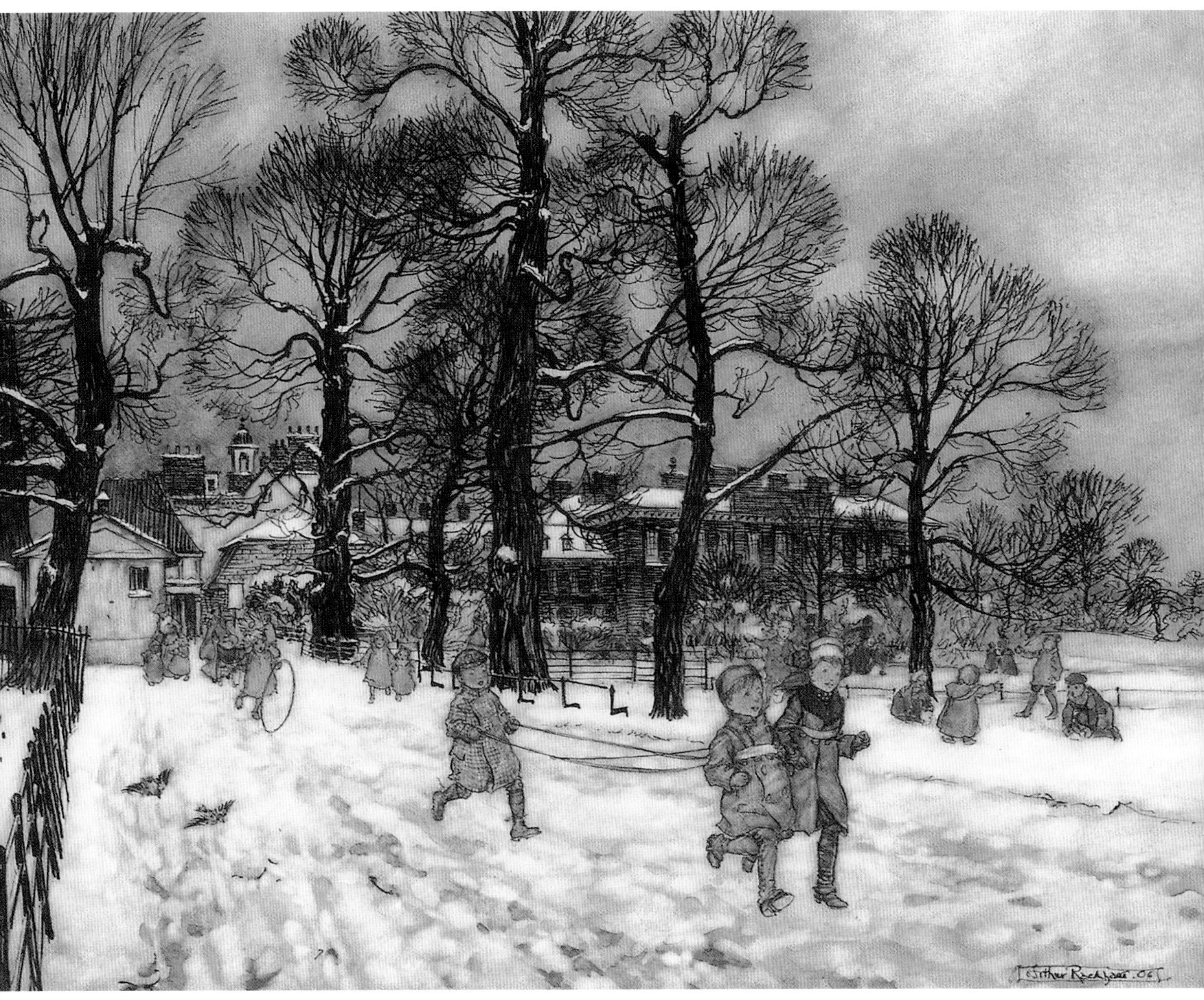

21
눈으로 하얗게 빛나던 오후의 공원.

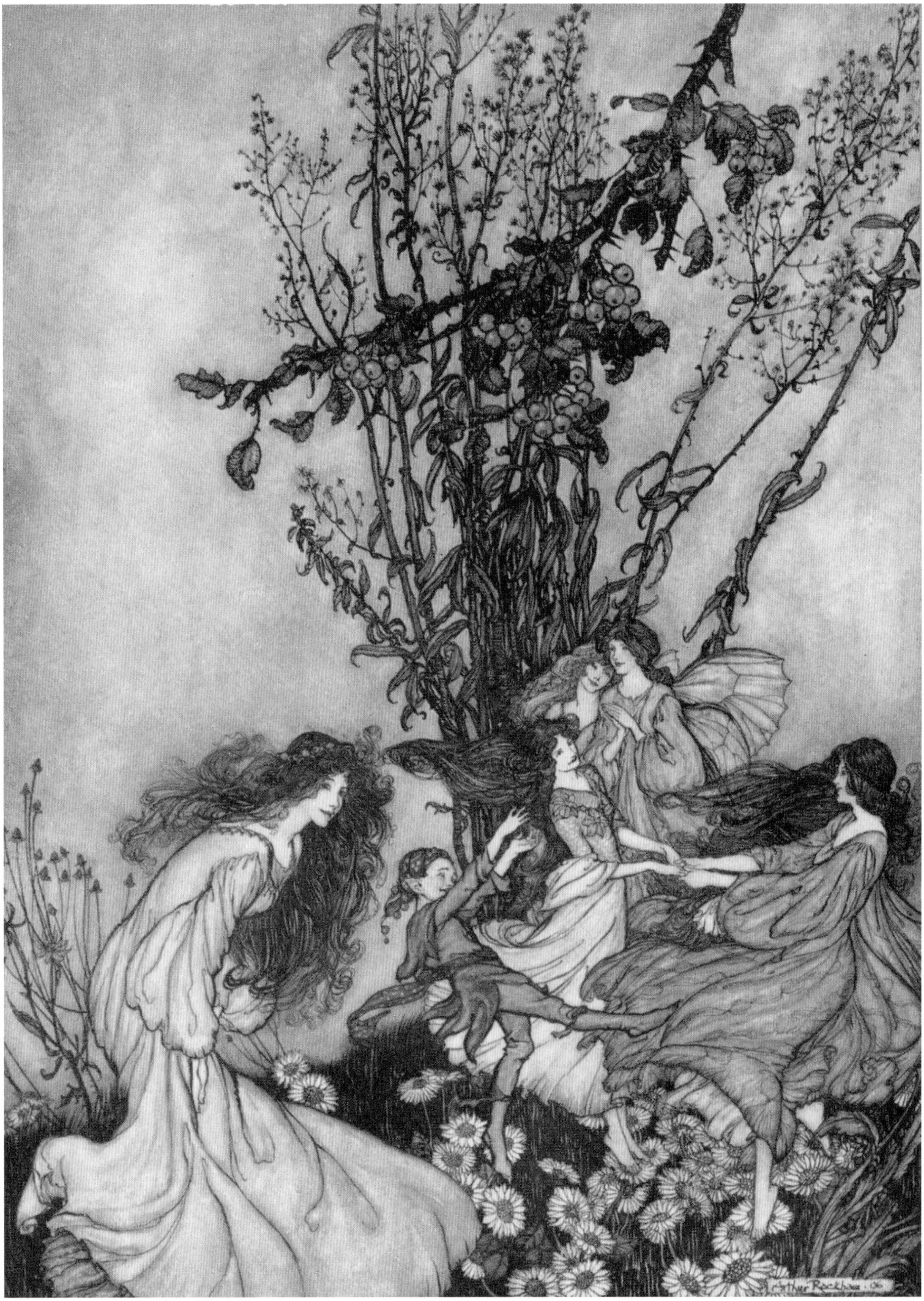

22
요정들은 결코 “우린 행복을 느껴”라고 말하지 않는다. 대신 “우린 춤추기를 느껴”라고 말한다.

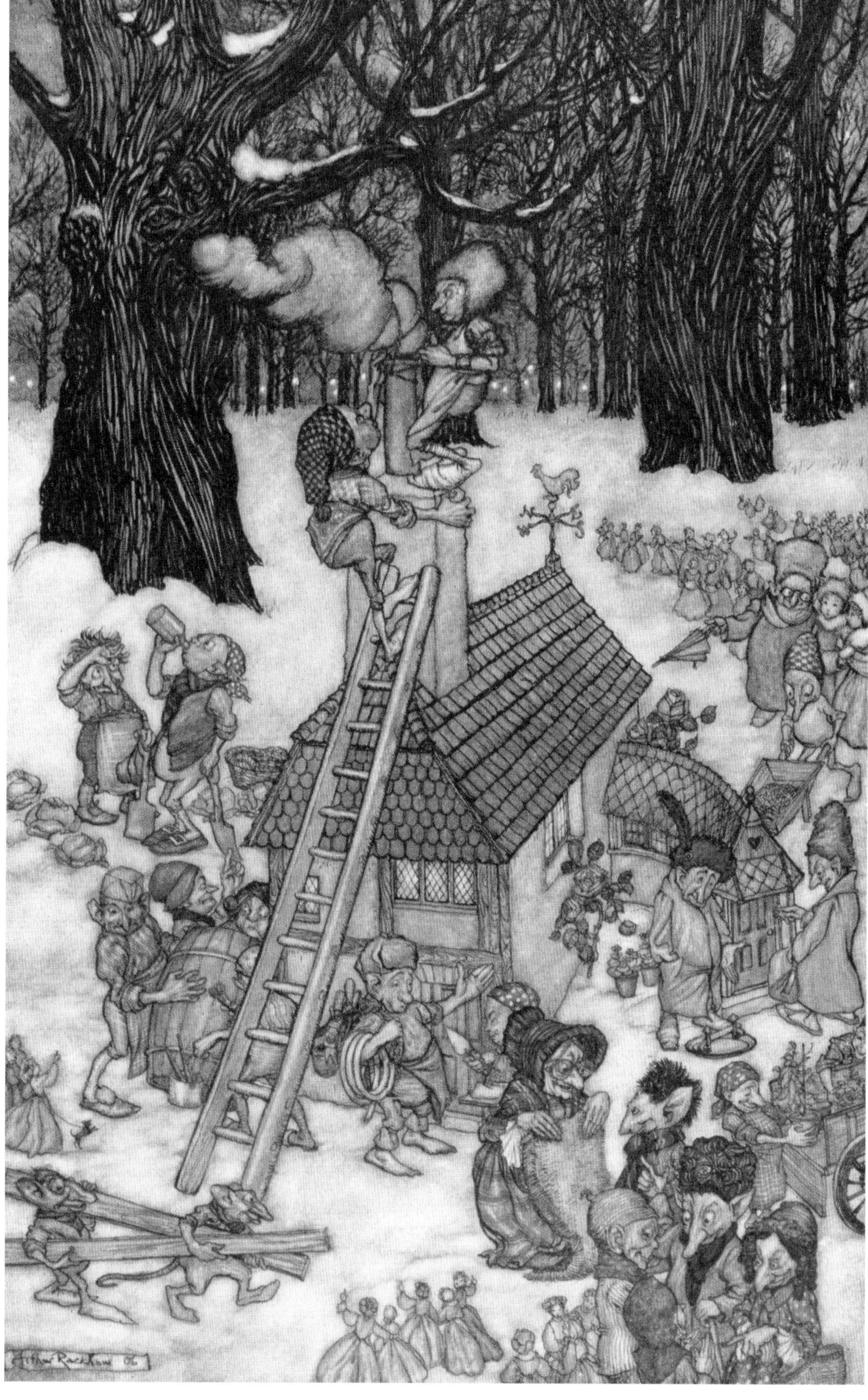

23
마이미를 위한 집짓기.

이상한 나라의 앨리스

Alice's Adventures in Wonderland

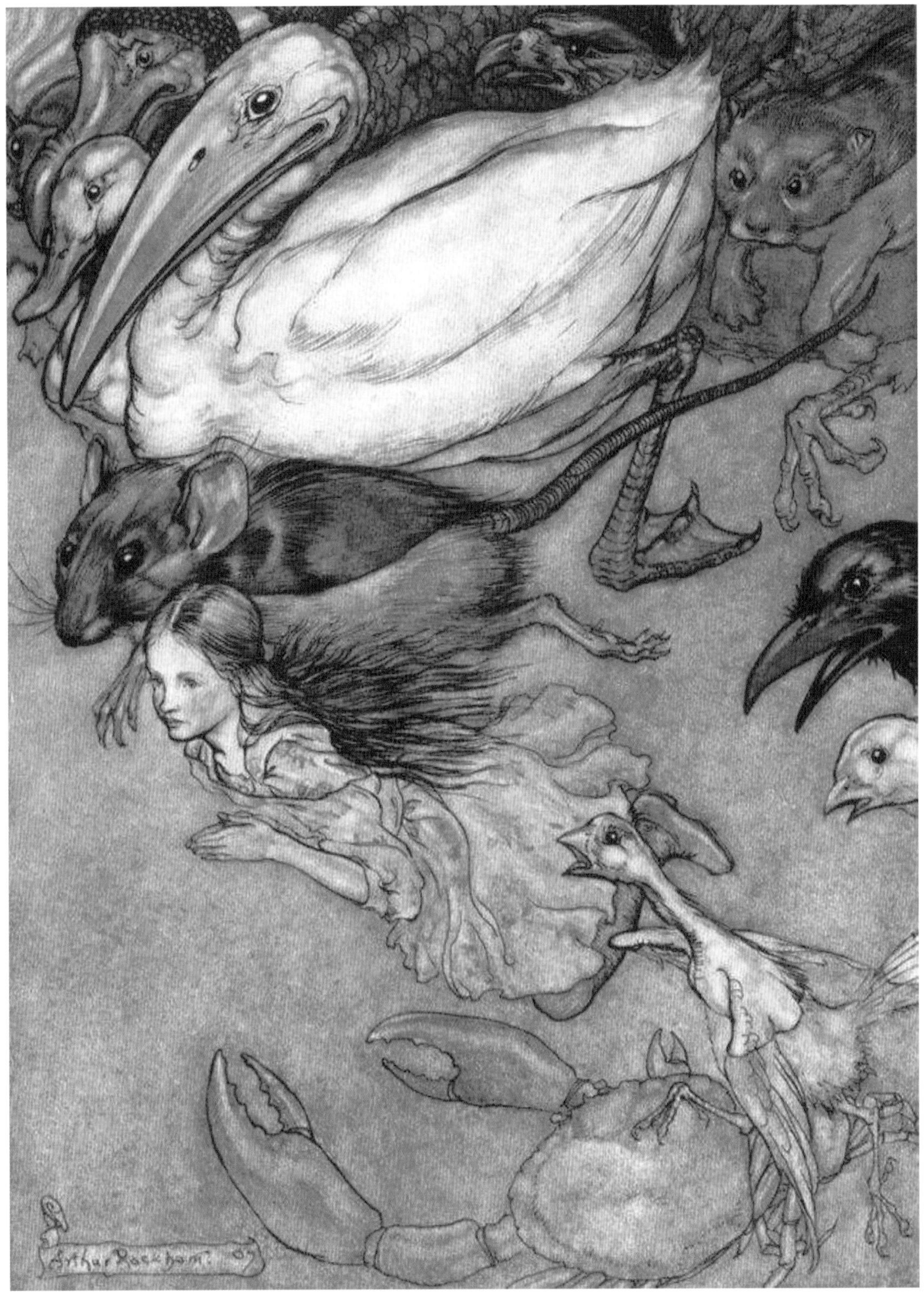

24
앨리스가 앞장서자, 무리 모두가 뒤따라 물가로 헤엄쳤다.

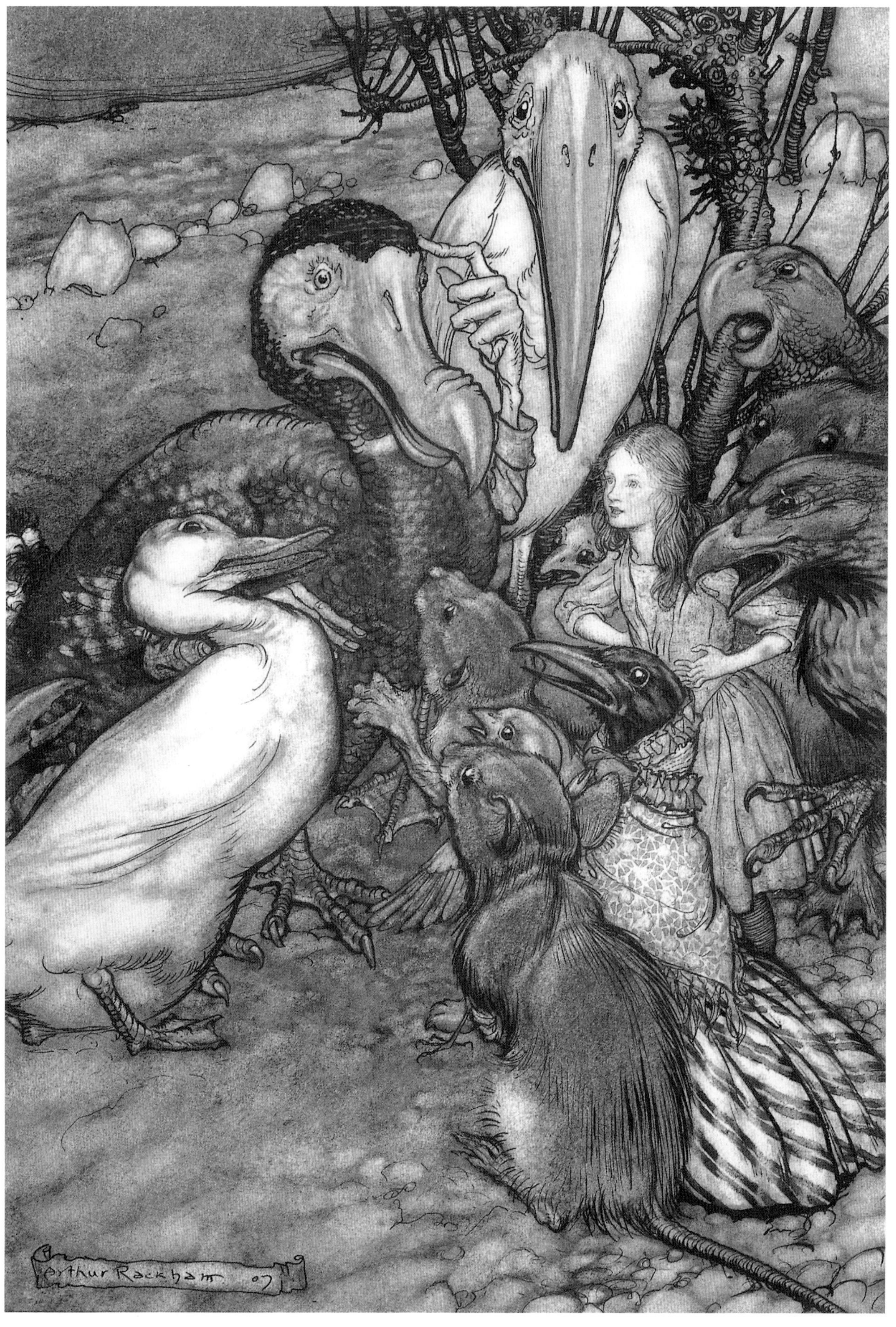

다들 도도새 둘레에 모여선 헐떡대며 물었다. "근데 누가 이겼어?"

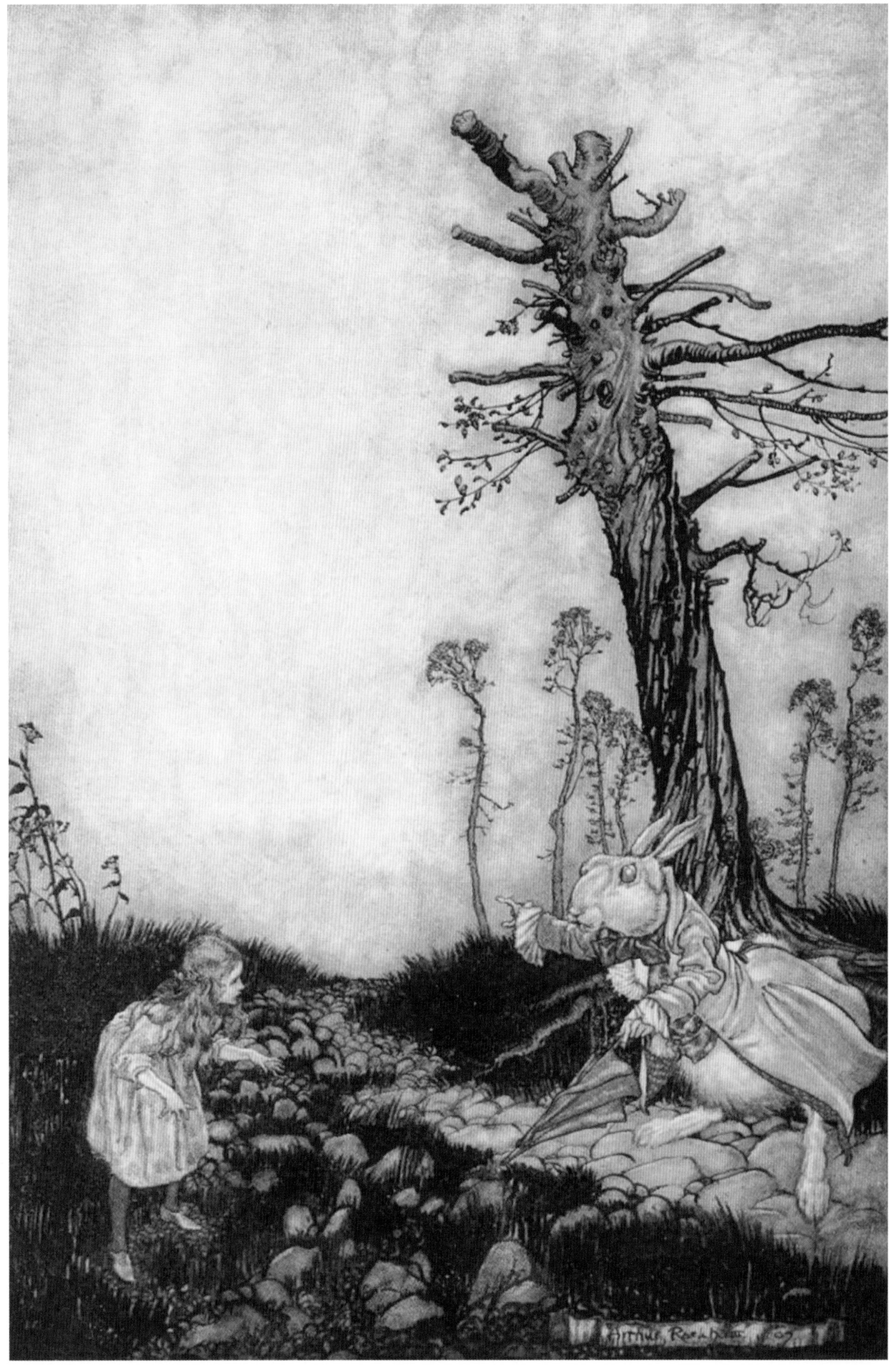

26
"아니, 메리 앤, 여기서 뭐 하는 거야? 당장 집으로 달려가 장갑과 부채를 가져와! 지금 당장, 어서!"

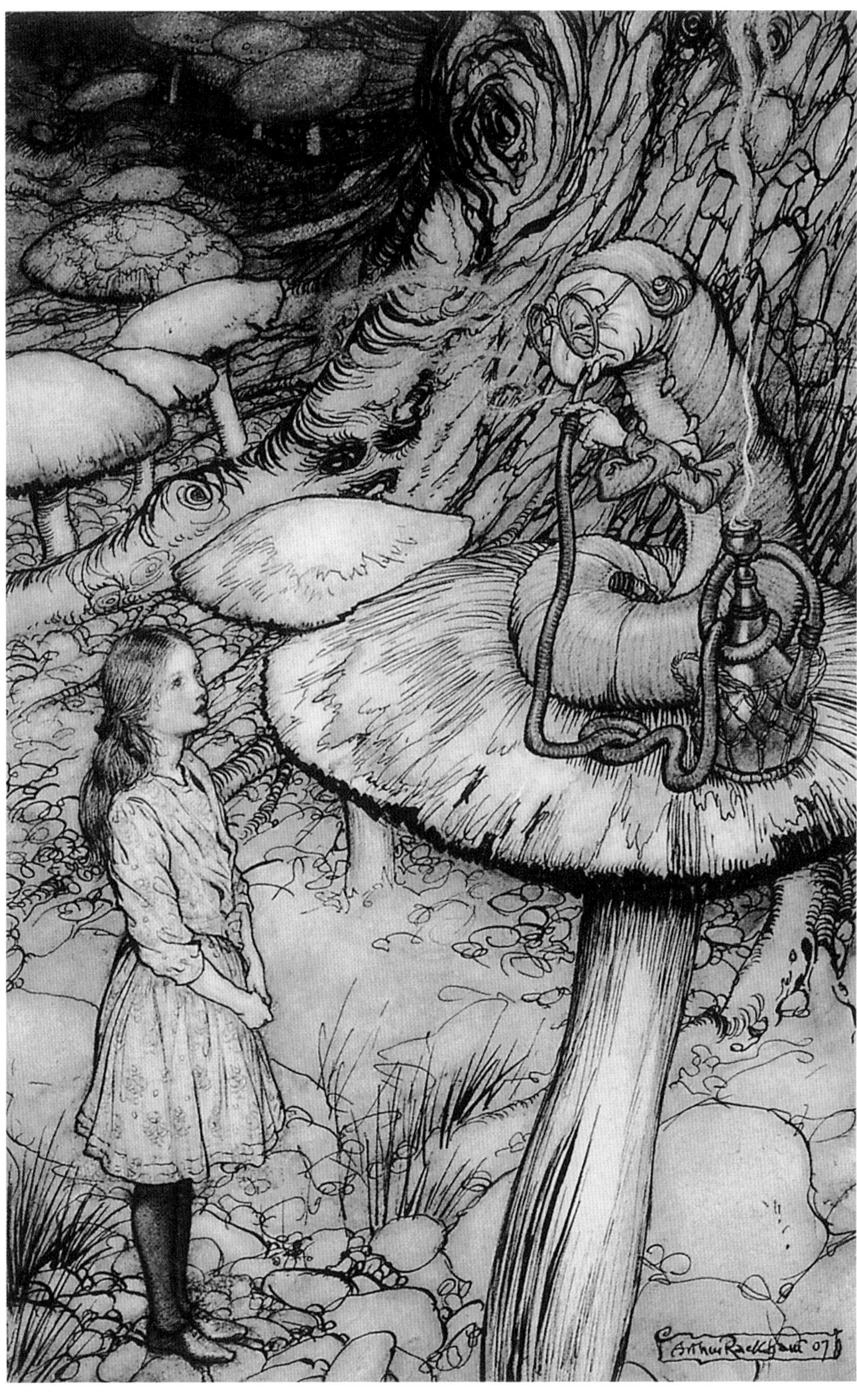

27
쐐기벌레와 앨리스는 한동안 말없이 서로를 바라봤다.

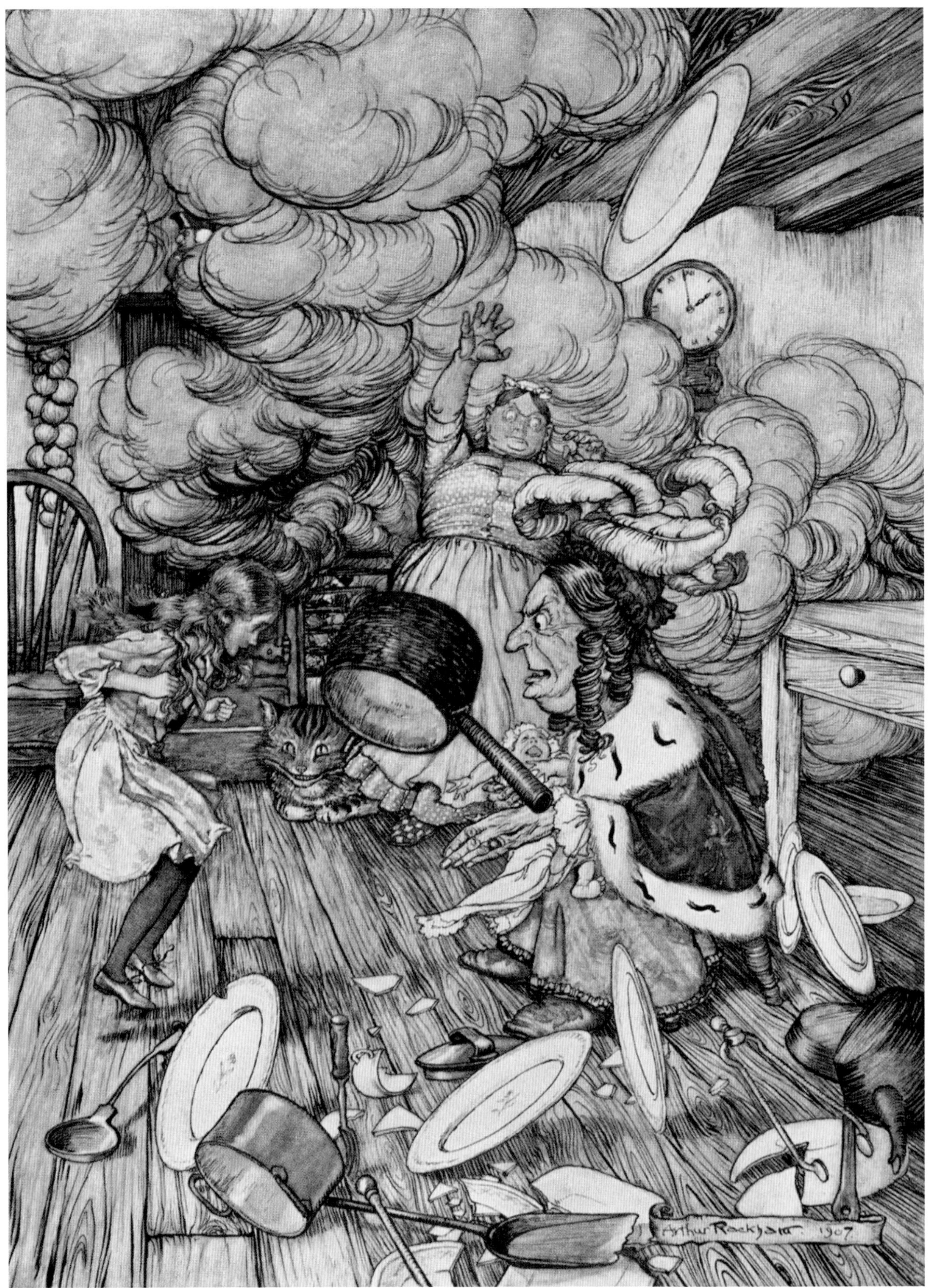

28
부엌은 끝에서 끝까지 연기가 자욱했는데, 부엌 한복판에선 여공작이 세 발 걸상에 앉아 아기를 어르고 있었다.

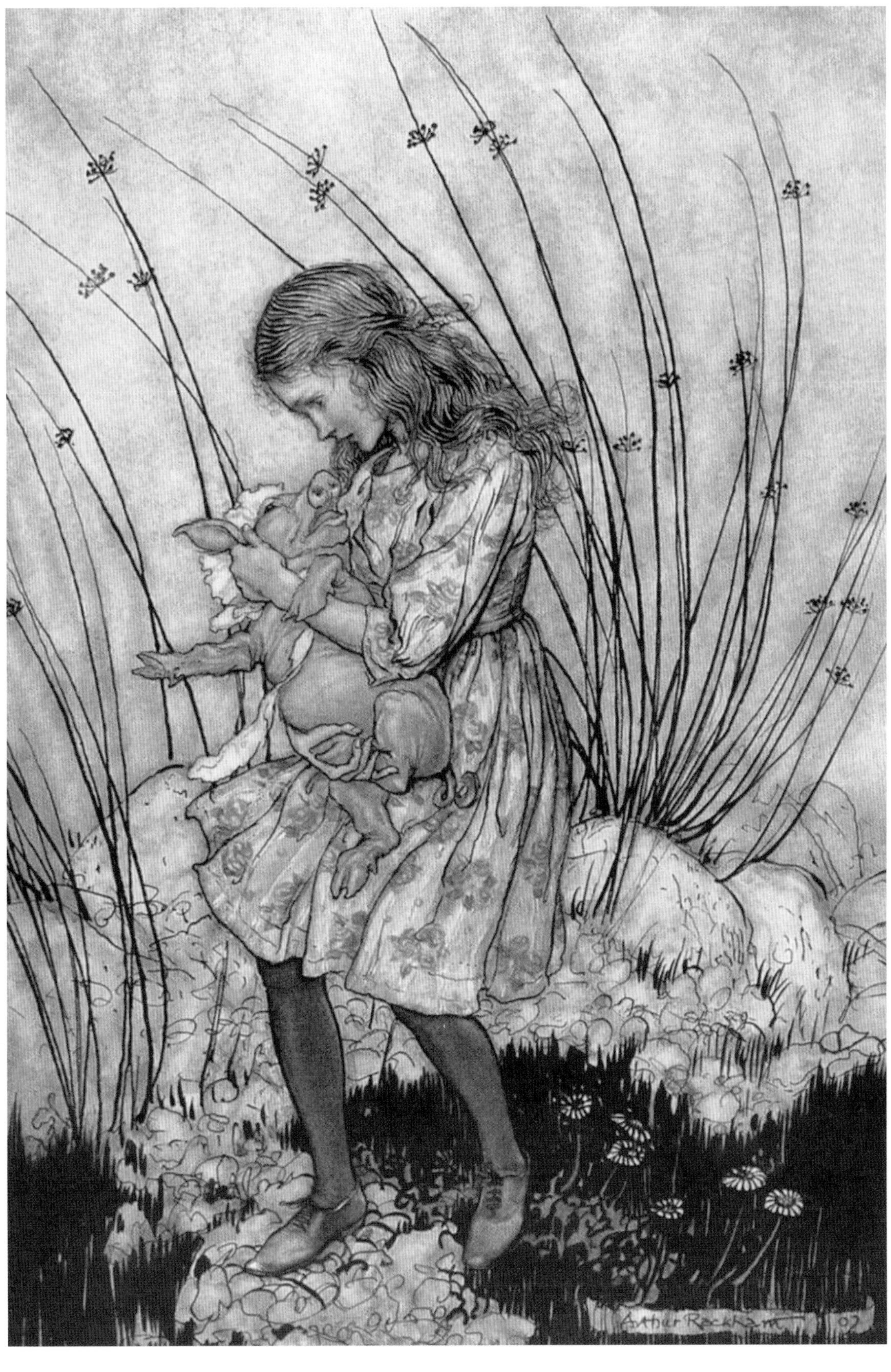

29
앨리스는 무슨 탈이 났나 싶어 아기 얼굴을 아주 걱정스레 바라봤다.

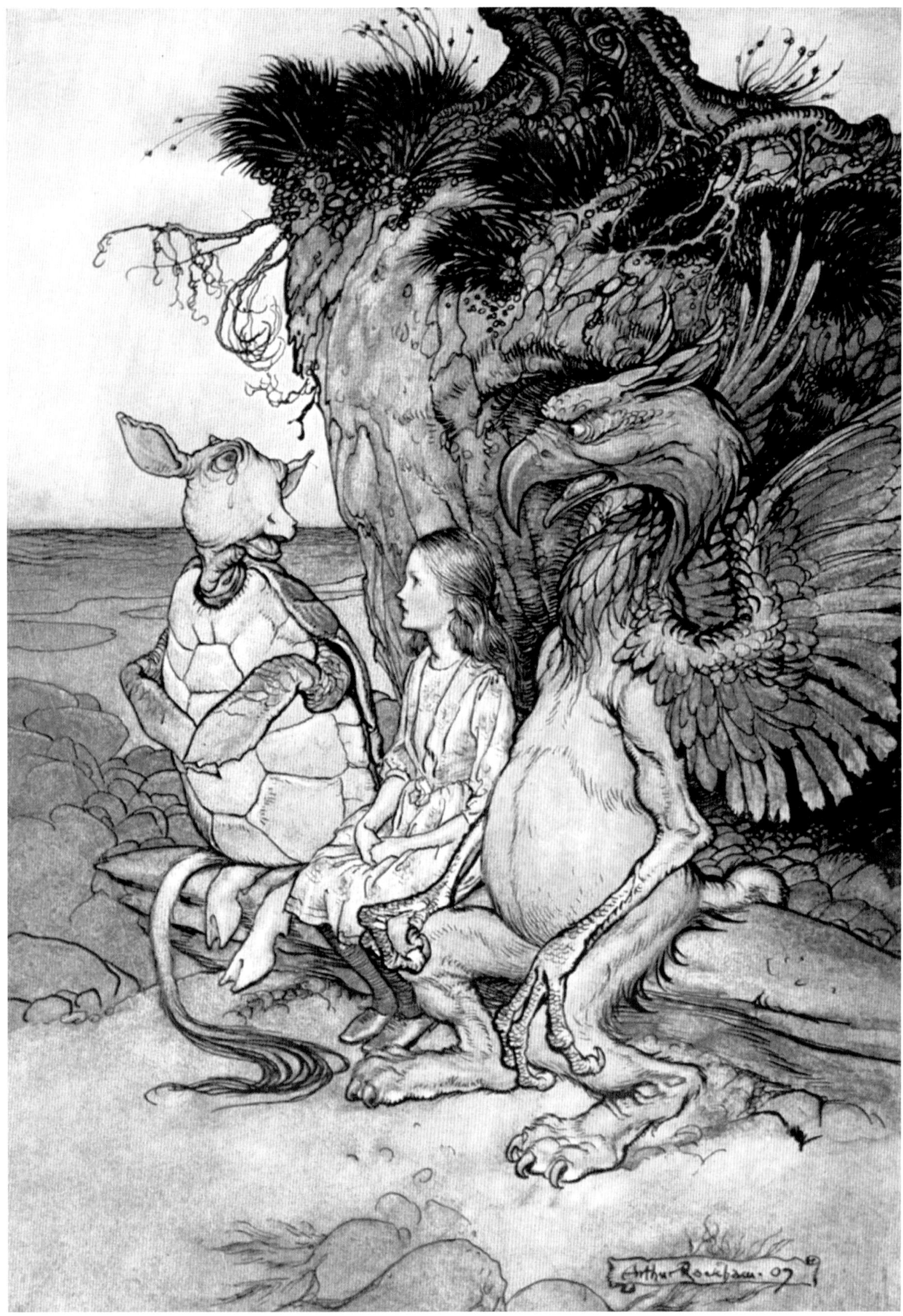

30
“왕년에” 하고 마침내 짝퉁거북이 깊은 한숨을 몰아쉬곤 말했다. “나는 진짜 거북이었어.”

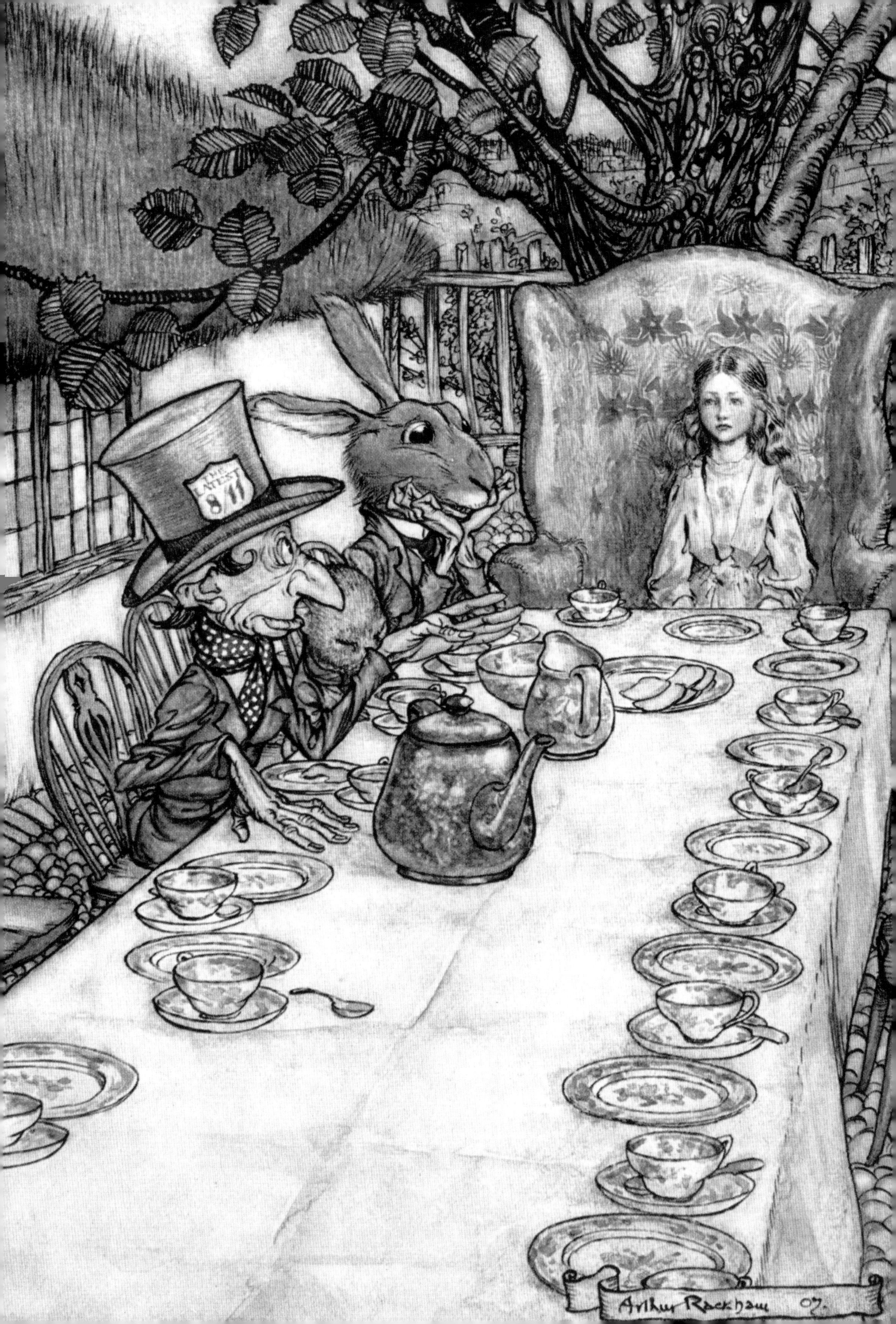
THE LATEST
8 11
Arthur Rackham 07.

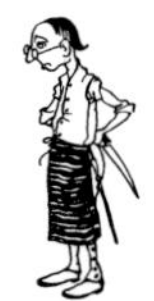

31
집 앞마당 나무 아래 탁자가 놓여 있었고,
삼월 산토끼가 거기서 차를 마시고 있었는데,
모자 장수와 함께였다.

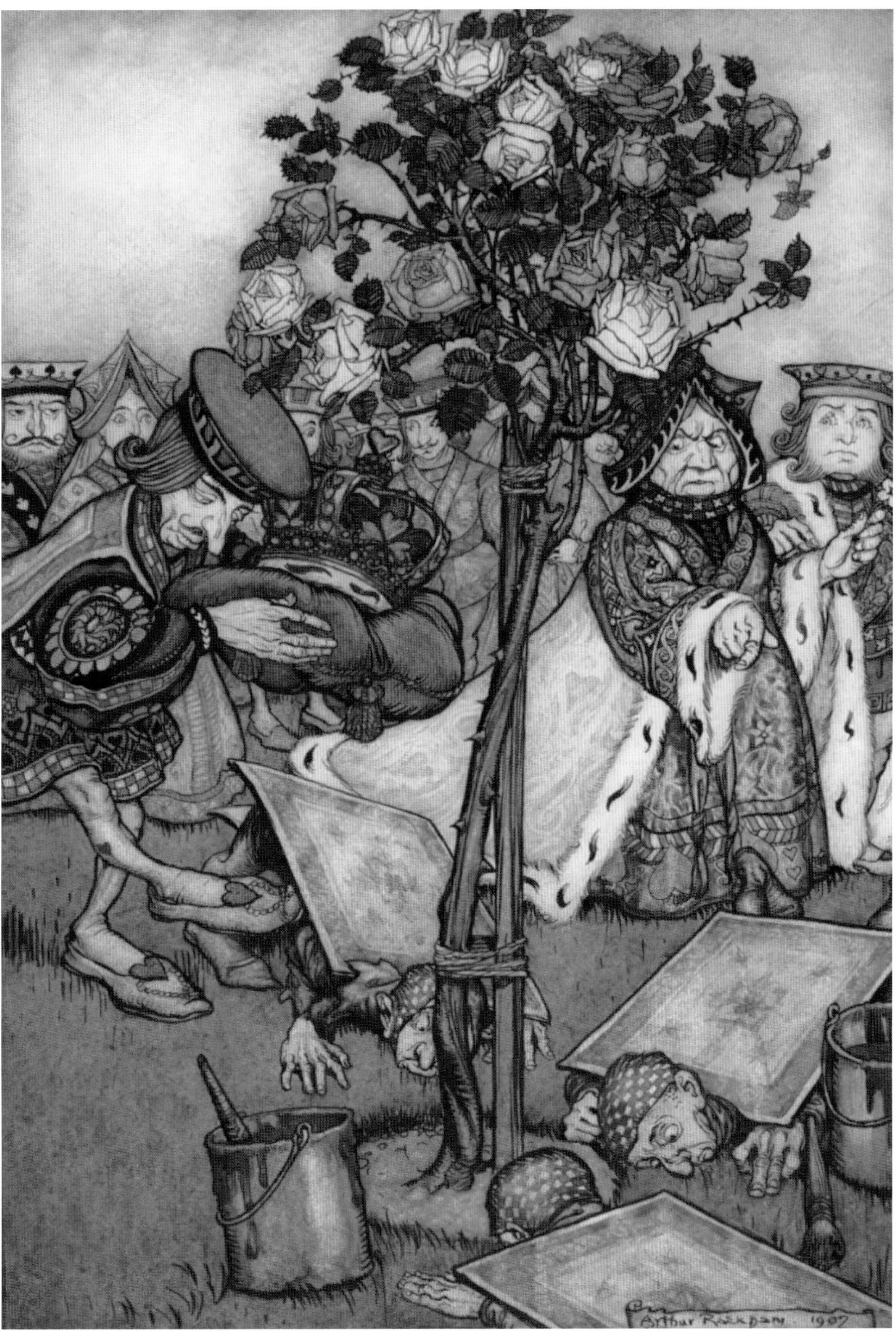

32
“그럼 저들은 누구지?” 장미 나무 둘레에 엎드린 정원사들을 가리키며 여왕이 물었다.

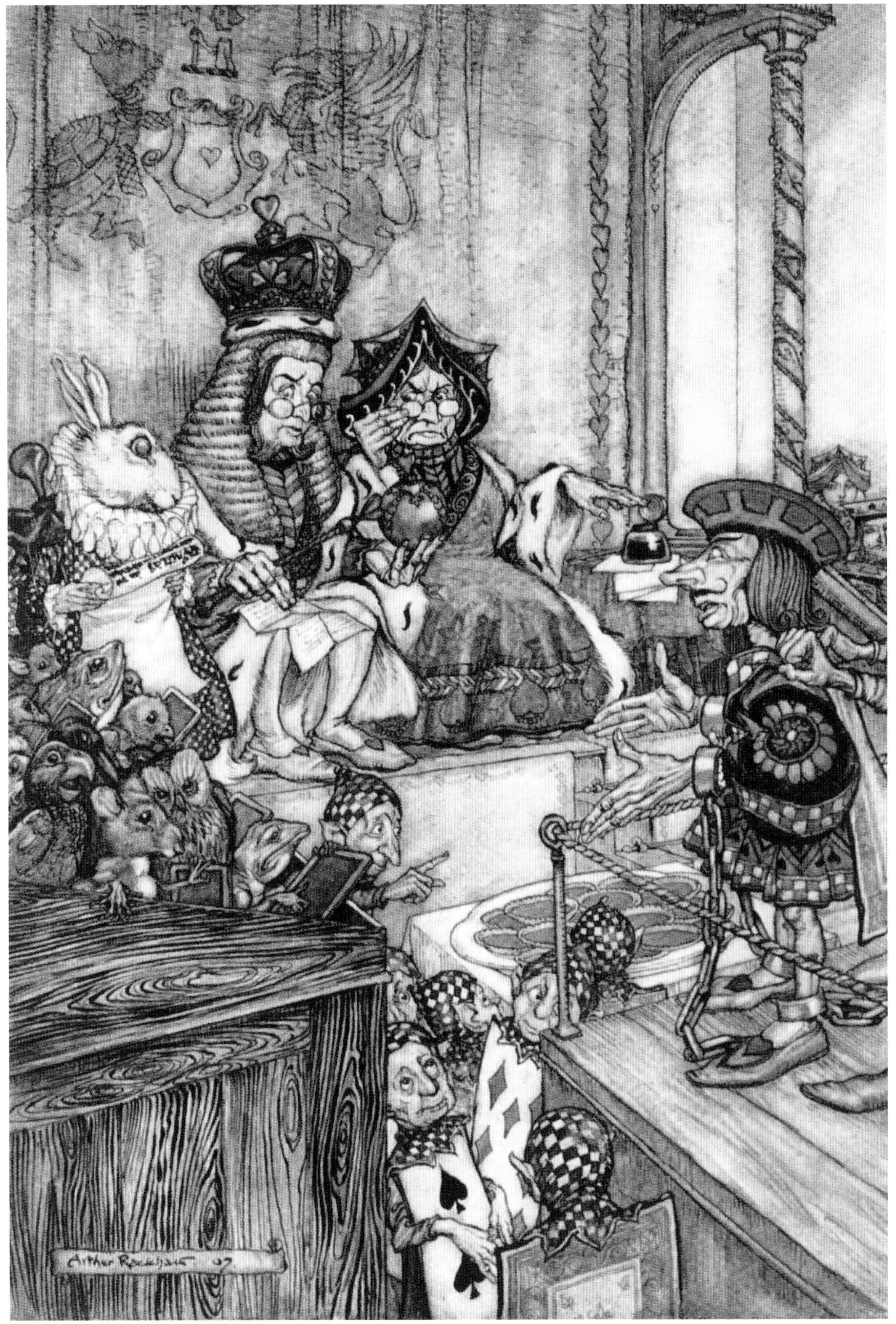

33
“국왕 전하” 하고 잭이 말했다. “저는 그것을 쓰지 않았습니다.”

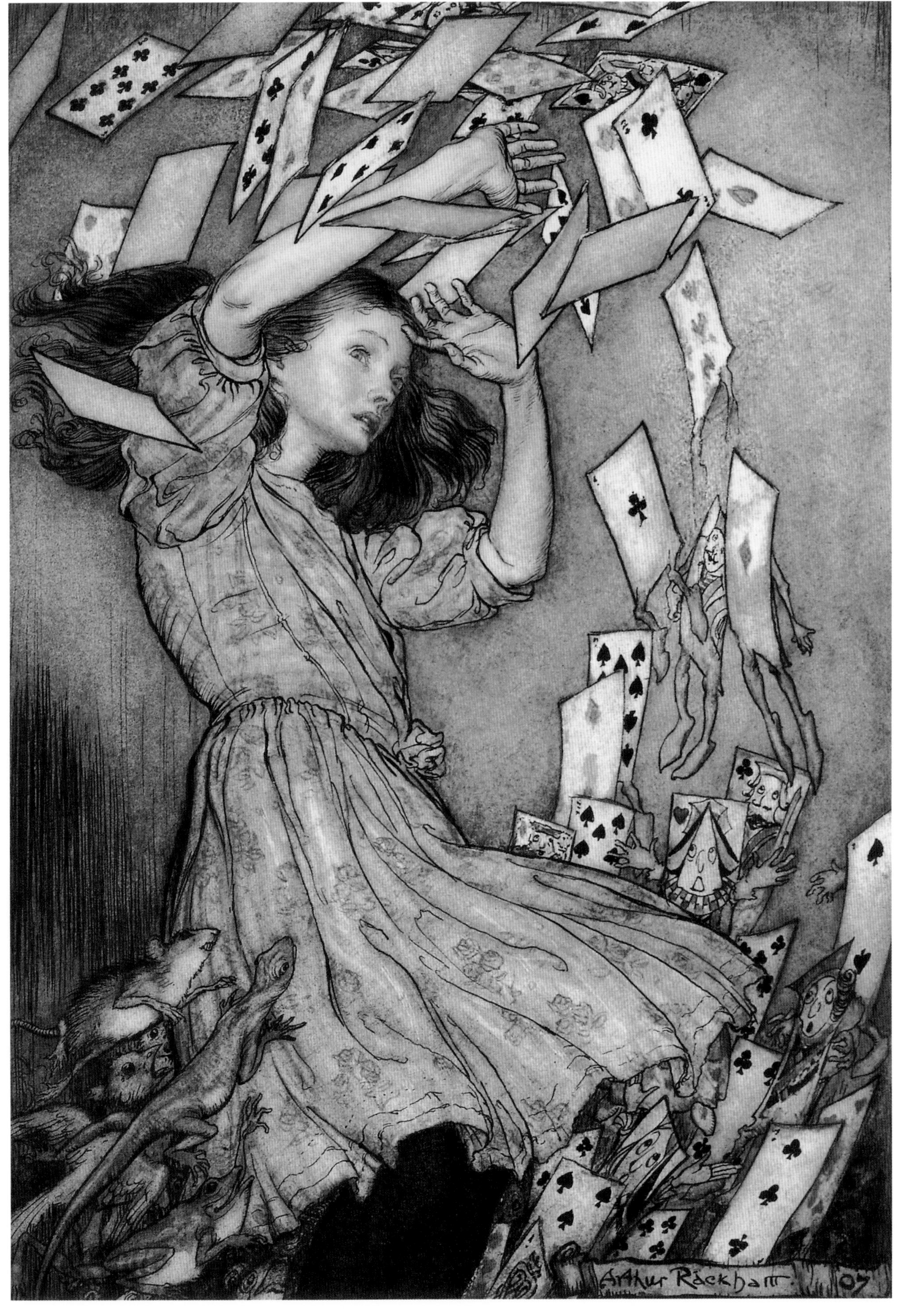

34
모든 카드가 공중으로 떠올라, 앨리스에게 날아와 덮쳤다.

한여름 밤의 꿈

A Midsummer's Night Dream

아서 래컴에게 셰익스피어William Shakespeare의 『한여름 밤의 꿈』 삽화를 그려달라 처음 청한 곳은 하이네만 출판사였다. 『한여름 밤의 꿈』의 노움, 요정, 뒤틀린 나무 삽화는 래컴 작품의 환상적 측면을 대변하고 있는데, 이는 『켄싱턴 공원의 피터 팬』 삽화에서 이미 예견되었고, 『운디네』와 『템페스트』에서 절정에 이른다.

래컴의 두 번째 『한여름 밤의 꿈』 작업은 1928년, 뉴욕 공립도서관 E. H 앤더슨의 제안에 의해서였다. 건강이 안 좋은 상태였음에도 래컴은 완벽한 판본을 위해 제작 과정 감독은 물론 제본소 선정에도 관여했다. 11년 후인 1939년, 래컴은 조지 메이시의 제안으로 다시 한번 『한여름 밤의 꿈』 삽화를 그릴 기회를 얻는다. 작업 속도는 아주 더뎠지만, 결국 여섯 점의 컬러로 완성되었는데, 새로운 인쇄 공정으로 제작된 래컴의 세 번째이자 마지막 『한여름 밤의 꿈』 삽화는 '최고의 수준'이었다. 리미티드 에디션즈 클럽에서 펴낸 이 『한여름 밤의 꿈』 완성본은 래컴이 죽기 3주 전 그에게 도착했다.

잠든 티타니아.

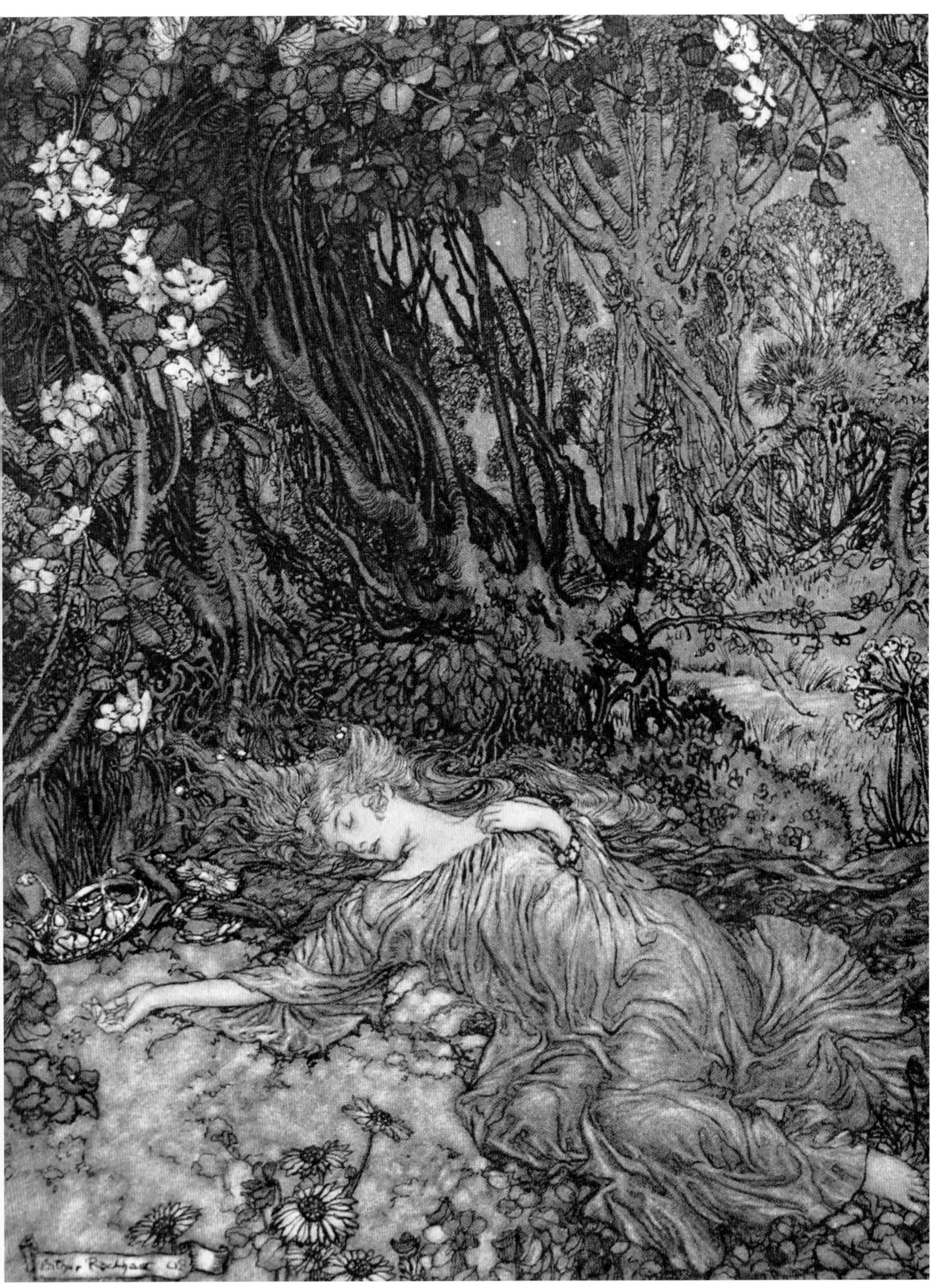

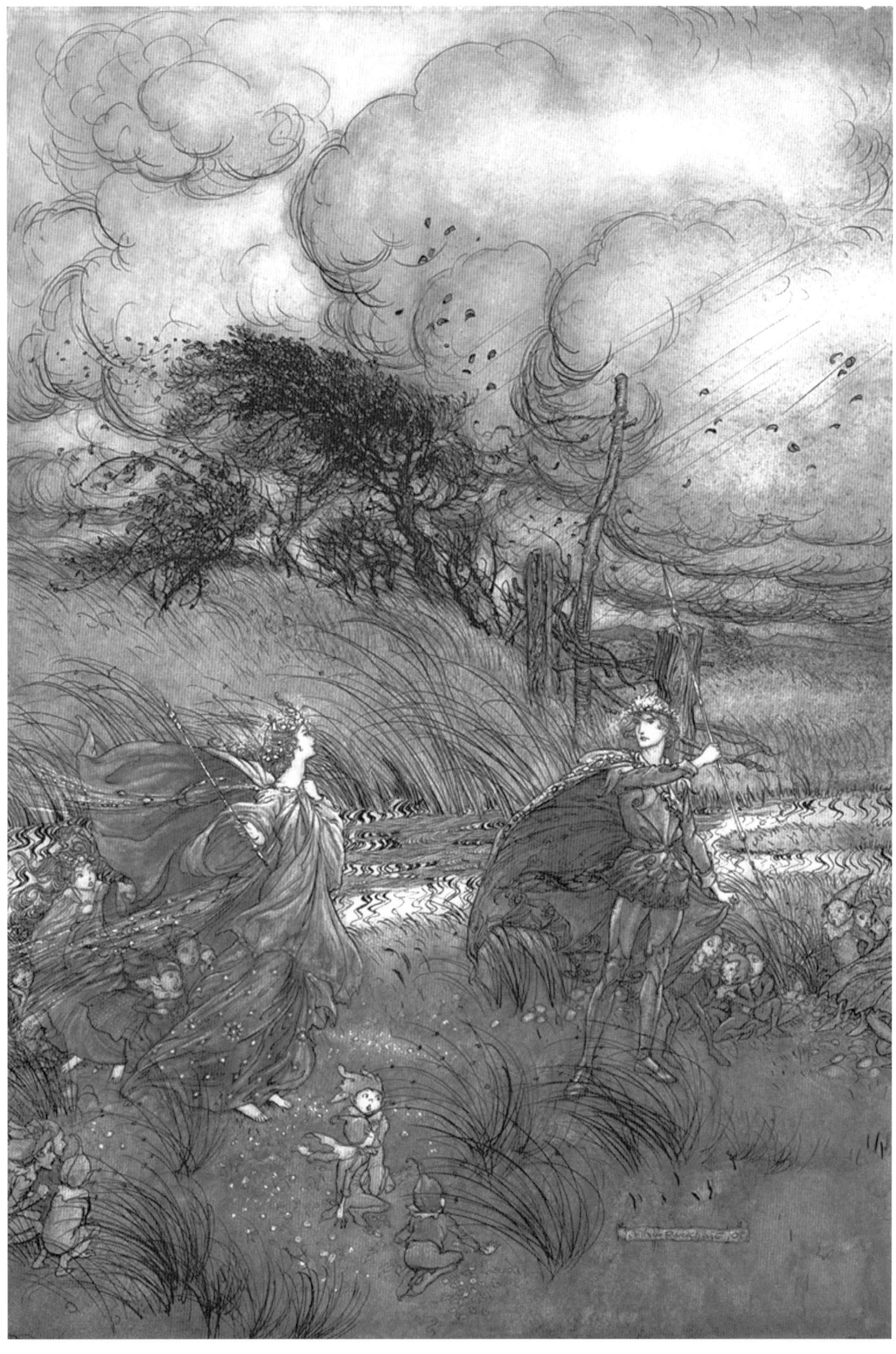

36
그리고 이제 그들은 숲이나 잔디밭, 분수대 옆이나 반짝이는 별빛 아래서는 절대로 만나지 않고, 대신 광장에서 만난다.

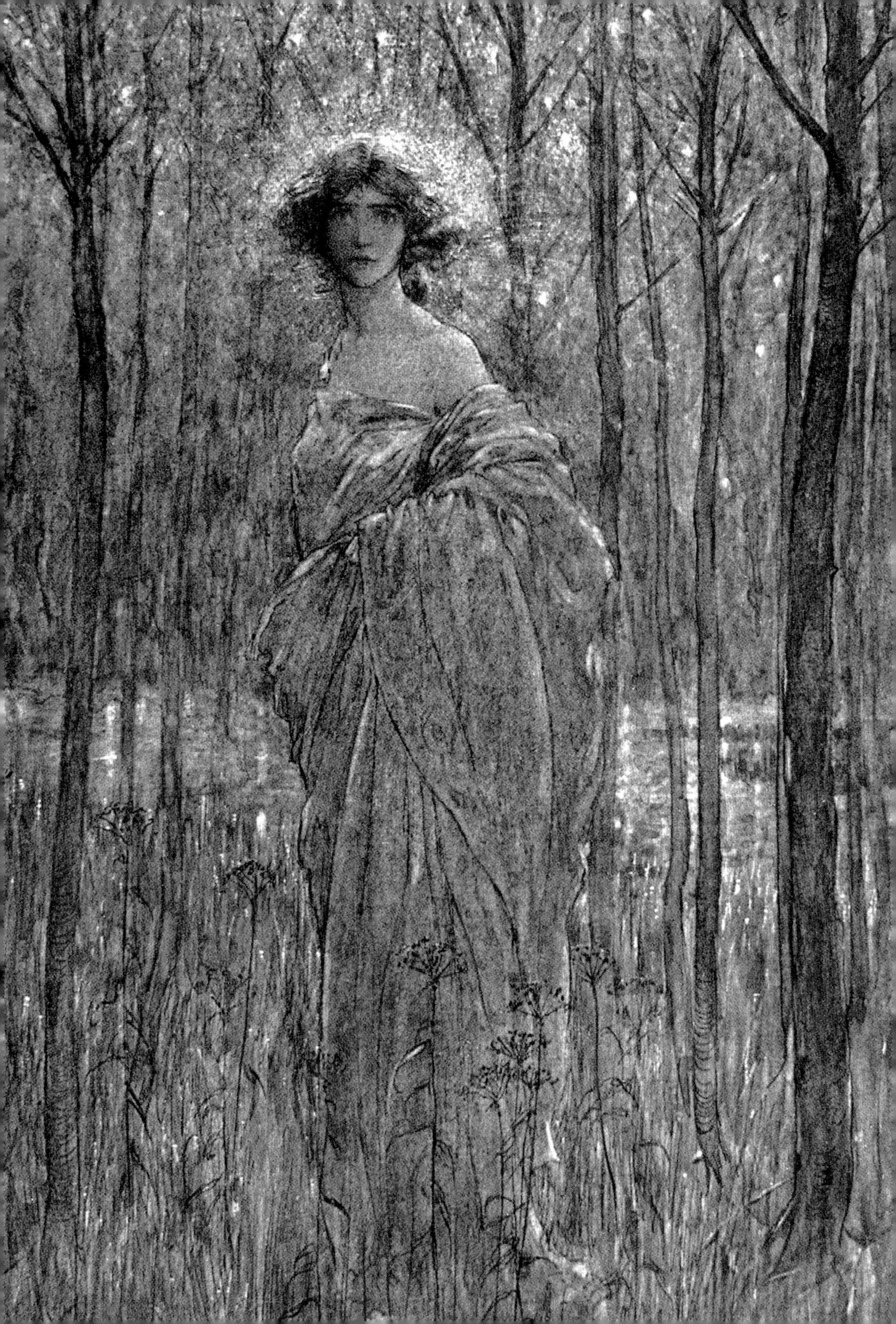

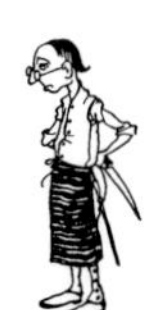

37
모든 불타는 것과
빛의 눈보다 밤을 더 빛나게 하는
요정 헬레나.

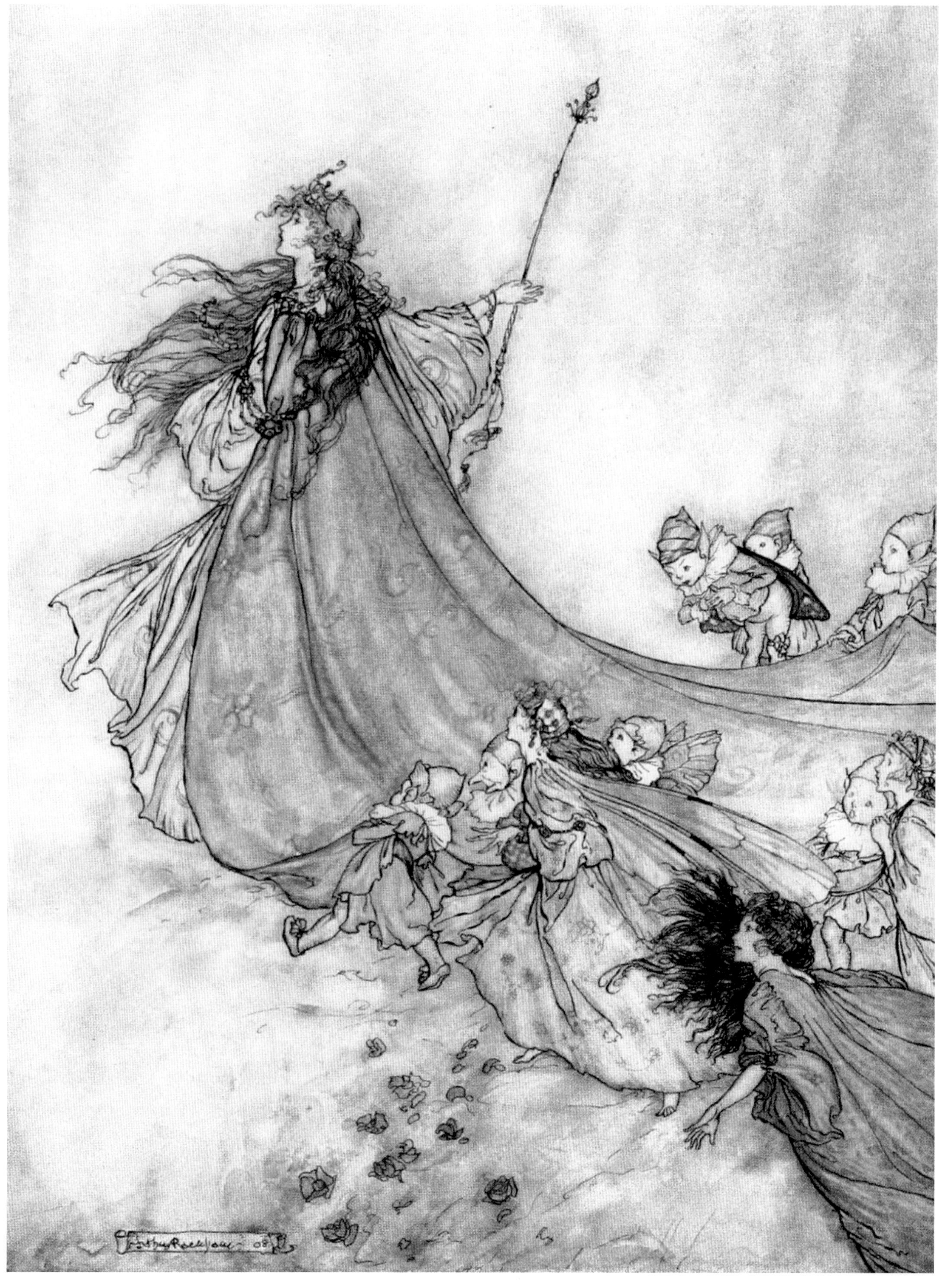

38
"요정들이 사라졌어요! 더 오래 있으면 진짜 아이가 될 거예요."

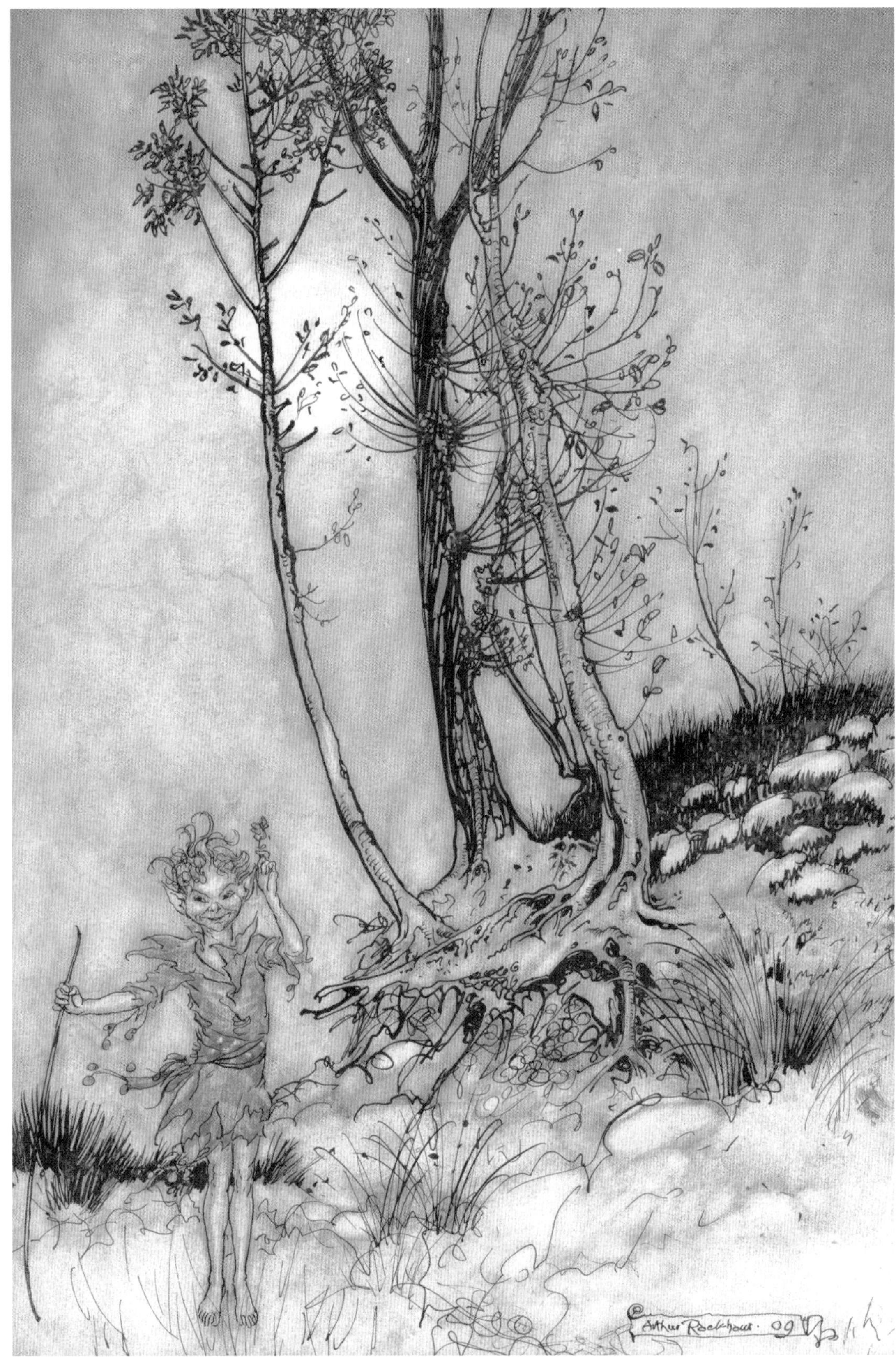

39
"제가 가장 좋아하는 일은 뒤죽박죽 섞는 거랍니다."

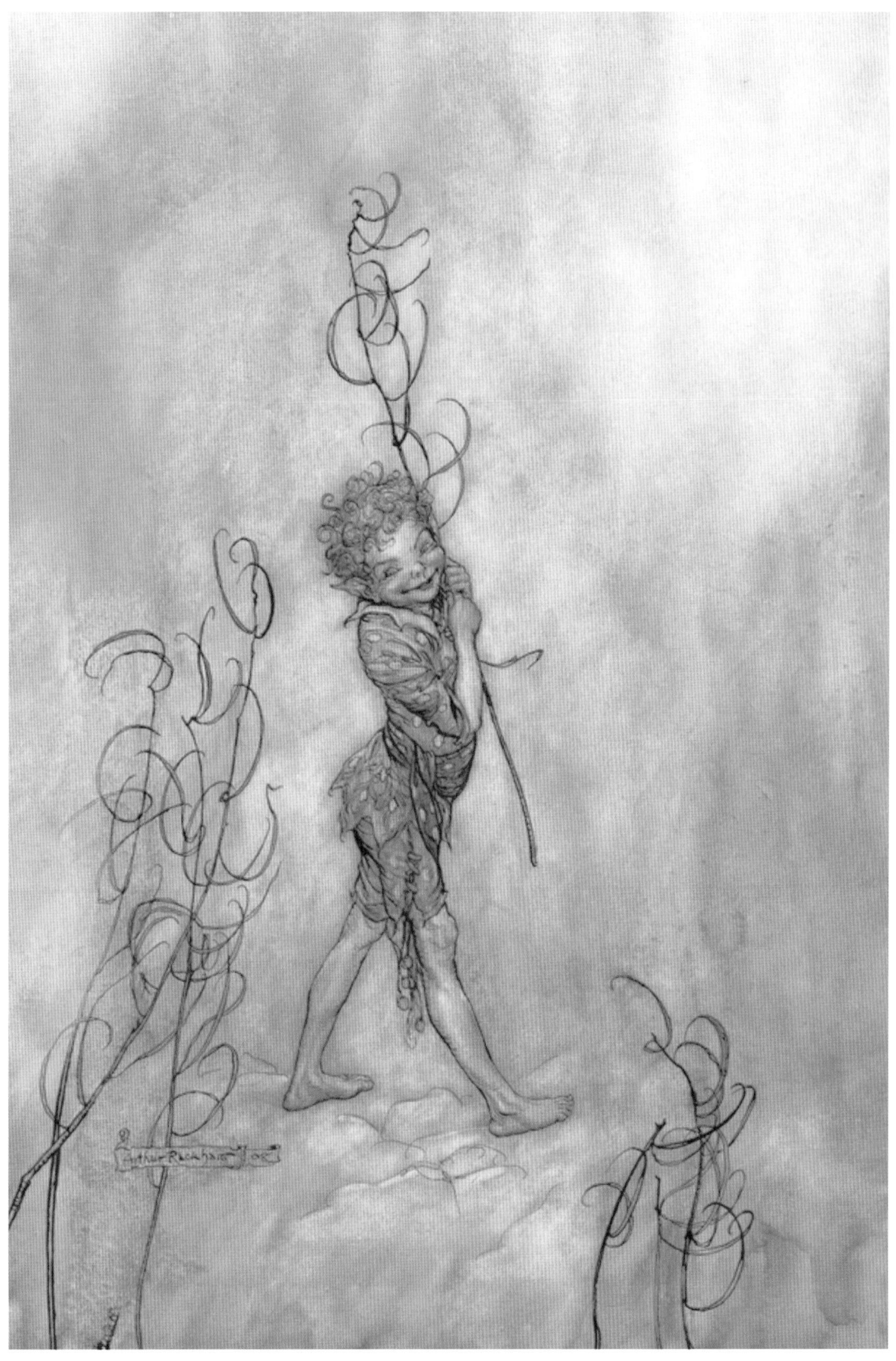

40
"신이시여, 이 인간들은 얼마나 어리석은가요!"

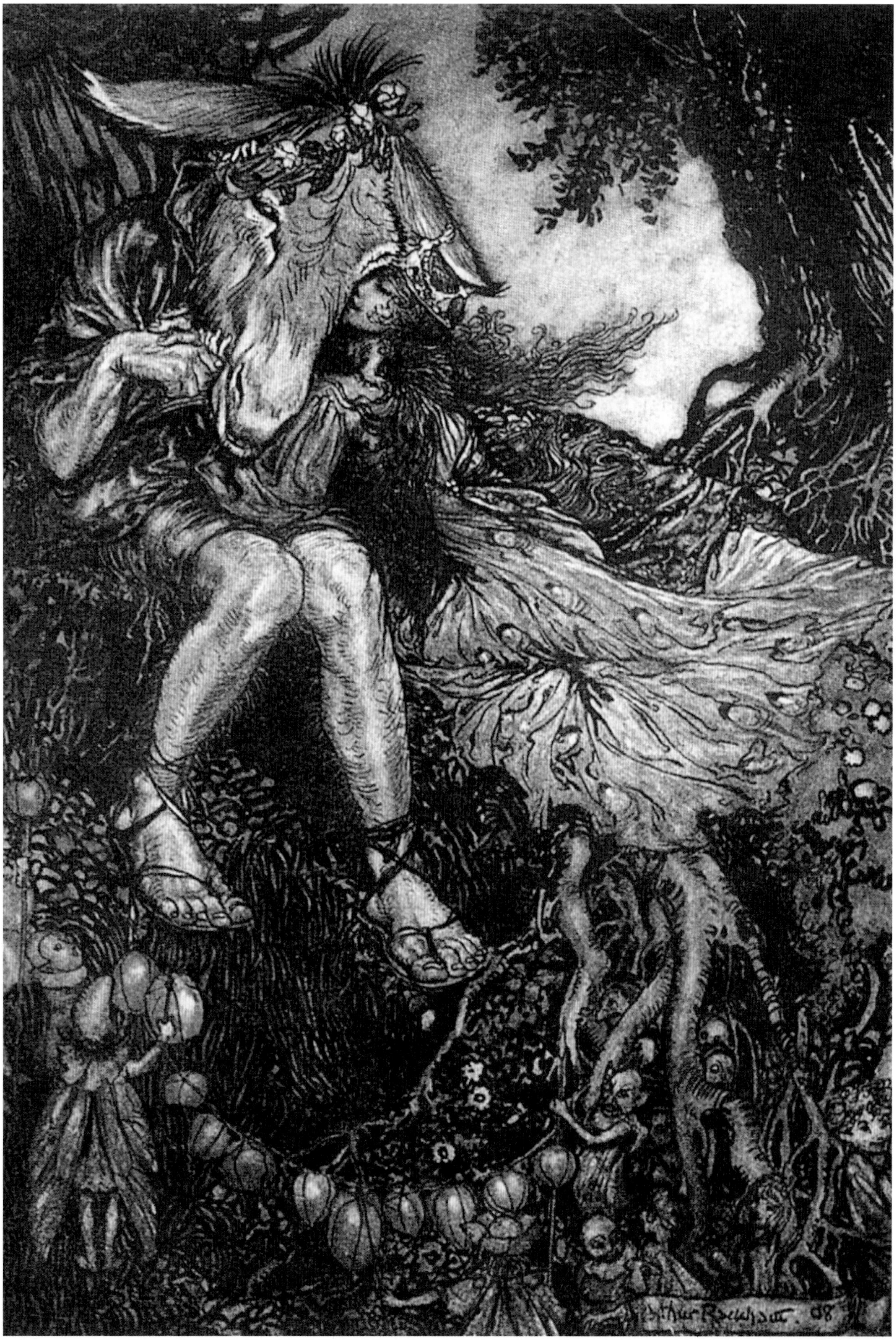

41
“잠들라 그대, 내 품에 안아줄 테니.”

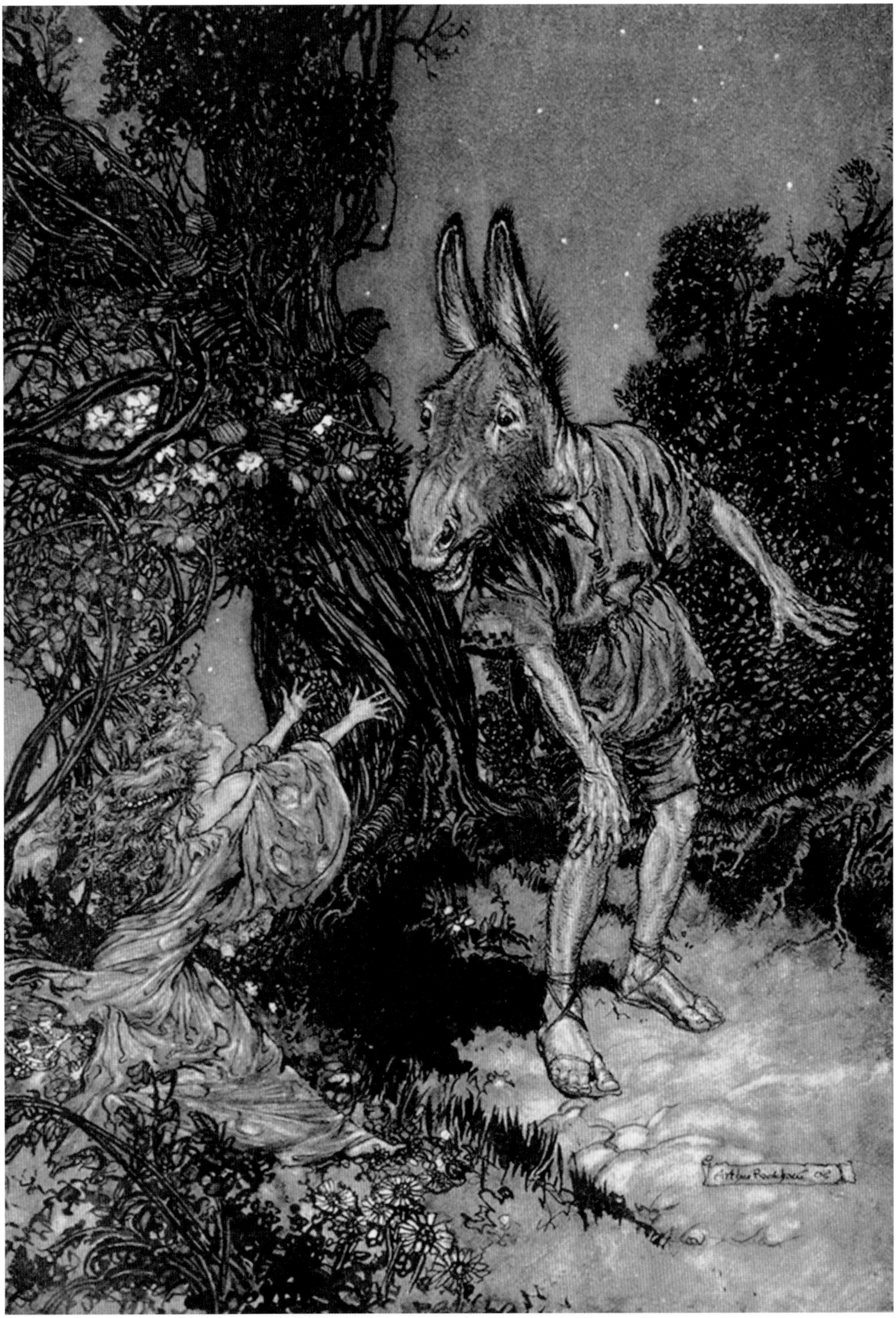

42
"꽃 침대에서 날 깨운 천사는 누구인가요?"

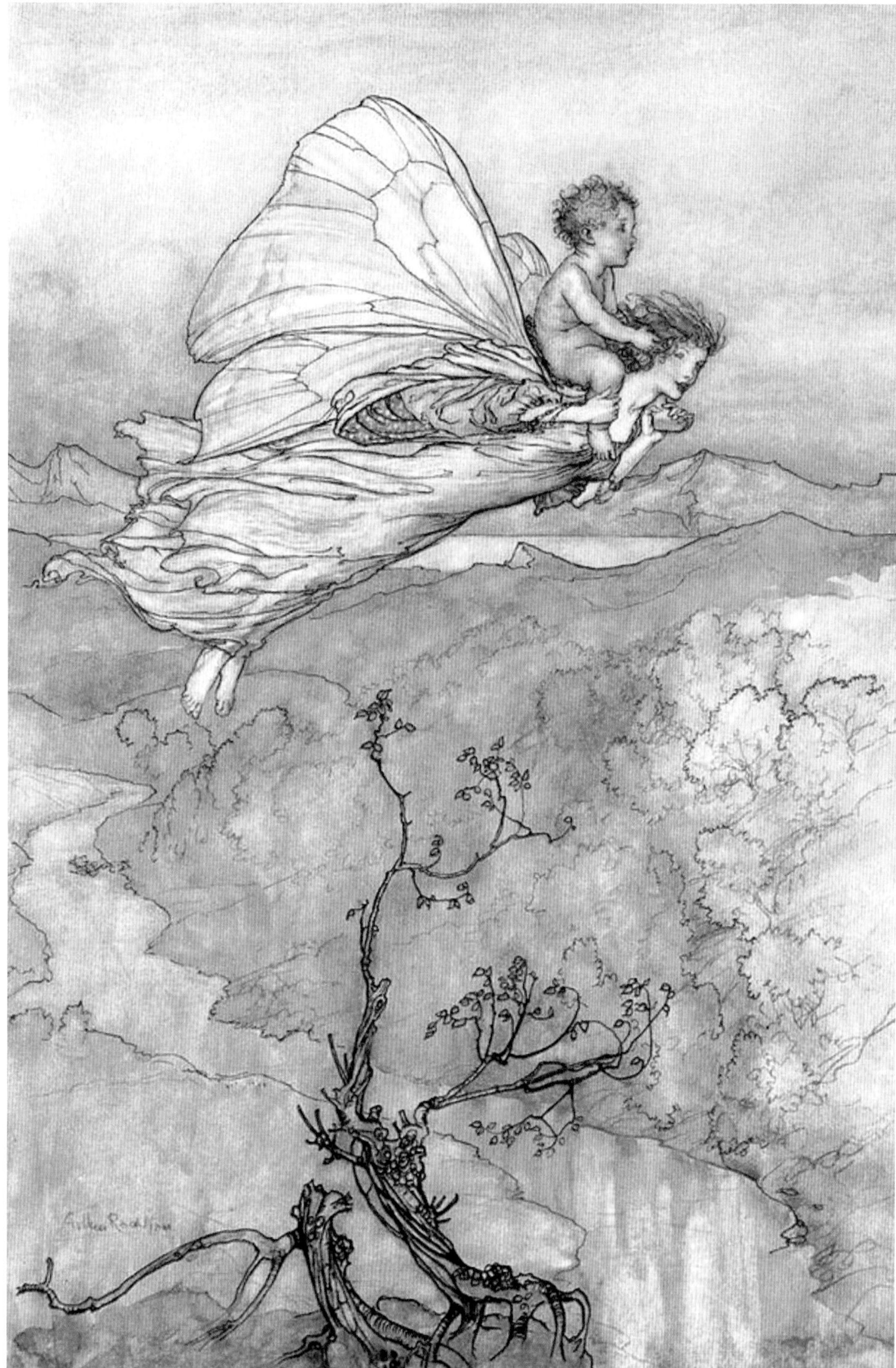

43
그리고 그녀는 요정 나라에 있는 내 궁궐로 그를 데려가기 위해 그녀의 요정을 보냈다.

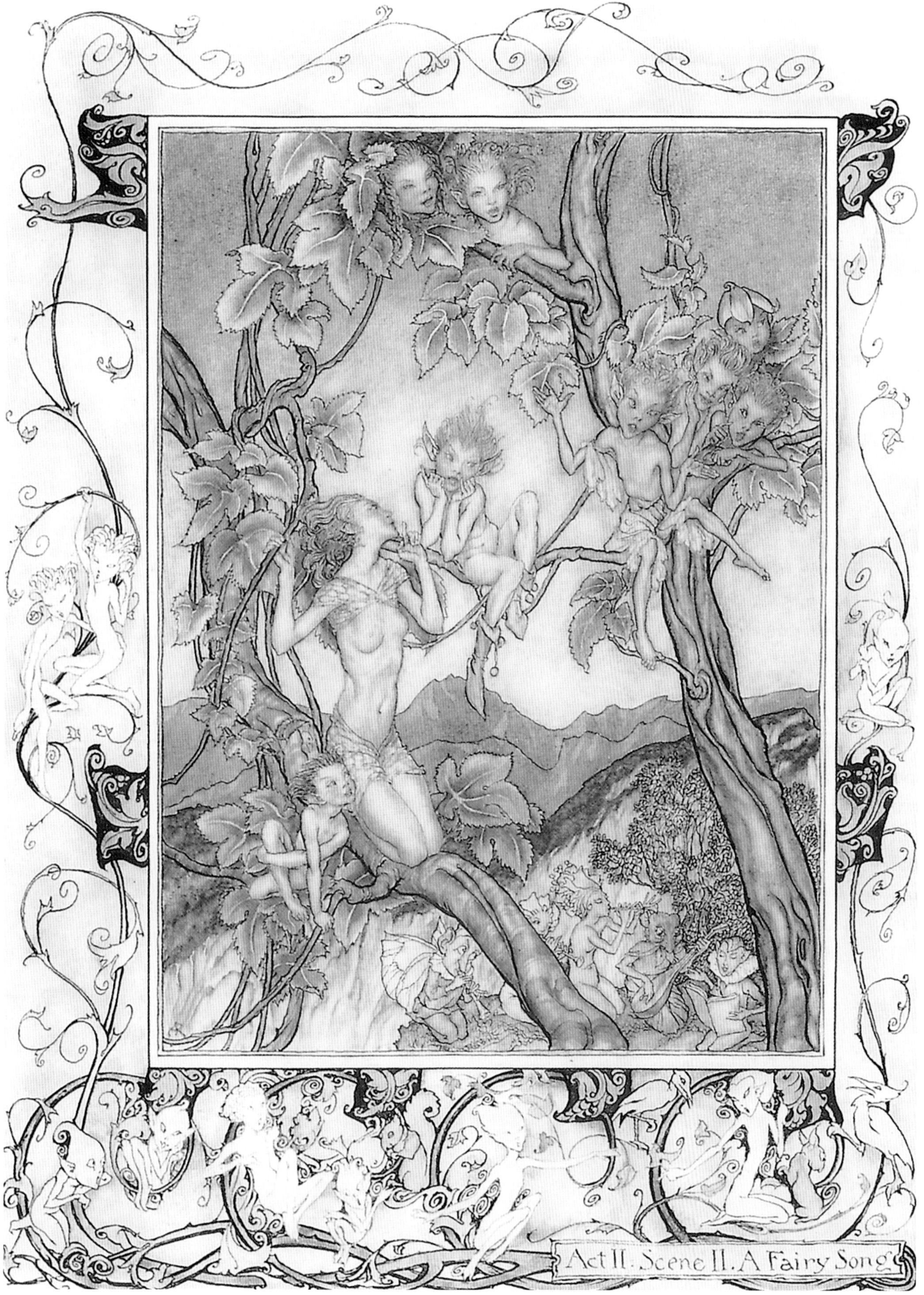

44
요정의 노래.

운디네

Undine

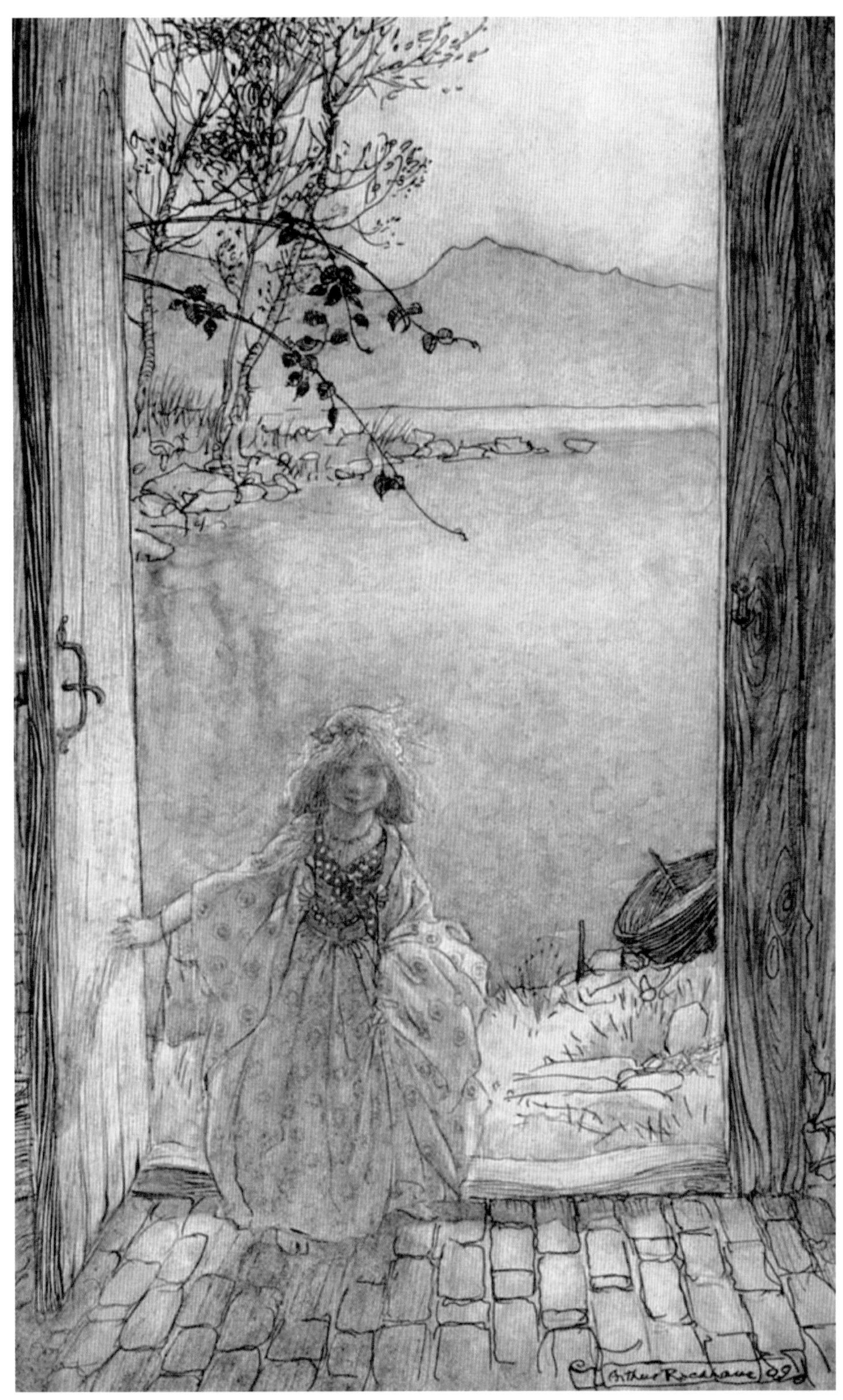

45
호화로운 옷을 입은 아름다운 소녀가 웃으며 문턱에 서 있었다.

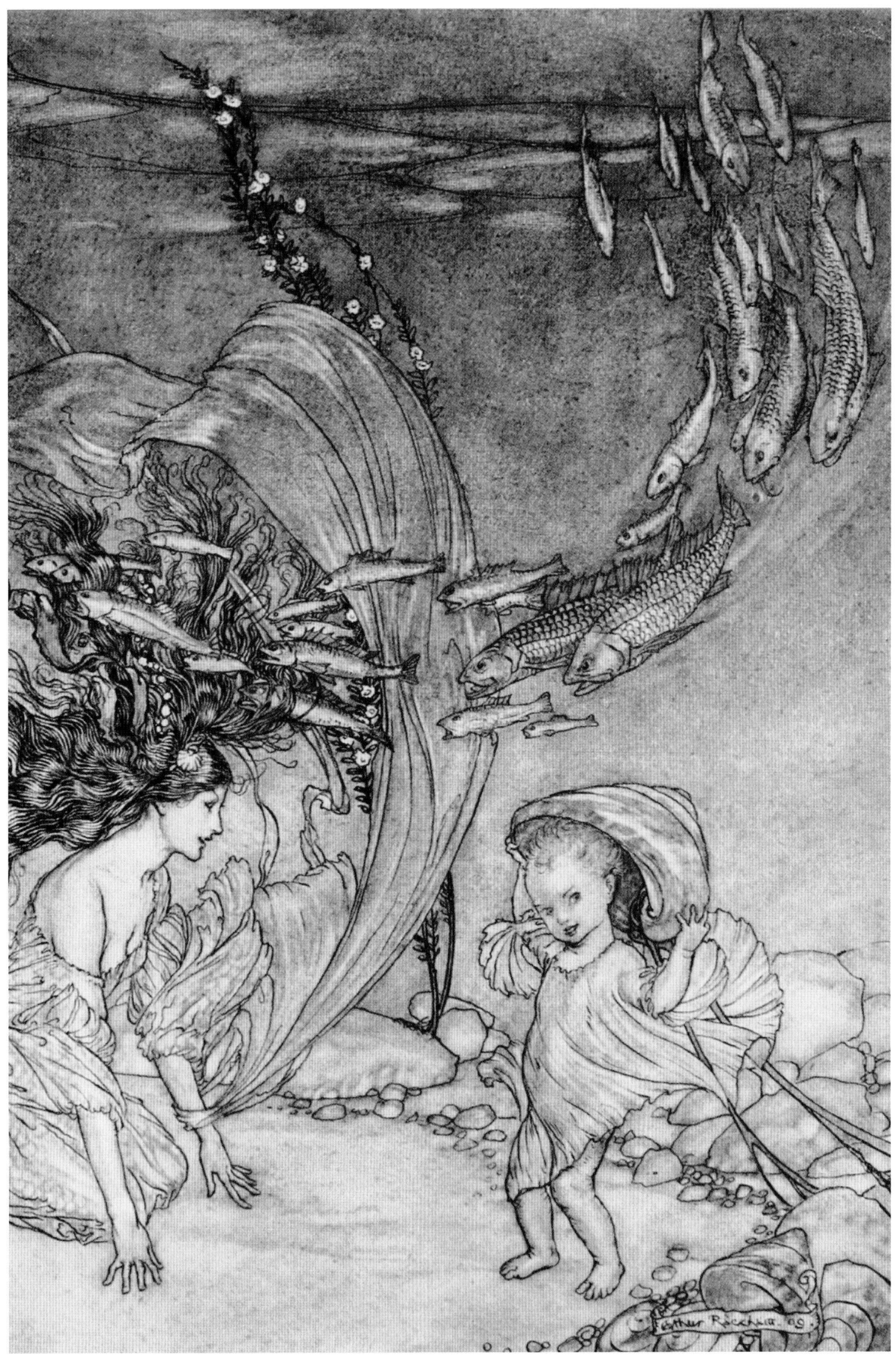

아기 때의 운디네.

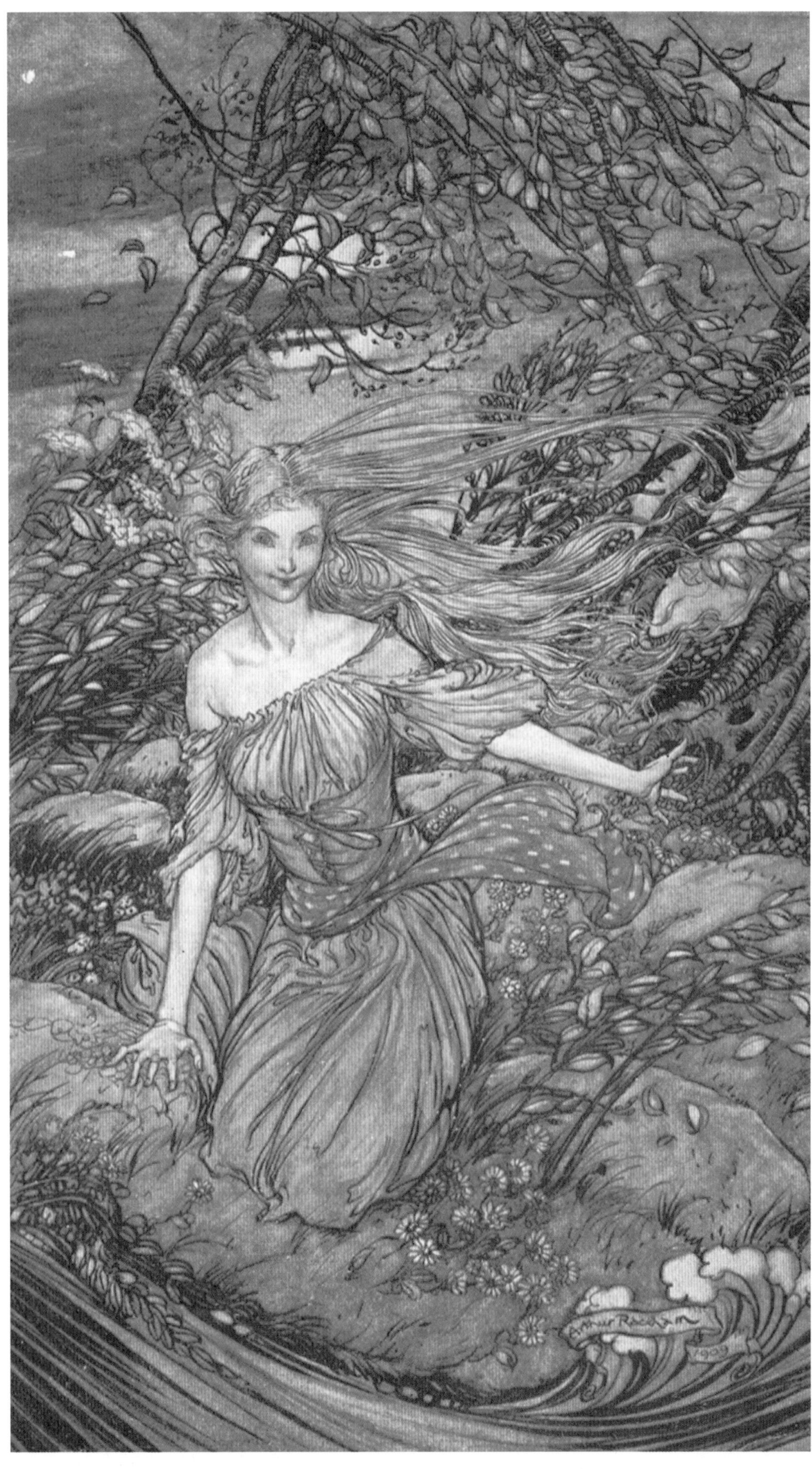

47
그는 잠시 드러난 달빛 덕에 홍수로 고립된 작은 섬을 보았다.
그리고 섬의 툭 튀어나온 나뭇가지 아래엔 운디네가 있었다.

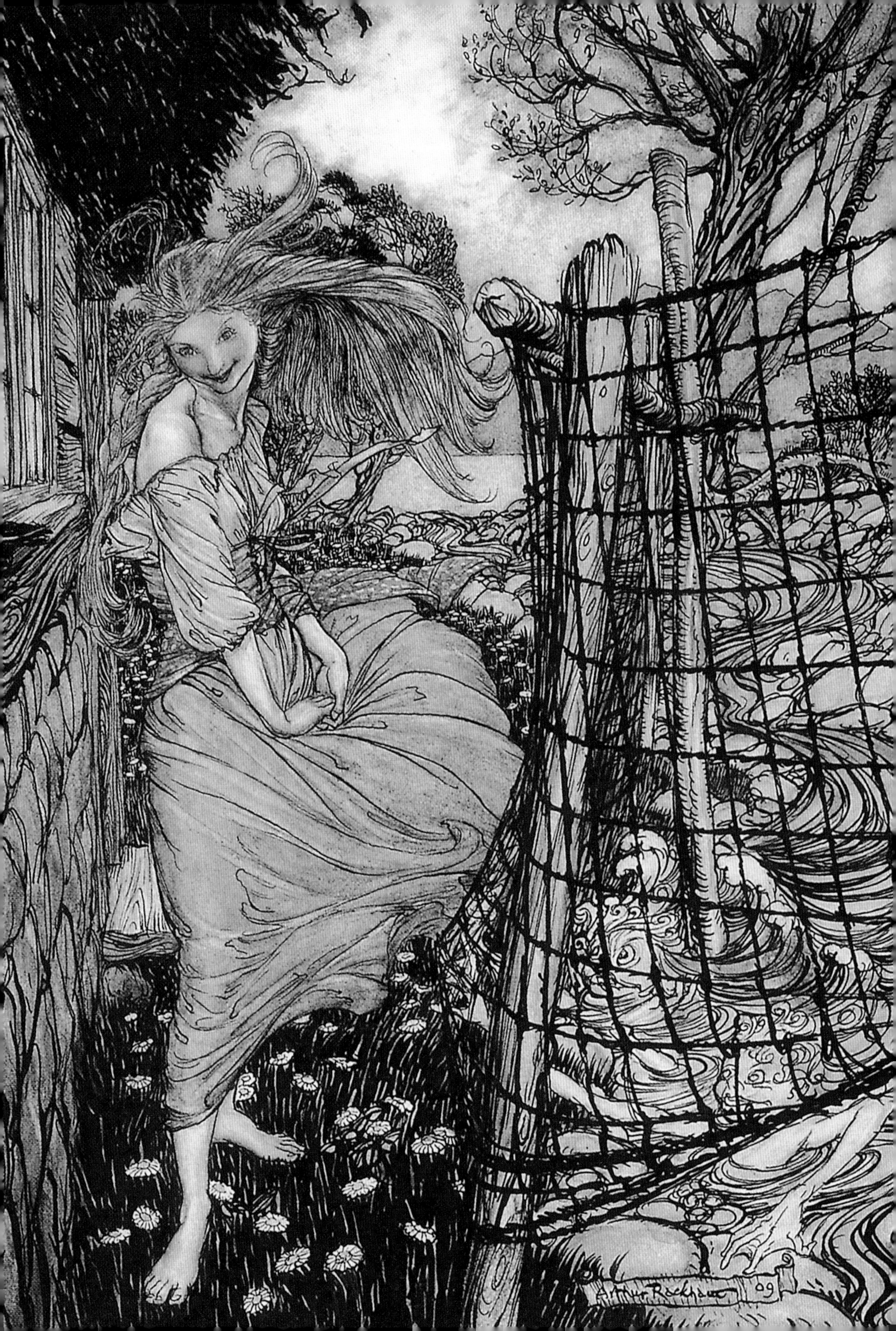
Arthur Rackham 09

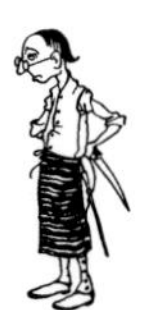

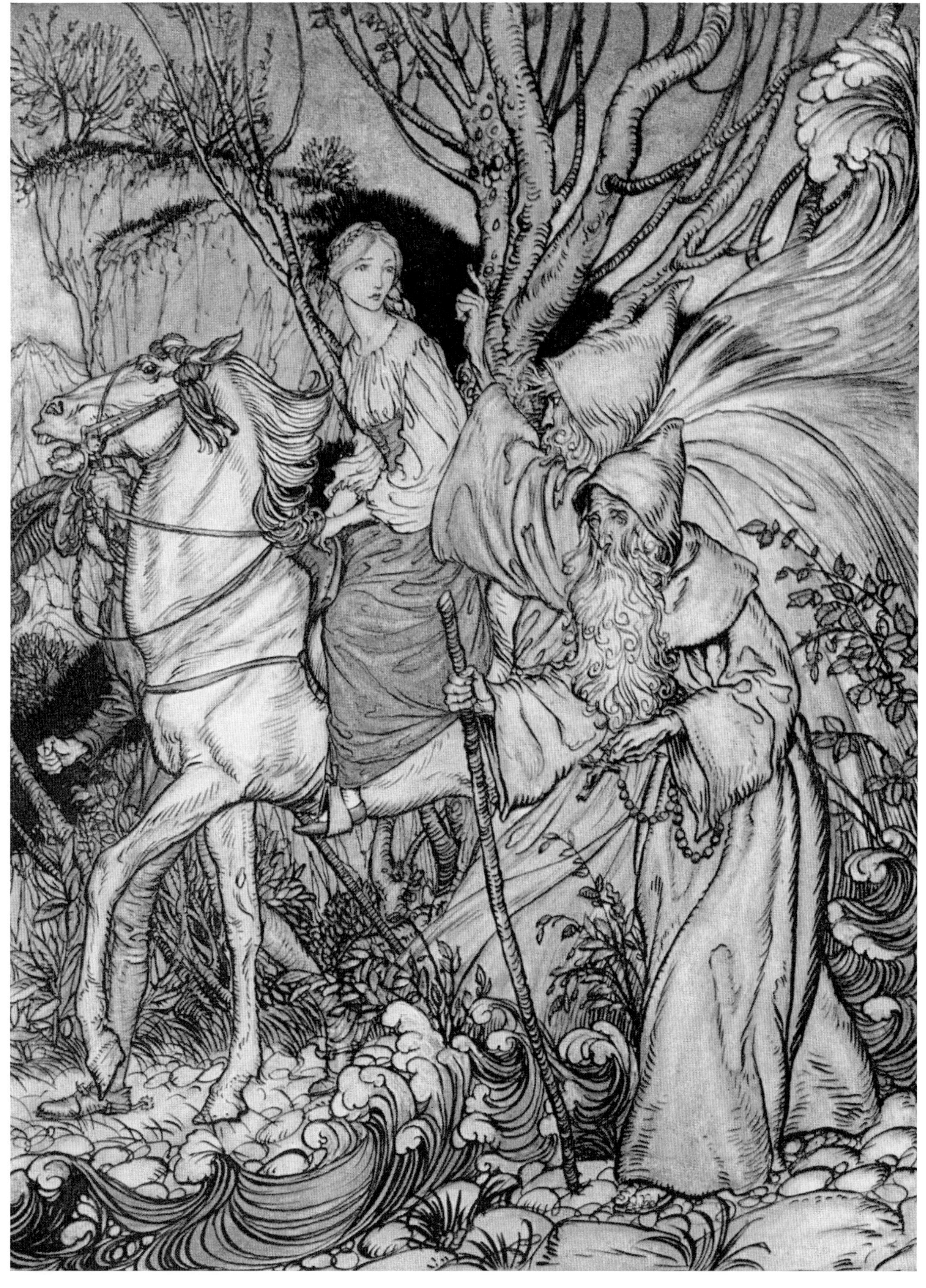

49
"어린 조카야" 퀼레보른이 말했다.
"내가 길잡이로 함께하고 있음을 잊지 말거라."

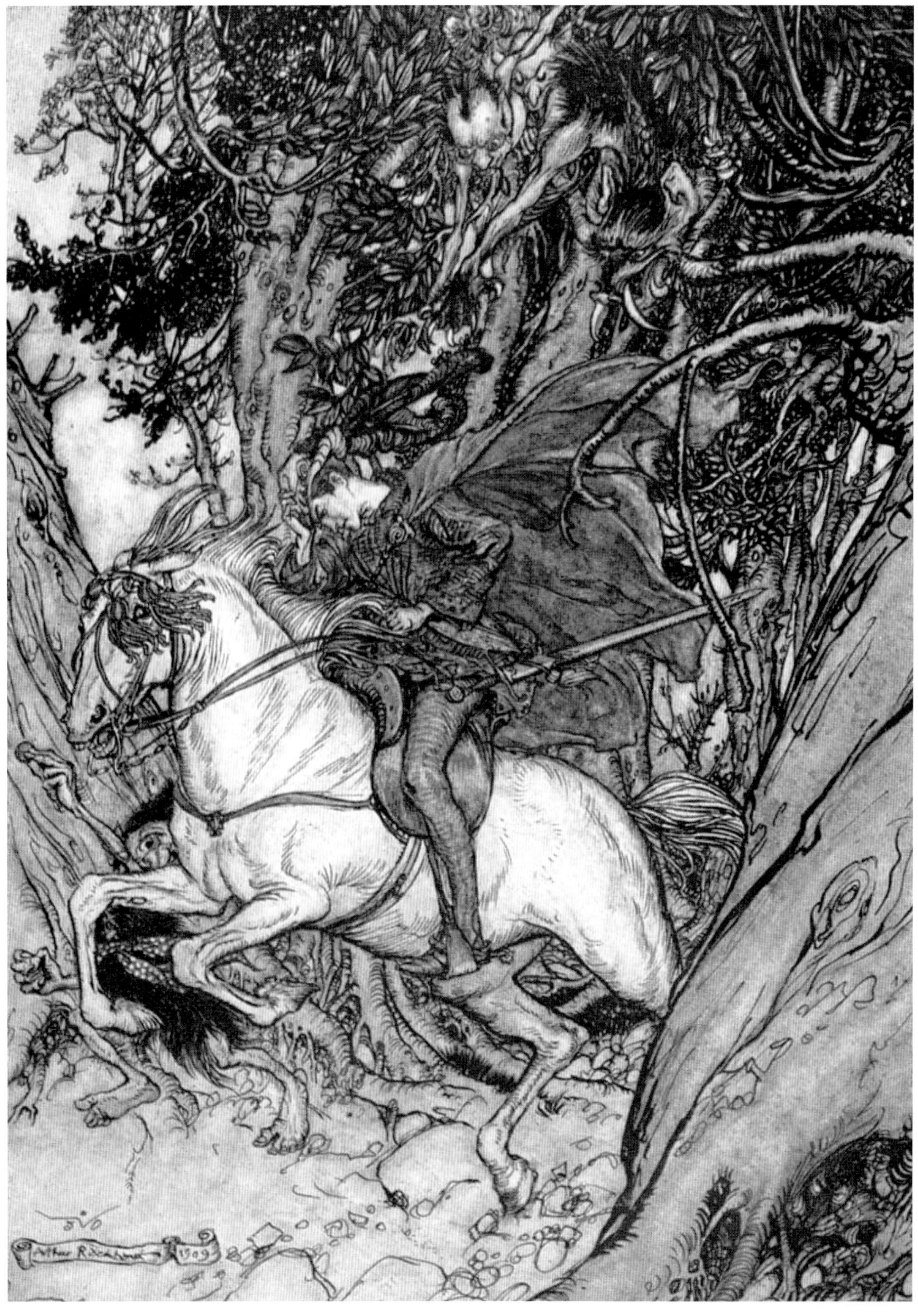

50
작은 도깨비는 금 조각을 손에 쥔 채 떨 때마다 “가짜 금! 가짜 금화! 가짜 금화!” 하며 울부짖었다.

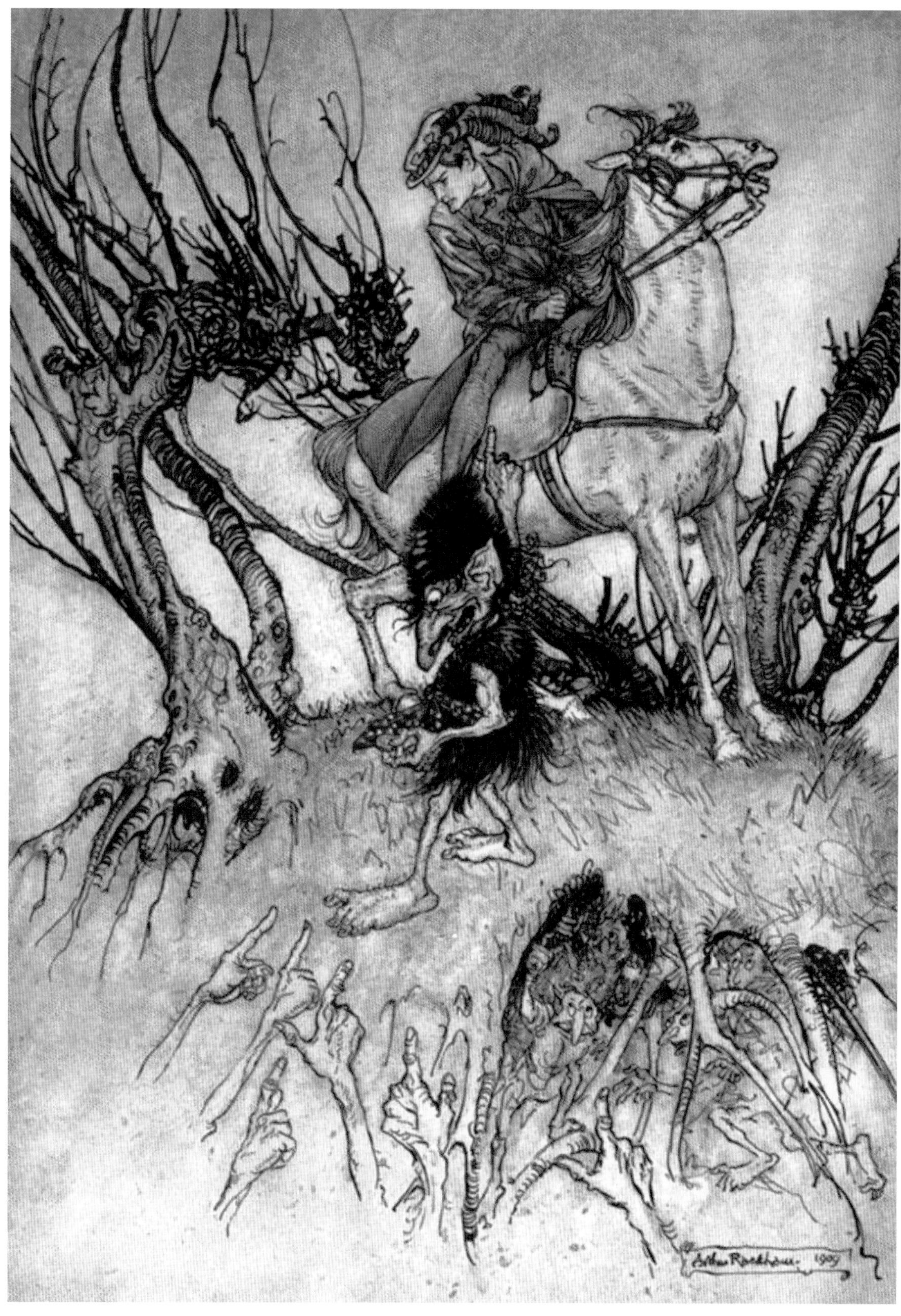

51
이윽고 그들 모두가 얼룩진 손가락으로 나를 가리켰다.

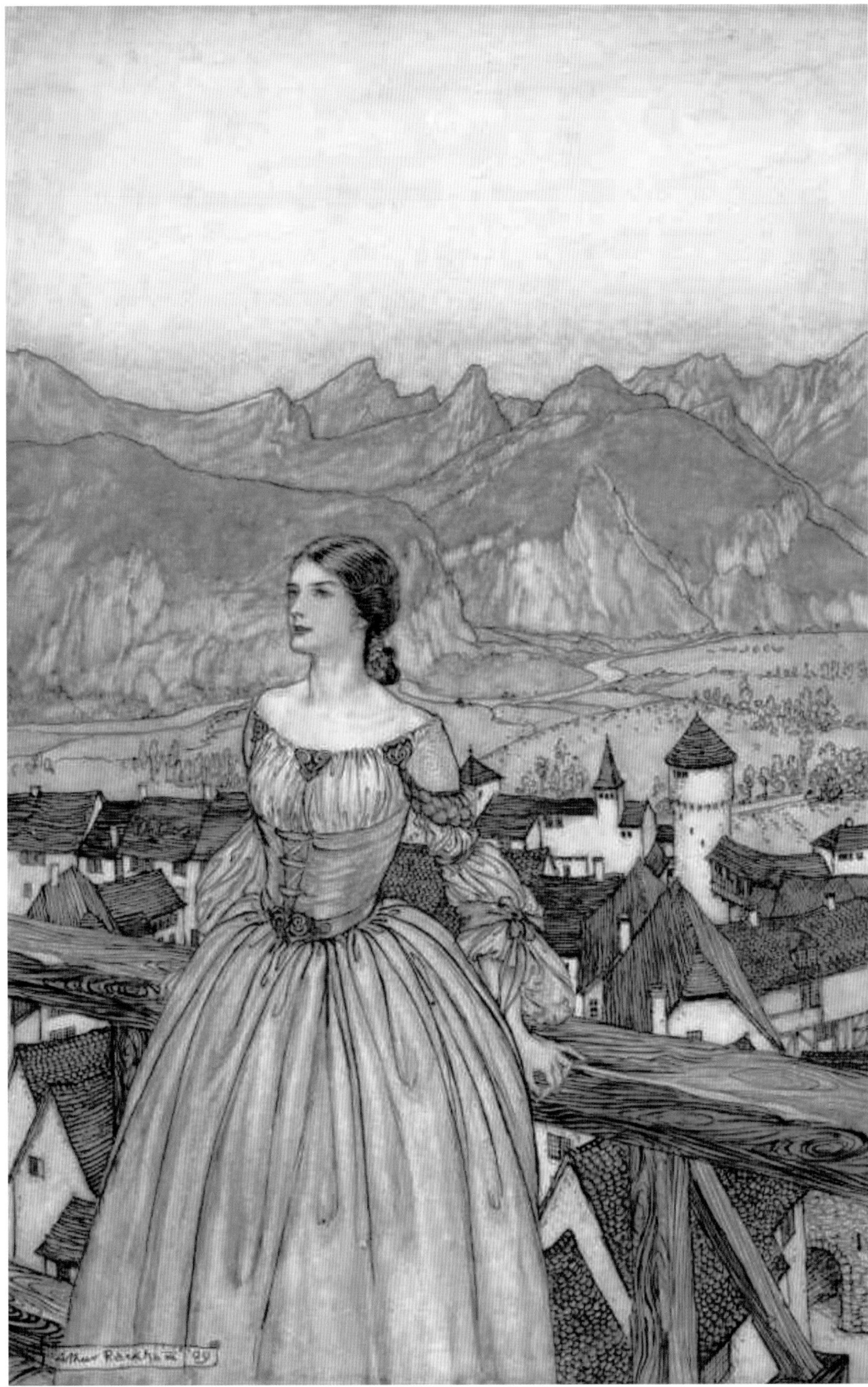

52
베르탈다.

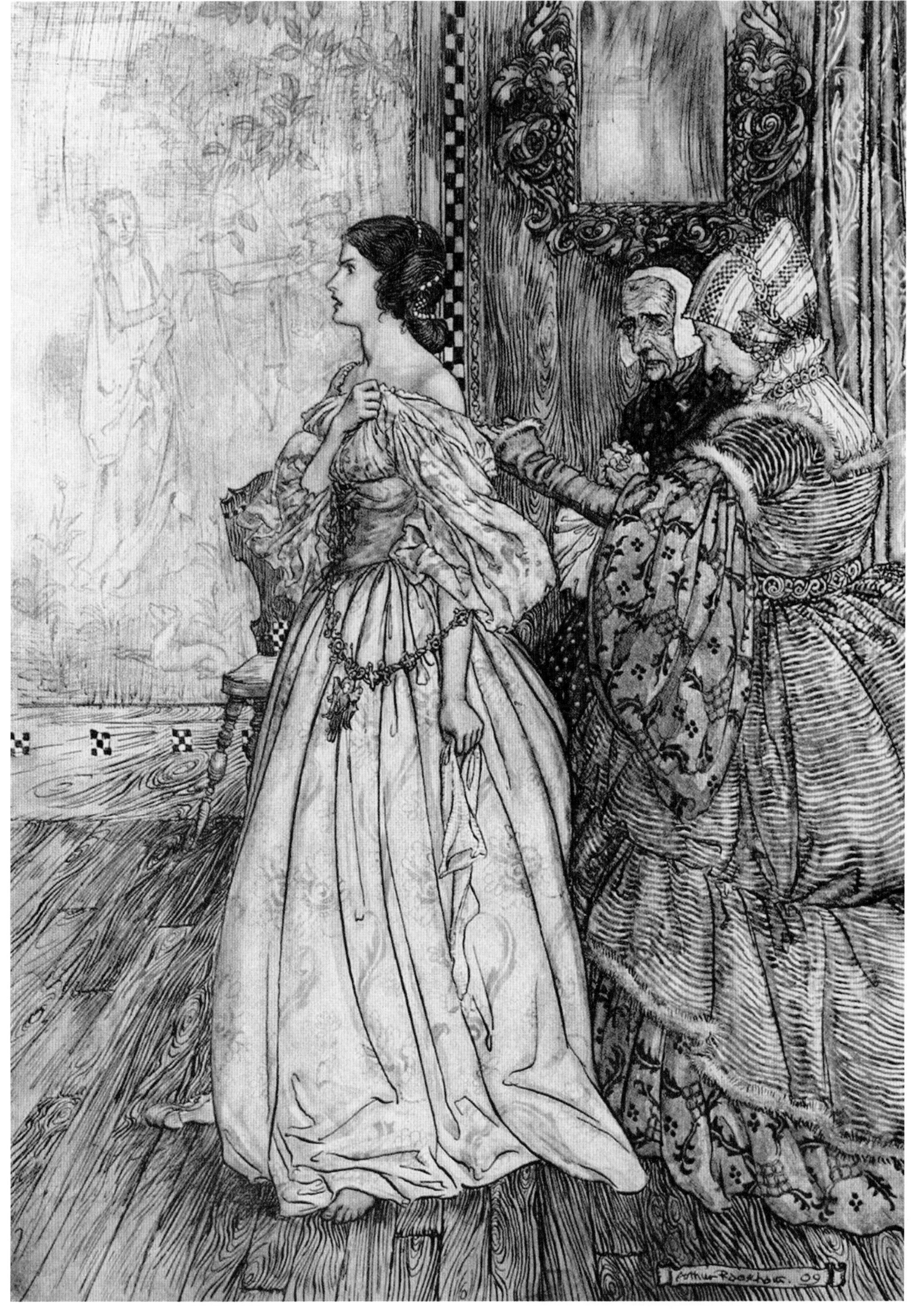

53
“그녀의 어깨 사이에 제비꽃처럼 생긴 자국이 있고, 왼쪽 발등에도 비슷한 게 있어요.”

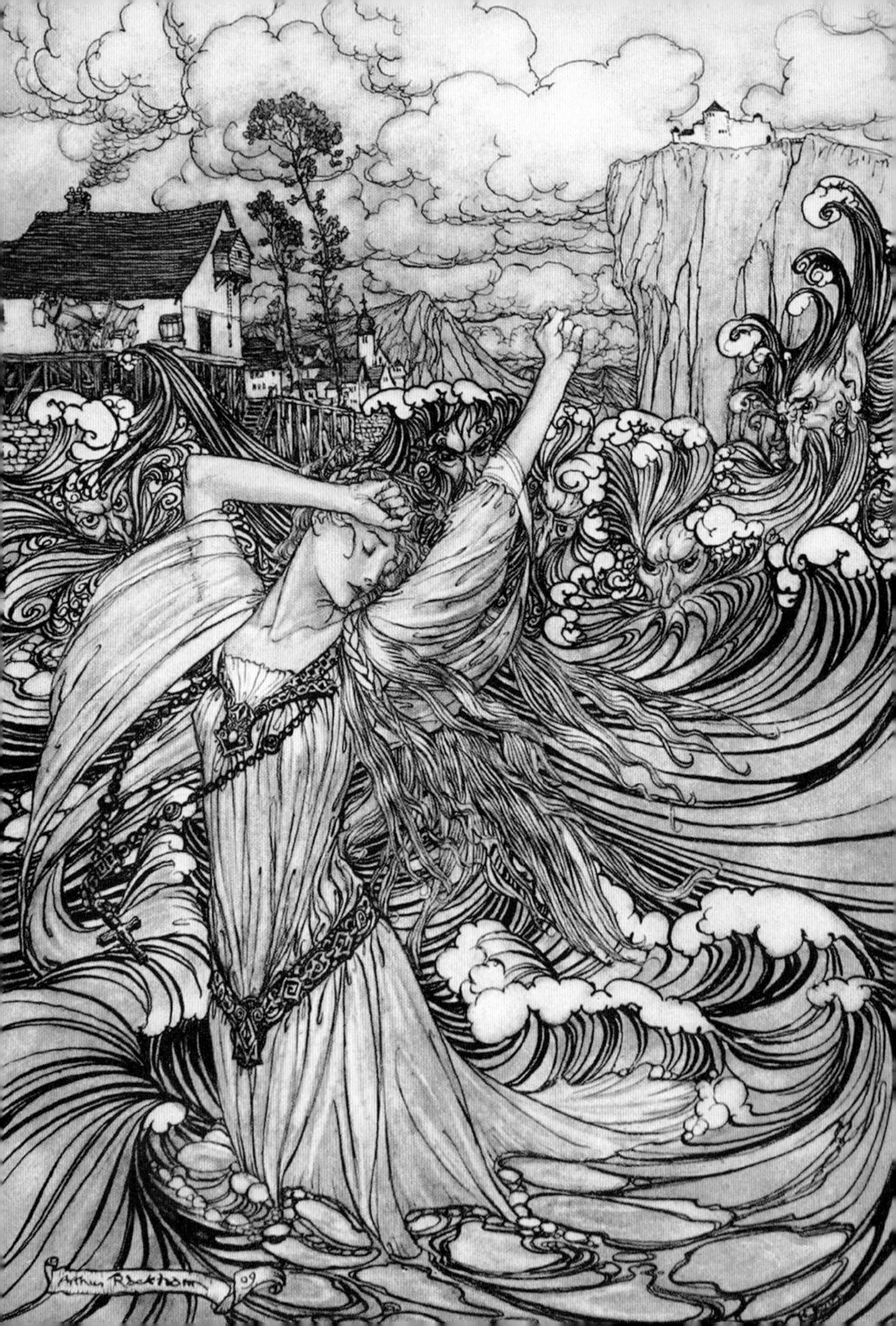
Arthur Rackham
09

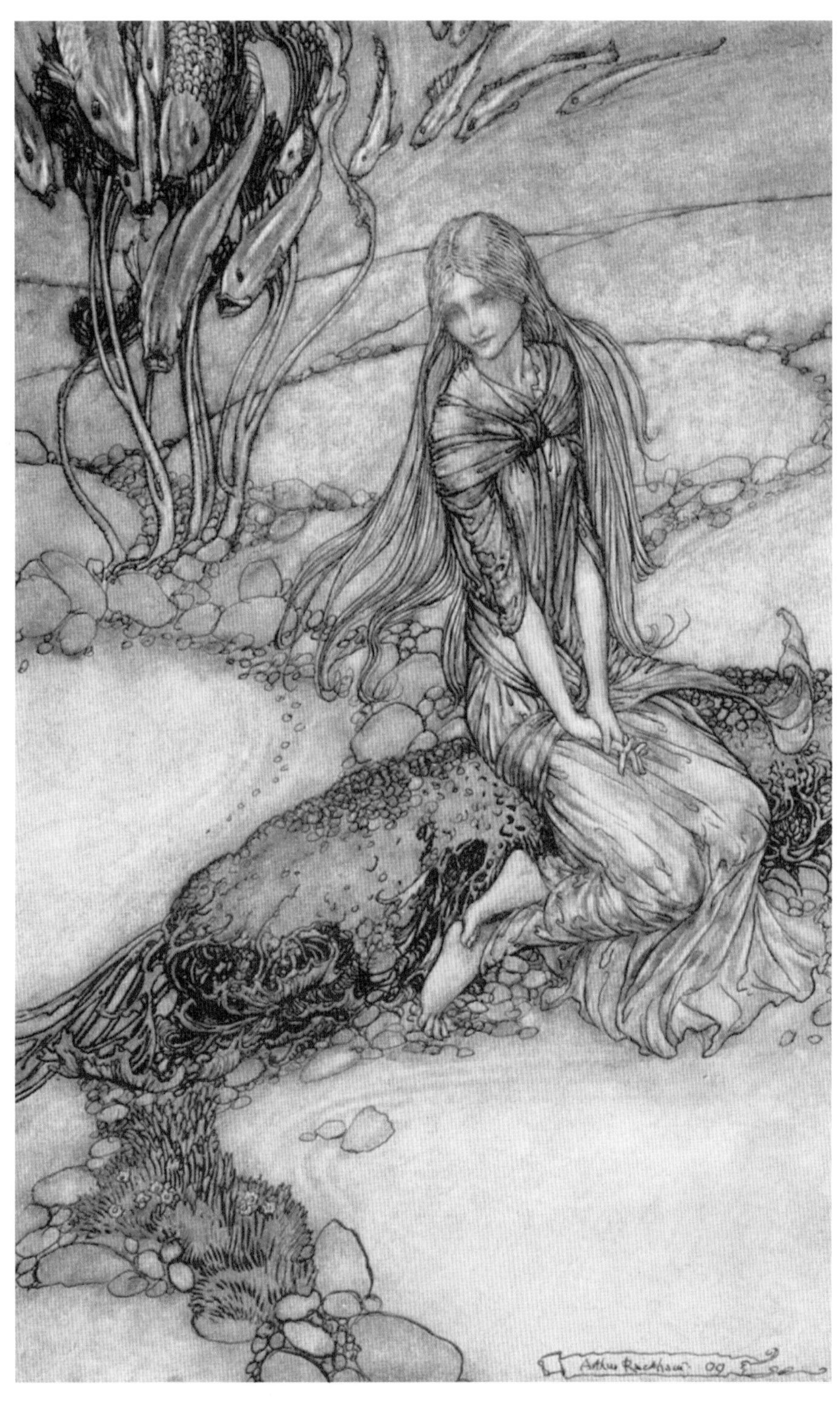

55
훌트브란트는 꿈에서 수정 회랑 아래 앉아 있는
운디네를 볼 수 있었다.

54
운디네는 곧
다뉴브강 속으로 사라졌다.

걸리버 여행기

Gulliver's Travels into Several Remote Nations of the World

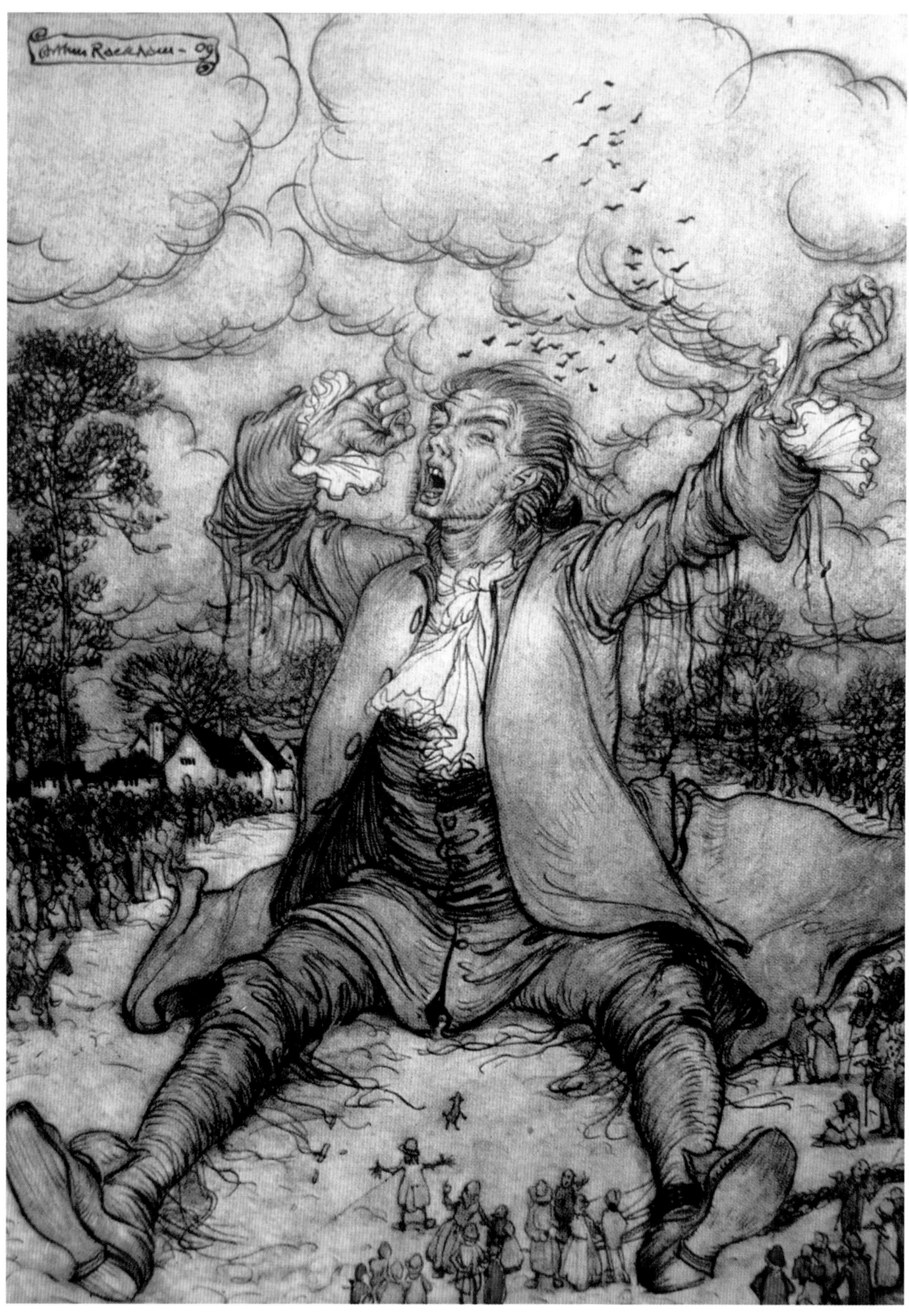

줄에서 풀려난 걸리버는 일어나 기지개를 켰다.

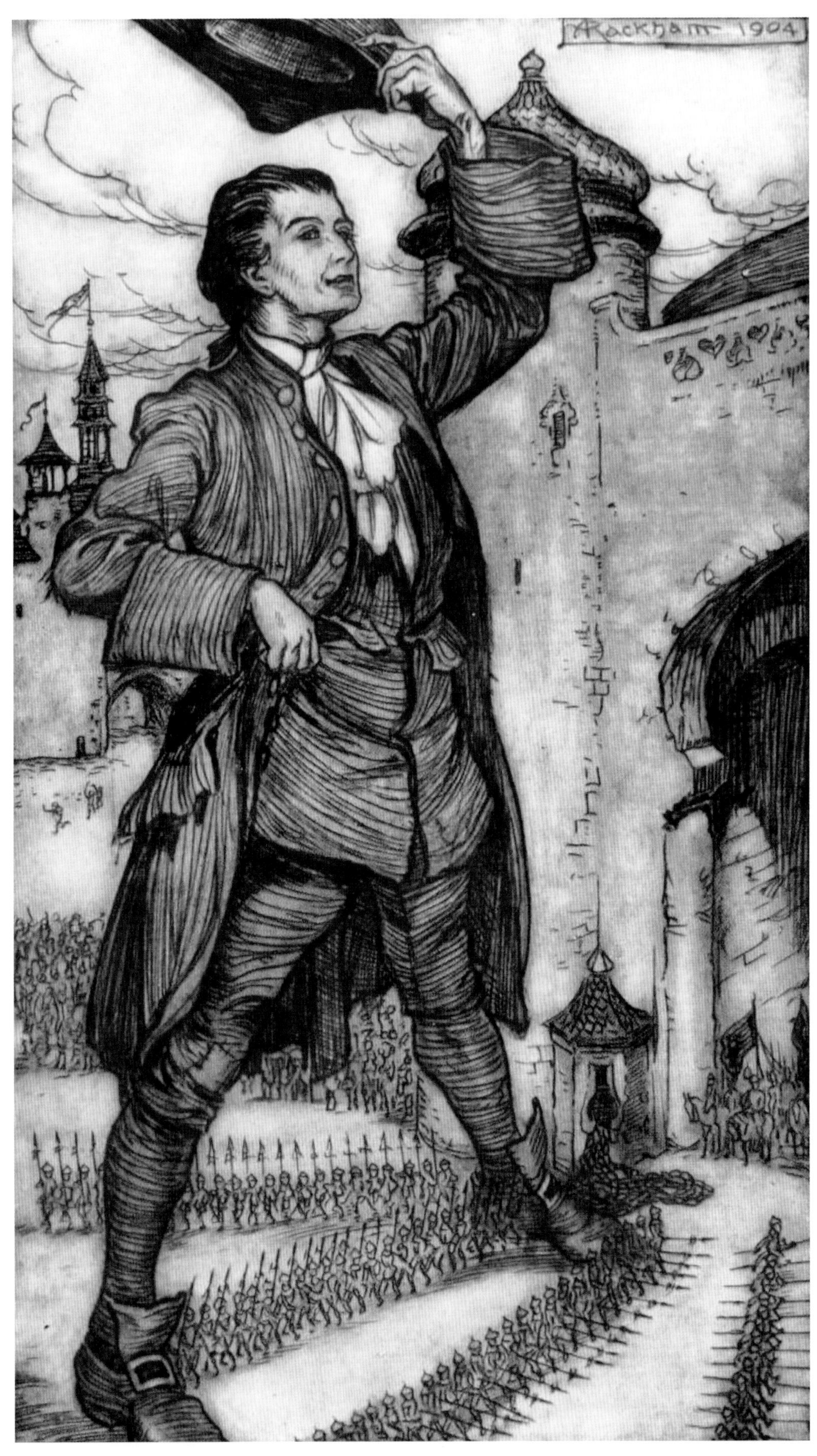

릴리퍼트 황제는 그의 군대를 사열시켰다.

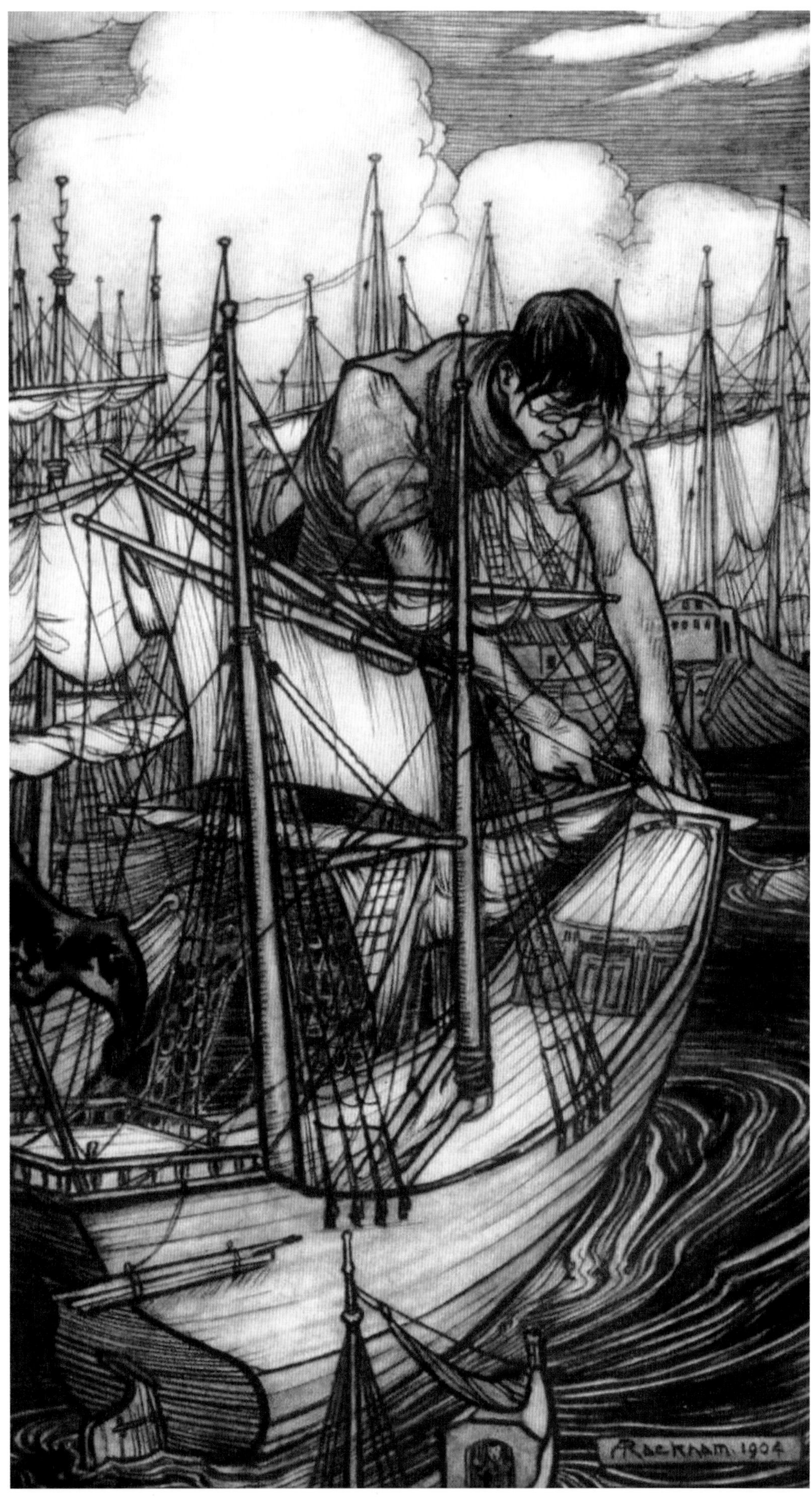

58
걸리버는 적의 함대를 손에 넣었다.

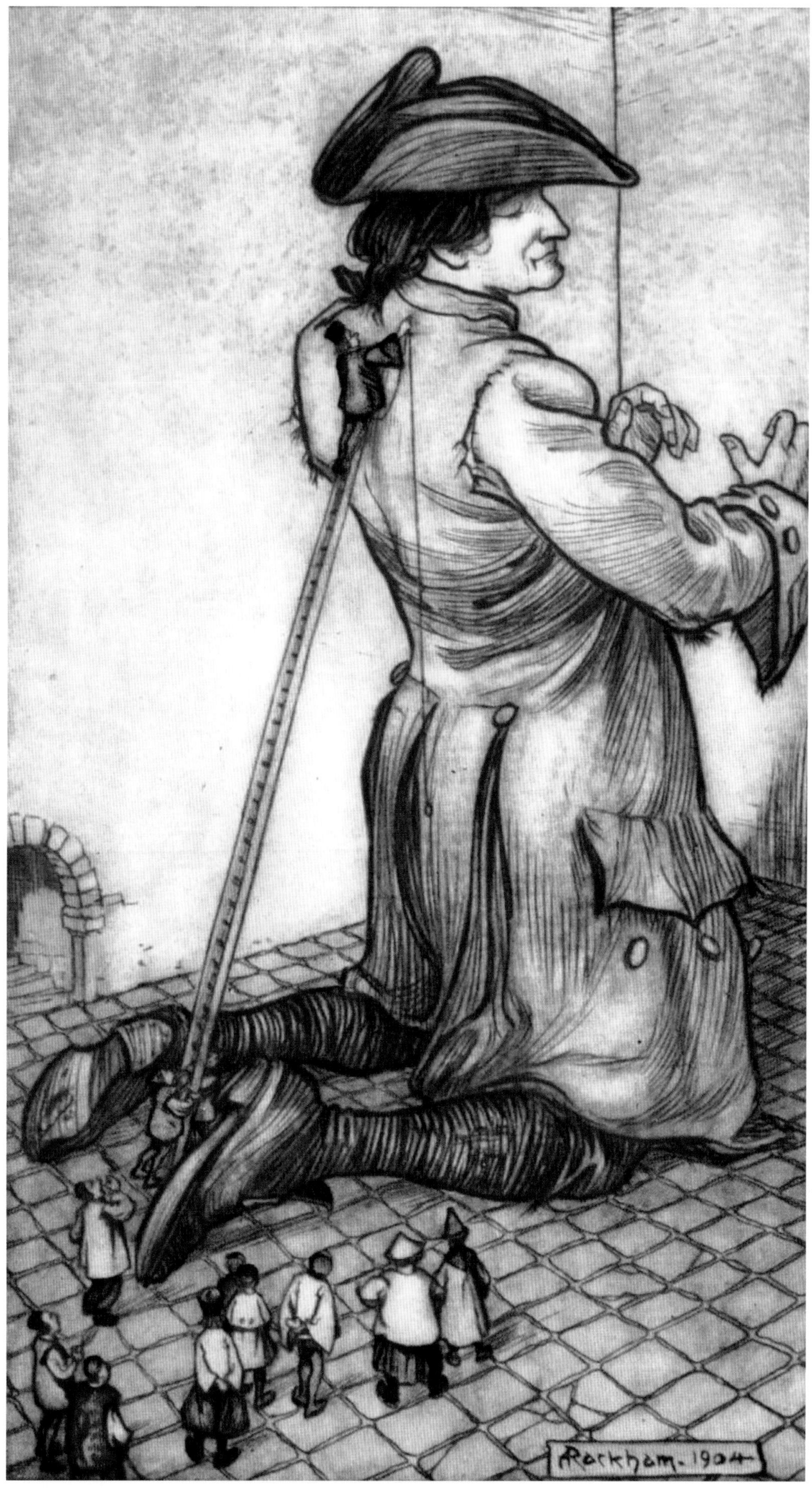

59
릴리퍼트 재단사들은 새 옷을 위해 걸리버의 치수를 쟀다.

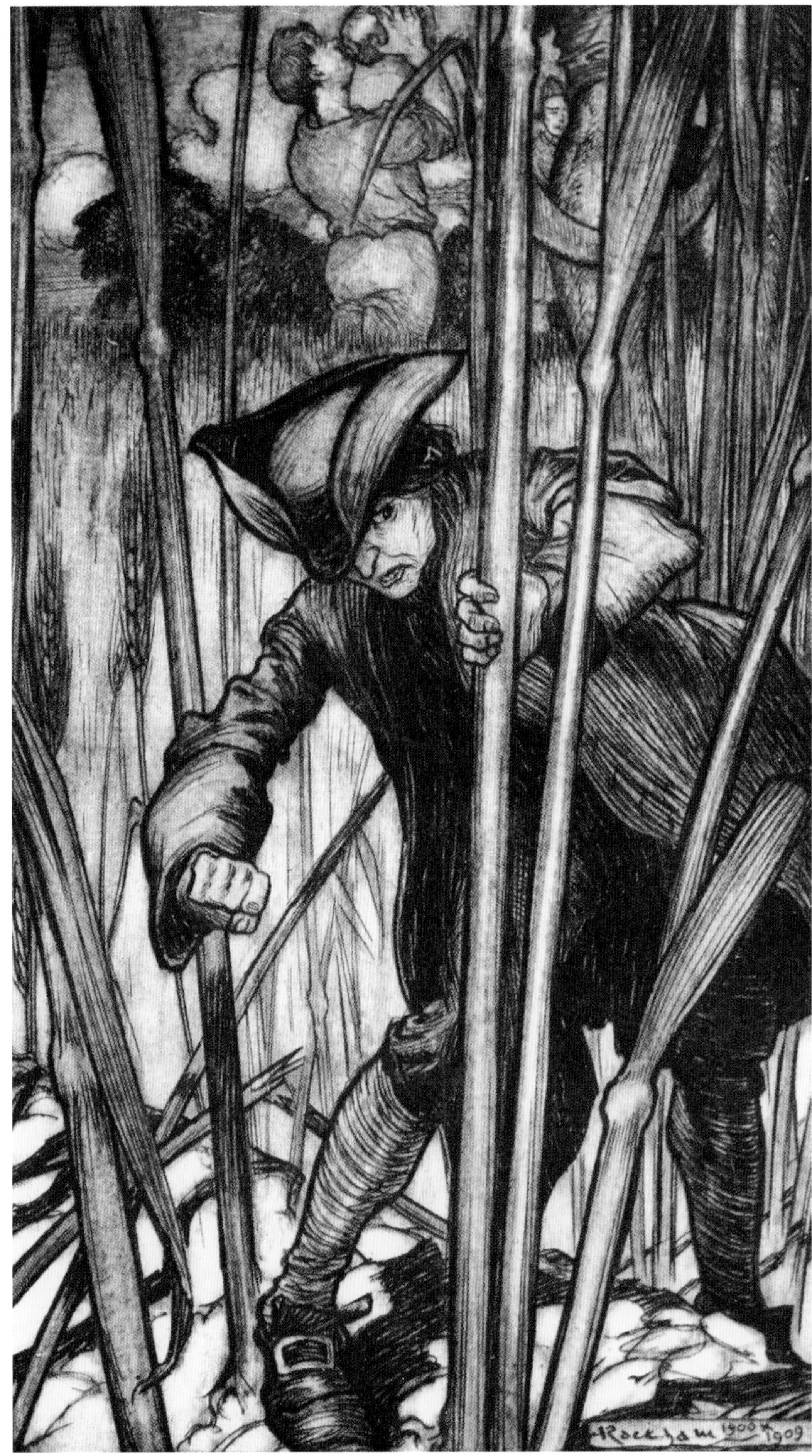

60
브로브딩내그 농부들을 보자마자 걸리버는 두려움에 휩싸였다.

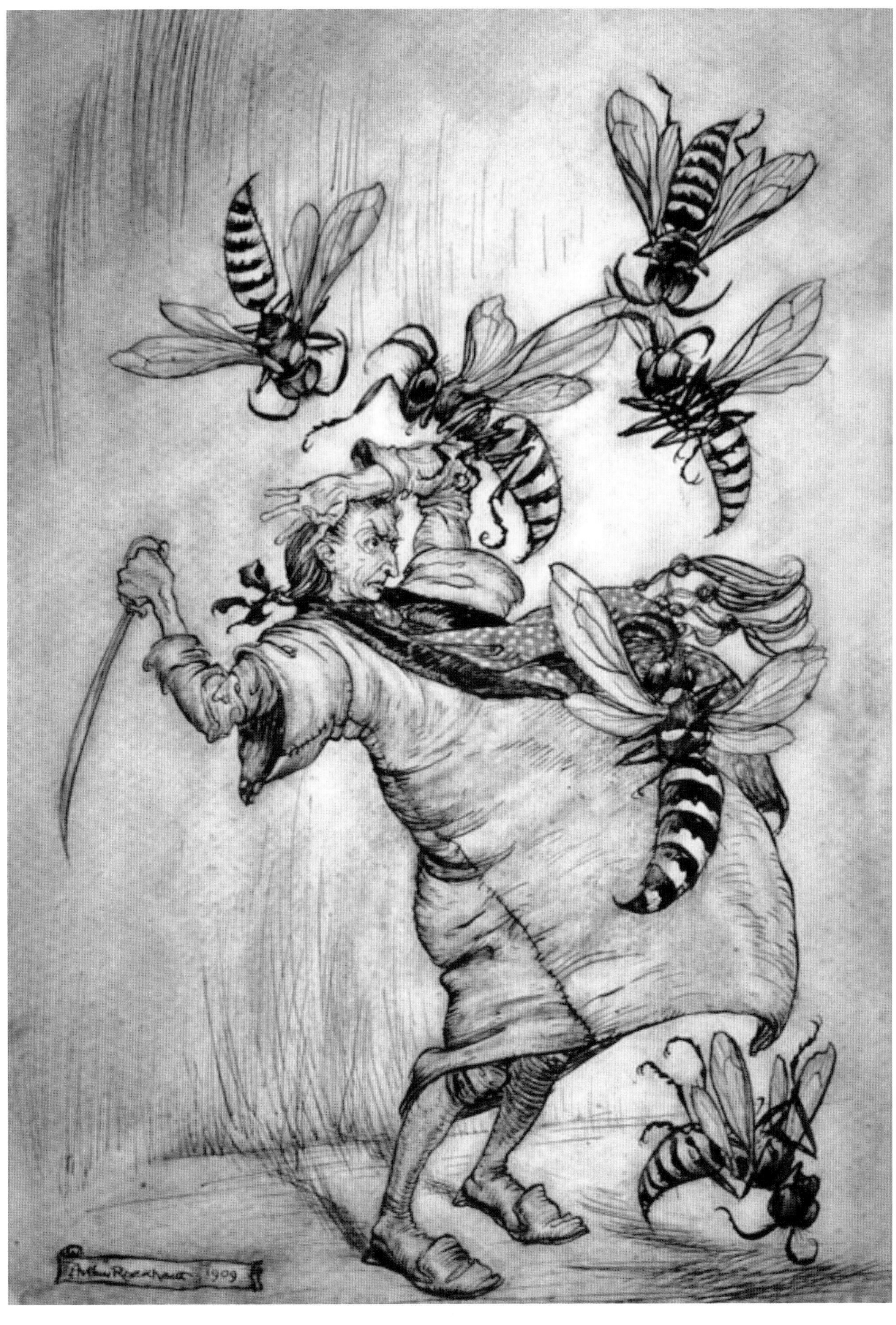

61
말벌과 싸우는 걸리버.

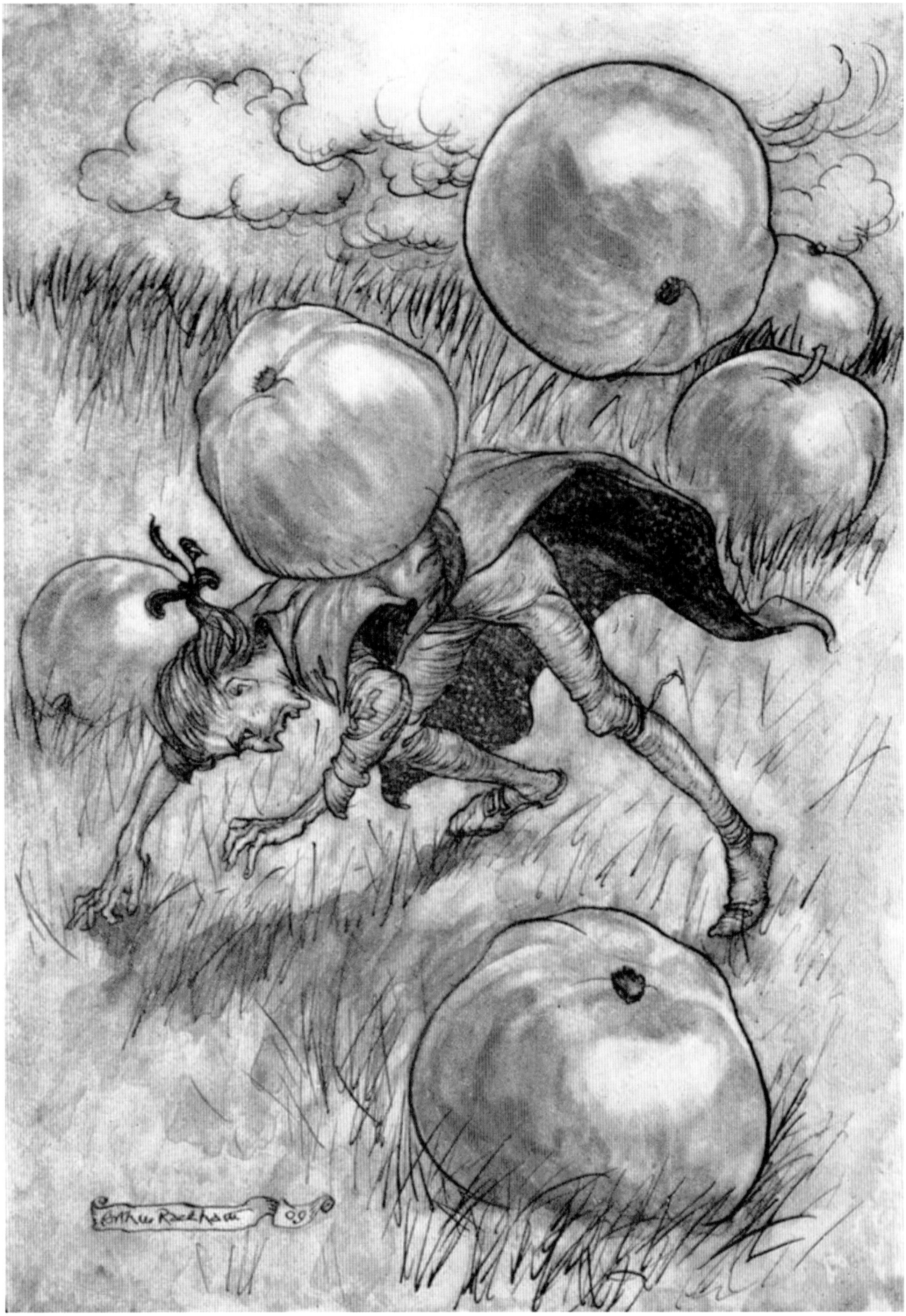

62
"사과가 내 귓가로 굴러떨어지네요."

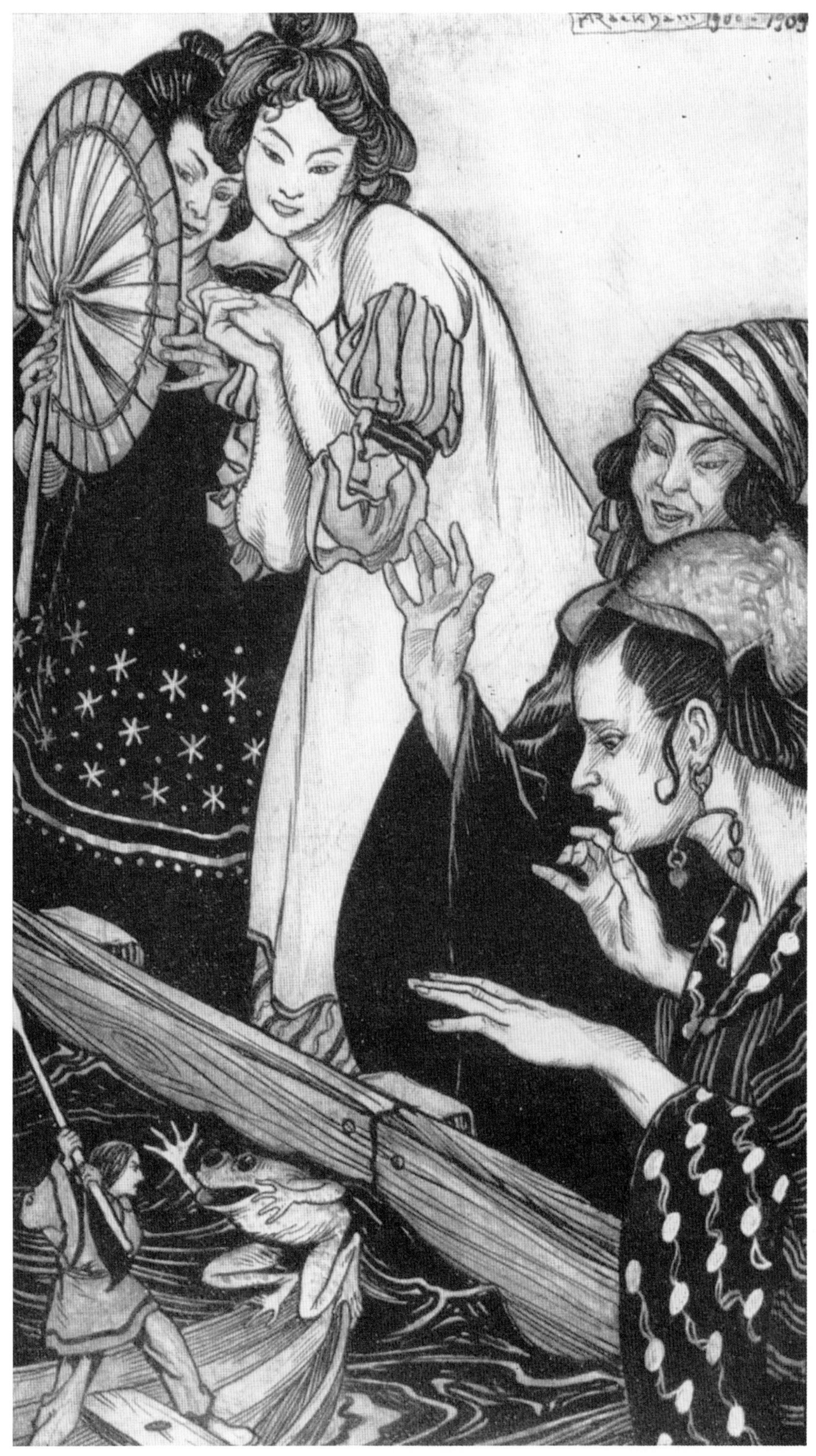

63
개구리에 맞서는 걸리버.

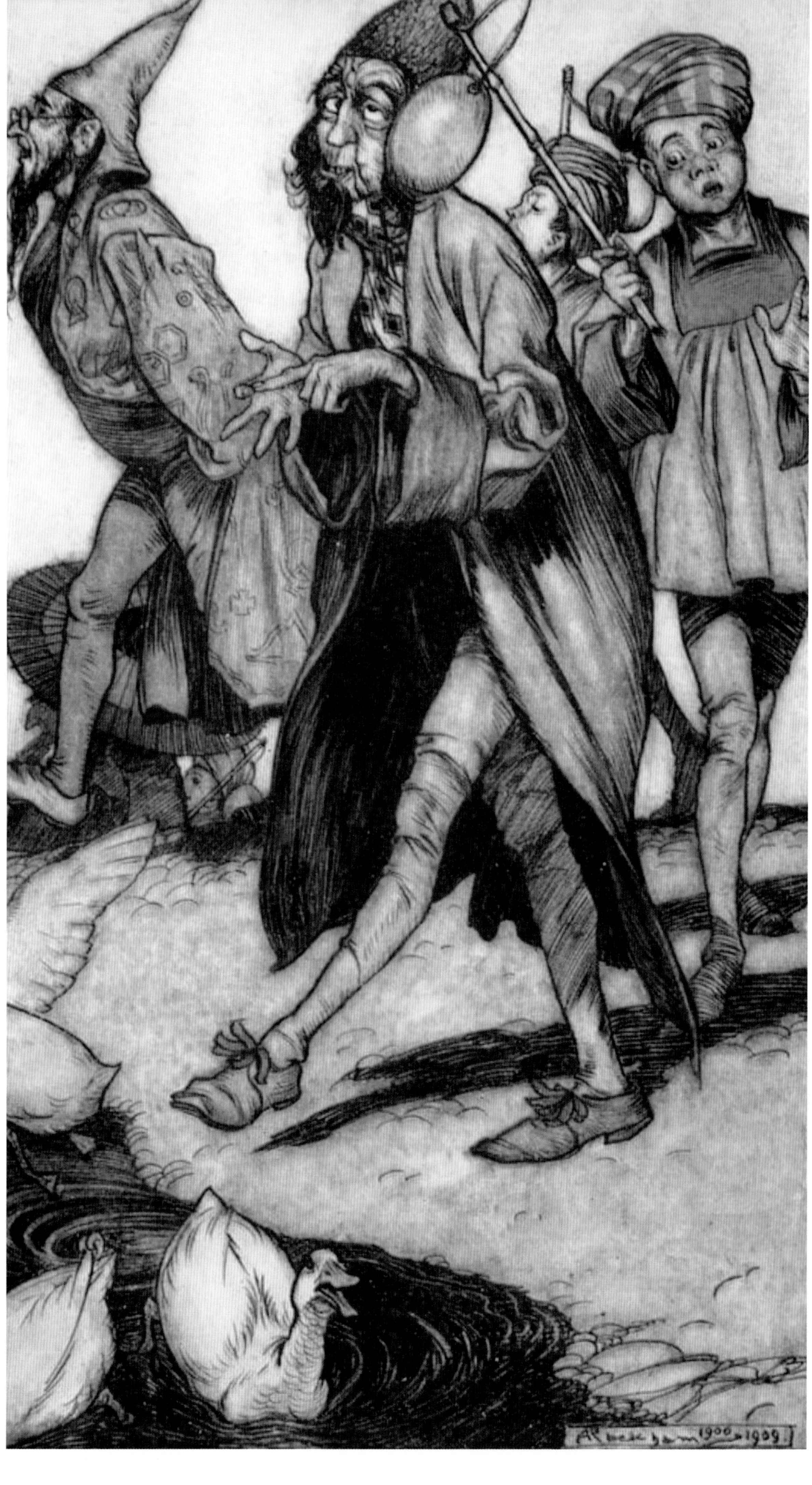
1900 - 1909

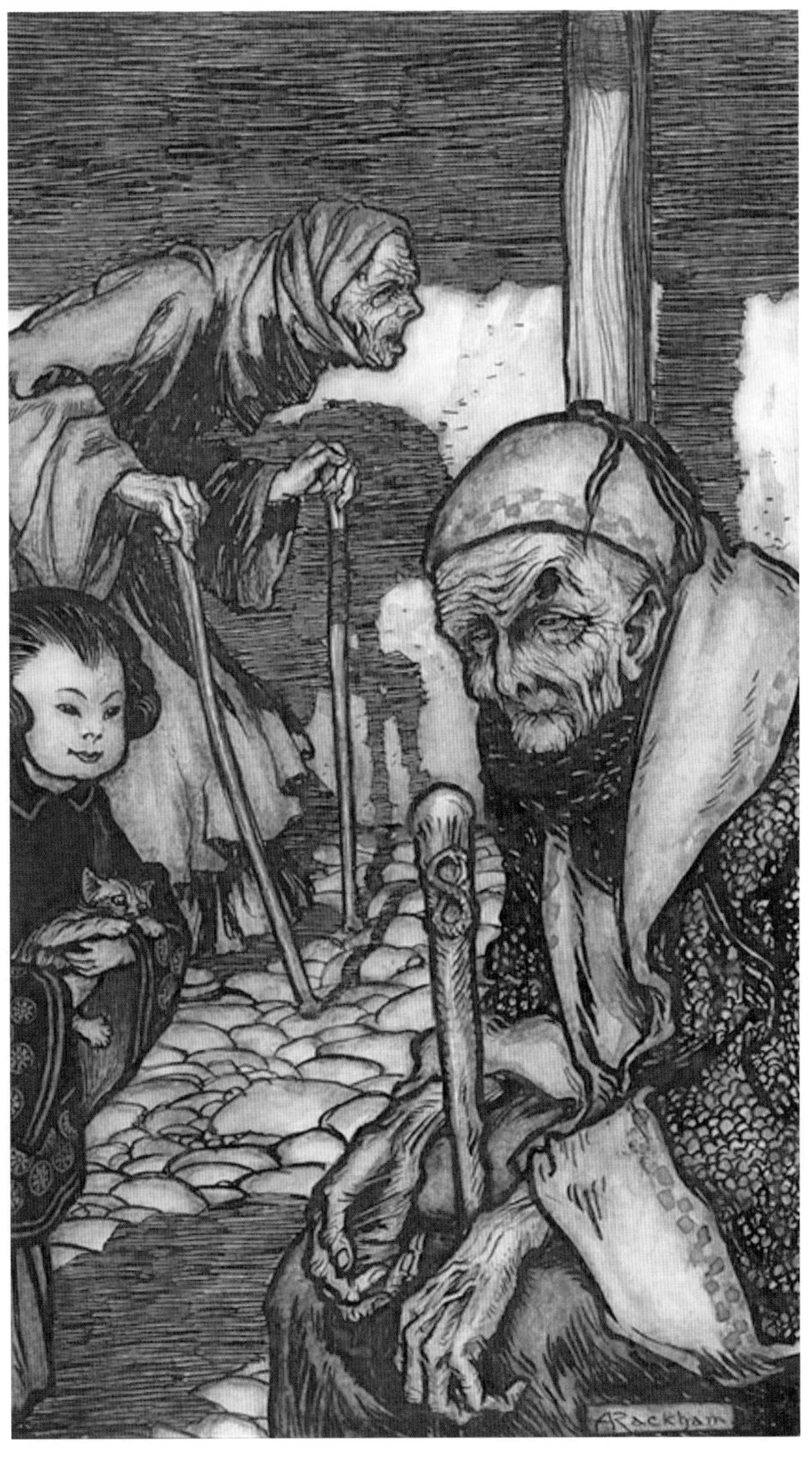

65
스트럴드브러그들: 스트럴드브러그는 영원한 젊음이 없는
불행한 불멸자로 공표된 존재들이다.

64
산책 중인 라퓨타 신사: 라퓨타의 학자는 외출할 때
반드시 사고를 막는 하인과 동행해야 하기에 생각이 깊어진 것 같다.

그림 동화

Fairy Tales of the Brothers Grimm

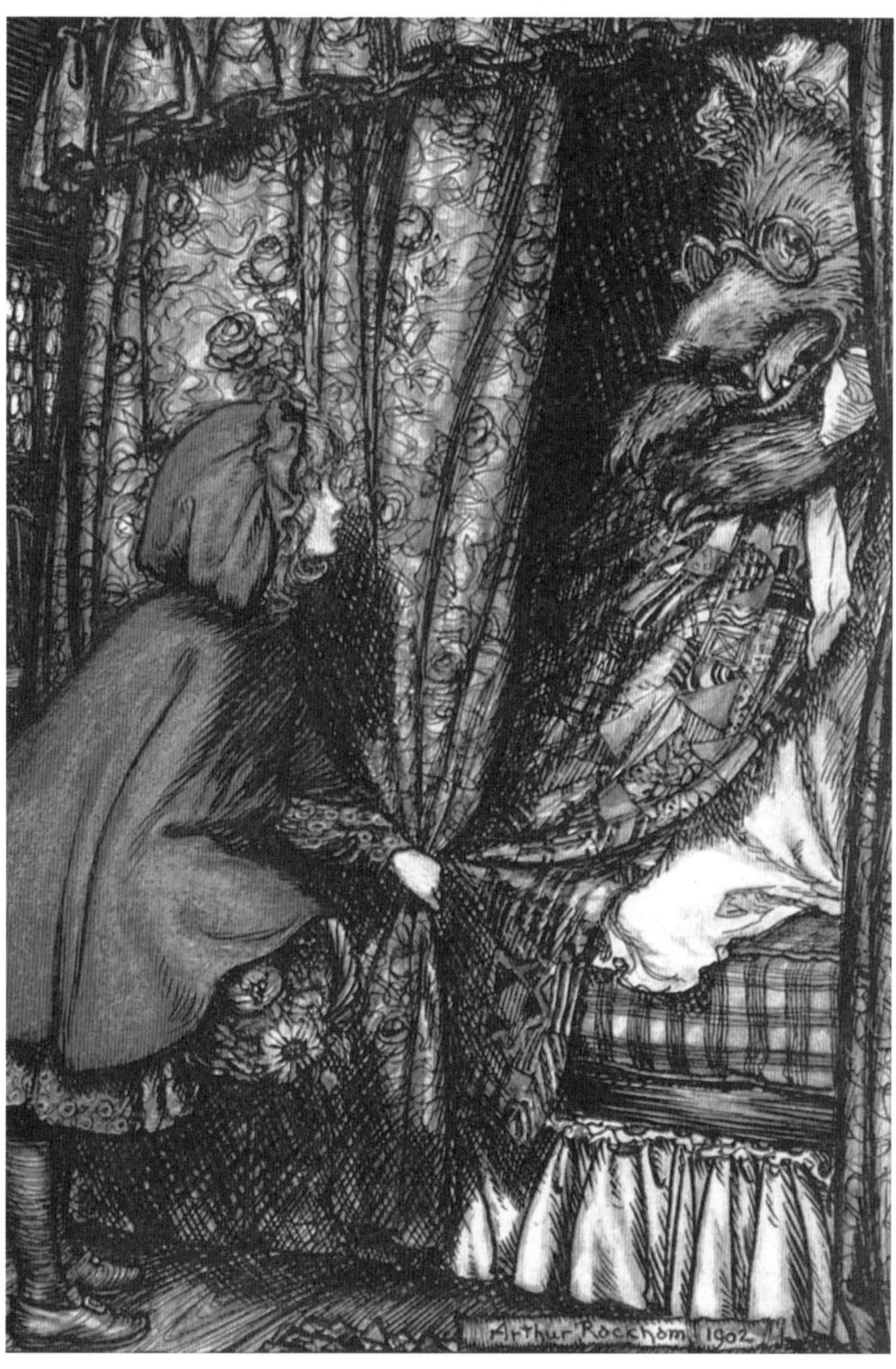

66
빨간 두건
“귀가 어쩜 그렇게 커요, 할머니?” 빨간 두건이 물었다.

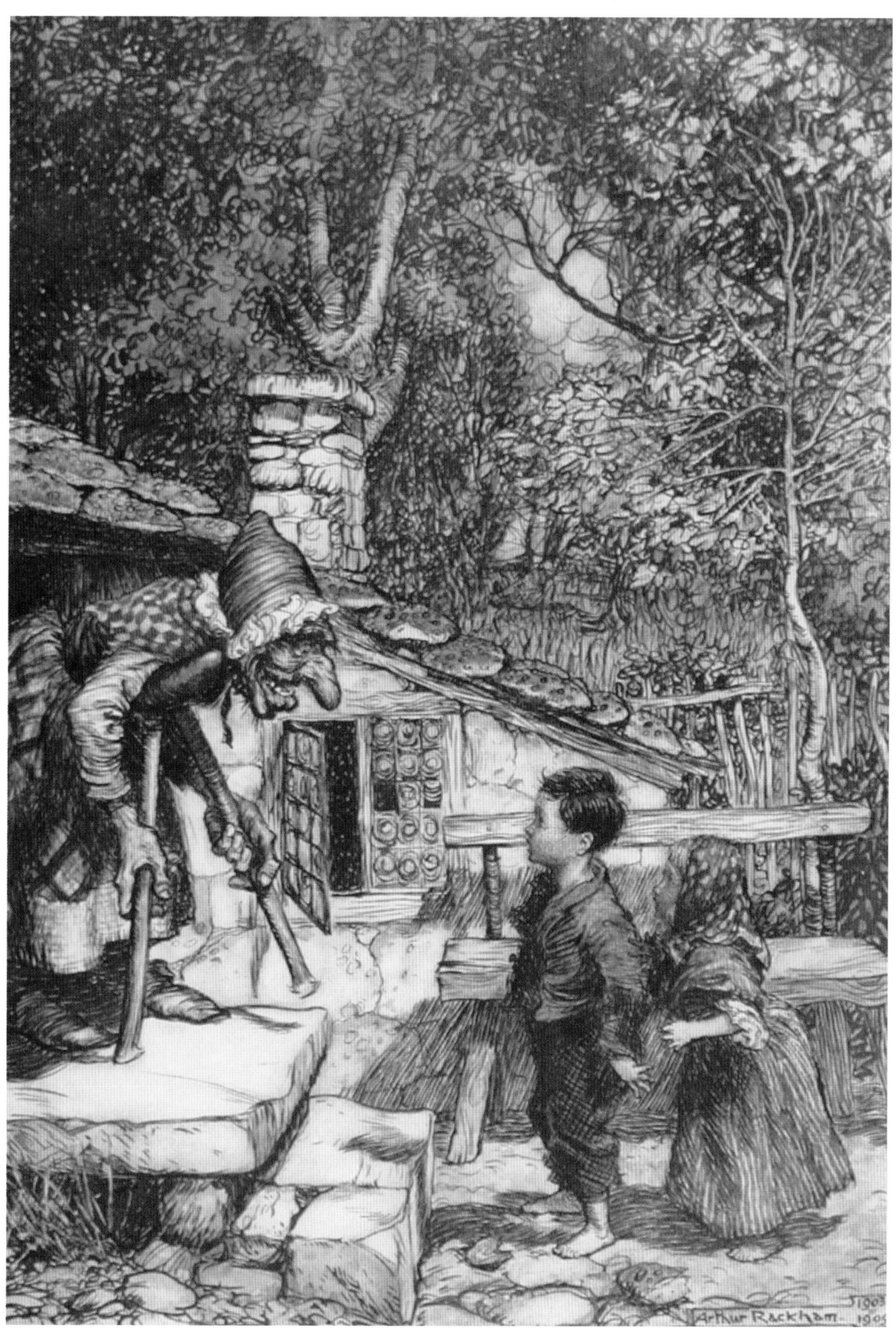

헨젤과 그레텔
문이 벌컥 열리더니 목발을 짚은 노파가 절룩이며 나왔다.

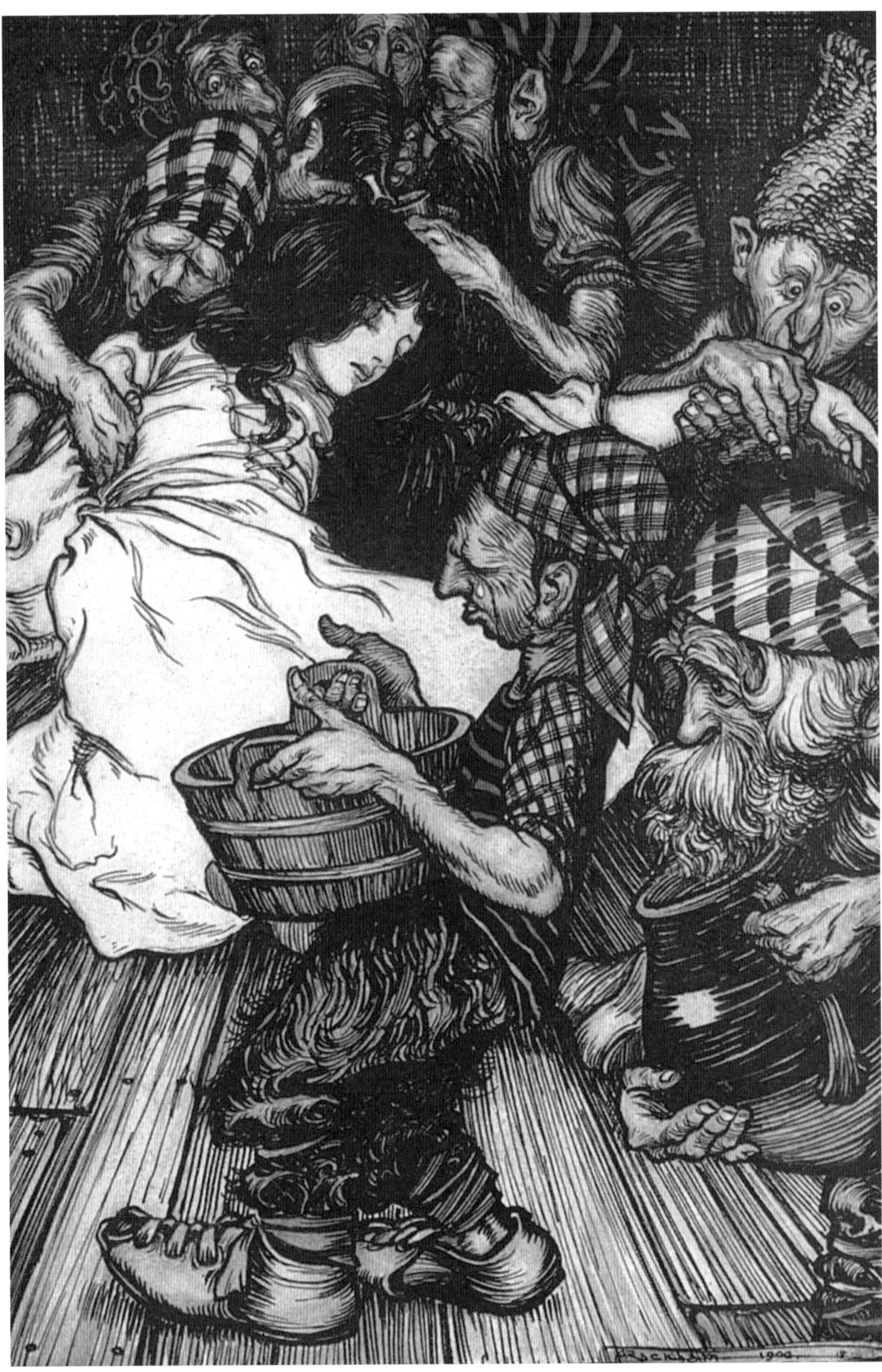

68
백설공주
코르셋을 풀고, 머릴 빗기고, 물과 포도주로 씻겼지만, 아무 소용없었다.

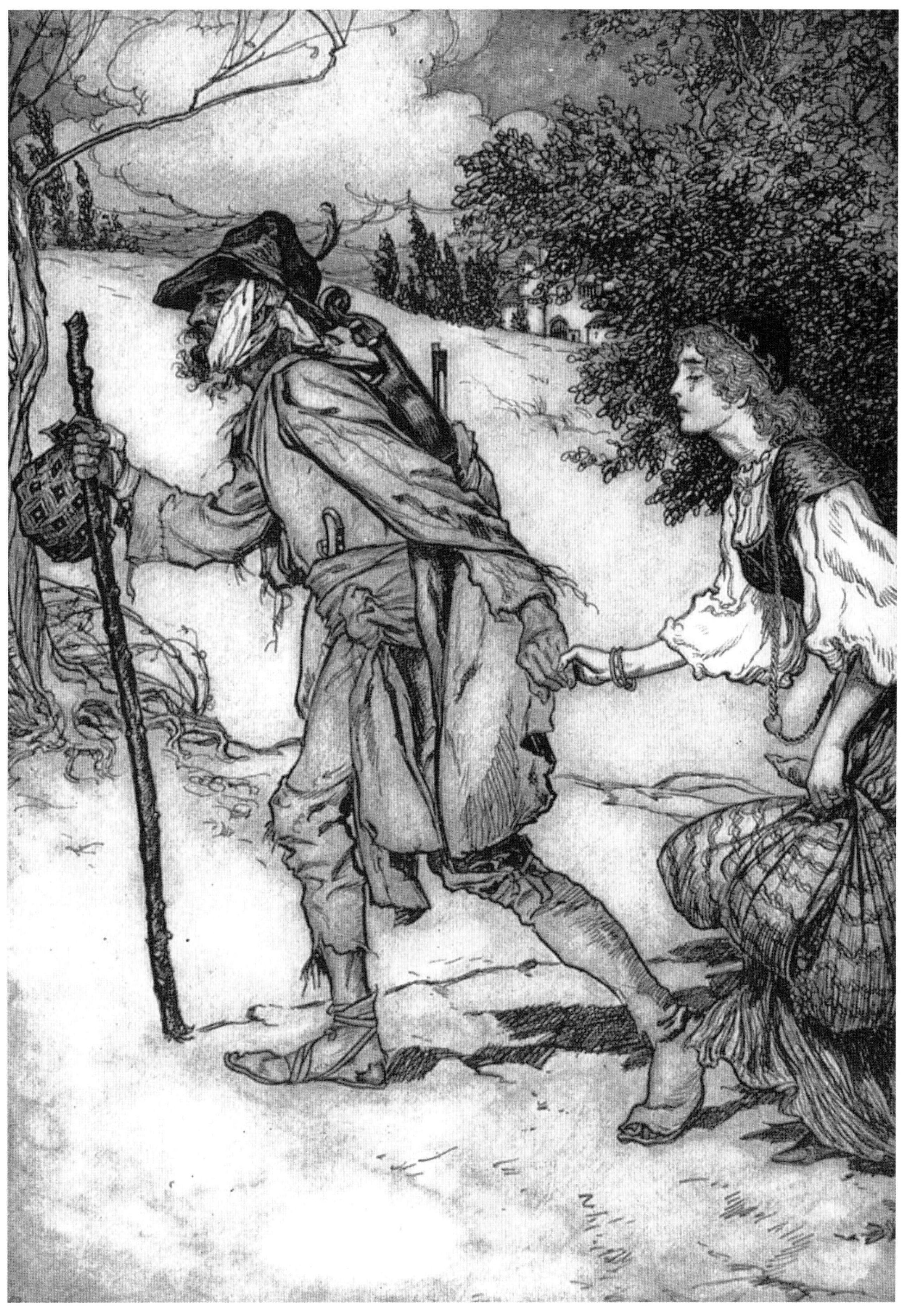

69
지빠귀 수염 왕
거지는 손을 잡고 왕의 딸을 끌고 갔다.

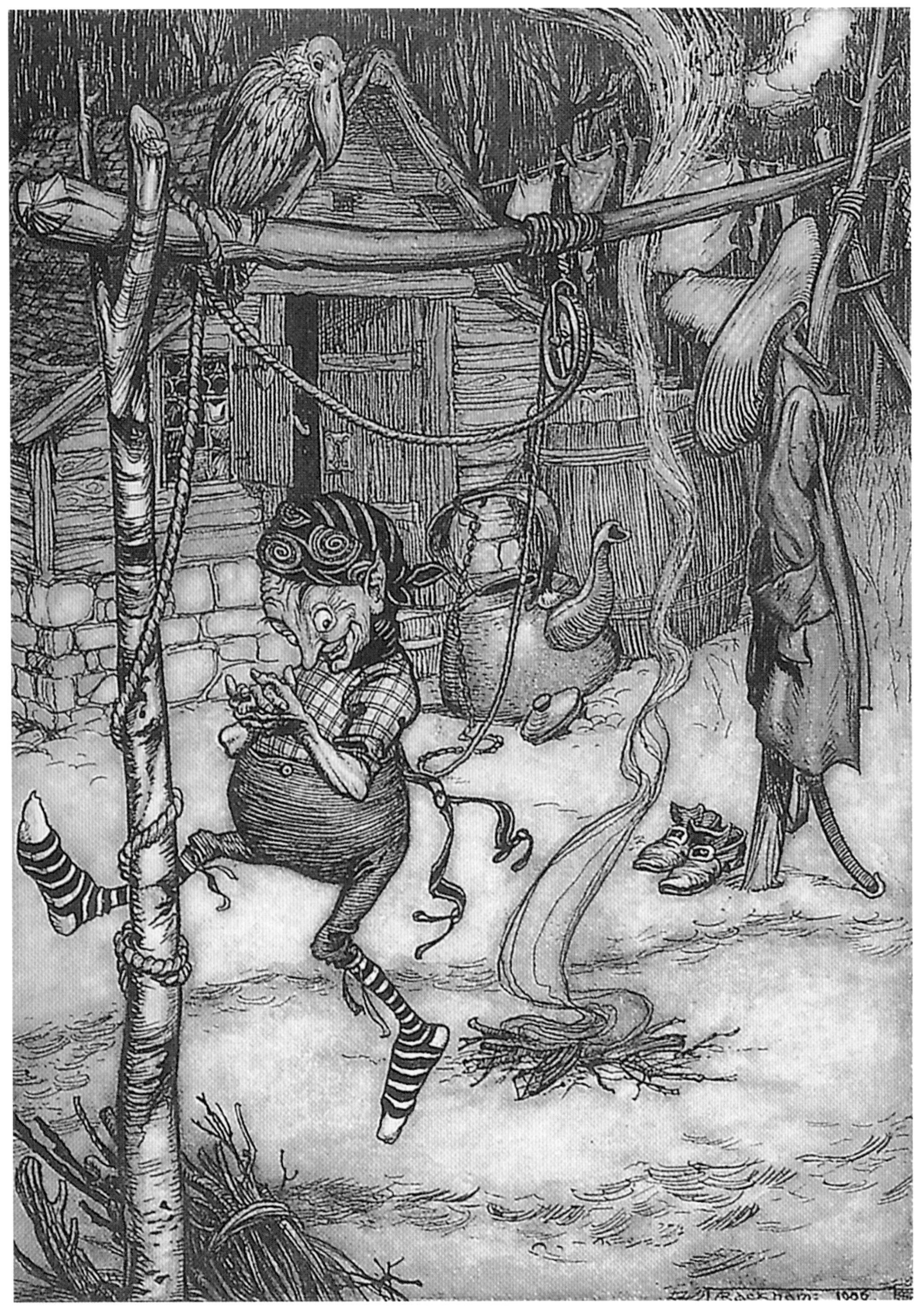

70
럼펠스틸스킨
형언할 수 없이 우스꽝스러운 작은 남자가 모닥불 곁에서 한 다리로 깡충깡충 뛰며 노래를 부르고 있었다.

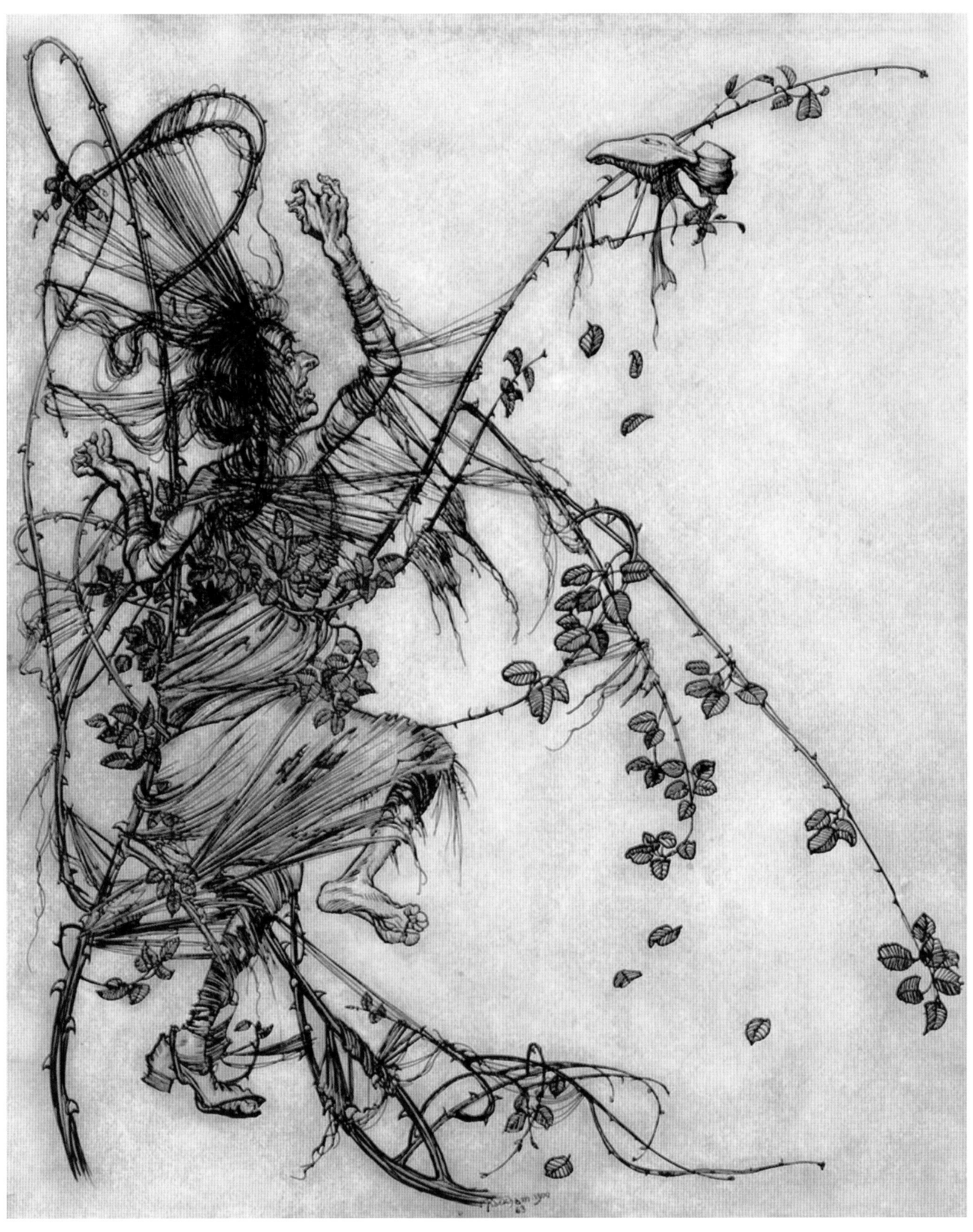

71
애인 롤랜드의 변심
그의 연주가 빨라질수록 그녀는 더 높이 뛰어야 했다.

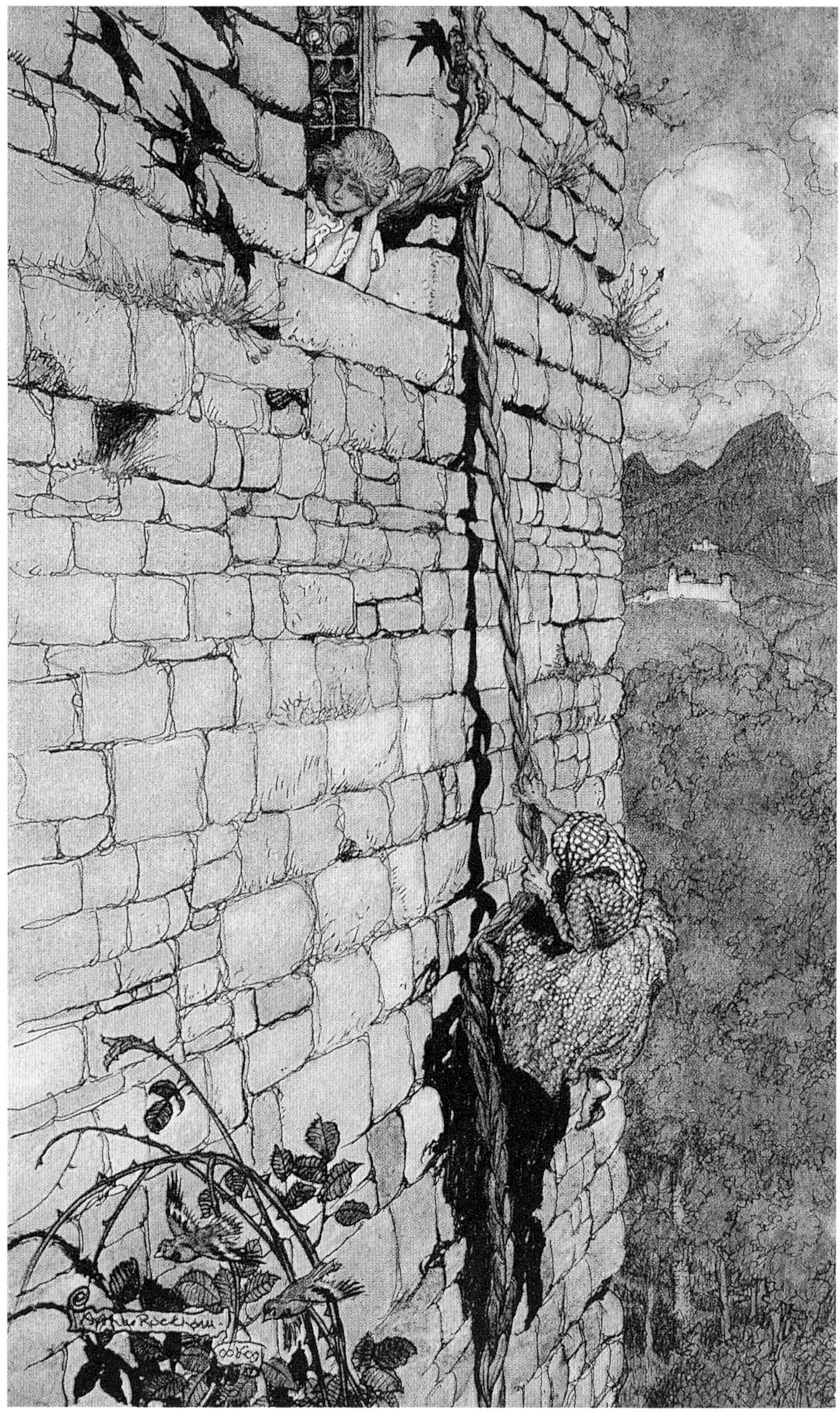

72
라푼젤
여자 마법사는 라푼젤의 머리카락을 붙잡고 탑을 오르곤 했다.

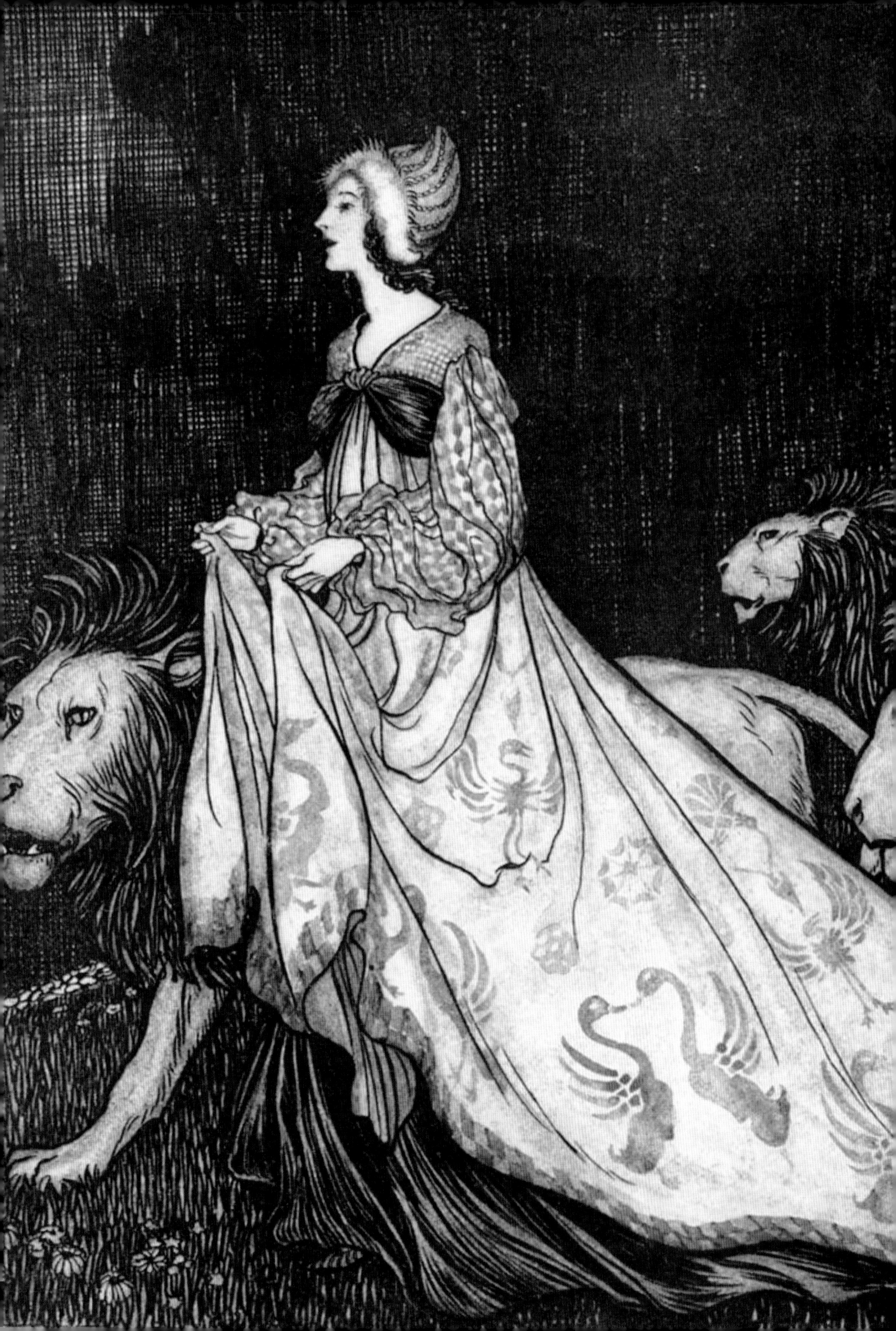

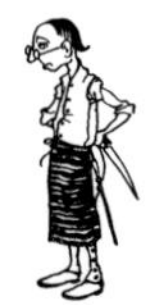

73
노래하고 뛰는 종달새
막내딸은 사자와 함께 떠났다.

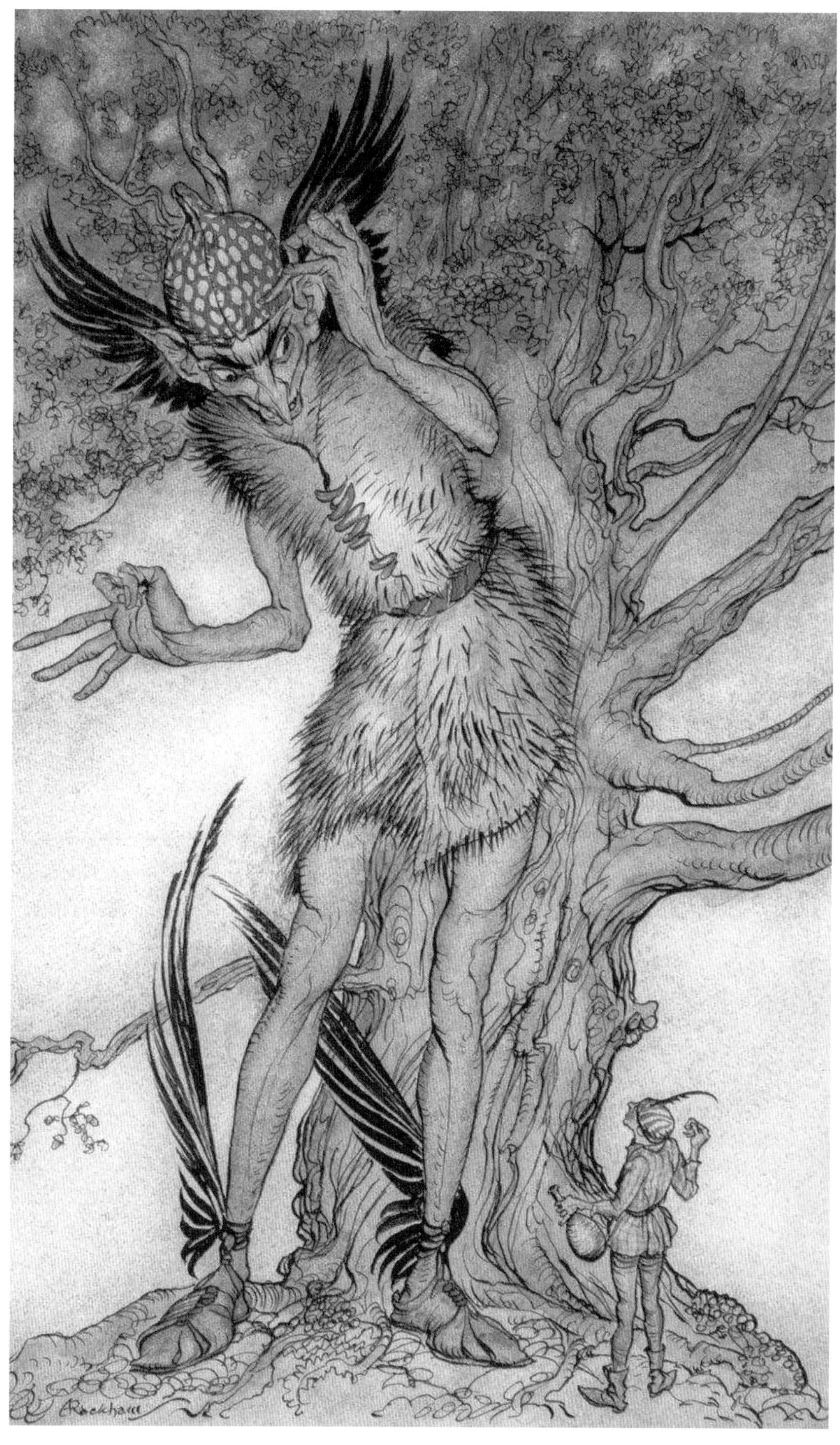

74
작은 오누이
그가 서 있던 나무의 반만큼이나 되는 엄청난 녀석.

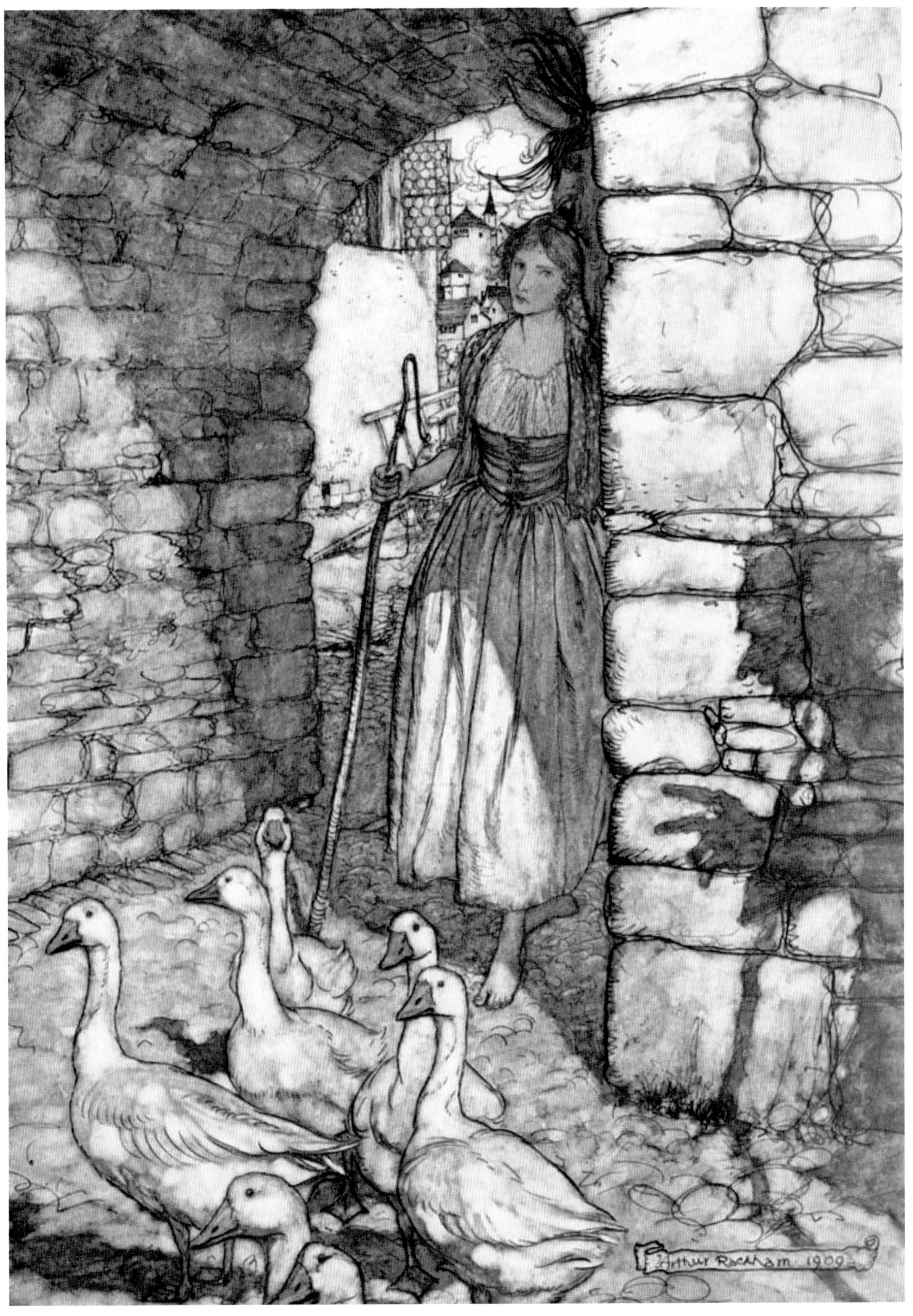

75
거위 치는 소녀
"아아! 저기 매달려 있는 내 소중한 팔라다여."

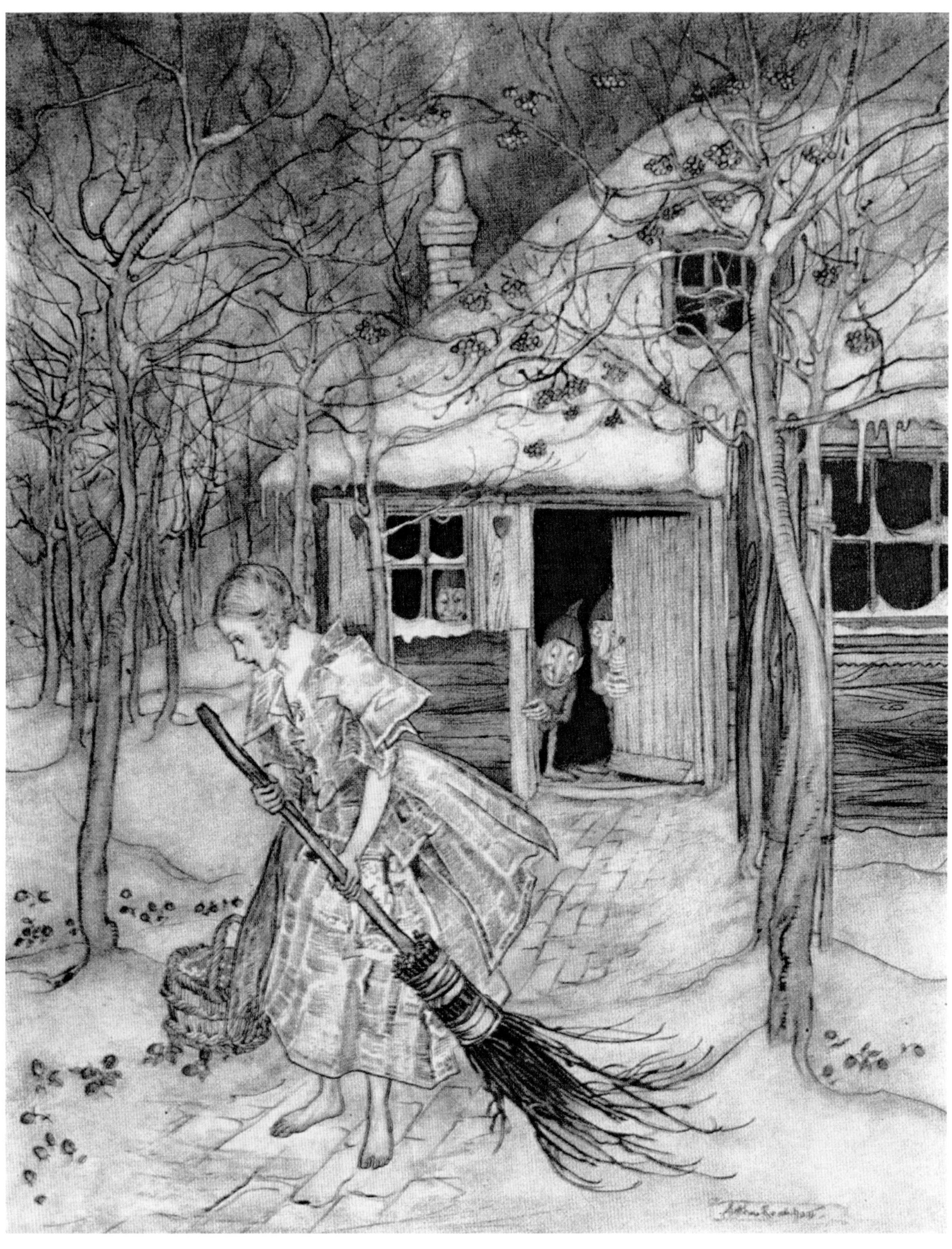

76
숲속의 세 난쟁이
소녀는 그곳에서 탐스러운 진짜 딸기 말고 무엇을 찾았을까?

라인의 황금 / 발퀴레

The Rhinegold & The Valkyrie

신화나 설화를 작품의 주요 주제로 삼은 독일 작곡가 리하르트 바그너Wilhelm Richard Wagner의 오페라 〈니벨룽의 반지〉가 『라인의 황금 / 발퀴레』와 『지크프리트 / 신들의 황혼』으로 출간되면서 아서 래컴은 좀 더 깊고 넓은 주제를 다룰 기회를 얻었다. 세계가 신들의 왕국, 인간의 왕국, 그리고 지하의 난쟁이 왕국 니벨룽으로 구성되어 있다는 고대 독일의 설화 속 세계를 배경으로 하는 이 작품들의 삽화 작업을 통해 래컴의 작품은 독일식으로 분명하게 변하기 시작했다. 1910년부터 1911년에 걸쳐 출간된 〈니벨룽의 반지〉 4부작 작업을 통해 래컴은 전과는 다른 차원의 작품 세계로 접어들었다는 평가를 받았다.

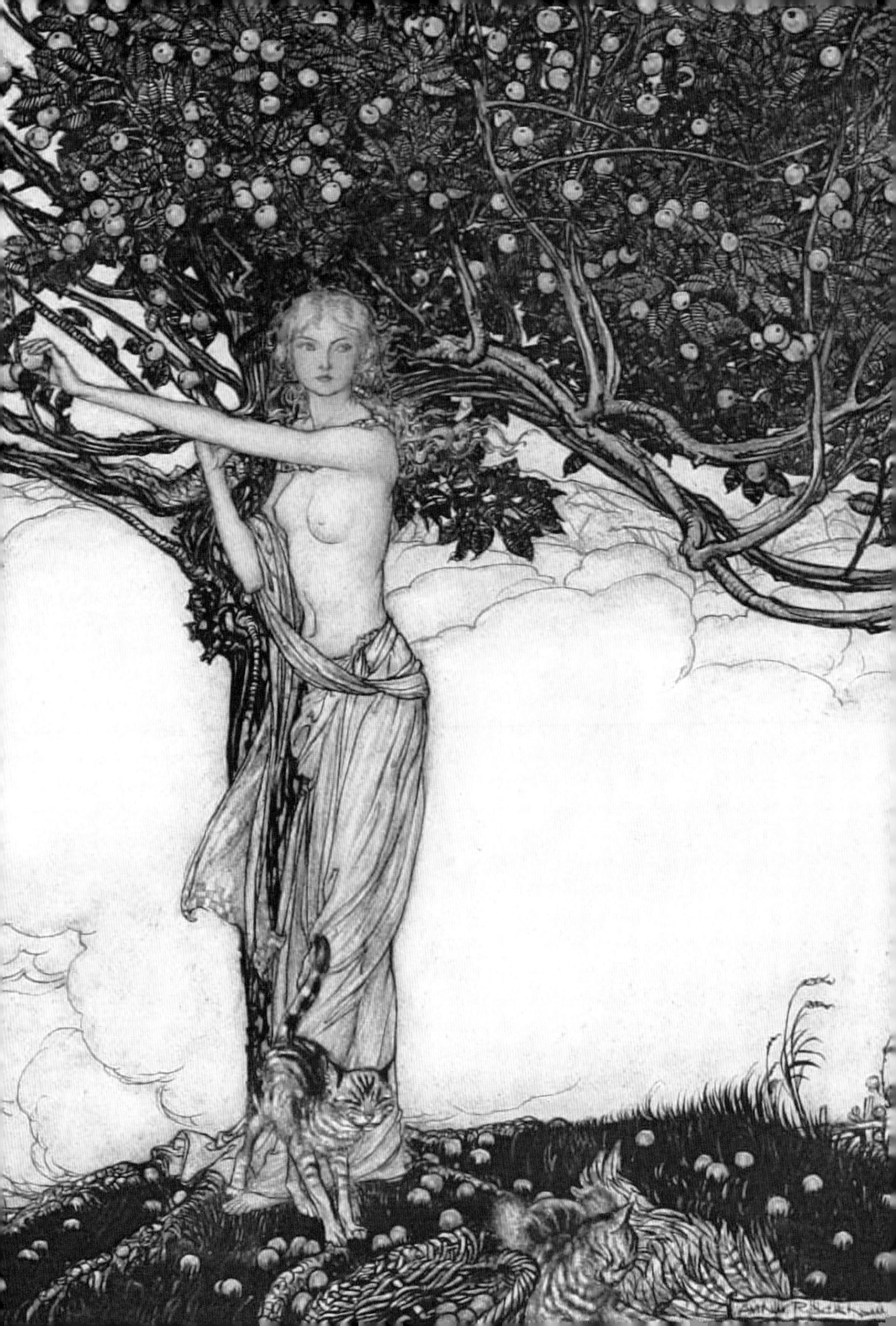

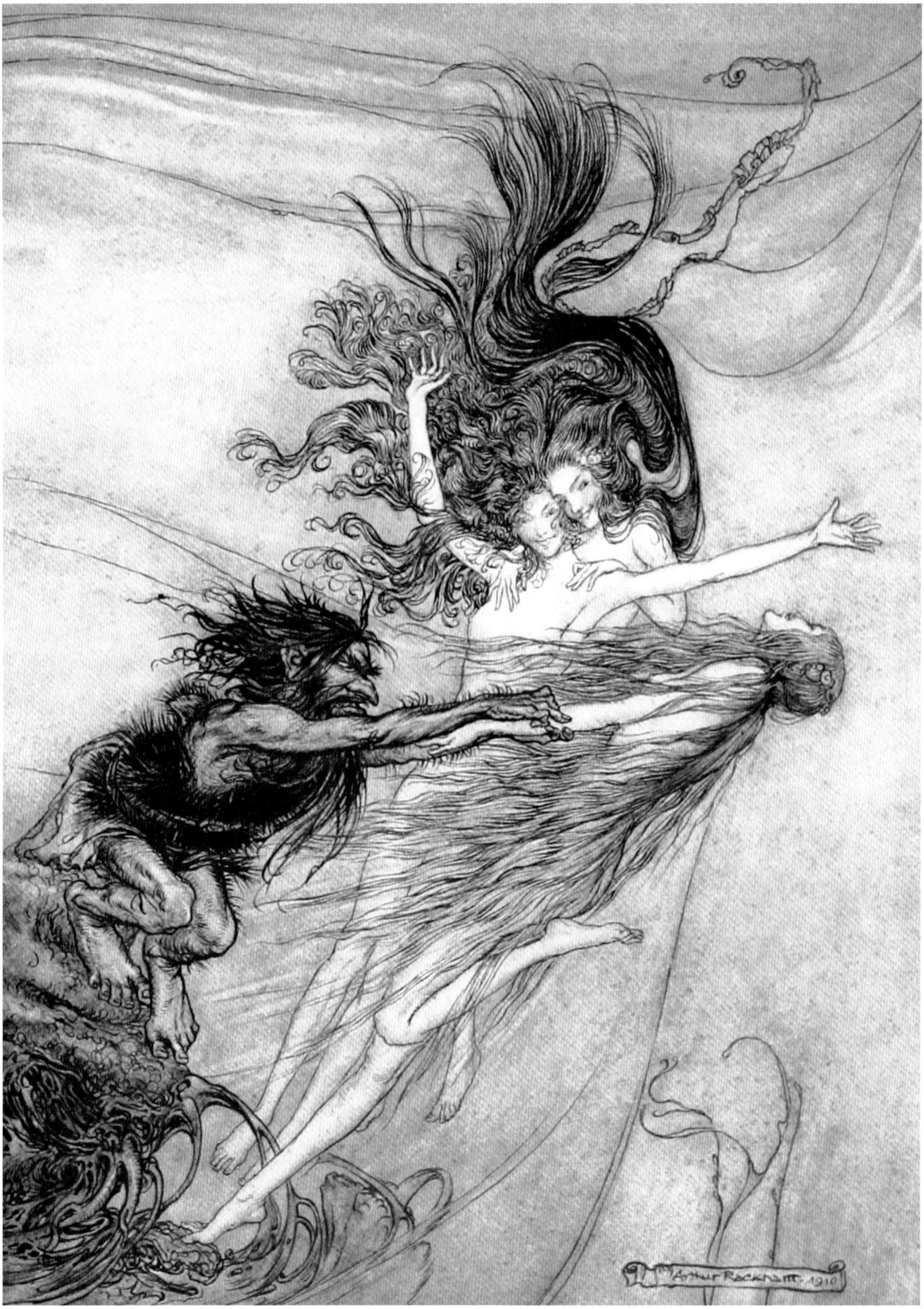

78
알베리히를 놀리는 물의 요정 '라인 처녀들'.

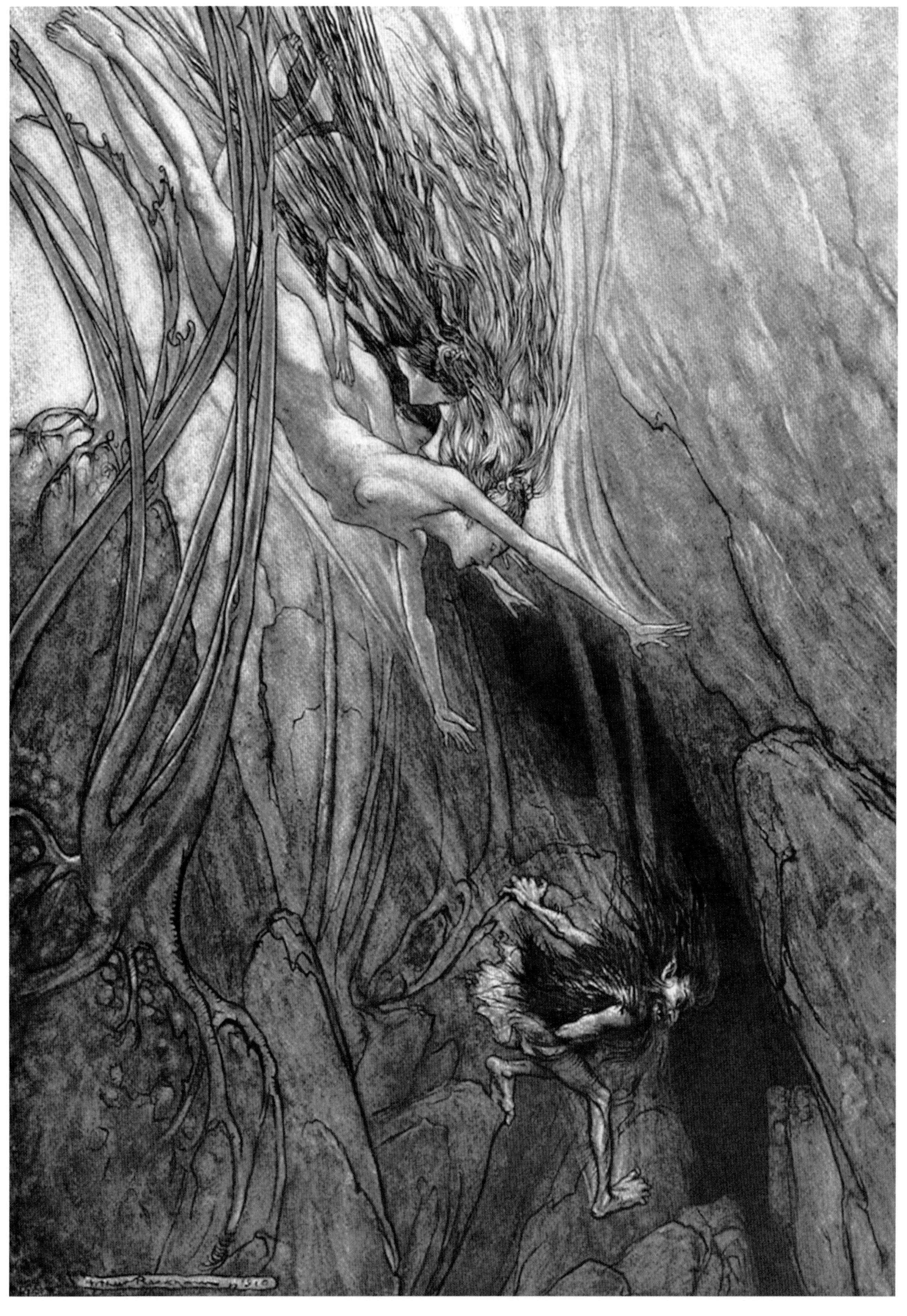

79
"약탈자를 잡아라! 금을 구하라! 도와라! 우릴 도와라! 아, 아!"

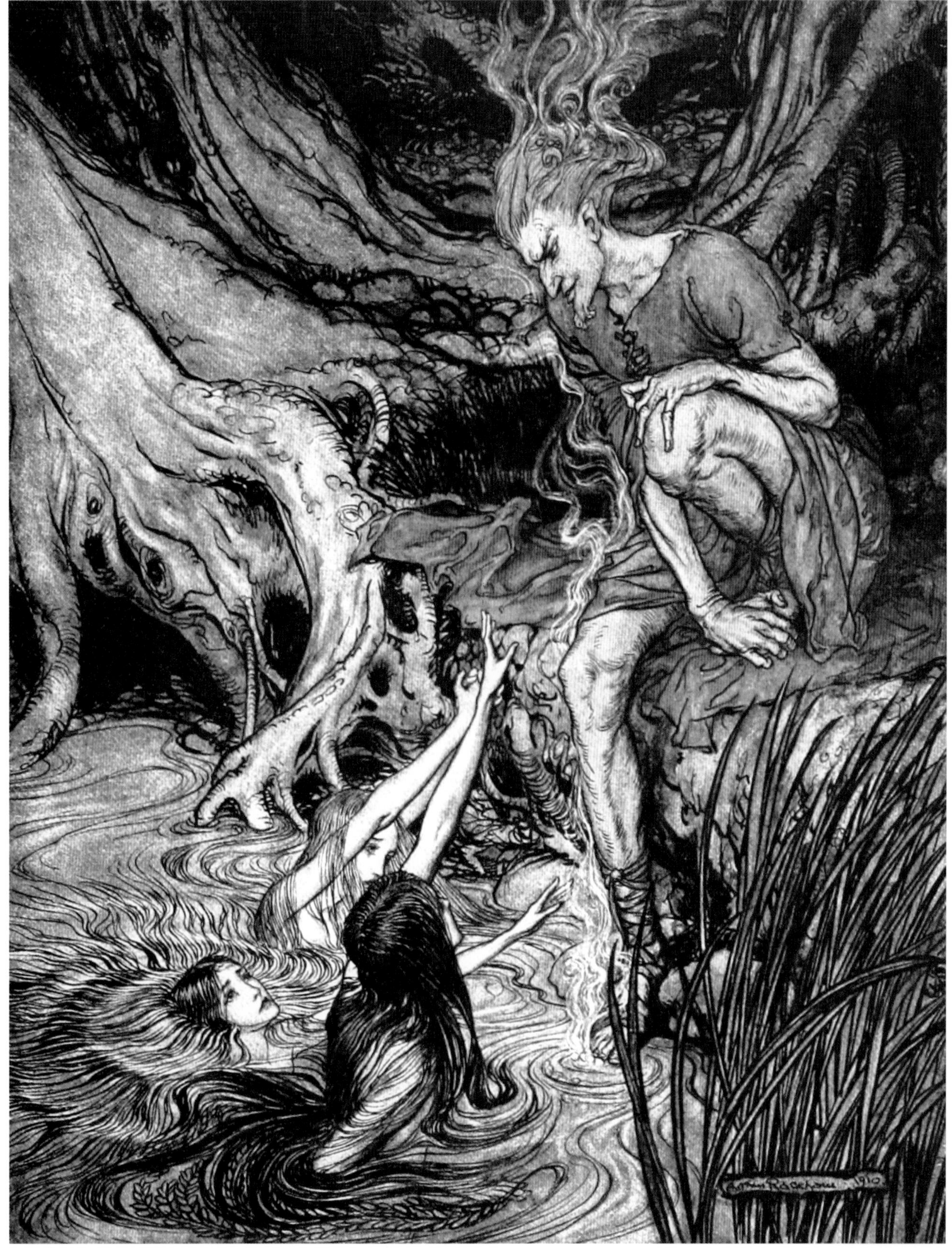

80
"라인의 순결하게 빛나는 아이들이 내게 그들의 슬픔을 말했다."

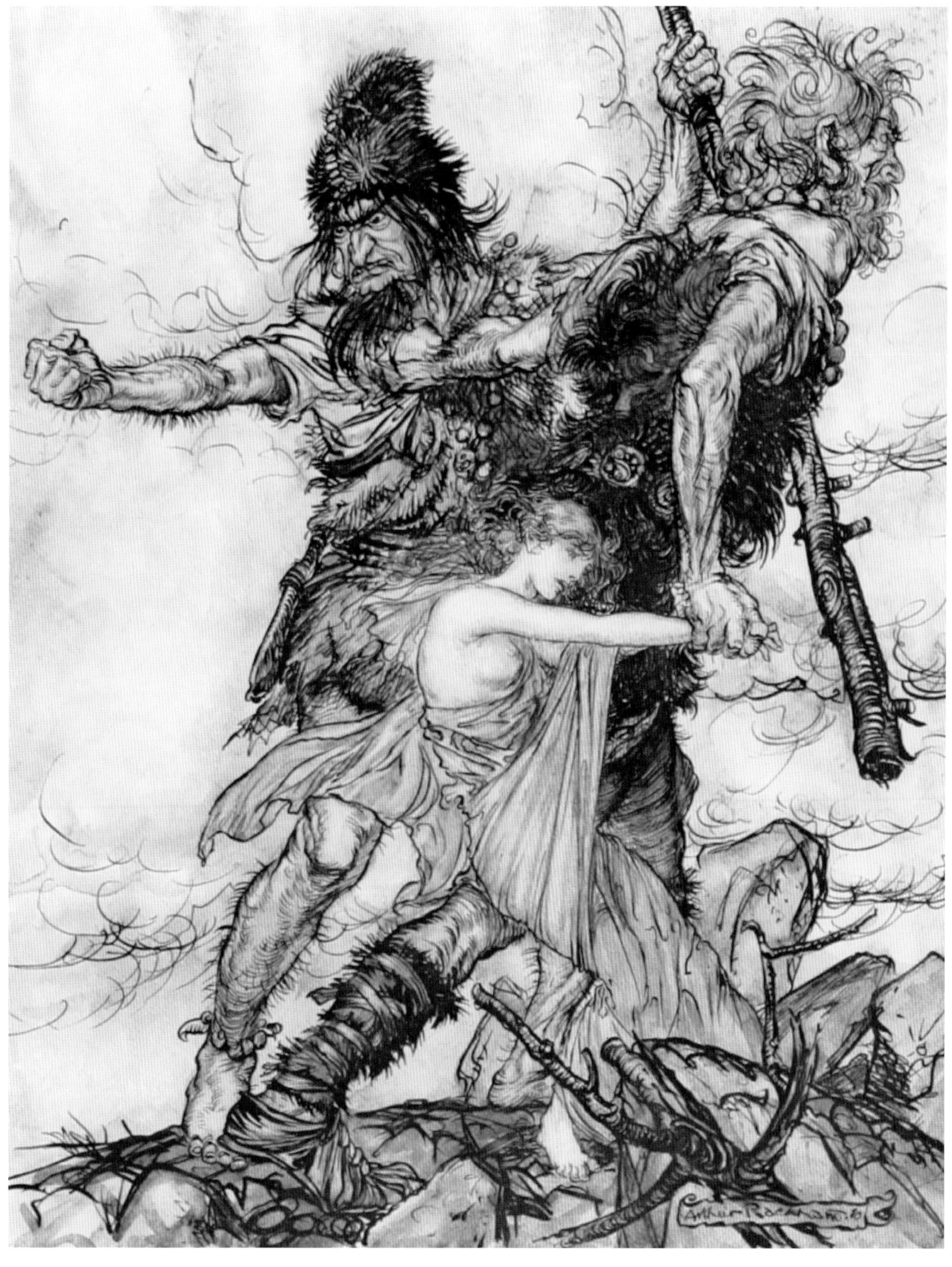

81
파졸트는 갑자기 프라이아를 붙잡고는 파프너와 함께 한쪽으로 끌고 갔다.

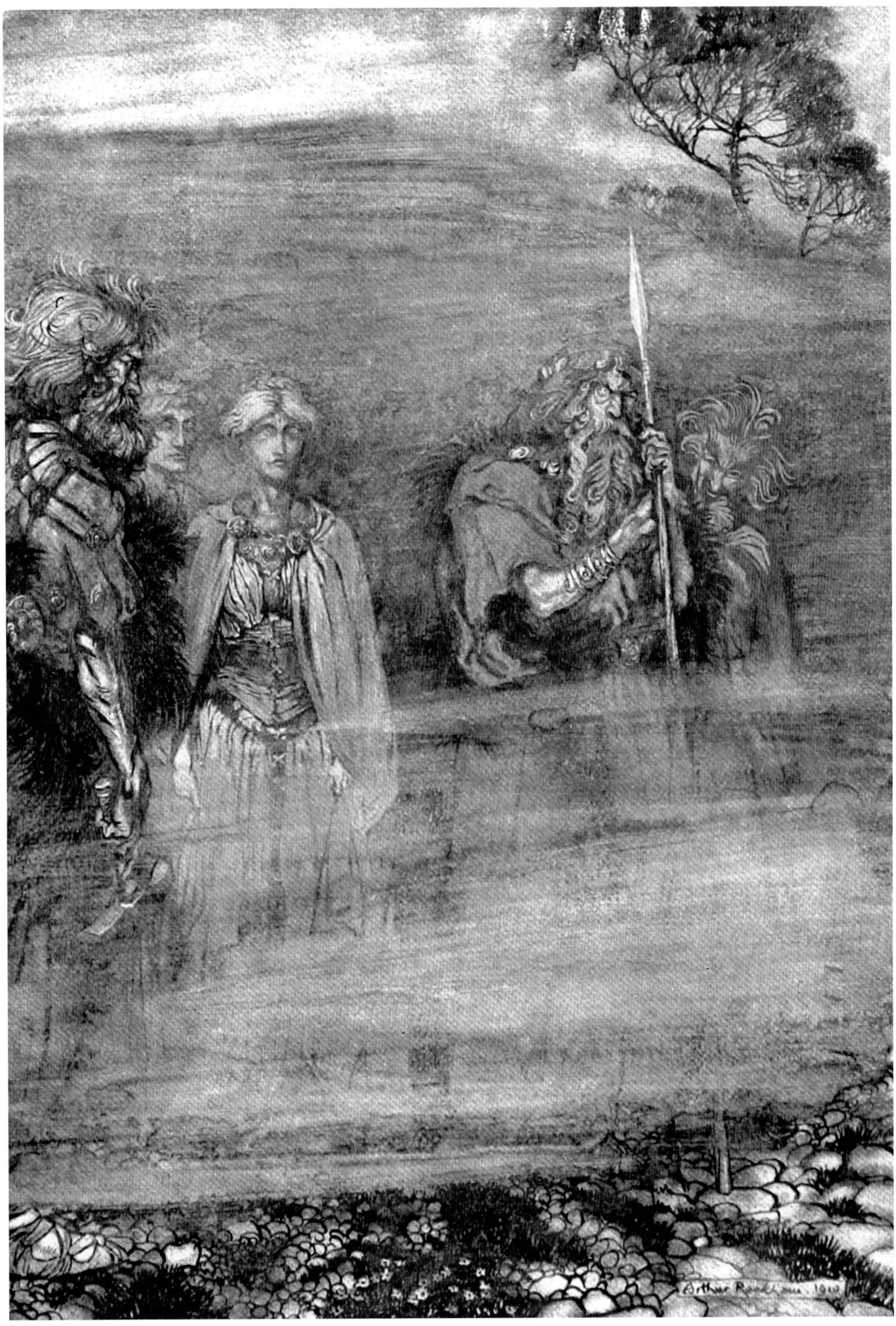

82
프라이아를 잃은 신들은 쇠약해지고 늙어갔다.

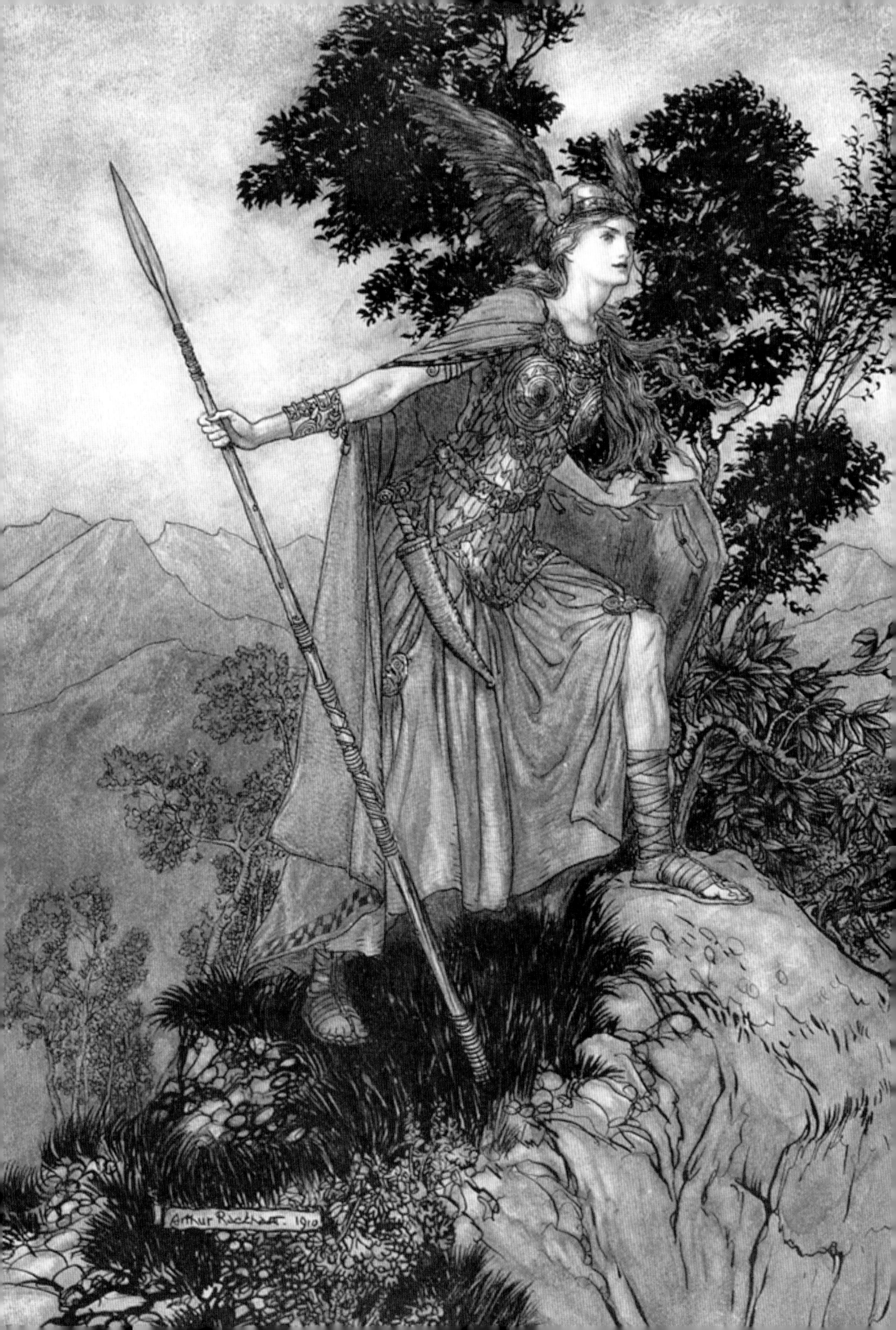
Arthur Rackham. 1910

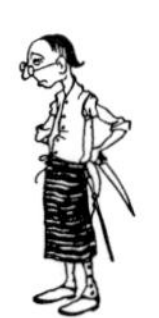

83
브륀힐데.

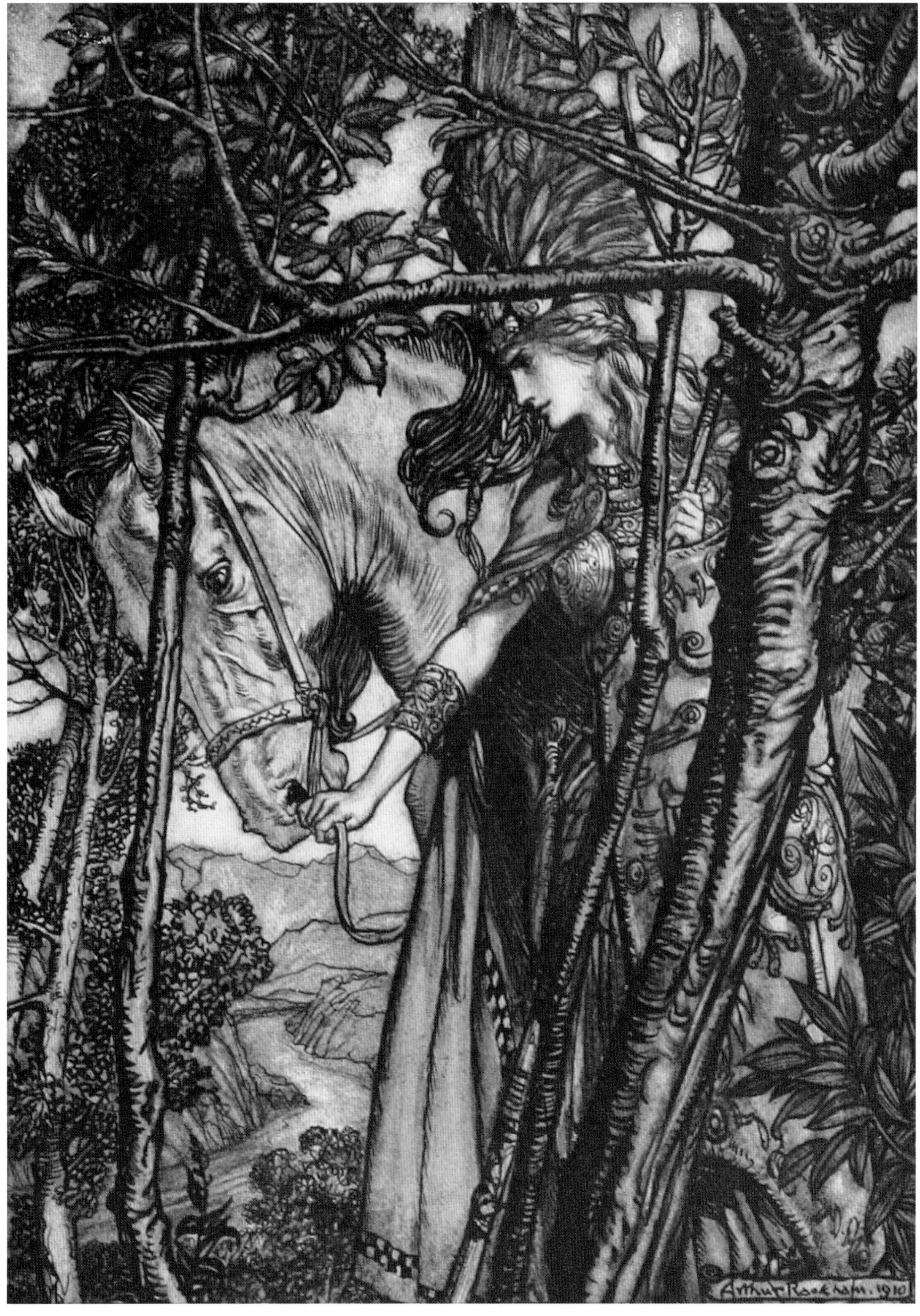

84
브륀힐데는 말을 끌고 동굴로 난 길을 따라 천천히 그리고 조용히 내려갔다.

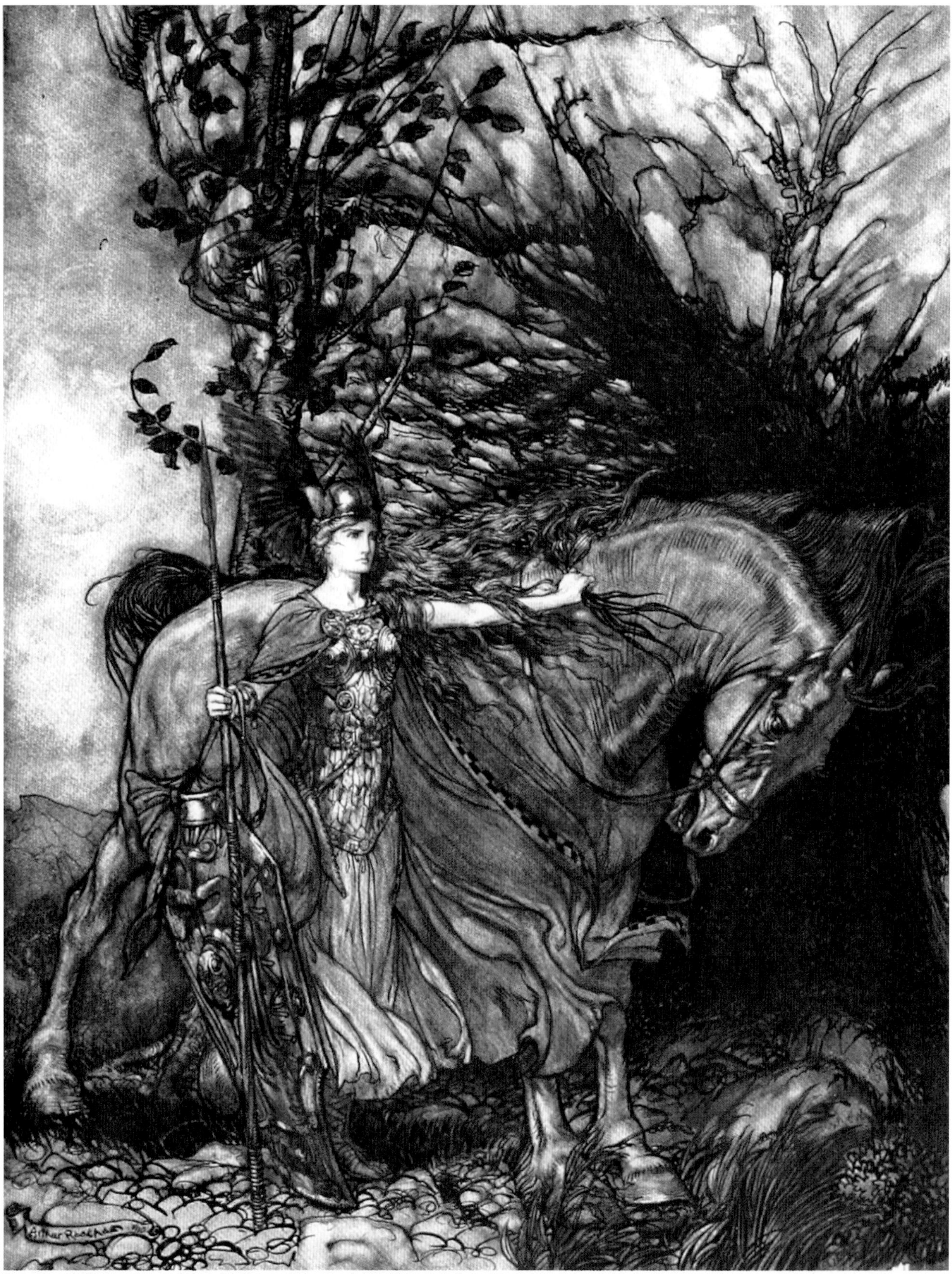

85
말과 함께 동굴 입구에 선 브륀힐데.

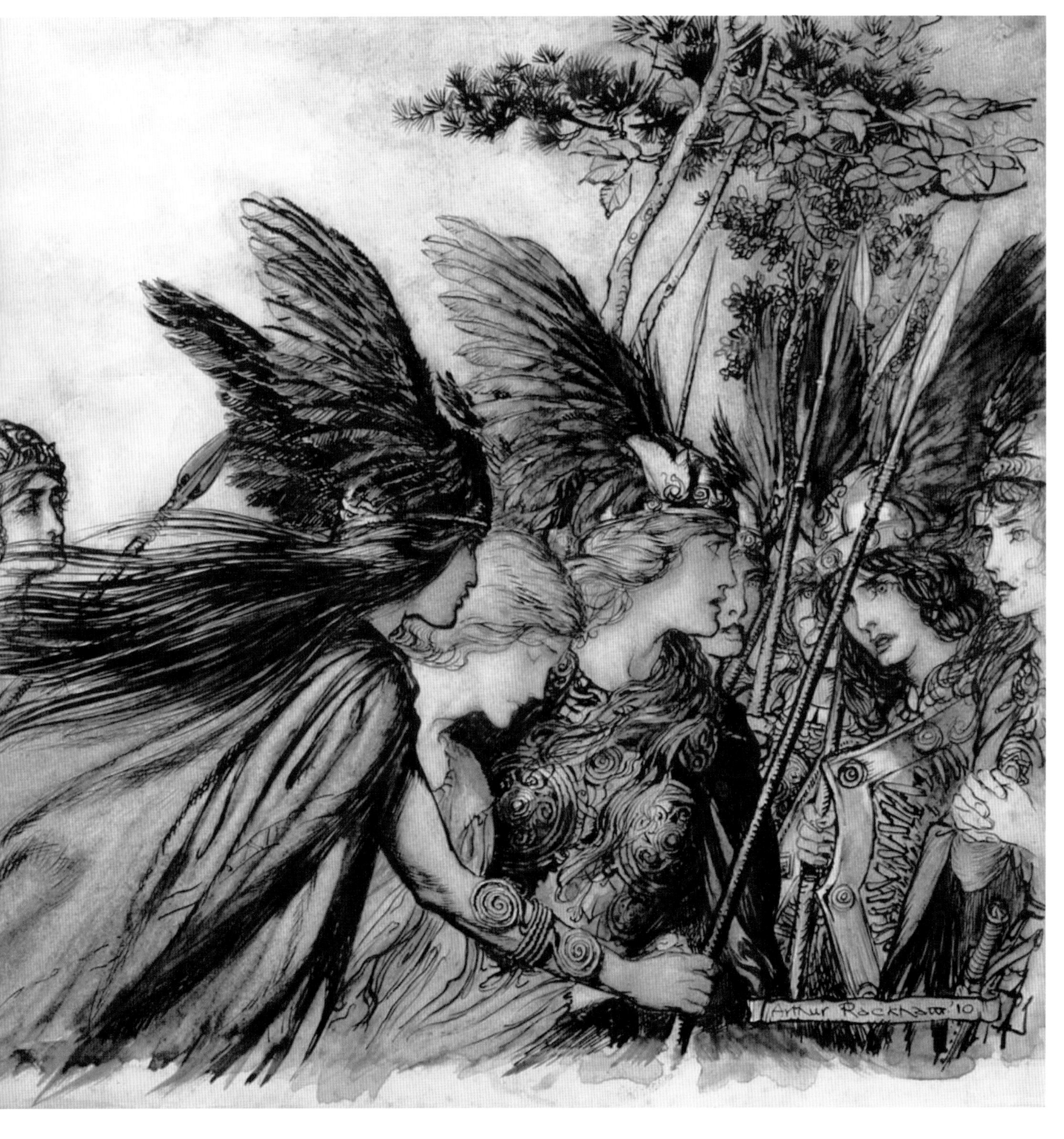

86
"저는 처음으로 도망쳐 쫓기고 있습니다. 워파더Warfather가 바짝 따라왔고,
그는 화가 잔뜩 난 채 점점 더 가까워지고 있습니다. 이 여인을 구해주십시오. 도와주세요, 자매님들!"
브륀힐데가 애원했다.

지크프리트 / 신들의 황혼

Siegfried & The Twilight of the Gods

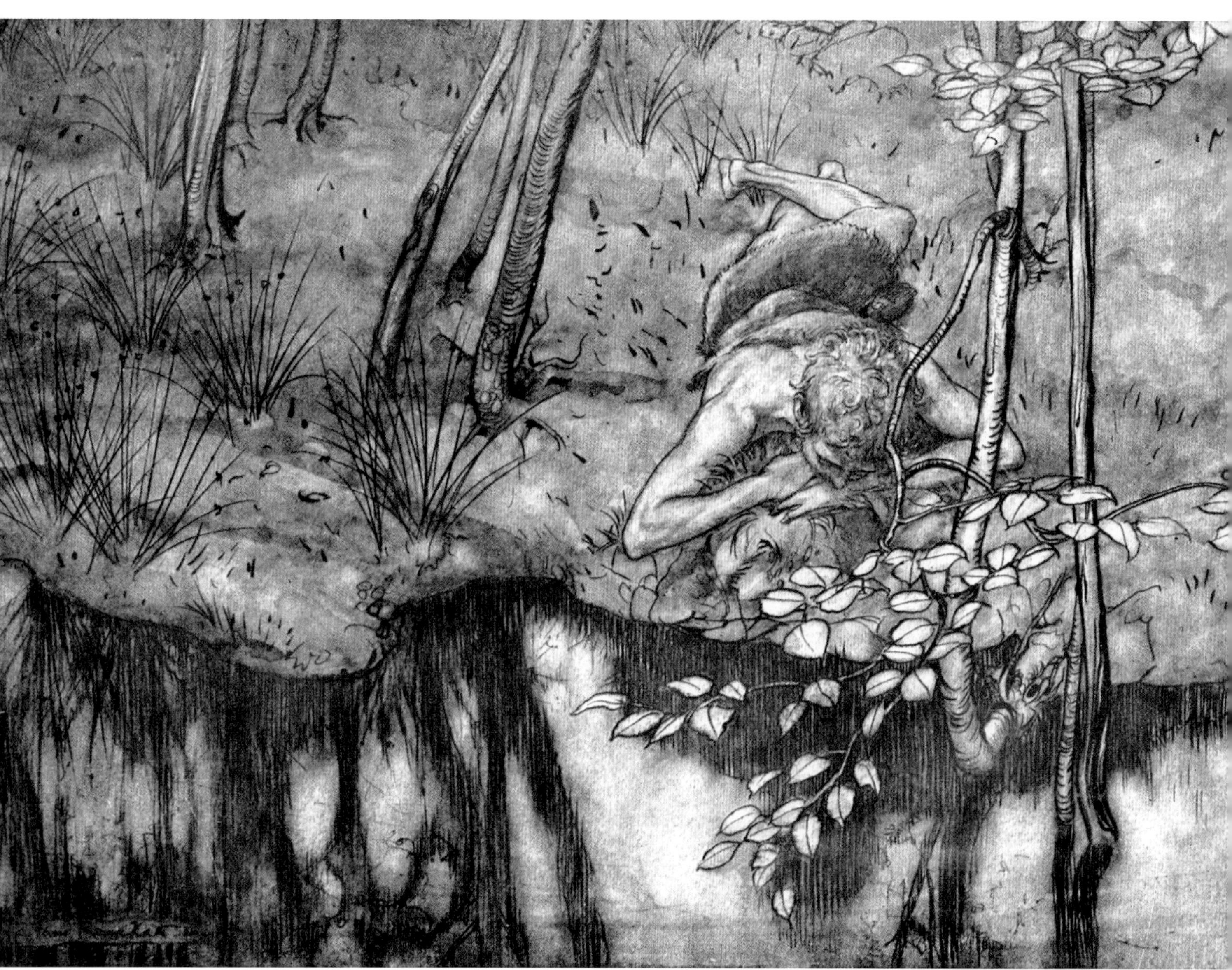

87
지크프리트는 개울에 비친 자신을 보았다.

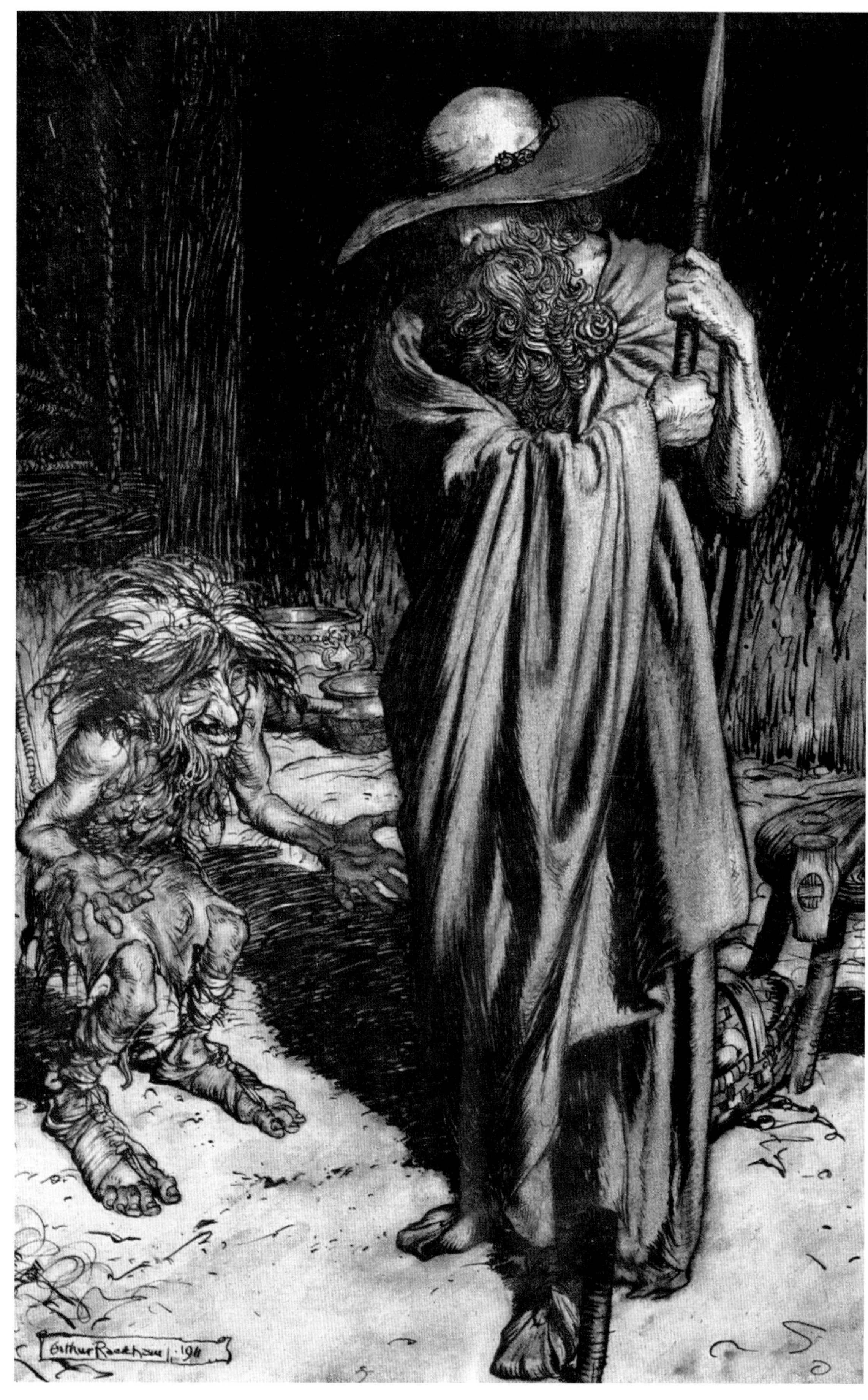

미메와 방랑자로 변신한 보탄.

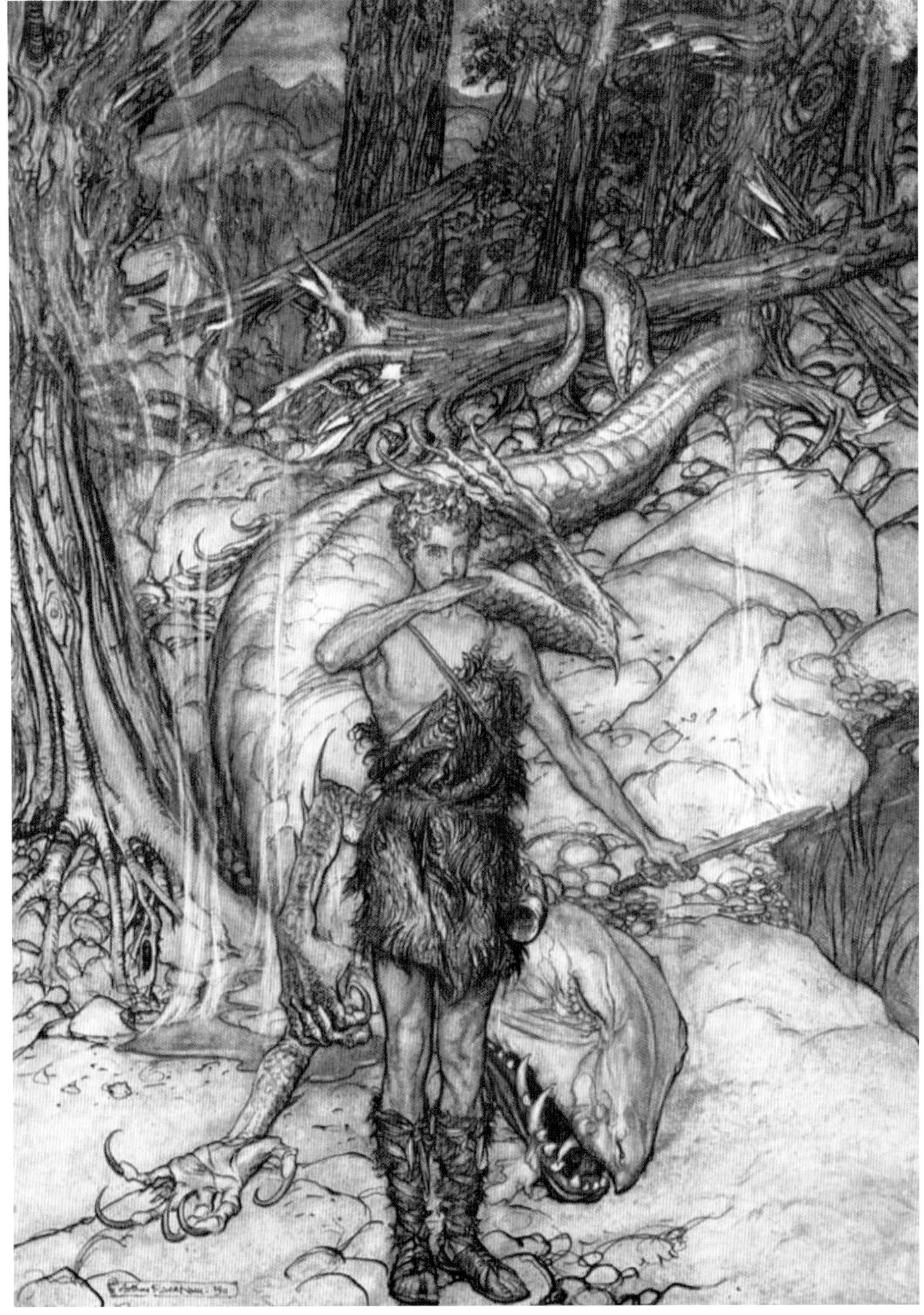

89
"뜨거운 피가 불처럼 타오르네!"

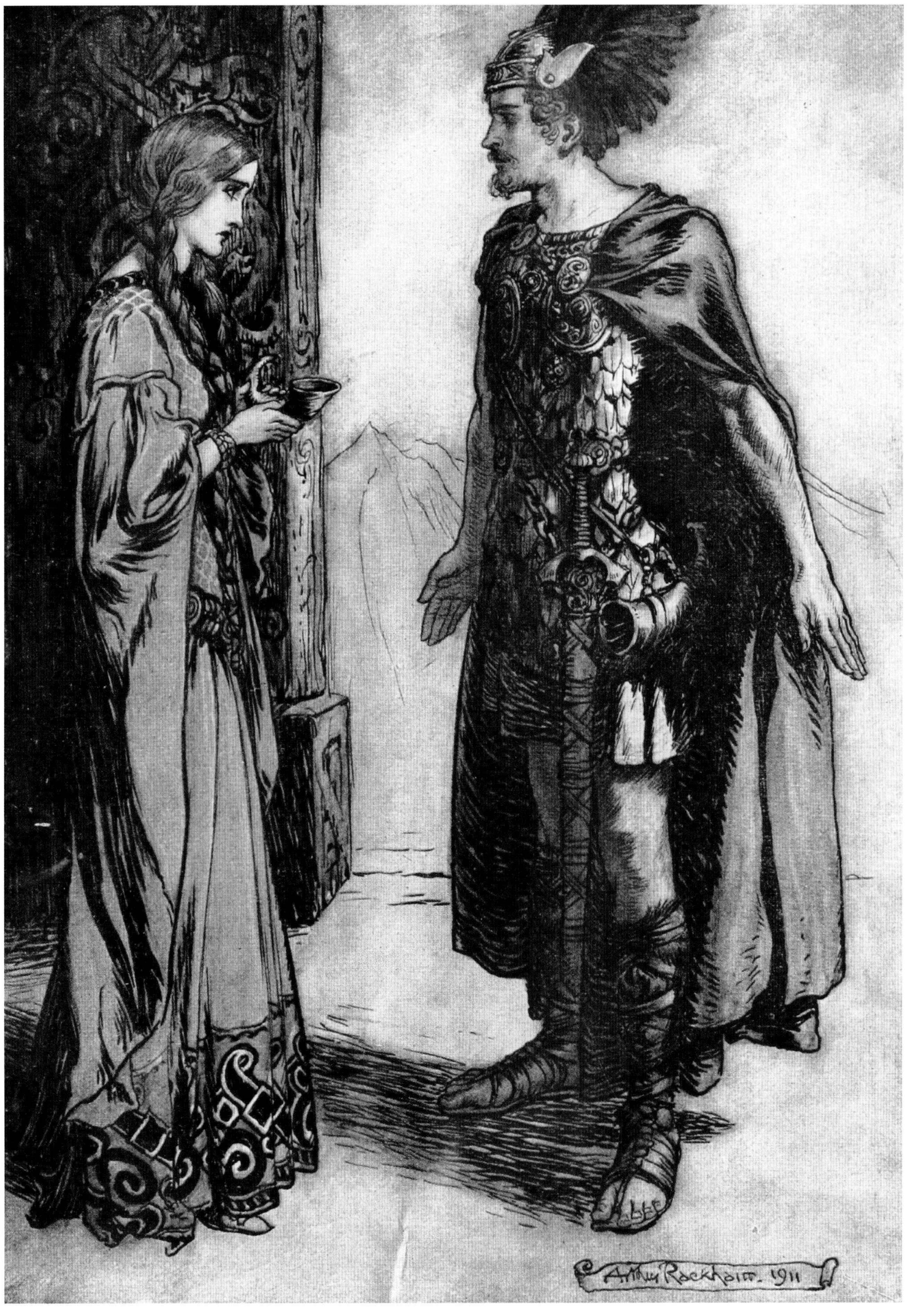

90
구트루네에게 뿔잔을 건네준 지크프리트는 갑작스러운 열정을 담아 그녀를 응시했다.

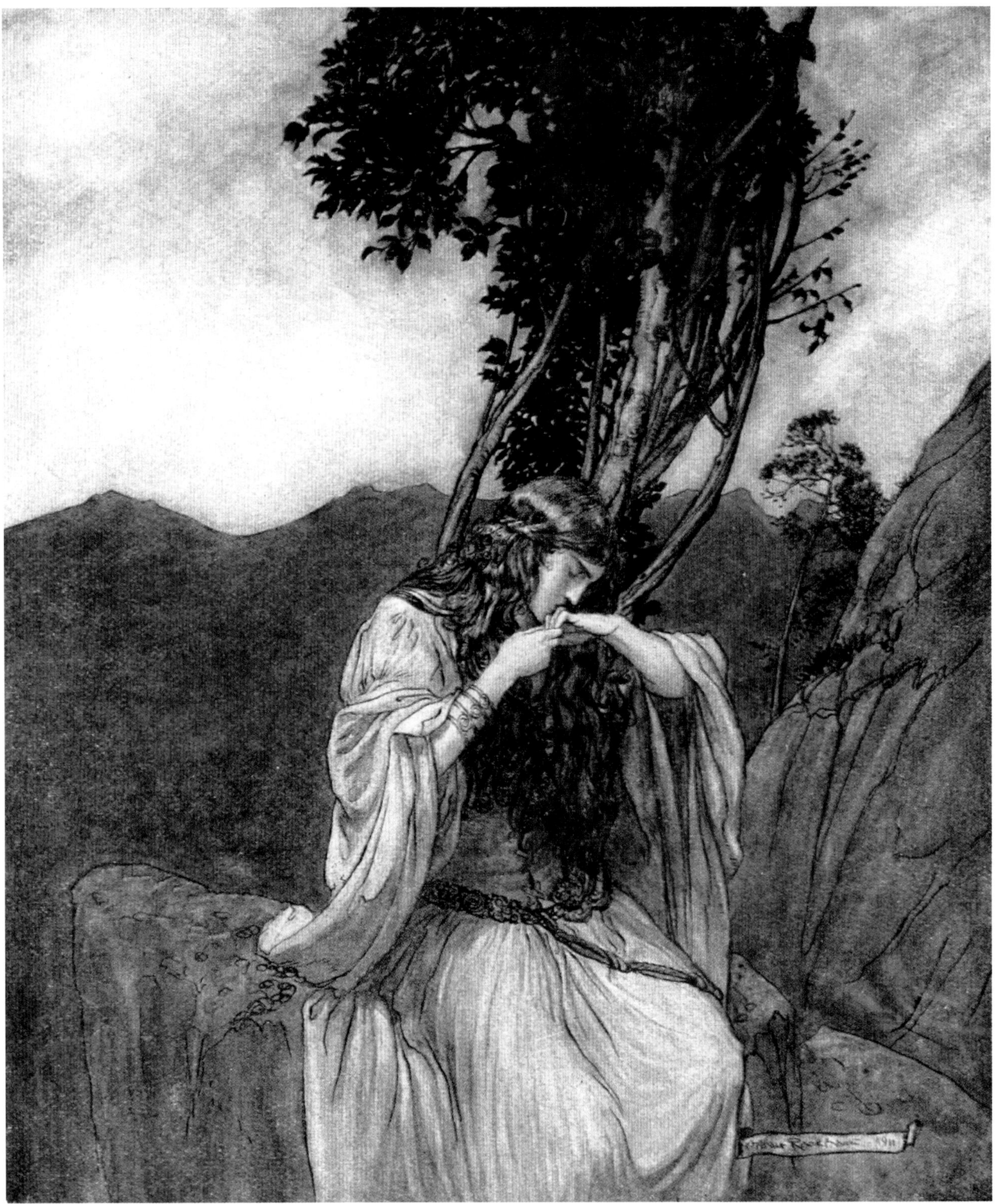

91
지크프리트가 남긴 반지에 입맞춤하는 브륀힐데.

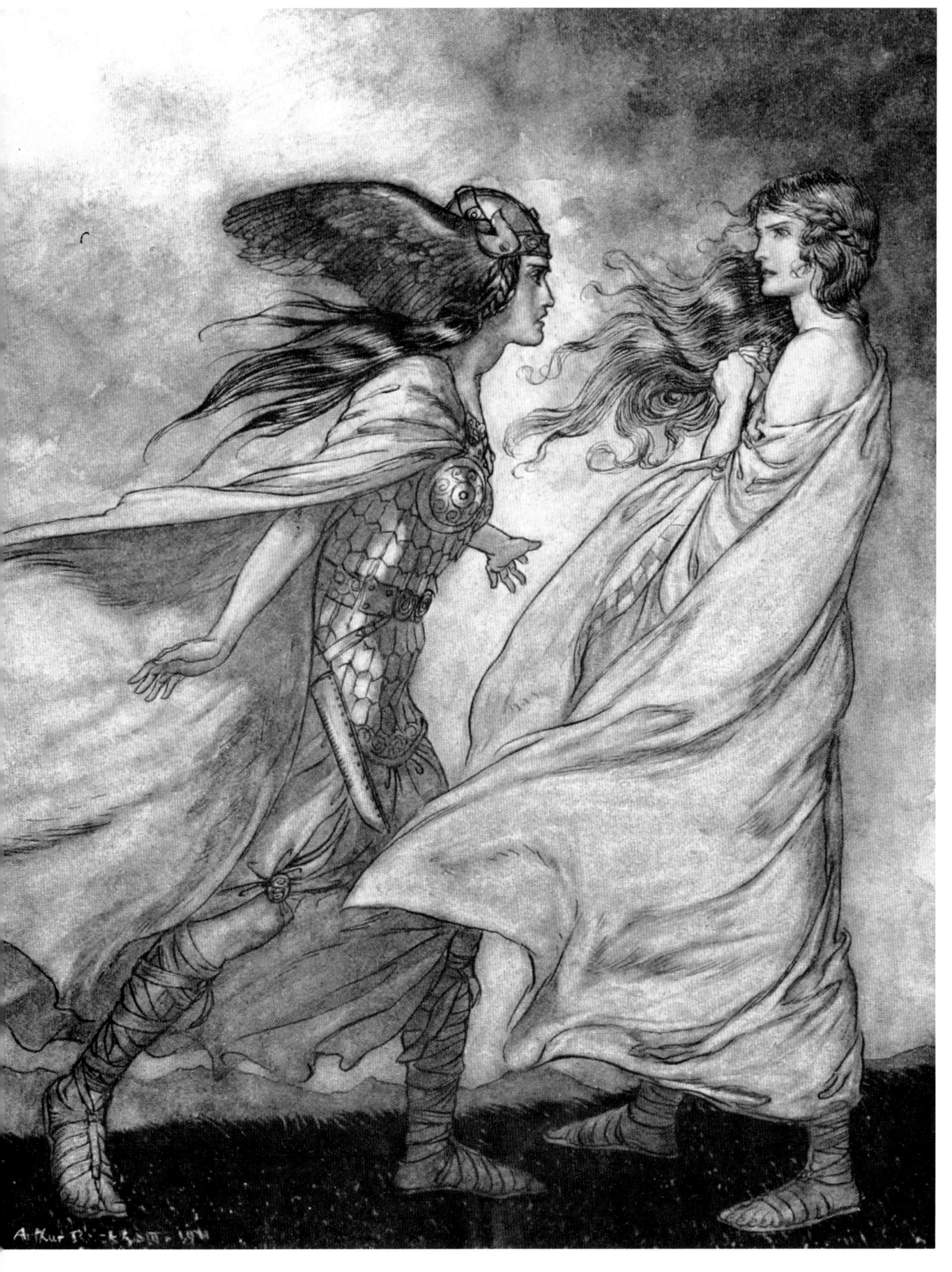

92
"당신 손의 그 반지, 아 간청하오니, 보탄을 위해 던져버려 주시길!"

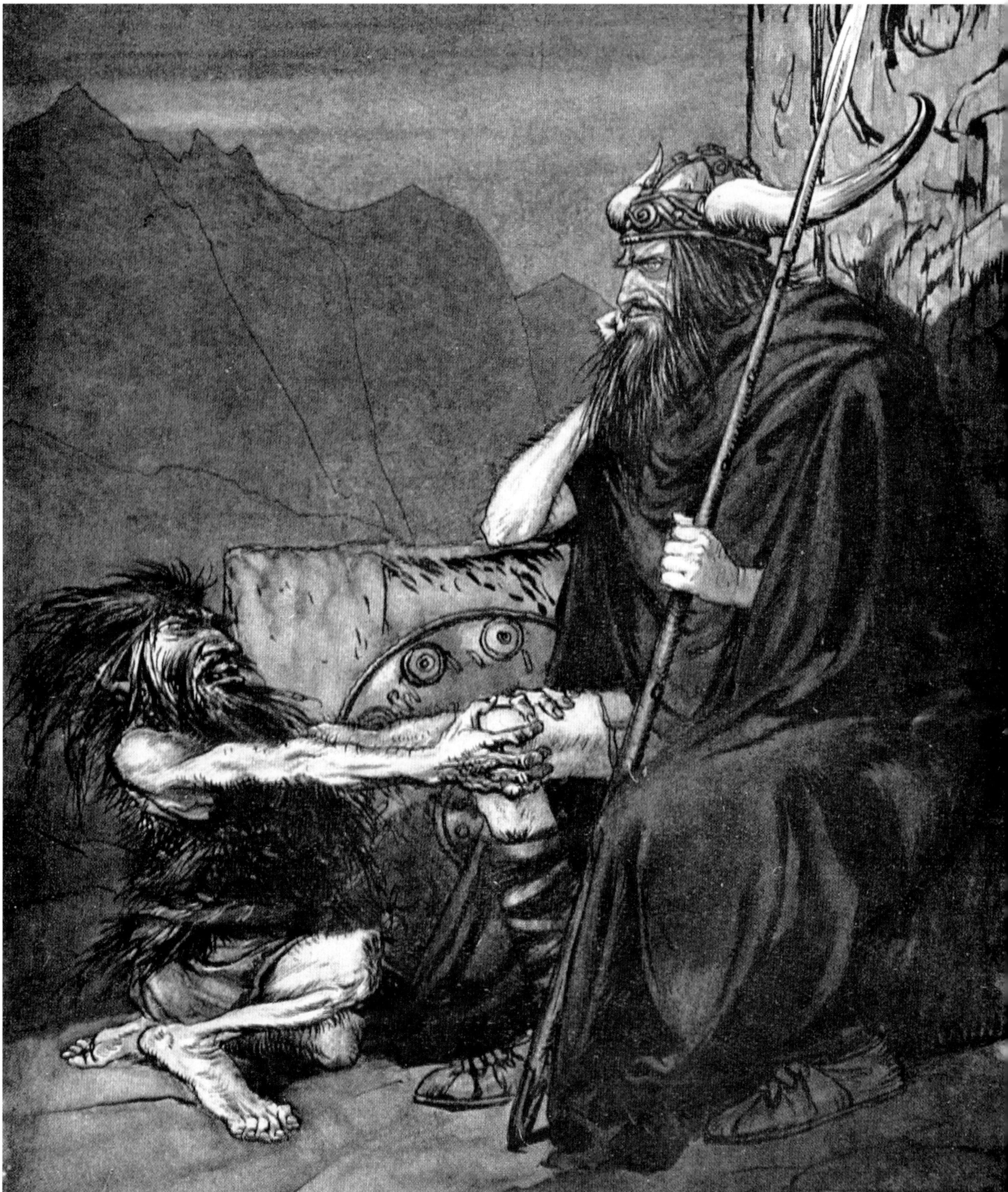

93
“맹세해다오, 하겐, 나의 아들아!”

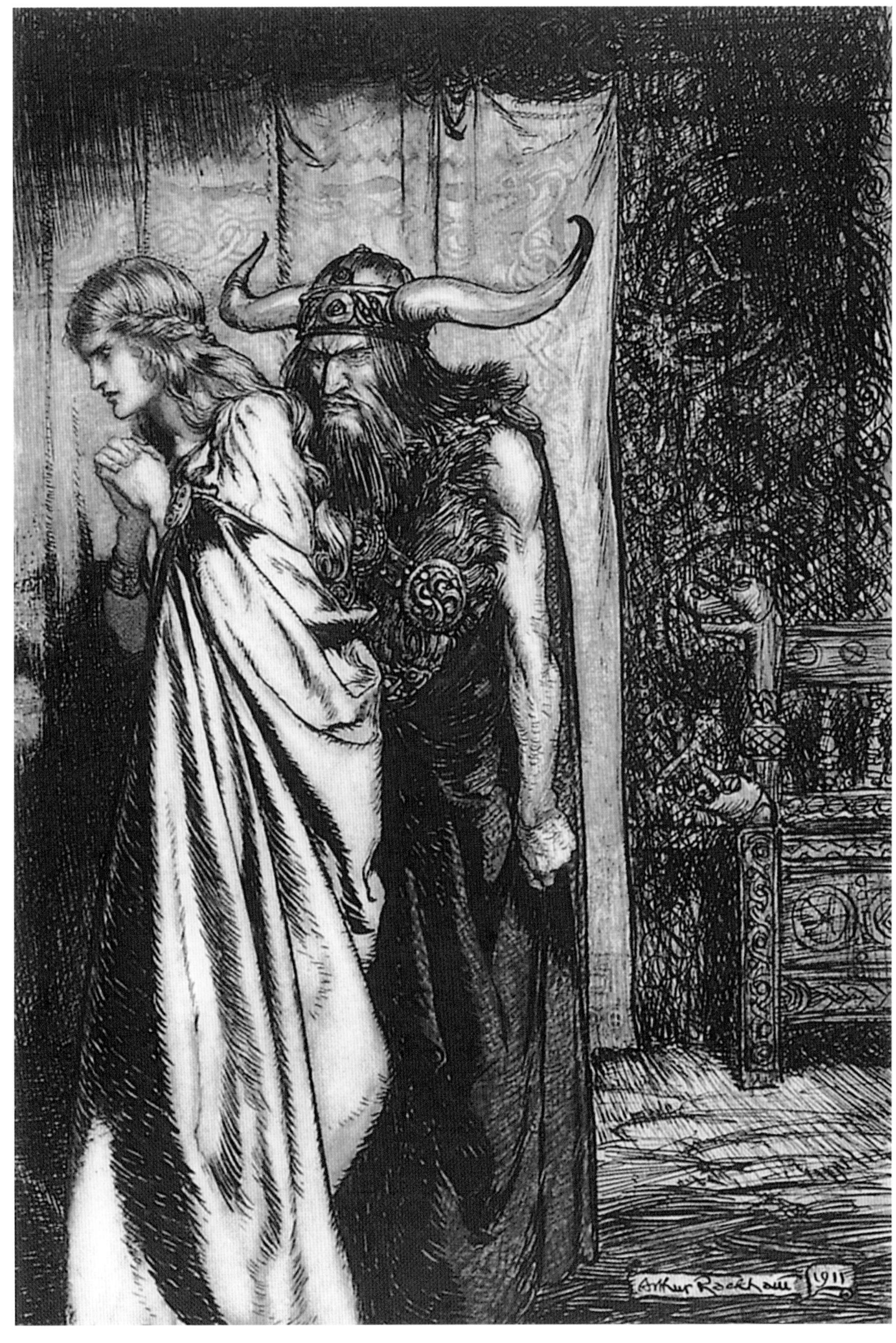

94
“오, 배신자 아내여, 당신의 거짓 신뢰에 복수하고 말겠소!”

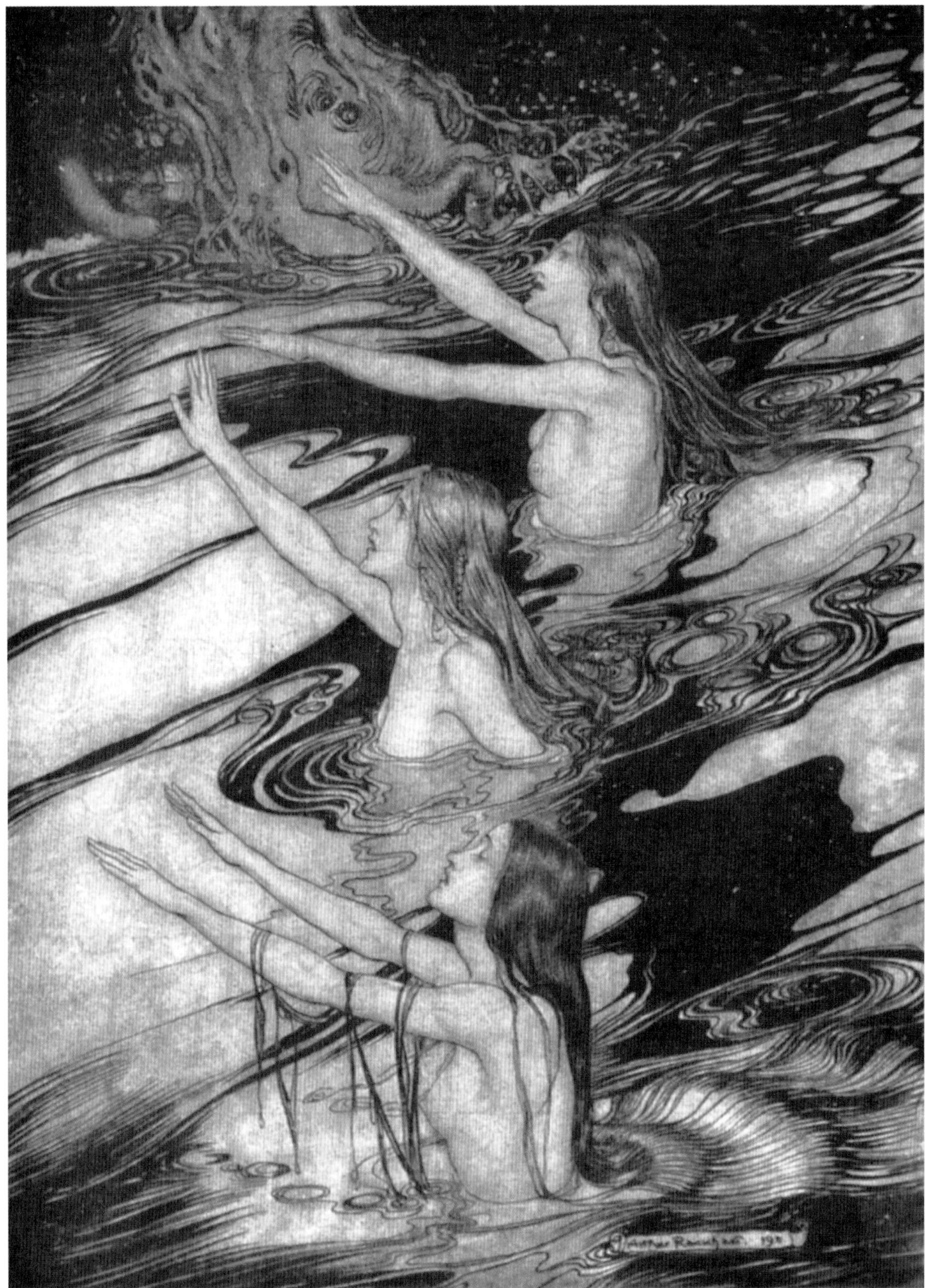

95
“지그프리트! 지그프리트! 우리의 경고는 진실이에요. 그러니 도망치세요. 오, 저주로부터 달아나세요!”

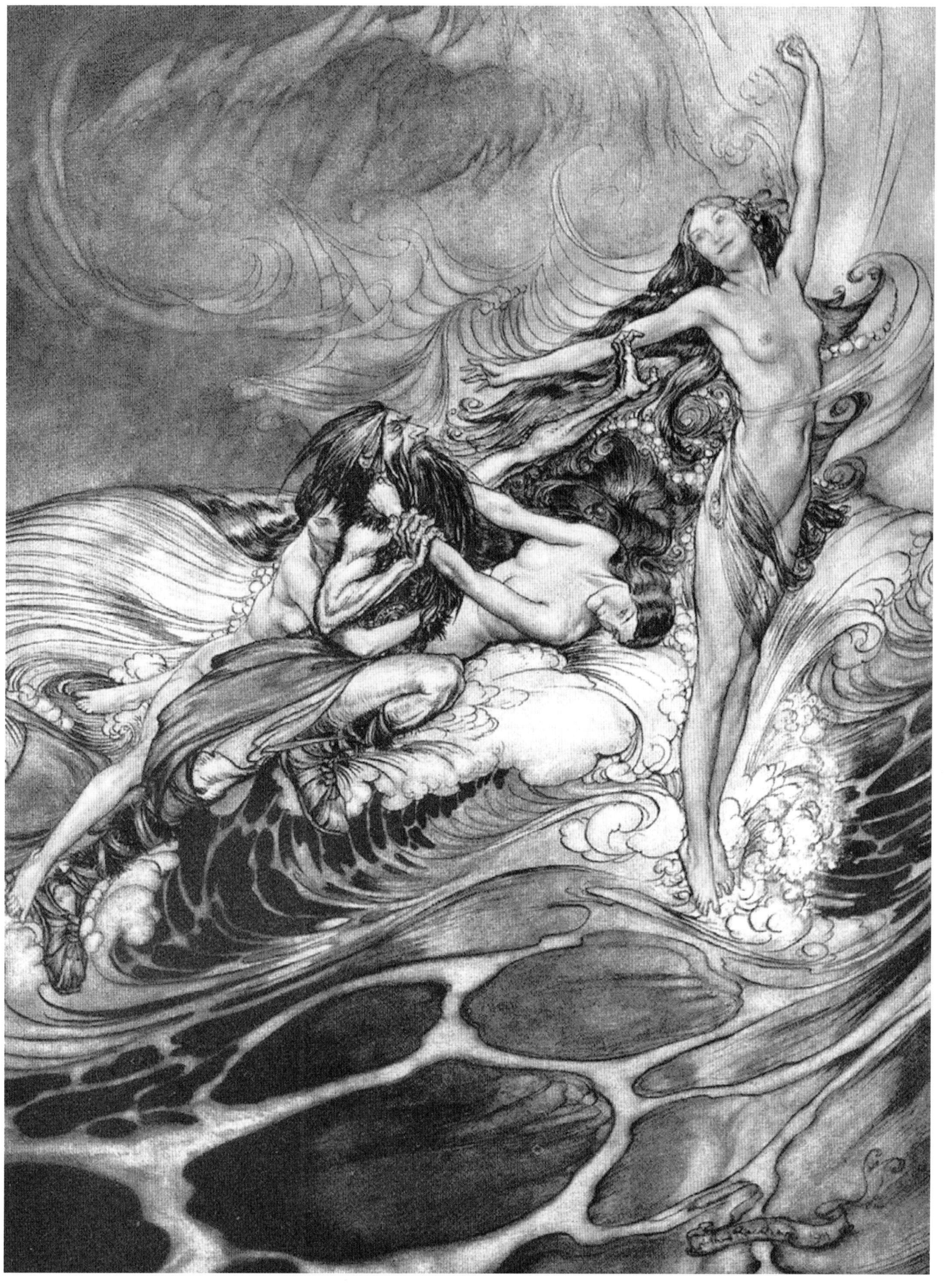

96
반지의 주인이 된 물의 요정 '라인 처녀들'은 이를 승리의 징표로 삼았다.

이솝 우화

Aesop's Fables

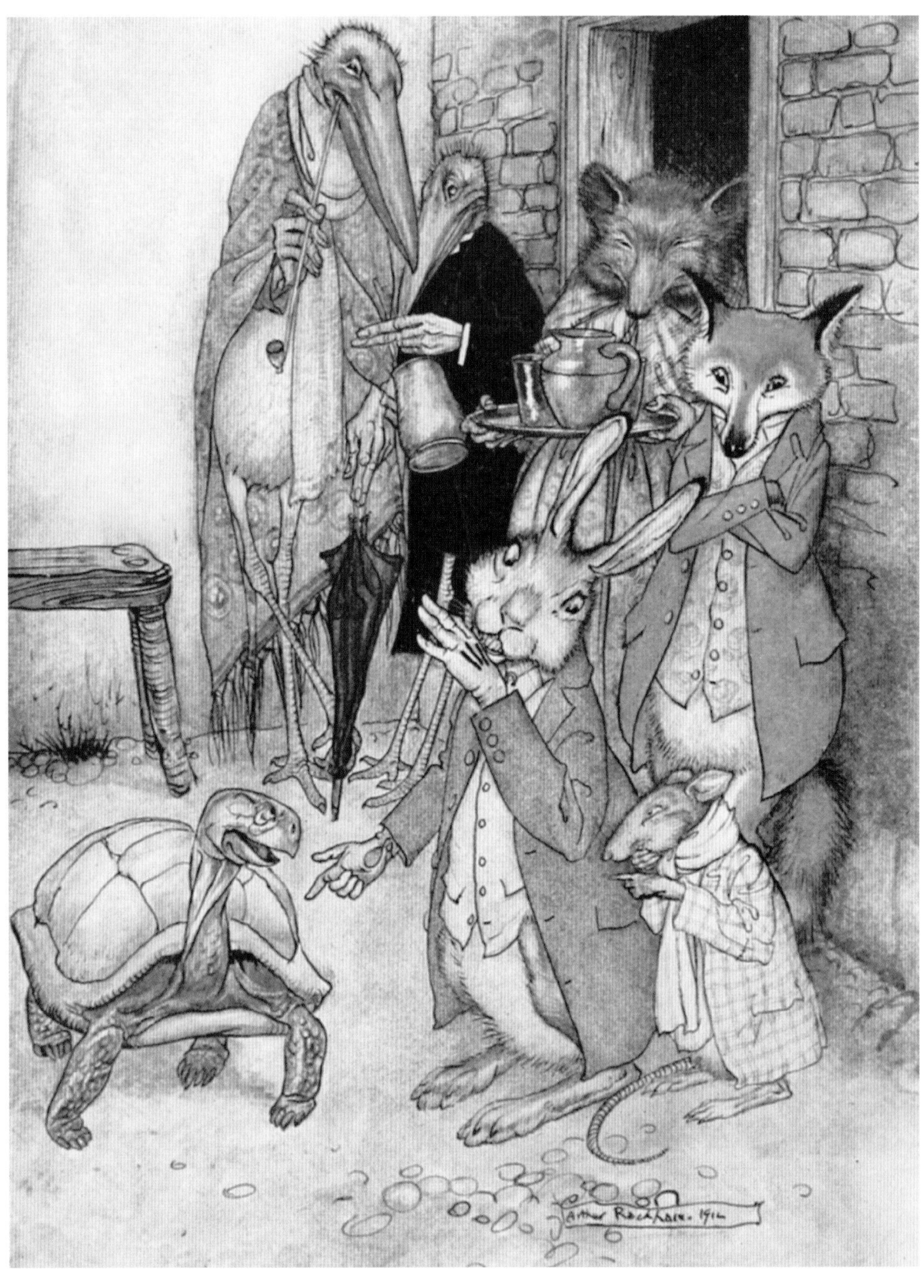

97
토끼와 거북이
"나는 당신과 경주해 이길 걸 확신해요."

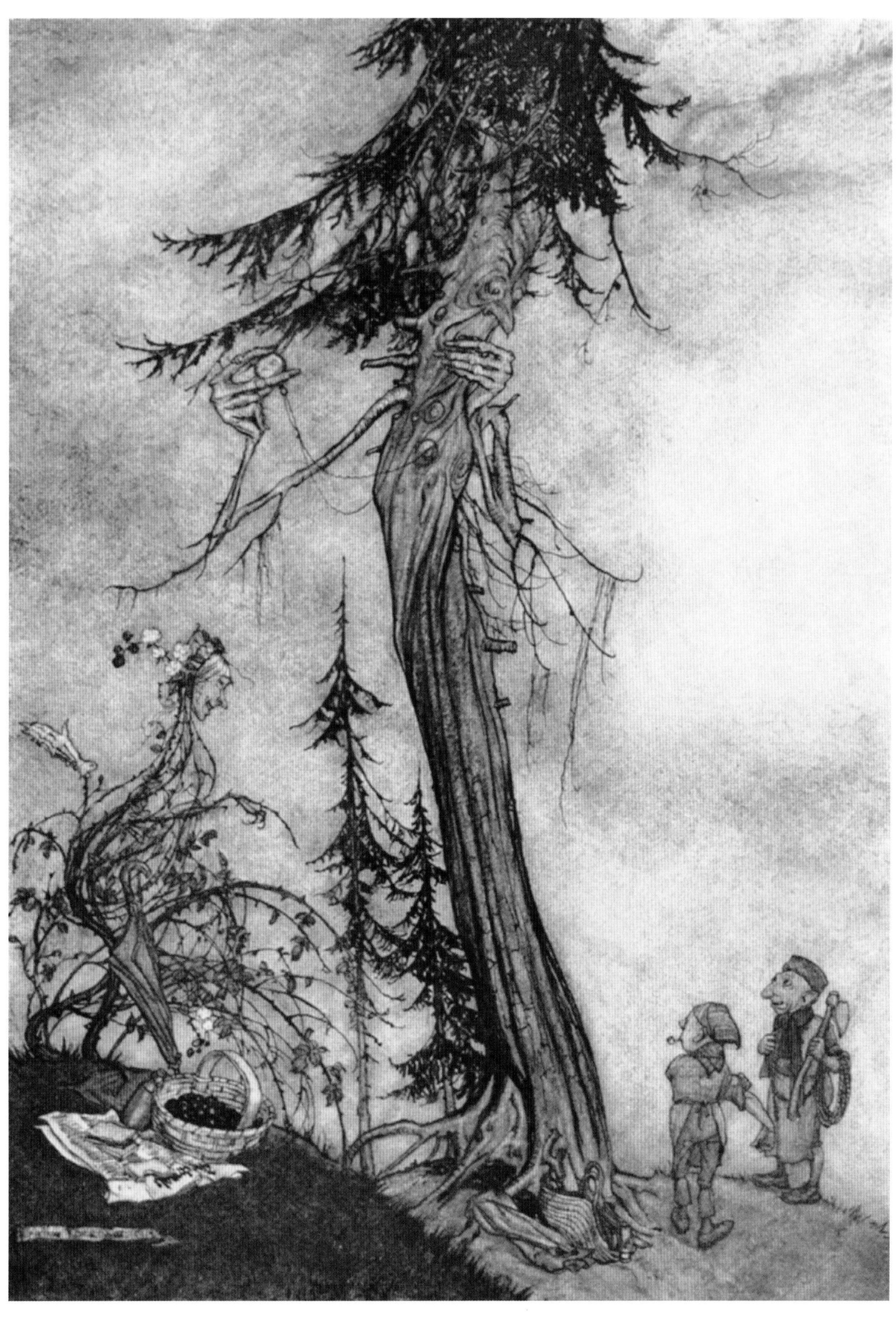

98
전나무와 가시덤불
“난 아름다운데 키도 커.” 가시덤불이 뽐내며 말했다.

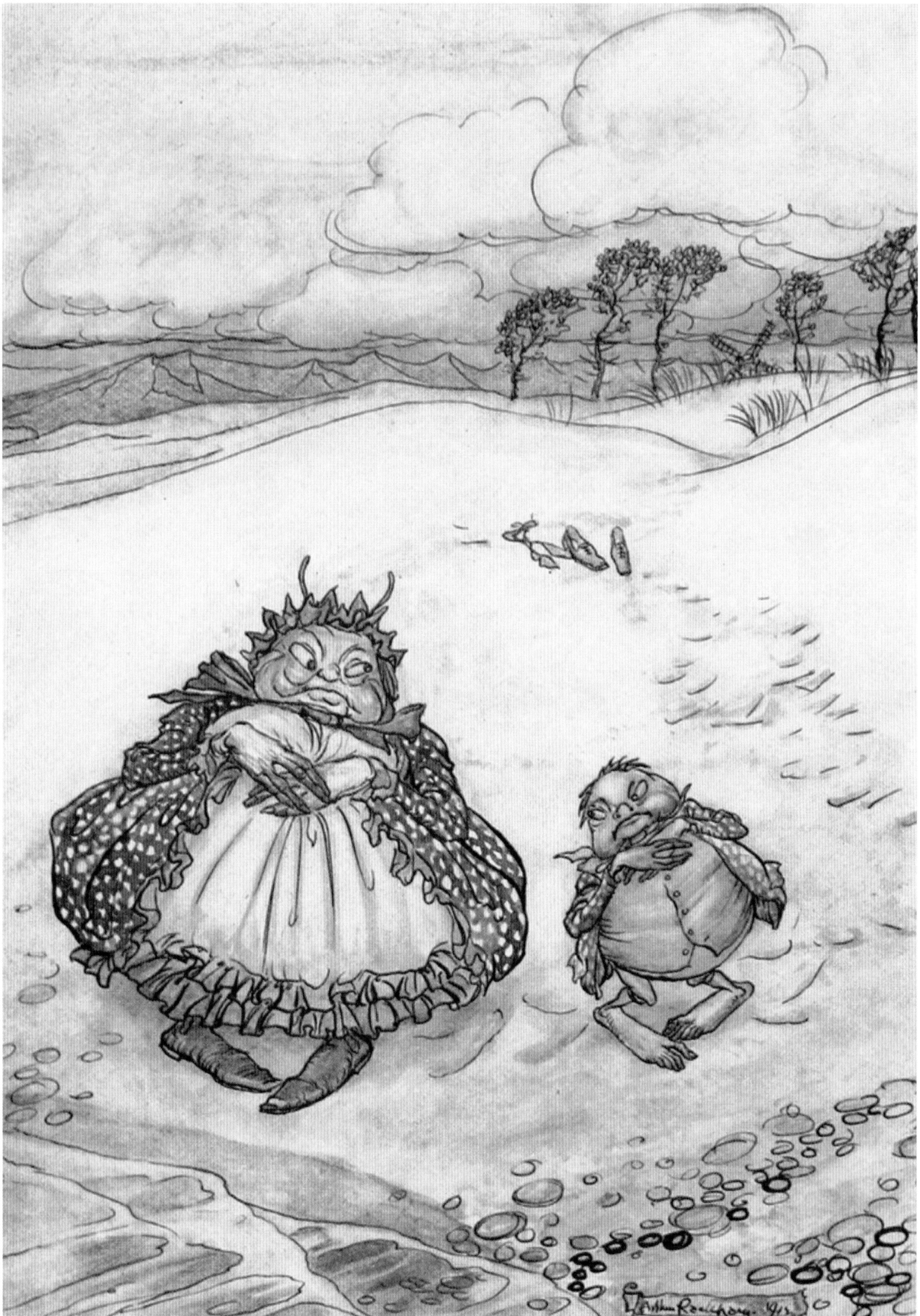

99
아기 게와 엄마 게
"아가, 넌 왜 옆으로 걷는 거니, 나처럼 이렇게 걸어보렴!"

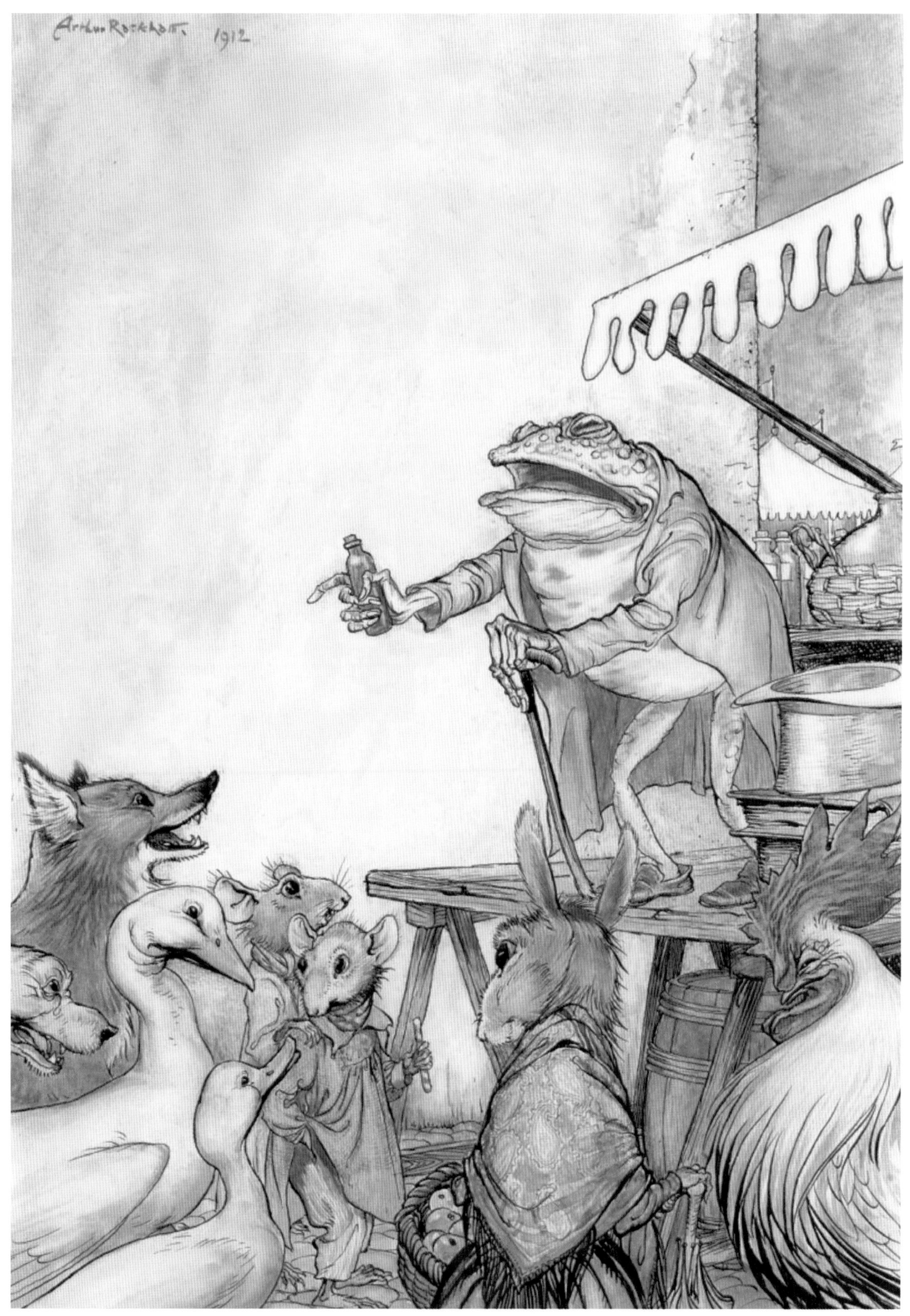

100
돌팔이 의사 개구리
개구리는 자기가 학식 깊고 모든 약에 능통한 의사여서 고칠 수 없는 병이 없다고 큰소리쳤다.

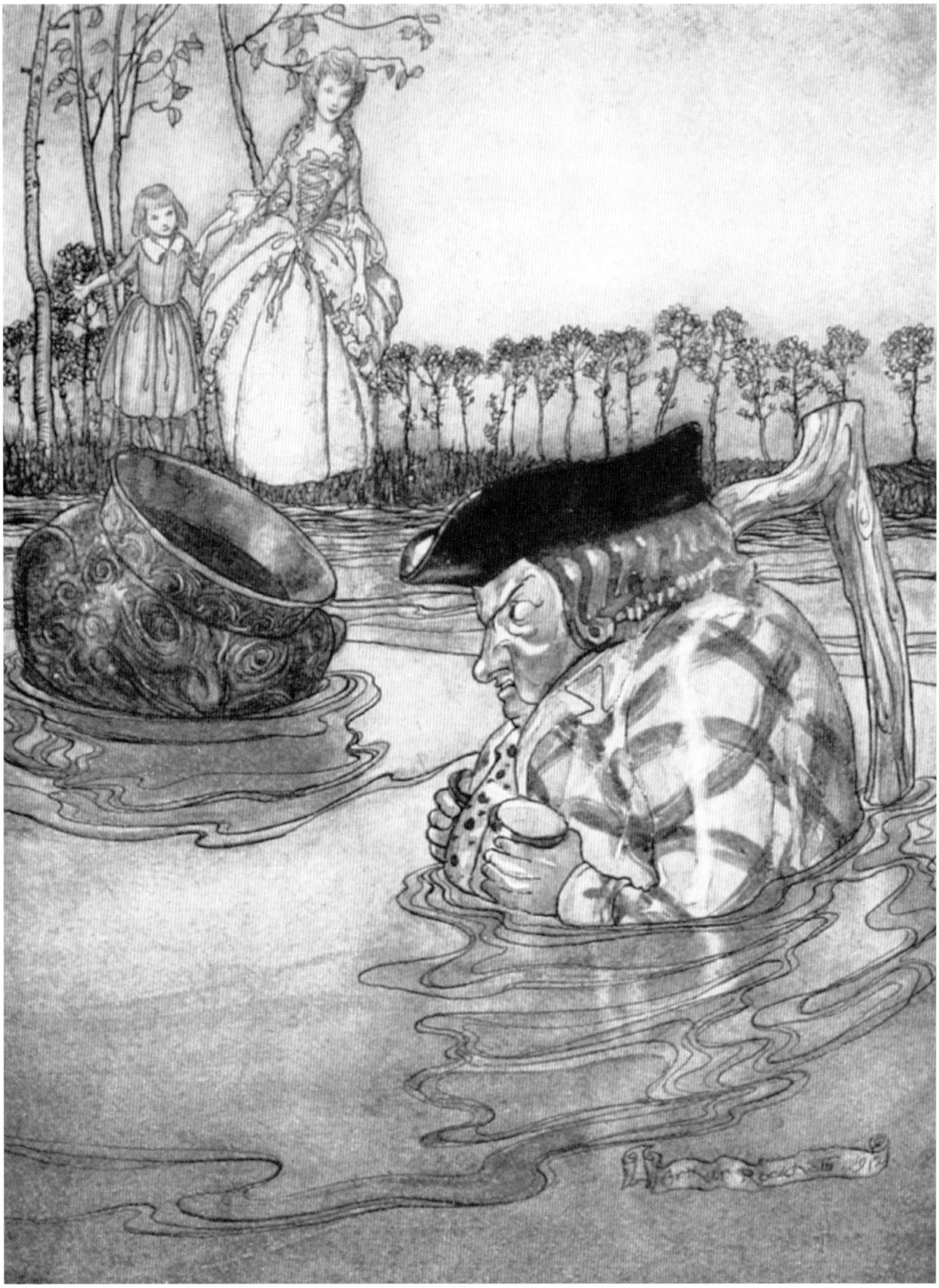

101
두 개의 단지
“당신이 살짝만 건드려도 난 산산조각이 나고 말 거예요.”

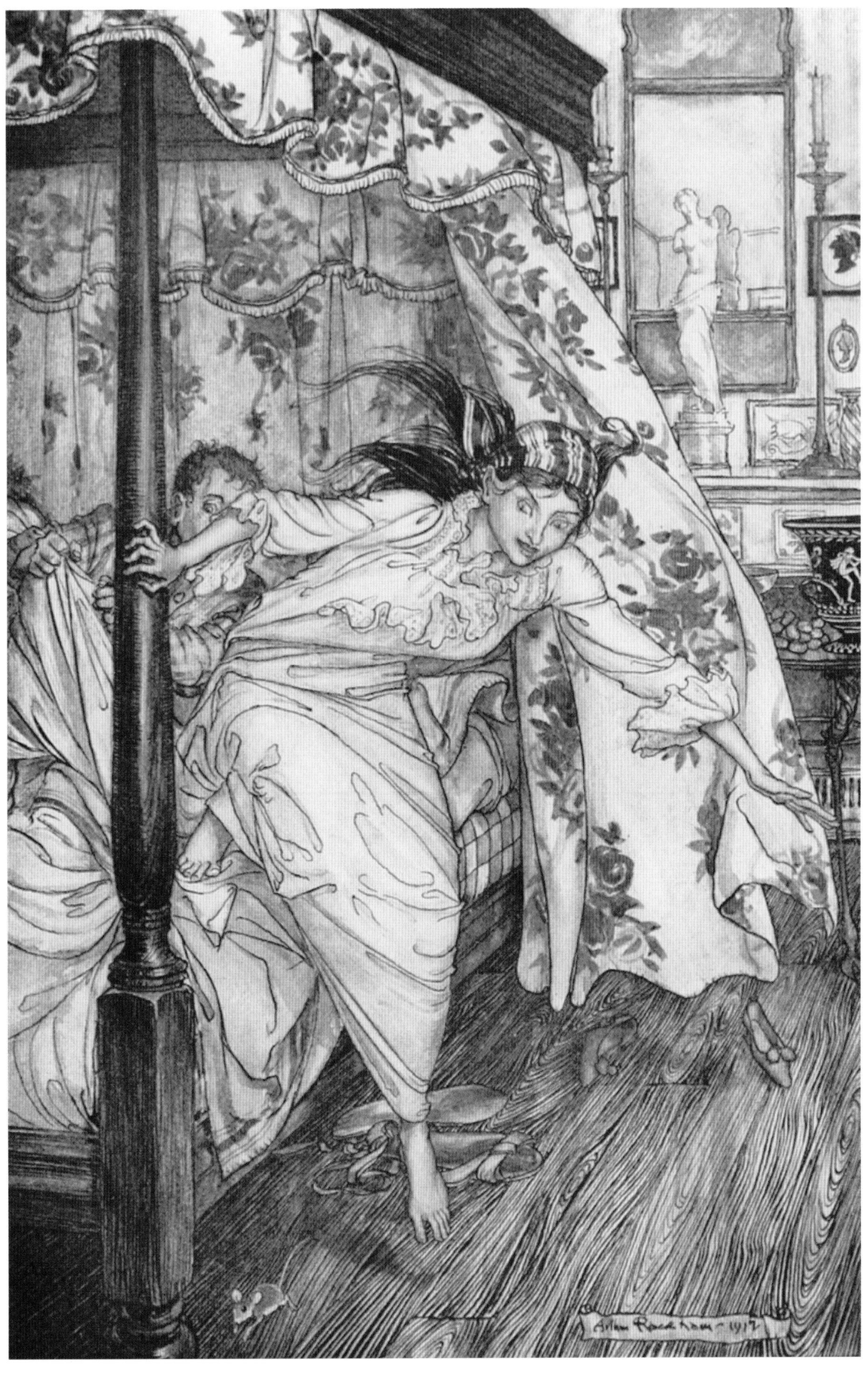

102
비너스와 고양이
쥐를 보자마자 여자는 벌떡 일어나 뒤를 쫓았습니다.

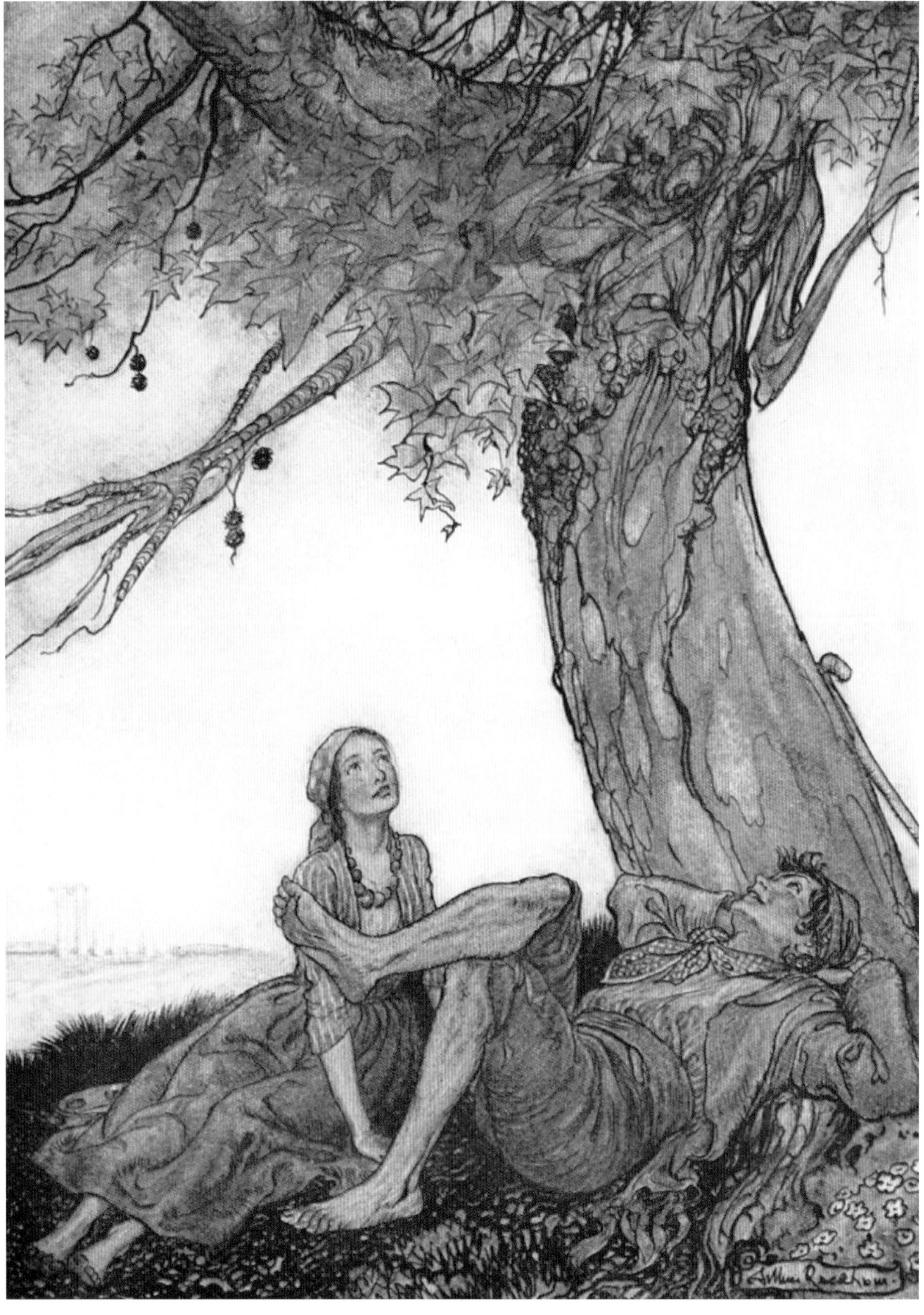

103
여행자들과 플라타너스
“당신은 뜨거운 태양을 가려주는 내 잎들의 시원한 그늘을 누리면서 날 아무짝에도 쓸모없다 욕하는군!”

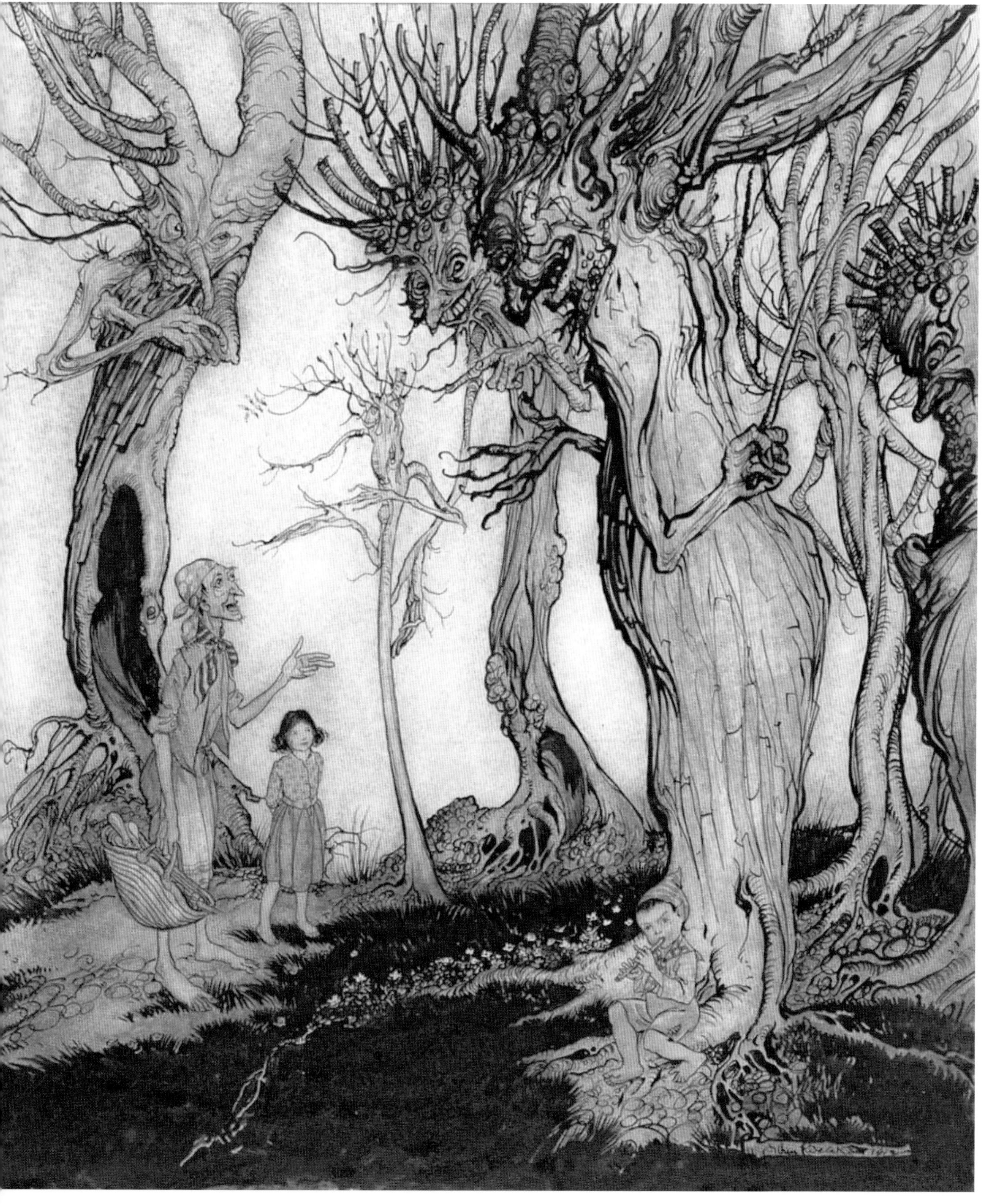

104
나무와 도끼
"걱정 마, 우리가 그들의 손잡이가 되지 않는 한 우릴 해치지 못할 테니까."

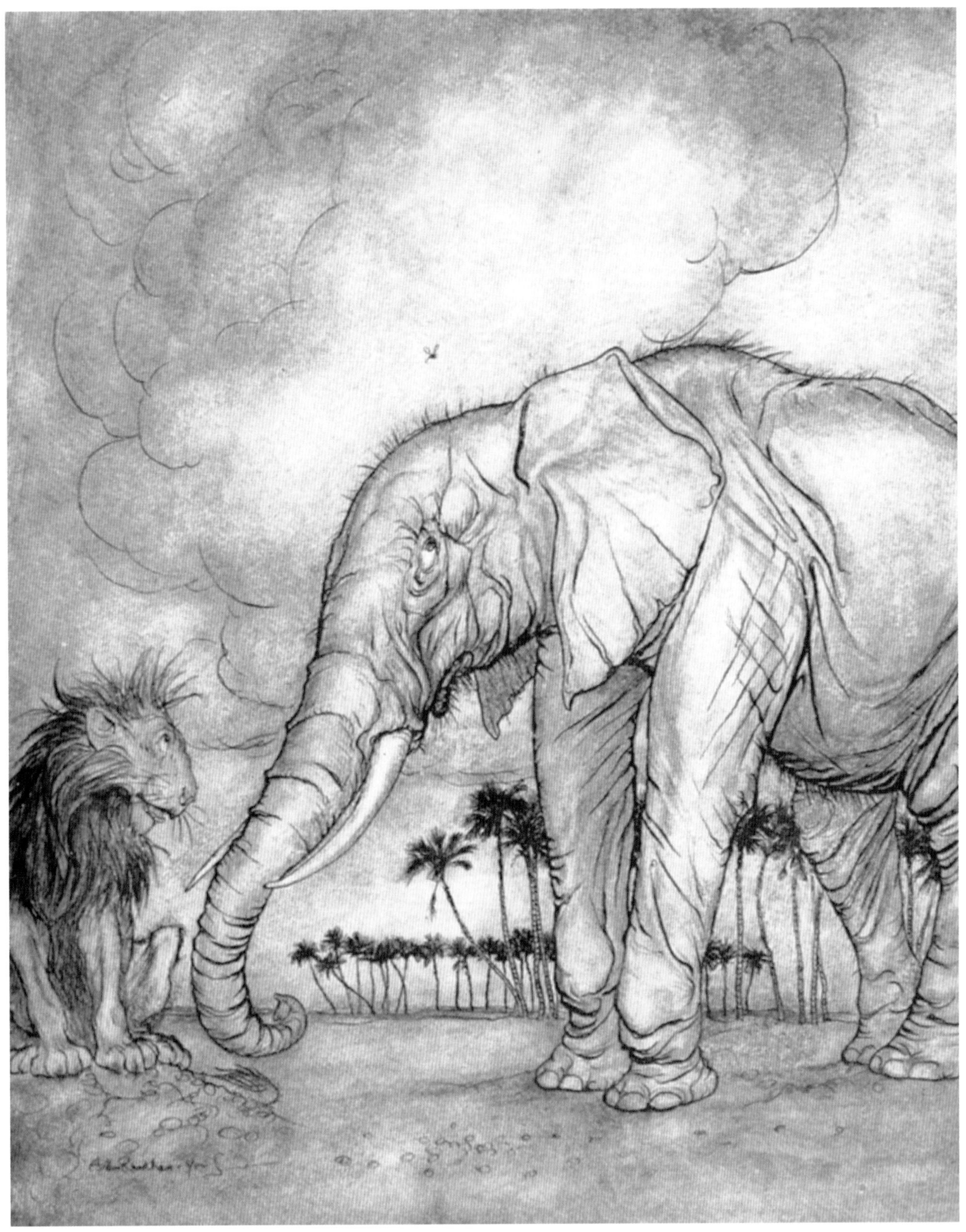

105
사자, 주피터, 그리고 코끼리
"내 처지가 코끼리보단 낫군. 모기보다야 수탉을 겁내는 게 훨씬 낫지!"

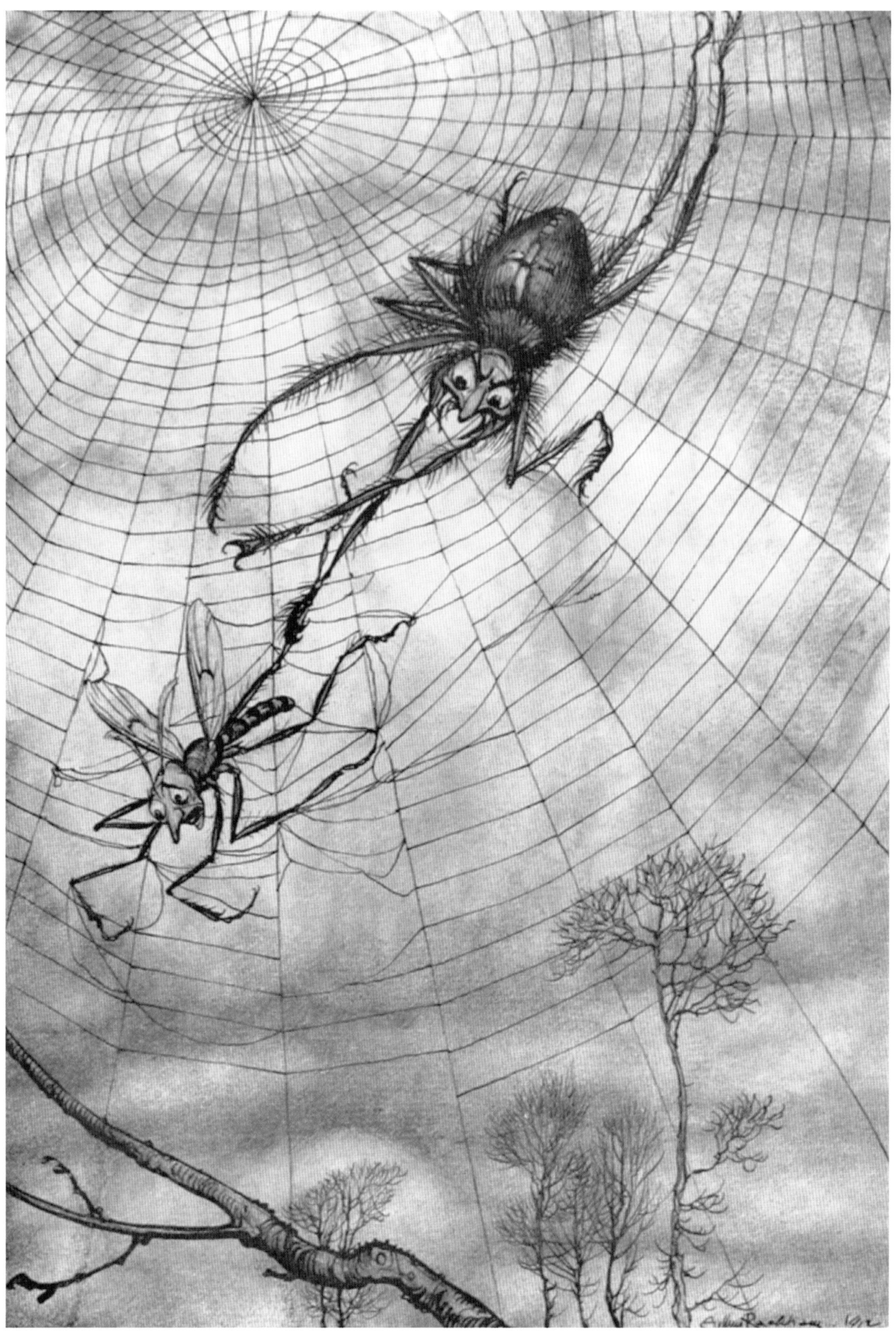

106
각다귀와 사자
백수의 왕을 물리쳤지만, 거미줄에 걸려선 하찮은 벌레의 먹잇감이 되고 말았다.

마더구스

Mother Goose, The Old Nursery Rhymes

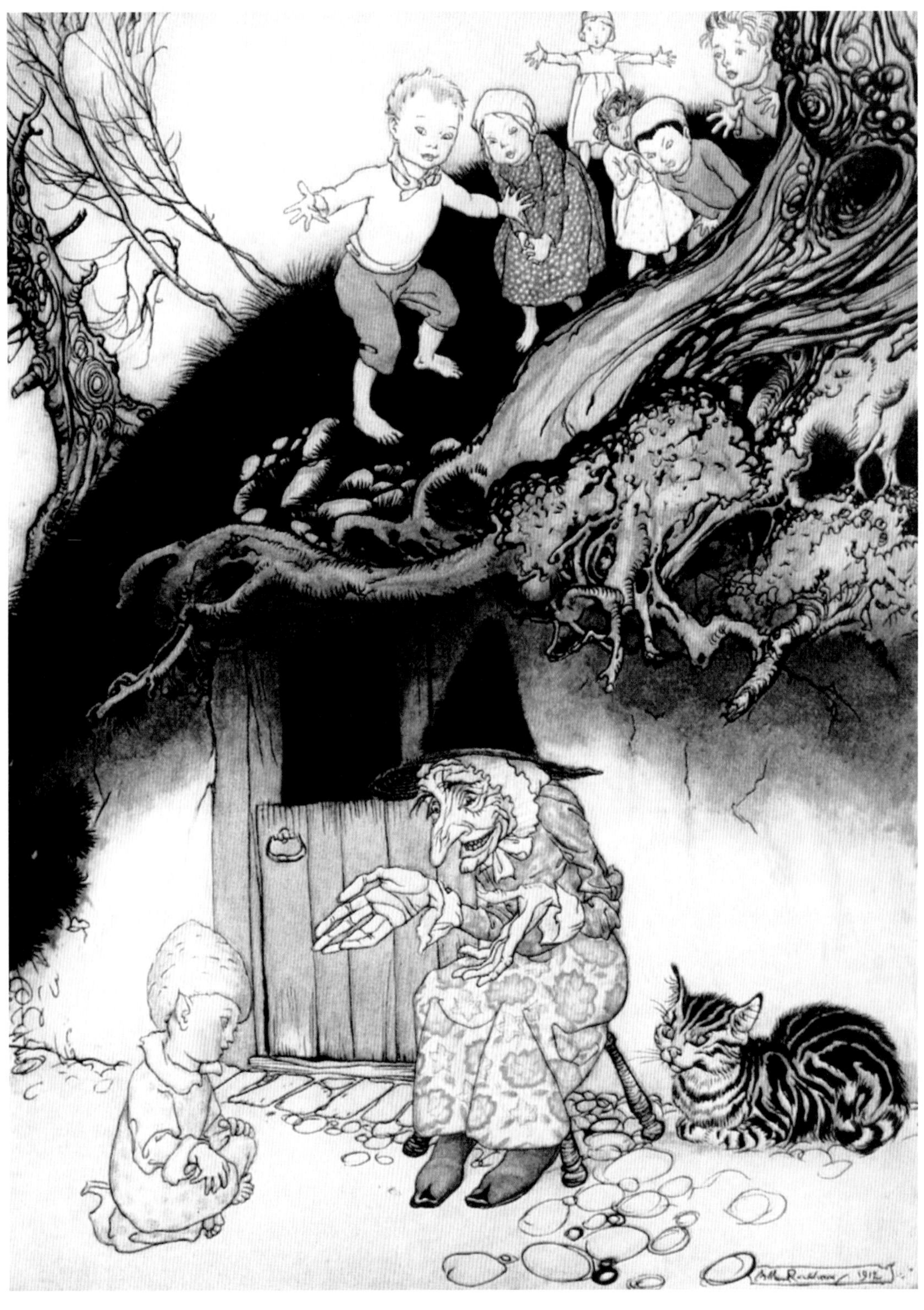

107
언덕 아래 한 노파가 살았네
"언덕 아래 한 노파가 살았네. 죽지 않았다면 아직 거기 살겠지."

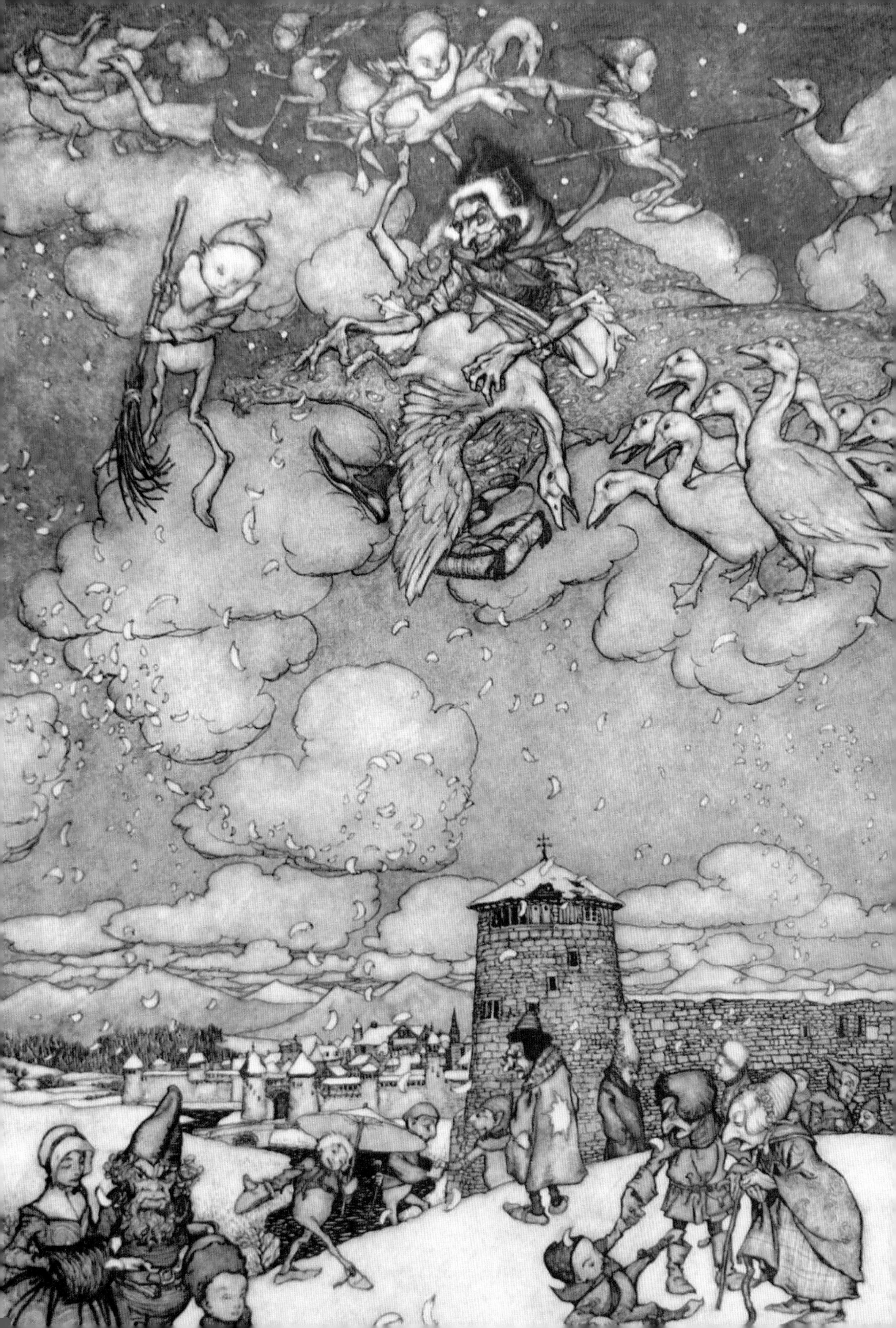

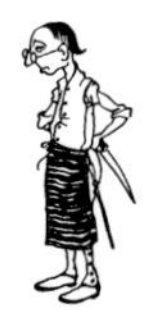

108
마더구스
하늘을 날아다니는 마더구스.

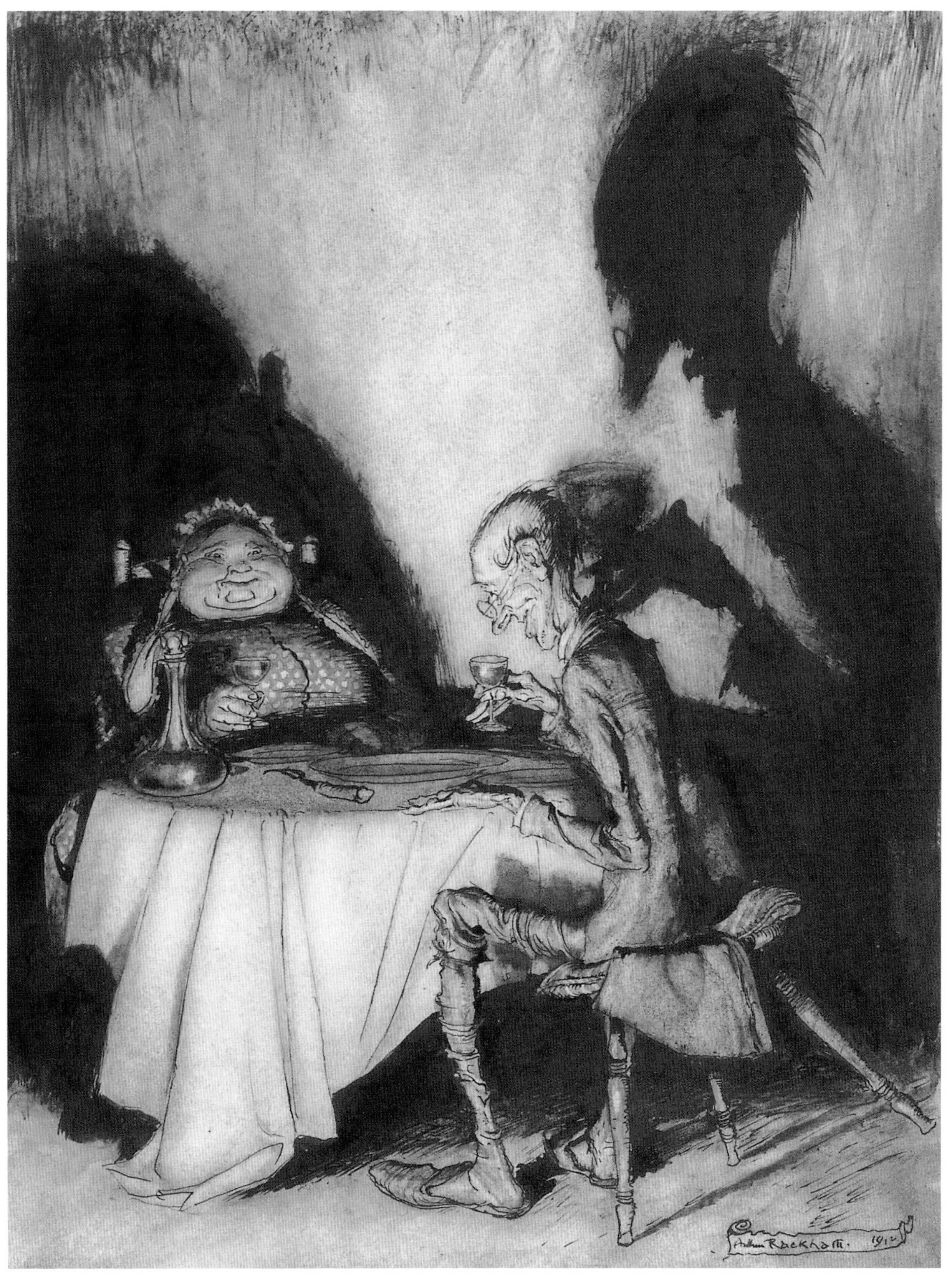

109
잭 스프랫
"잭 스프랫은 비계를 못 먹고, 그의 아내는 살코기를 먹지 못했네.
그래서 둘은 행주를 치우고 깨끗이 접시를 핥았다네."

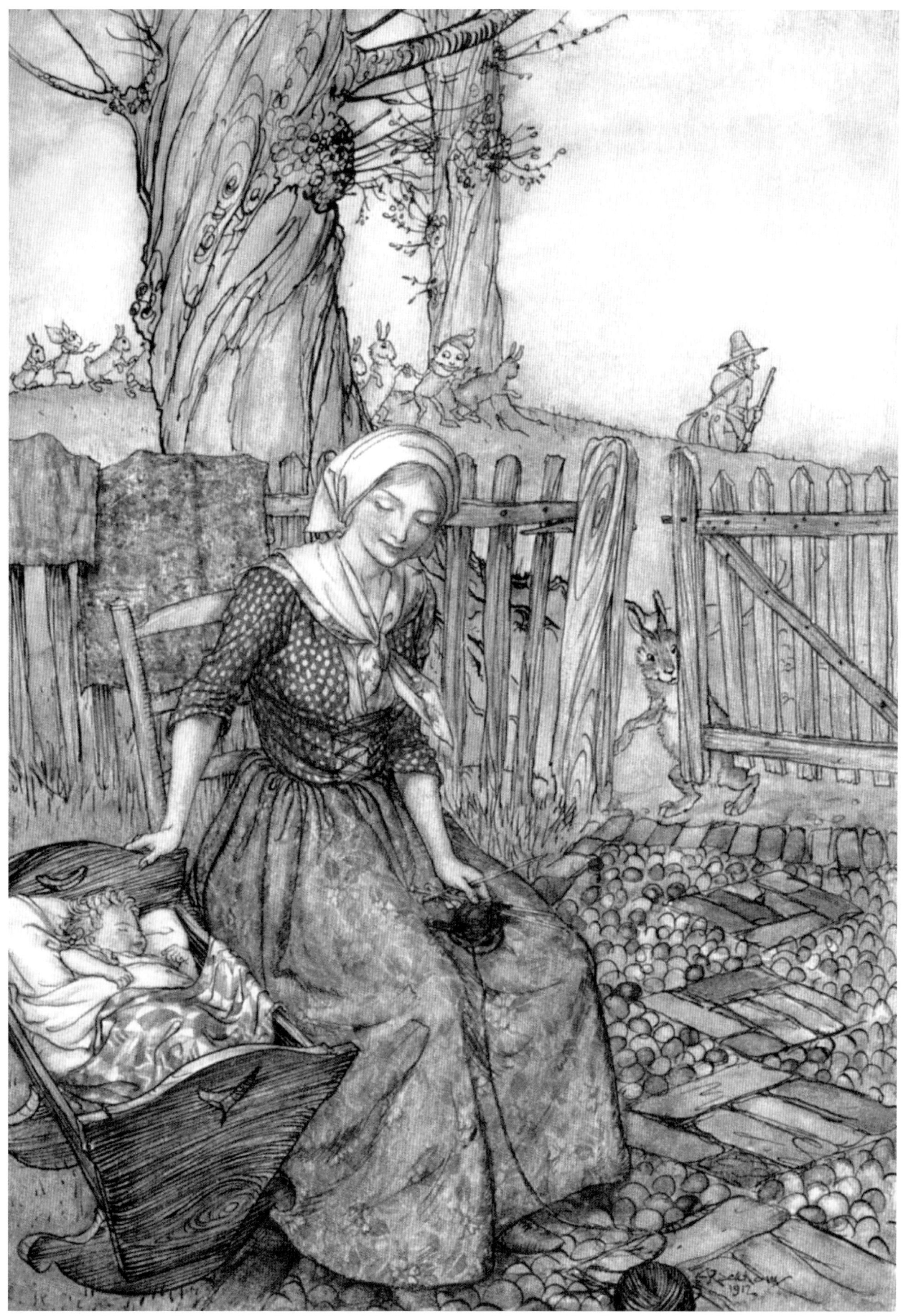

110
안녕, 아가 멧새야
“잘 자라, 나무 꼭대기 위 아가야, 바람이 불 때면 요람이 흔들릴 거야.
가지가 부러질 때면 요람이 떨어지겠지. 아가와 다른 모든 게 함께 말이야.”

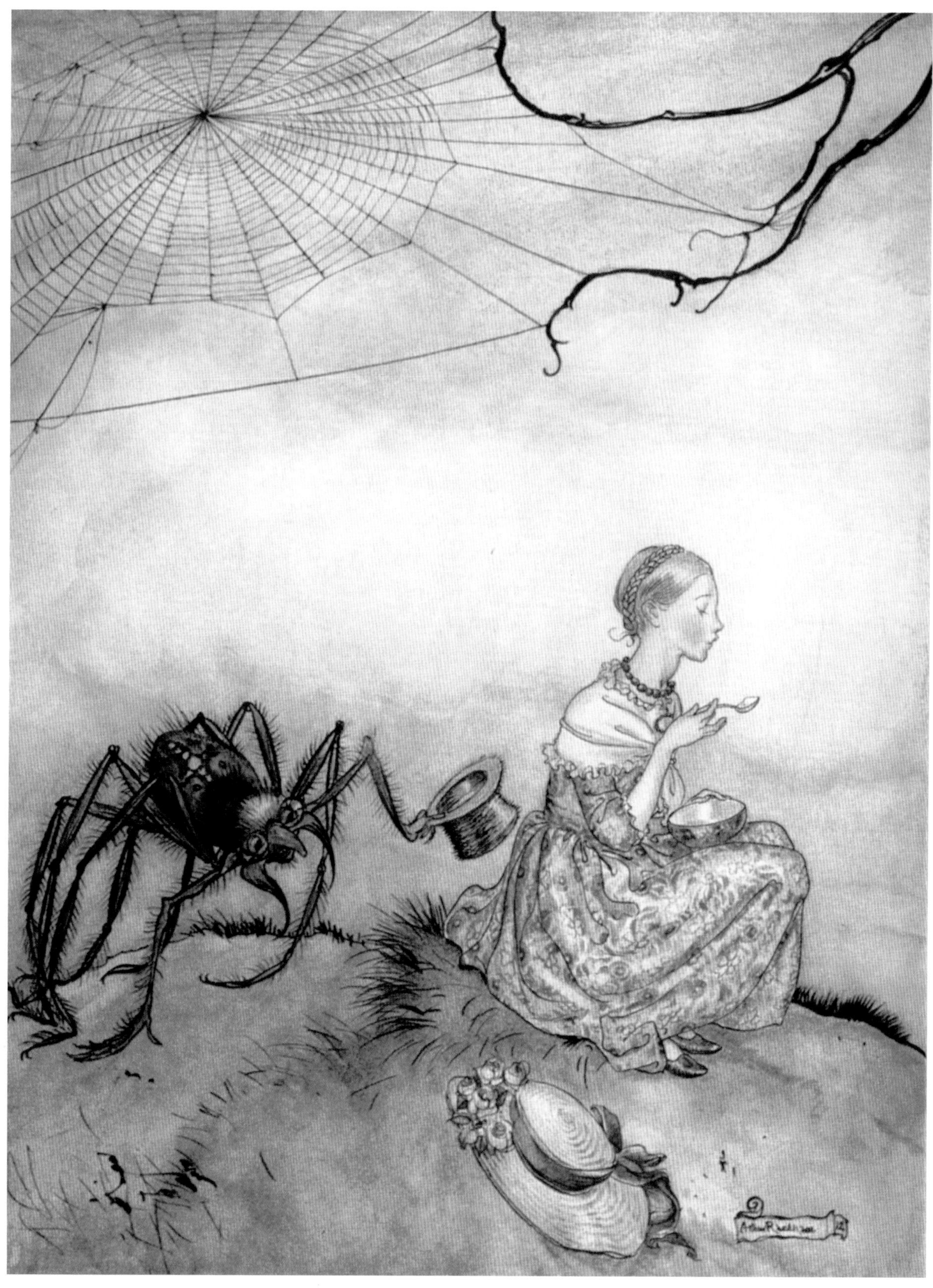

111
꼬마 머펫 양
“엄청 큰 거미가 다가와 옆에 앉자 머펫 양은 겁에 질려 도망쳤다네.”

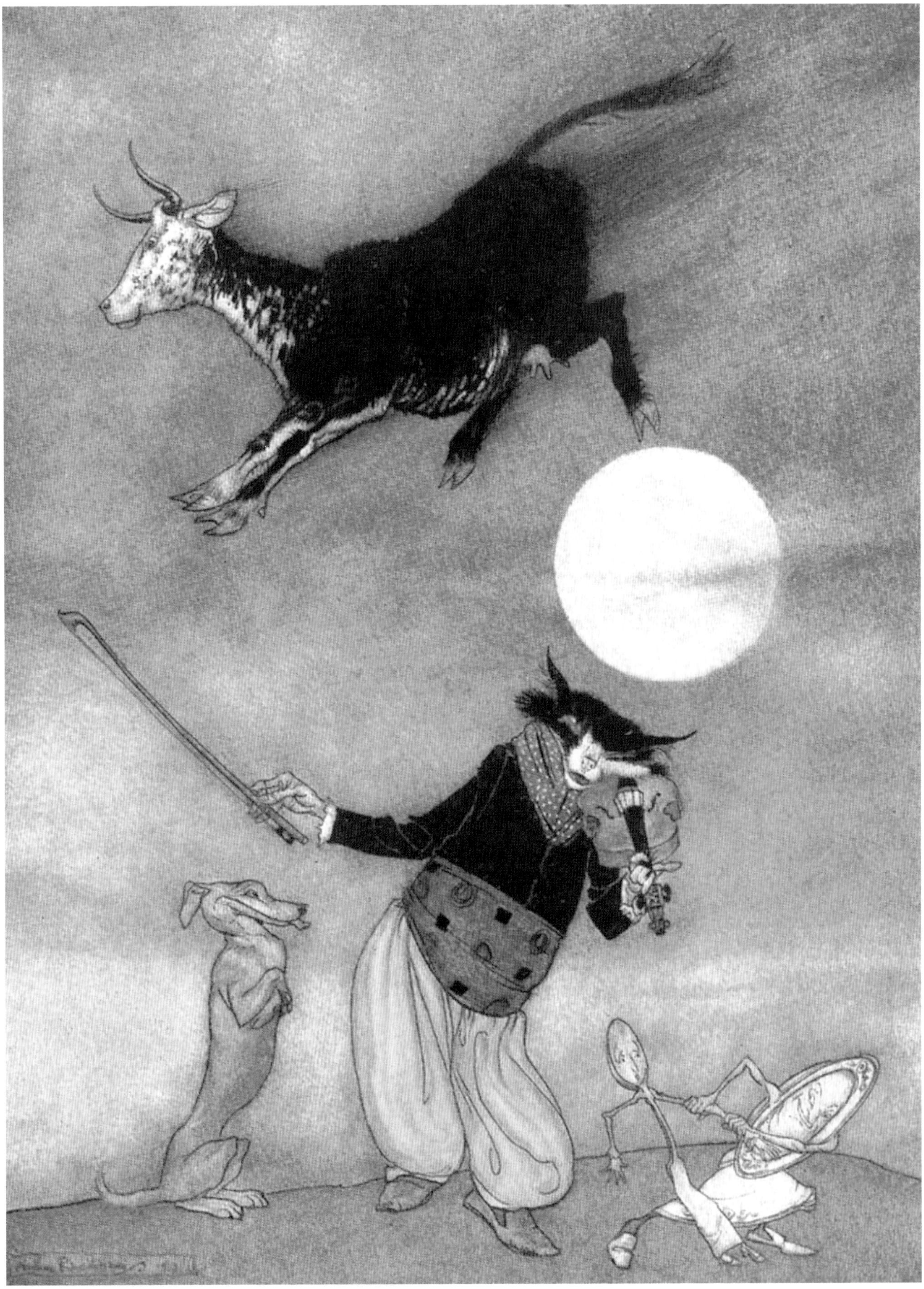

112
에이! 거짓말이야, 거짓말, 고양이가 바이올린을 켠다니
"에이! 거짓말이야, 거짓말, 고양이가 바이올린을 켜고, 소가 달을 뛰어넘는다니.
강아지는 그걸 보고 웃고, 접시는 숟가락과 도망간다니."

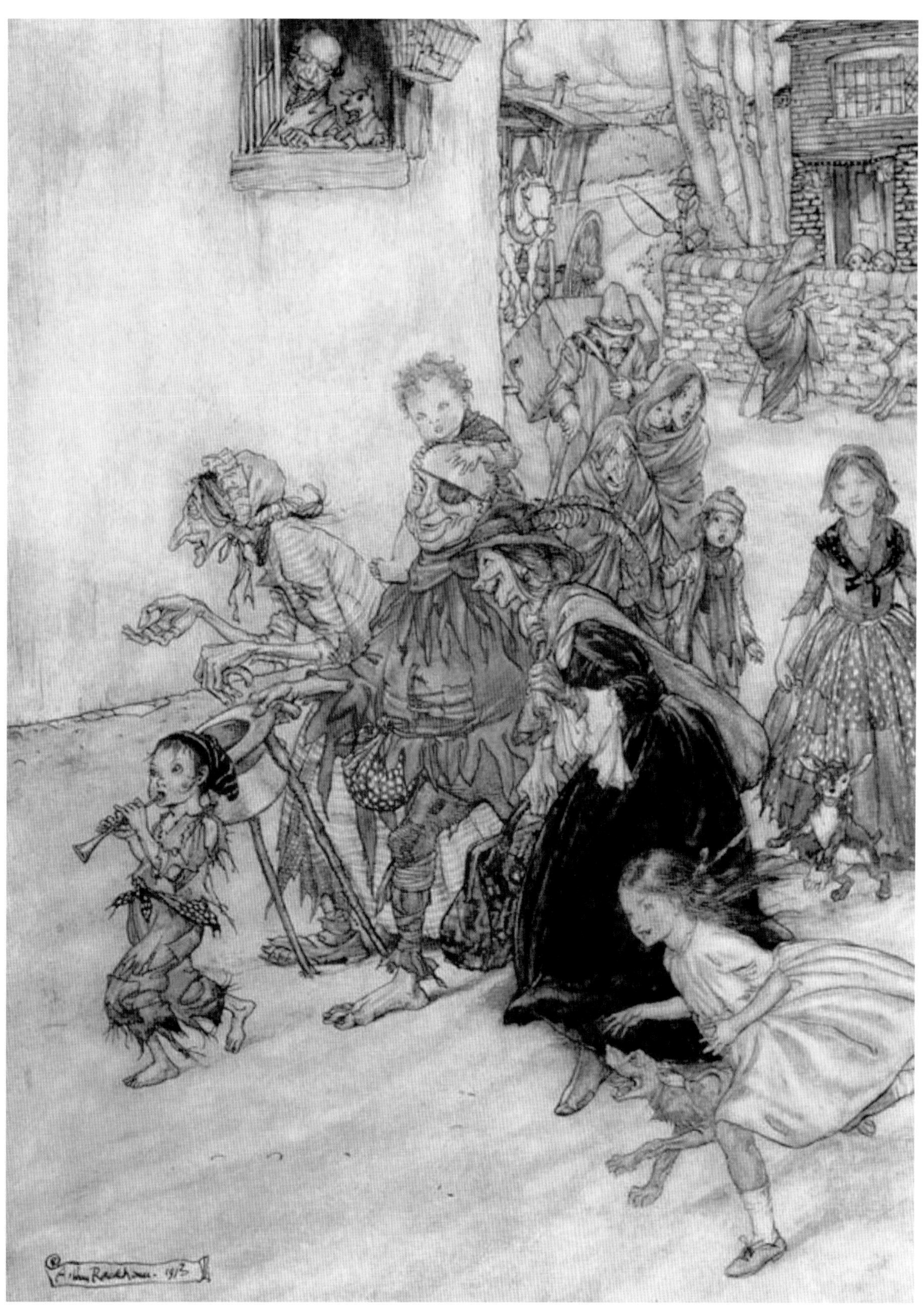

113
컹, 컹, 개들은 짖고
"컹, 컹 개들은 짖고, 거지들은 마을로 들어와요. 누구는 누더기를 입고, 누구는 장식을 달고,
그리고 누구는 벨벳 가운을 입고 있어요."

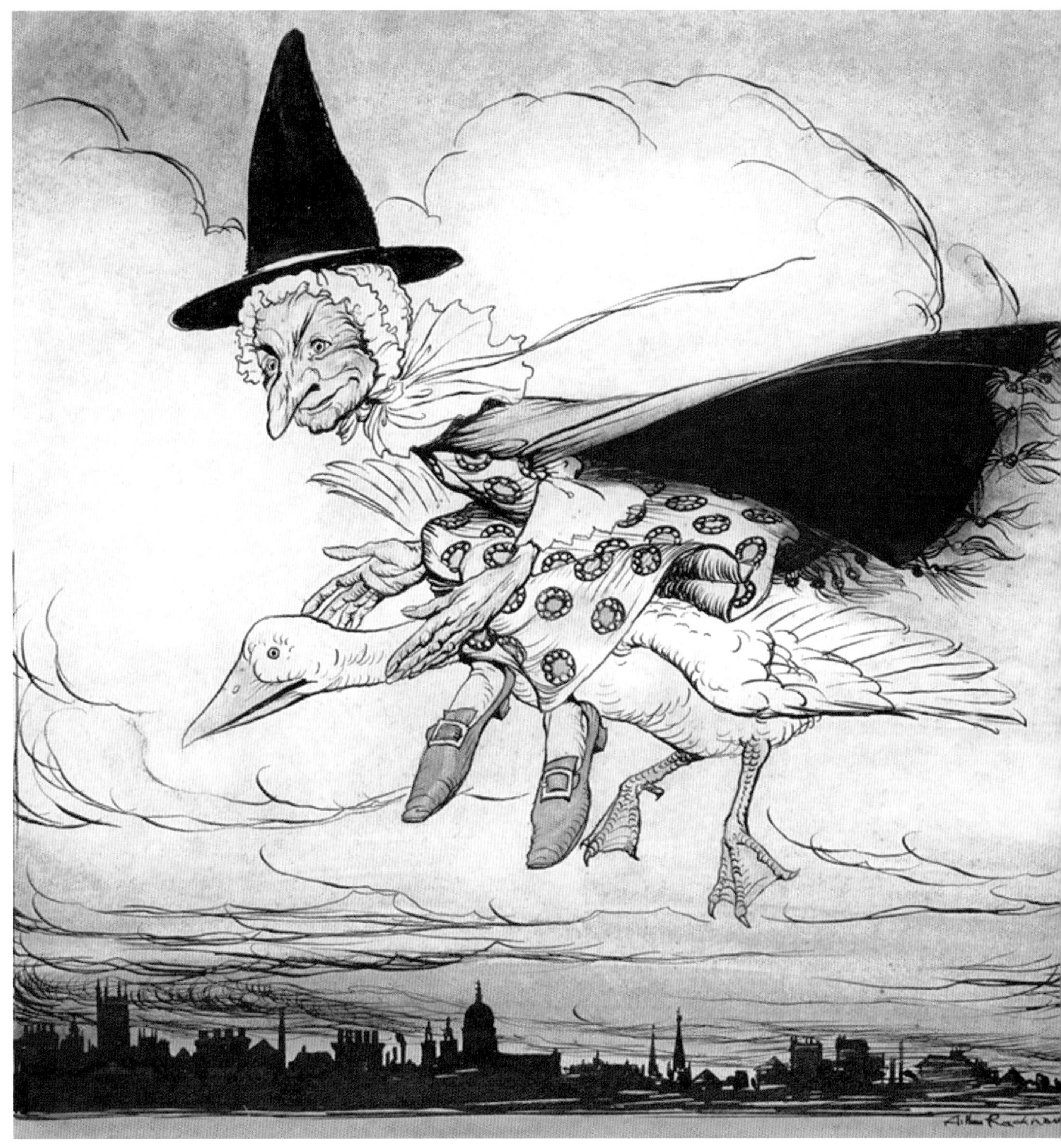

114
늙은 마더구스
"늙은 마더구스, 방랑하고 싶을 때면 가장 멋진 거위를 타고 공중을 가르곤 했다네."

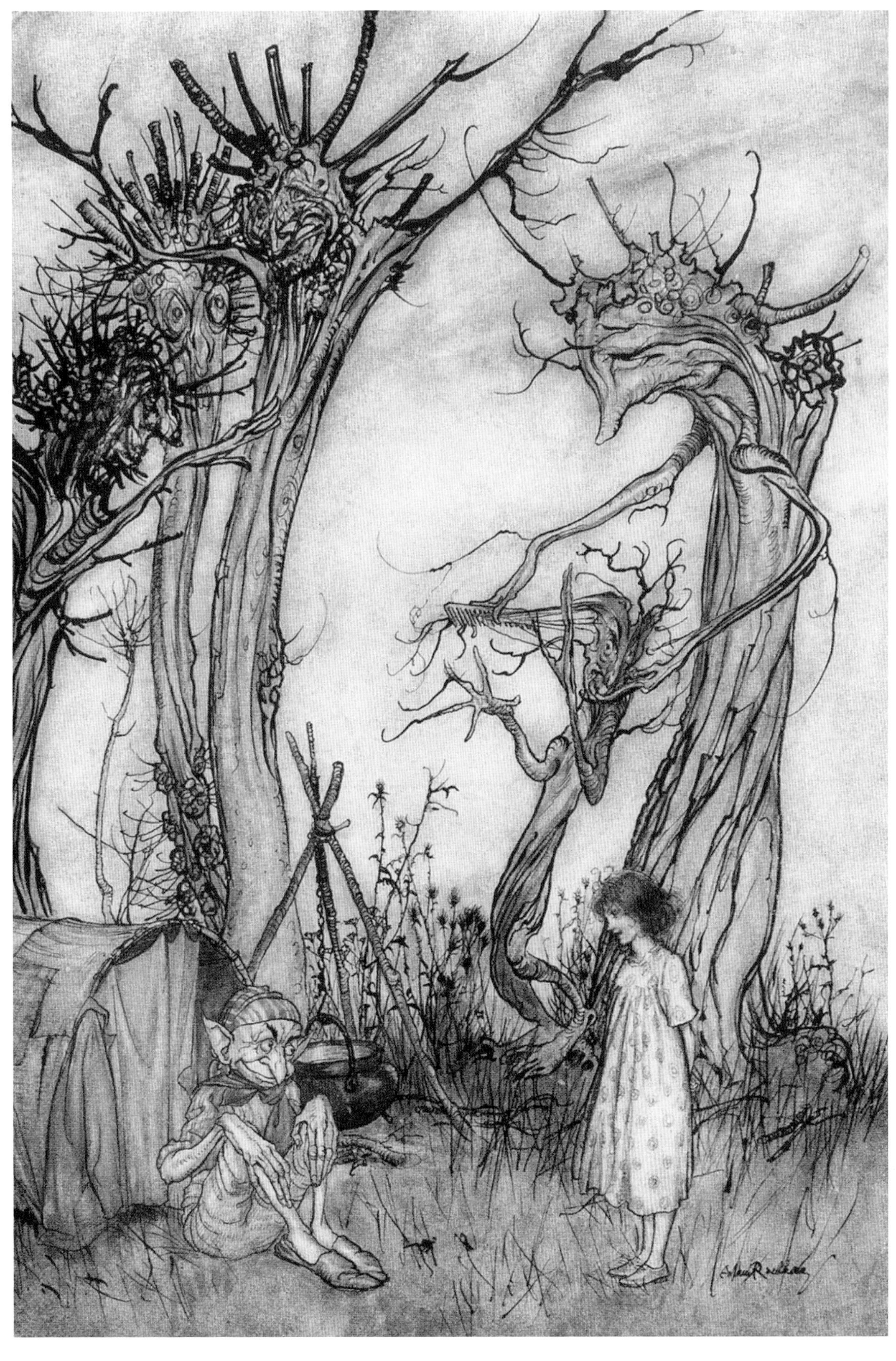

115
광야의 남자
"광야의 남자가 바다에 딸기가 얼마나 자랐냐고 물었어요. 저는 청어가 자란 만큼이라고 멋지게 대답했지요."

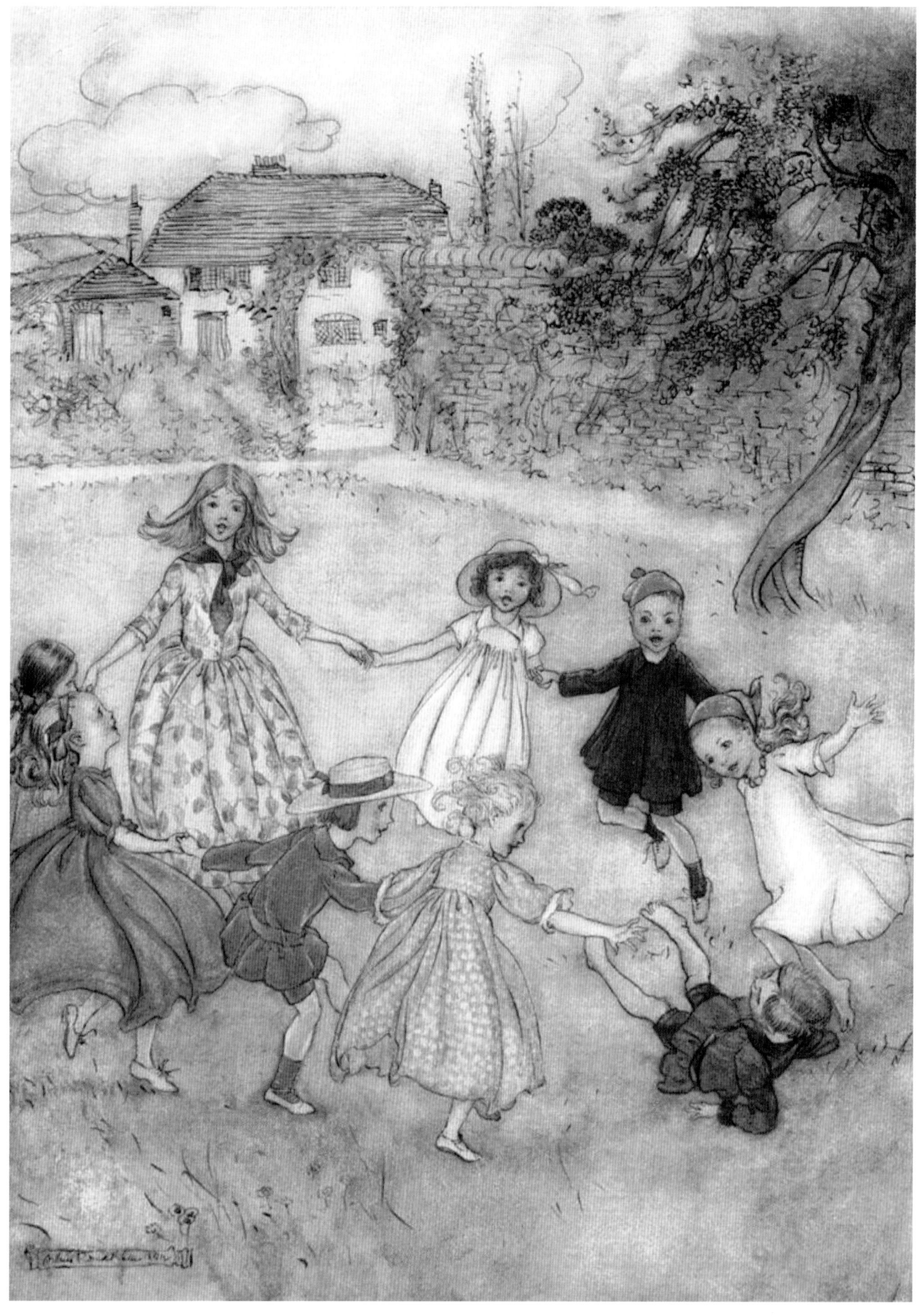

116
장미꽃 반지를 끼고
"장미꽃 반지를 끼고, 주머니엔 꽃다발이 가득, 에취 에취, 우린 모두 쓰러져!"

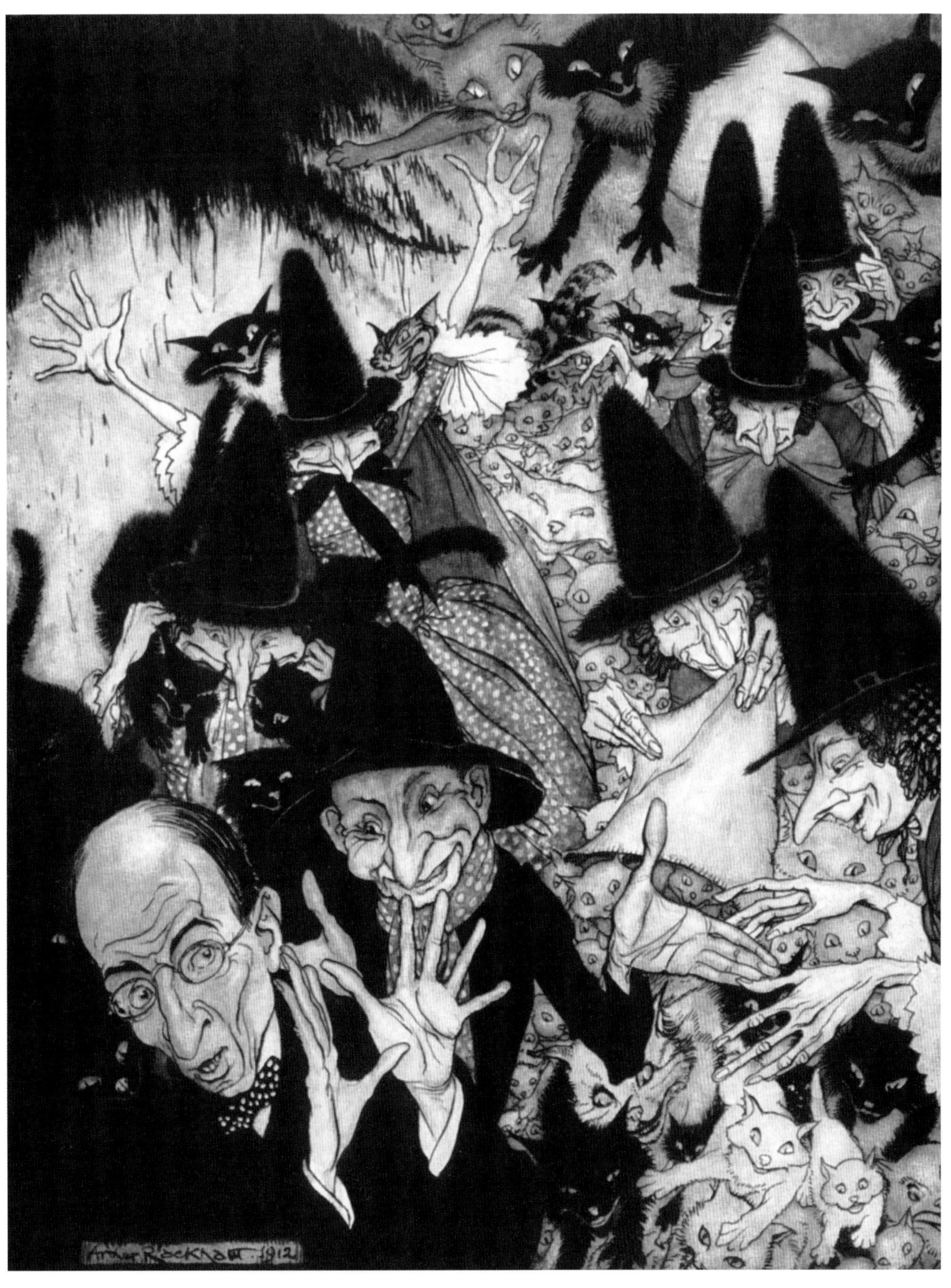

117
세인트아이브스에 갈 때
"세인트아이브스에 갈 때, 난 일곱 명의 부인를 만났네.
일곱 명 모두는 일곱 개의 자루를 갖고 있었는데, 모든 자루엔 일곱 마리의 고양이가 담겨 있었고,
일곱 고양이 모두 일곱 마리의 새끼가 있었지.
새끼 고양이들, 고양이들, 자루들과 부인들, 모두 몇이 세인트아이브스에 가게 된 걸까?"

크리스마스 캐럴

A Christmas Carol

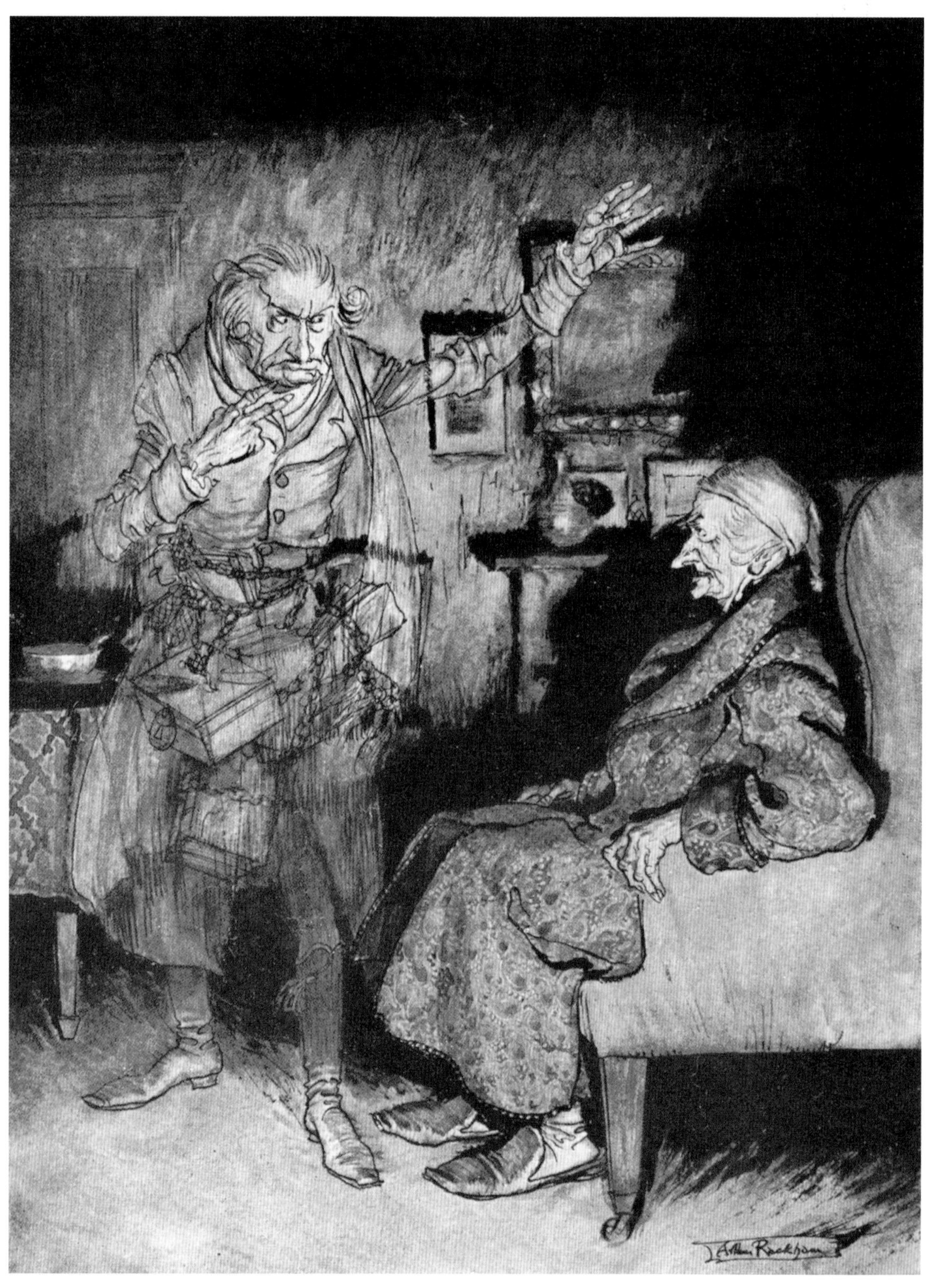

"어떻게 지금?" 스크루지는 언제나처럼 신랄하고 냉정하게 말했다. "나에게 원하는 게 뭐야?"

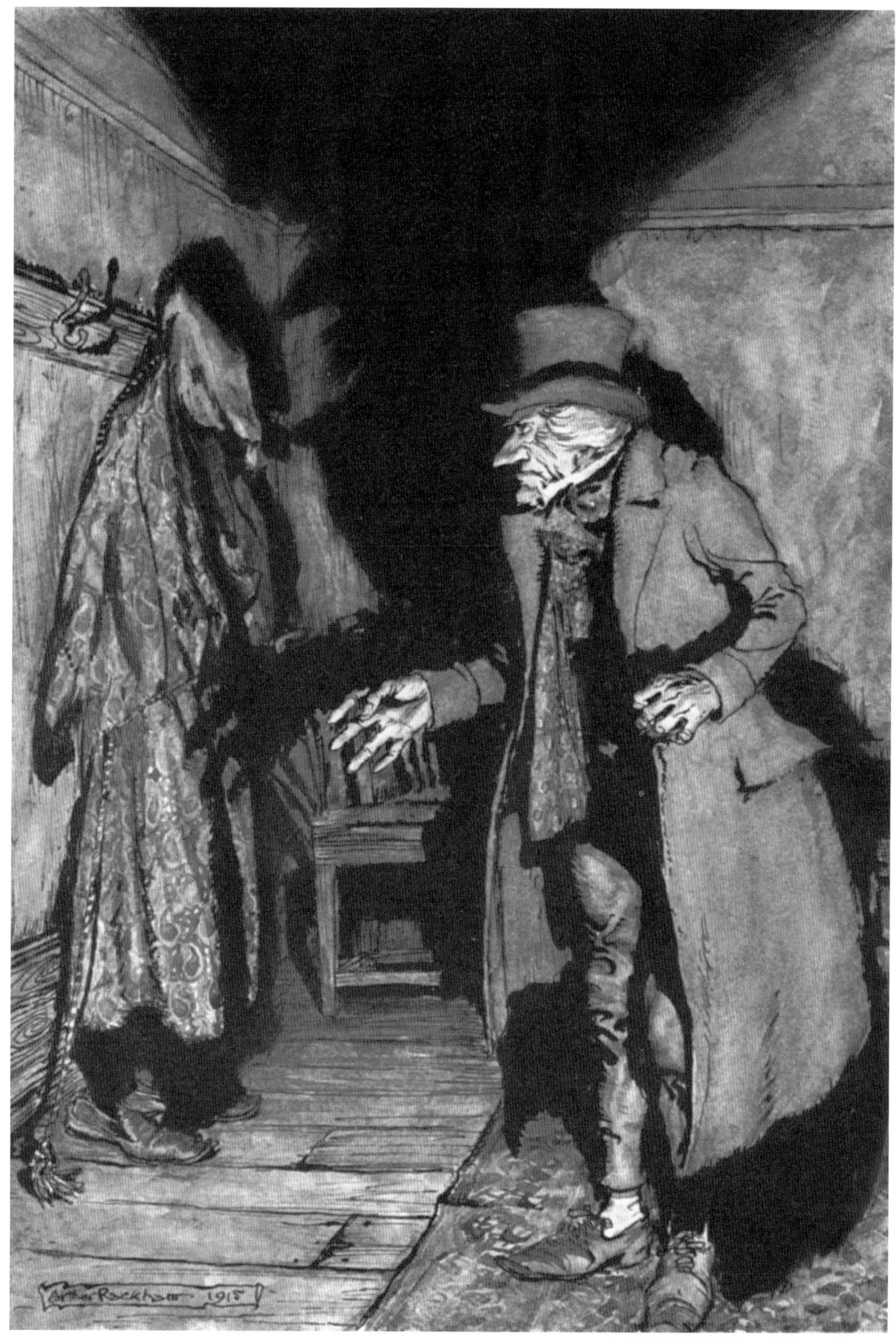

벽에 기대 수상쩍은 자세로 매달려 있던 그것은 침대 밑에도, 옷장 안에도, 가운 안에도 없었다.

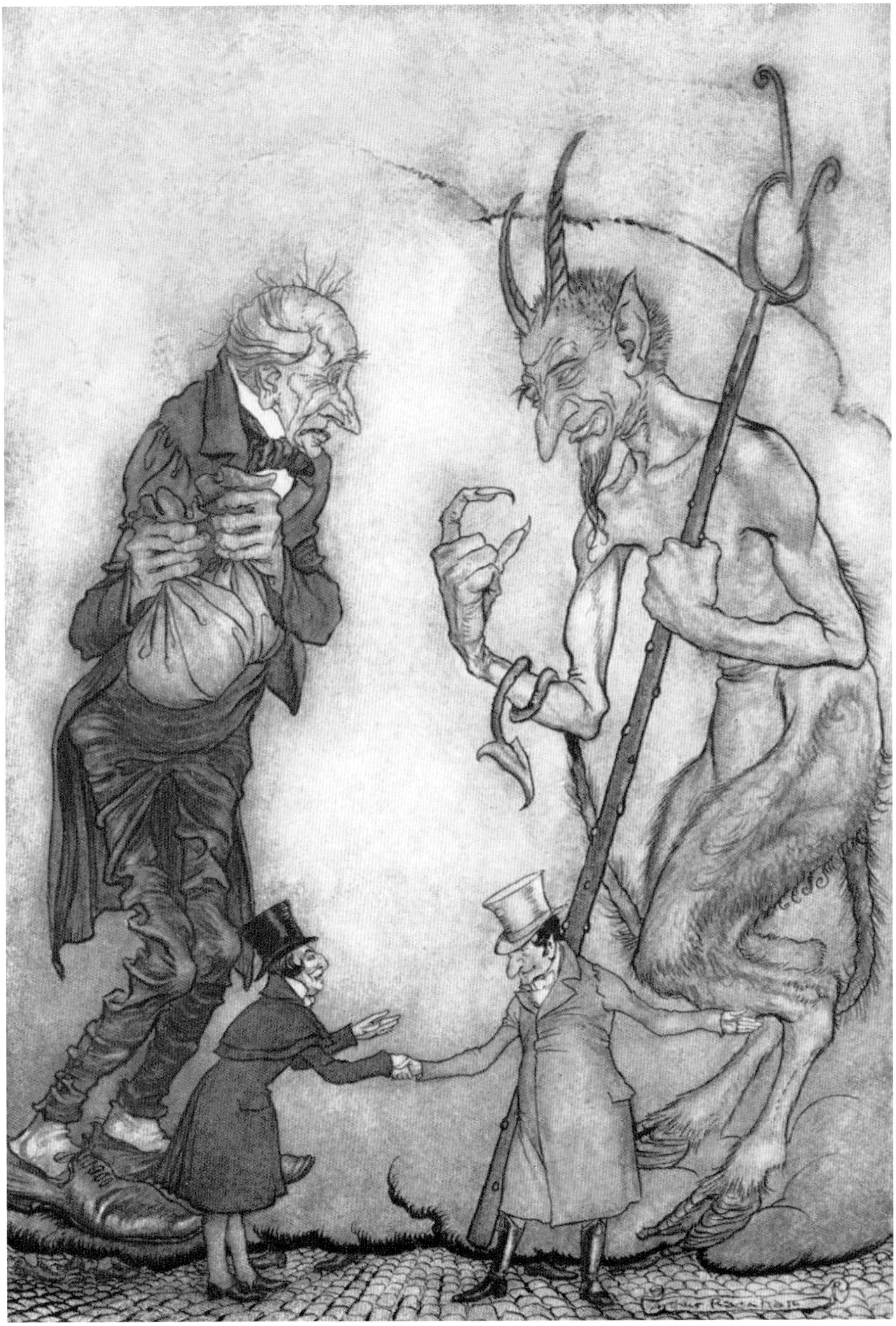

120
"안녕하세요?" 한 사람이 말했다. "안녕하세요?" 다른 한 사람이 대답했다.
"좋아요!" 하고 첫 번째 사람이 말을 이었다. "늙은 스크래치가 드디어 자기 것을 갖게 되었으니까요, 그죠?"

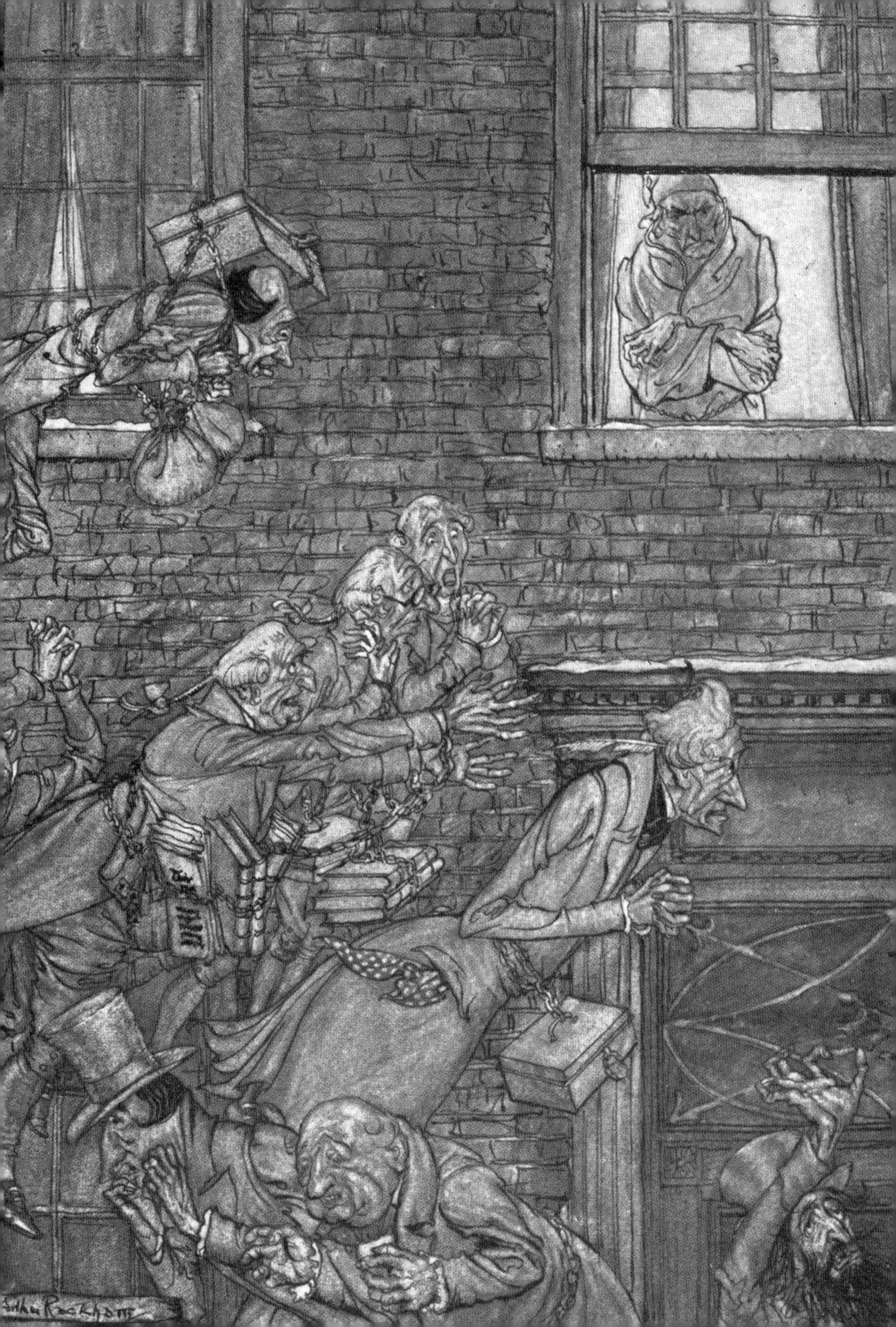

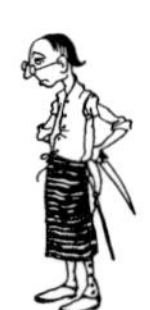

121

허공은 불안한 성급함과 신음 속에서
사방팔방을 떠돌며
지나가는 유령들로 가득했다.

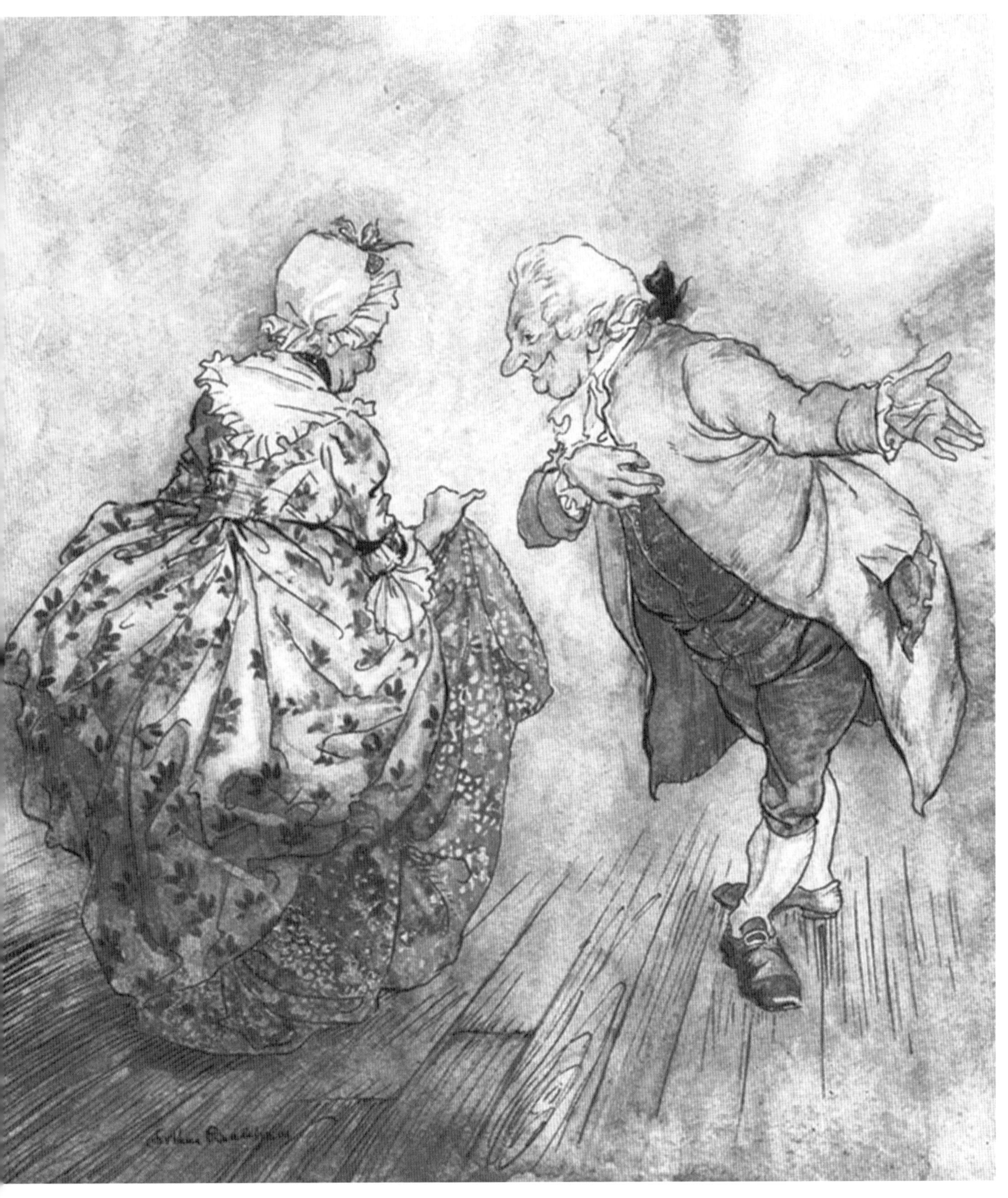

122
그때, 부인과 춤추는 늙은 페지위그가 눈에 들어왔다.

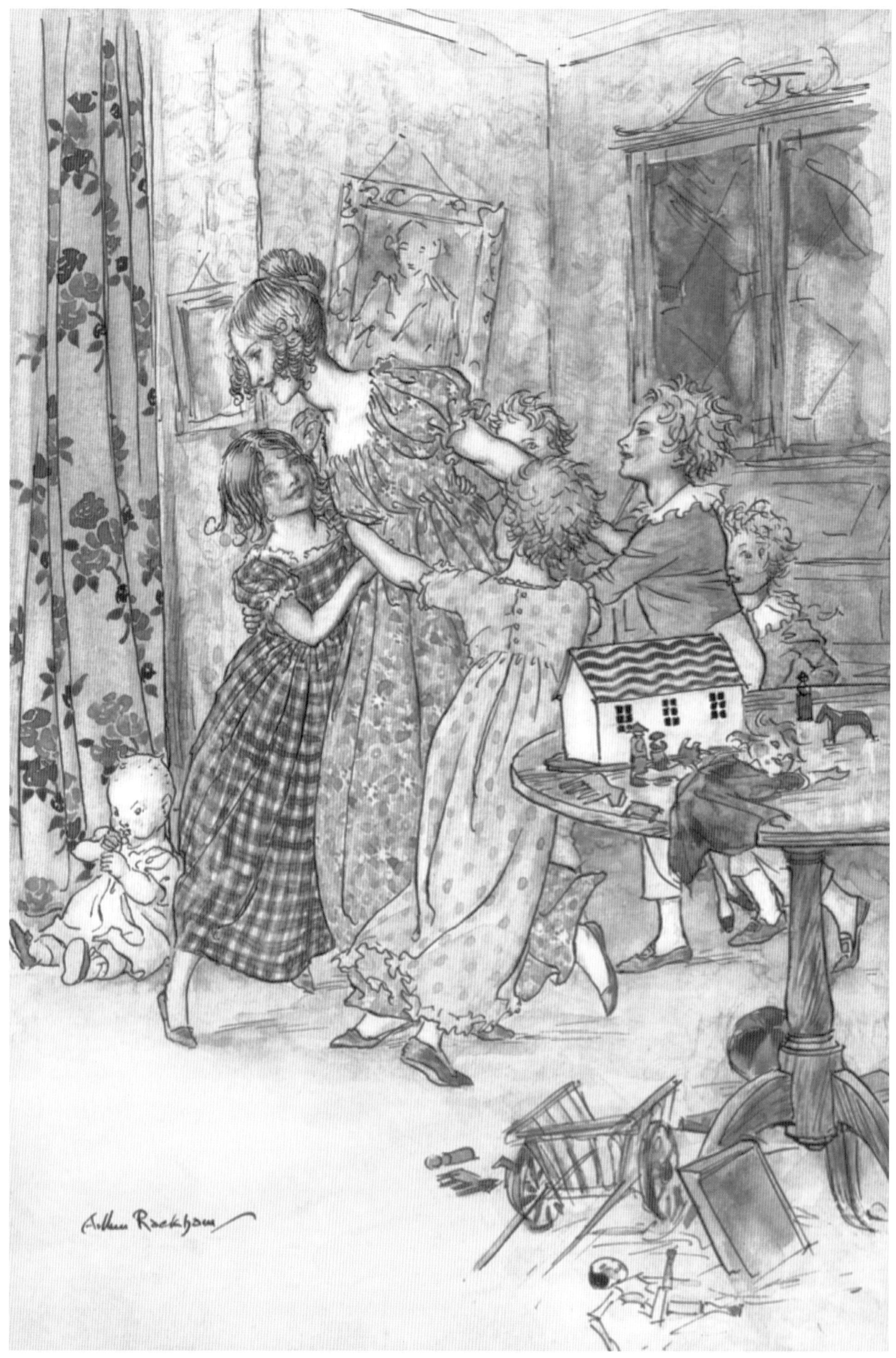

123
그녀는 흥분에 들뜬 아이들 한가운데로 이끌렸다.

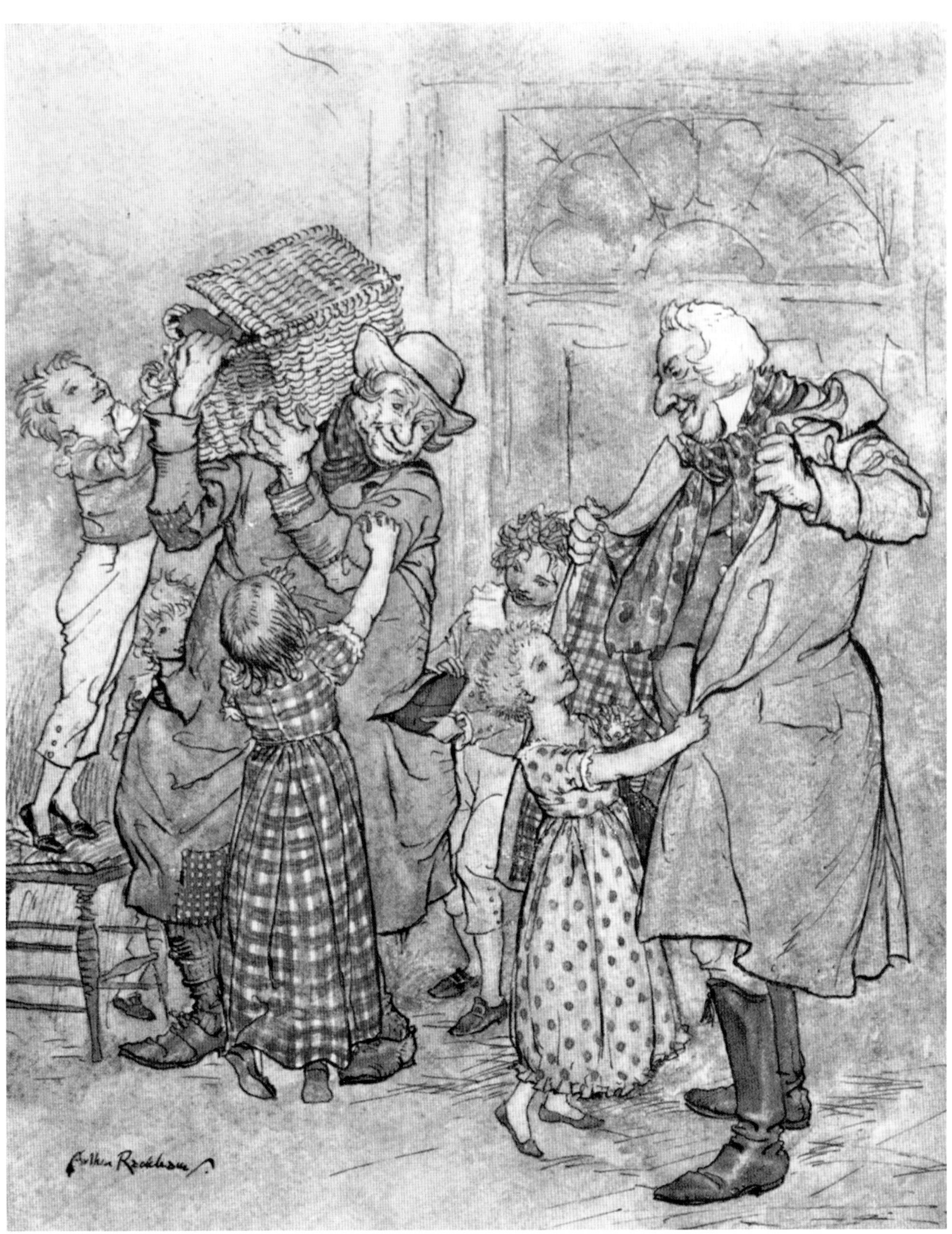

124
아이들은 크리스마스 장난감과 선물을 가득 든 남자와 함께 온 아버지를 맞이했다.

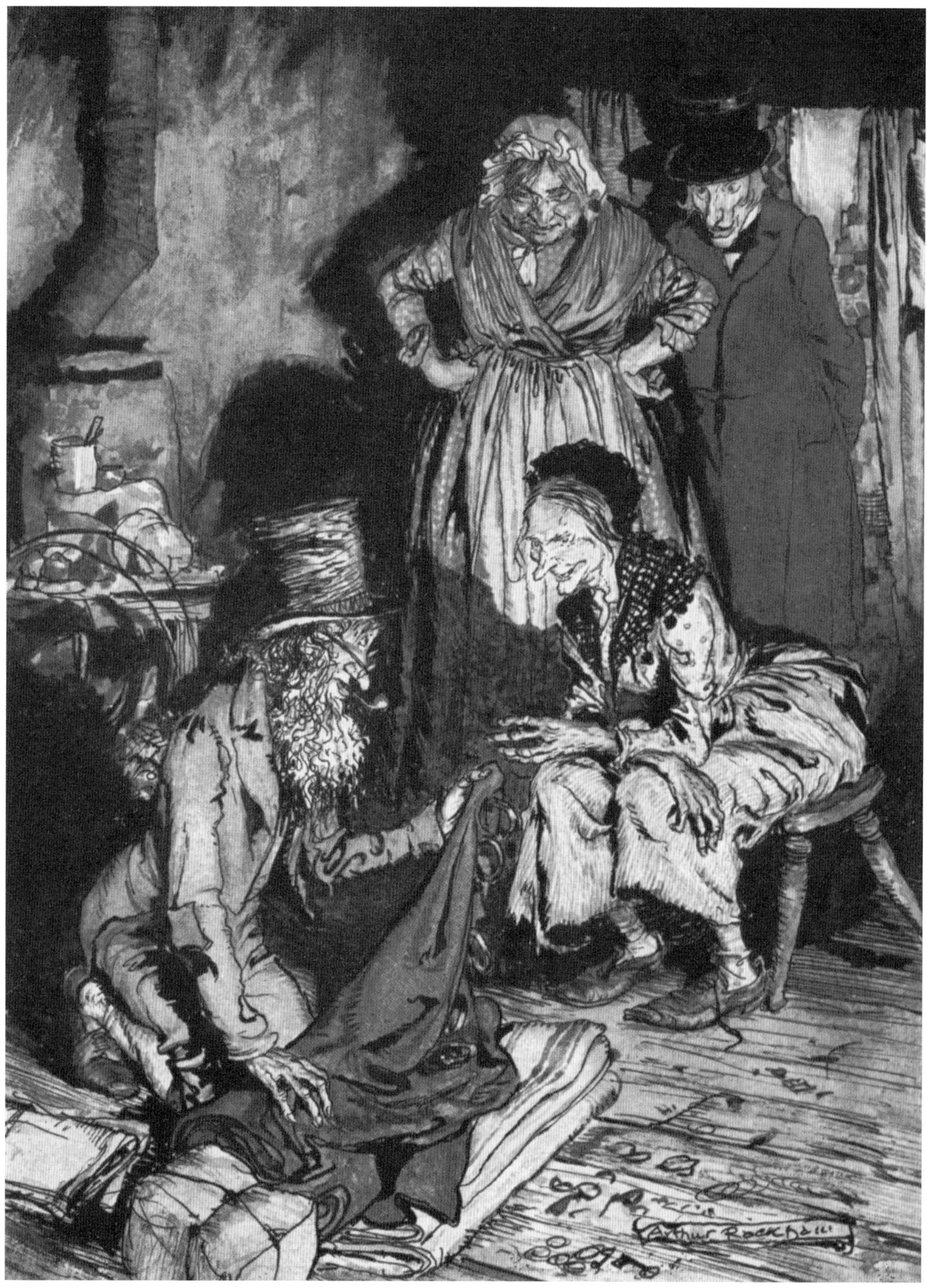

125
“이걸 뭐라고 하지?” 조가 말했다. “침대 커튼?”

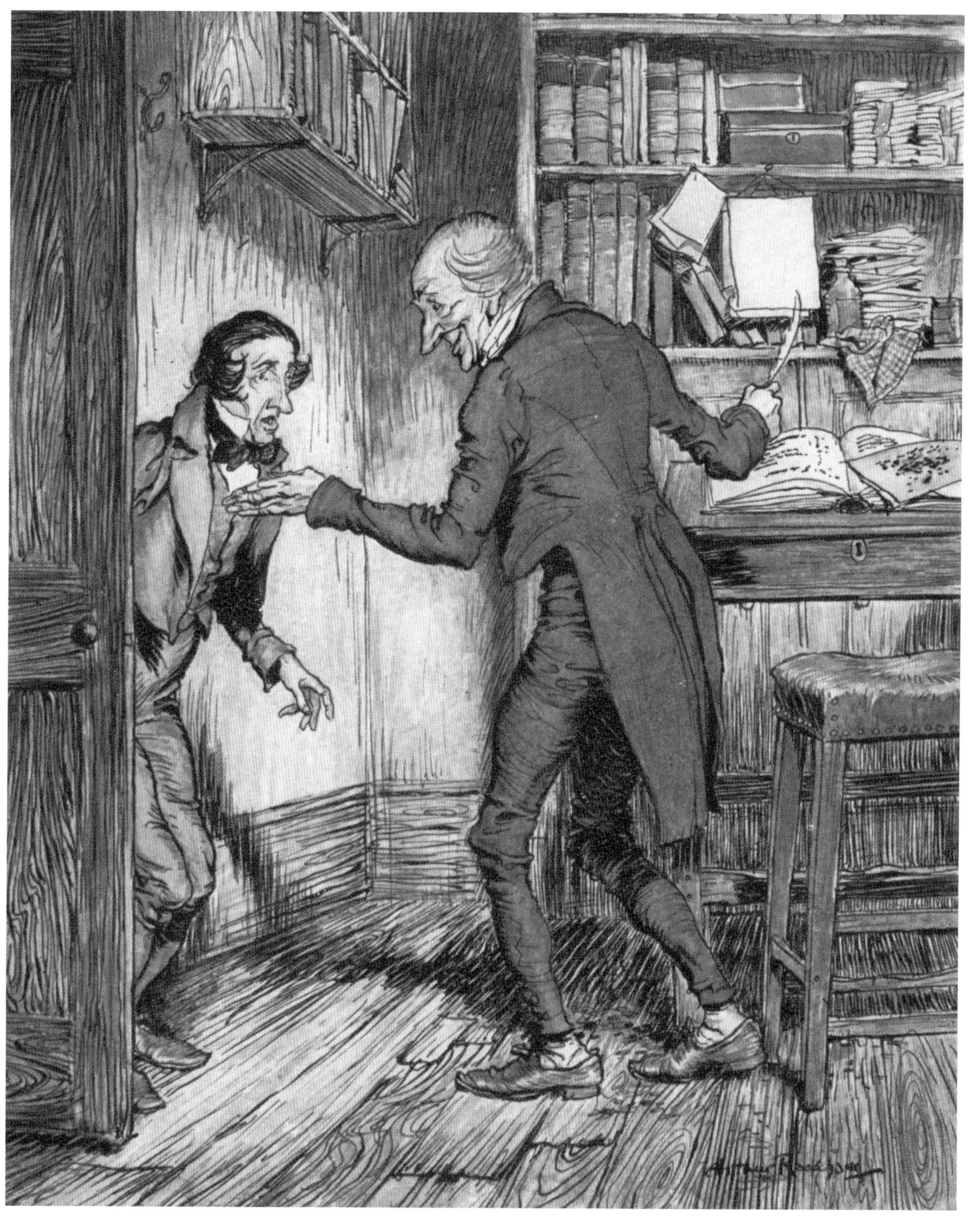

126
"이제, 말할 게 있네, 친구." 스크루지가 말했다.
"난 더는 이런 일들을 참지 않을 거야. 그래서…," 그는 말을 이었다.
"…그래서, 자네 봉급을 올리려고 하네!"

연합국 동화집

The Allies' Fairy Book

『연합국 동화집』은 애국주의와 연합국 간 협력 분위기를 고취하기 위해 1916년 하이네만 출판사에서 출간한 책이다. 래컴은 『그림 동화』와 『이솝 우화』에 이어진 이 책 작업을 통해 다시 한번 "인간의 어떤 특이한 형상을 괴물 수준까지, 그렇지만 그 괴물을 따뜻한 애정을 가지고 과장하는 능력"을 선보였다. 『연합국 동화집』에서는 특히 판타지에 대한 재능을 이야기의 국적에 따라 각 나라의 회화와 결합하는 시도를 하기도 하는데, 「체사리노와 용」에서는 이탈리아 화가 우첼로의 〈산 로마노의 전투〉 속 말 탄 젊은이의 머리를 응용하는가 하면, 벨기에 편인 「틸 울렌슈피겔의 마지막 모험」에서는 루벤스를 살짝 참고하기도 한다.

이 책의 삽화와 이어 작업한 『잉글랜드 동화집』, 『아일랜드 동화집』 그리고 『안데르센 동화』 삽화를 통해 래컴은 요정과 괴물의 거장이자 동화 삽화의 대가로 자리매김하게 된다.

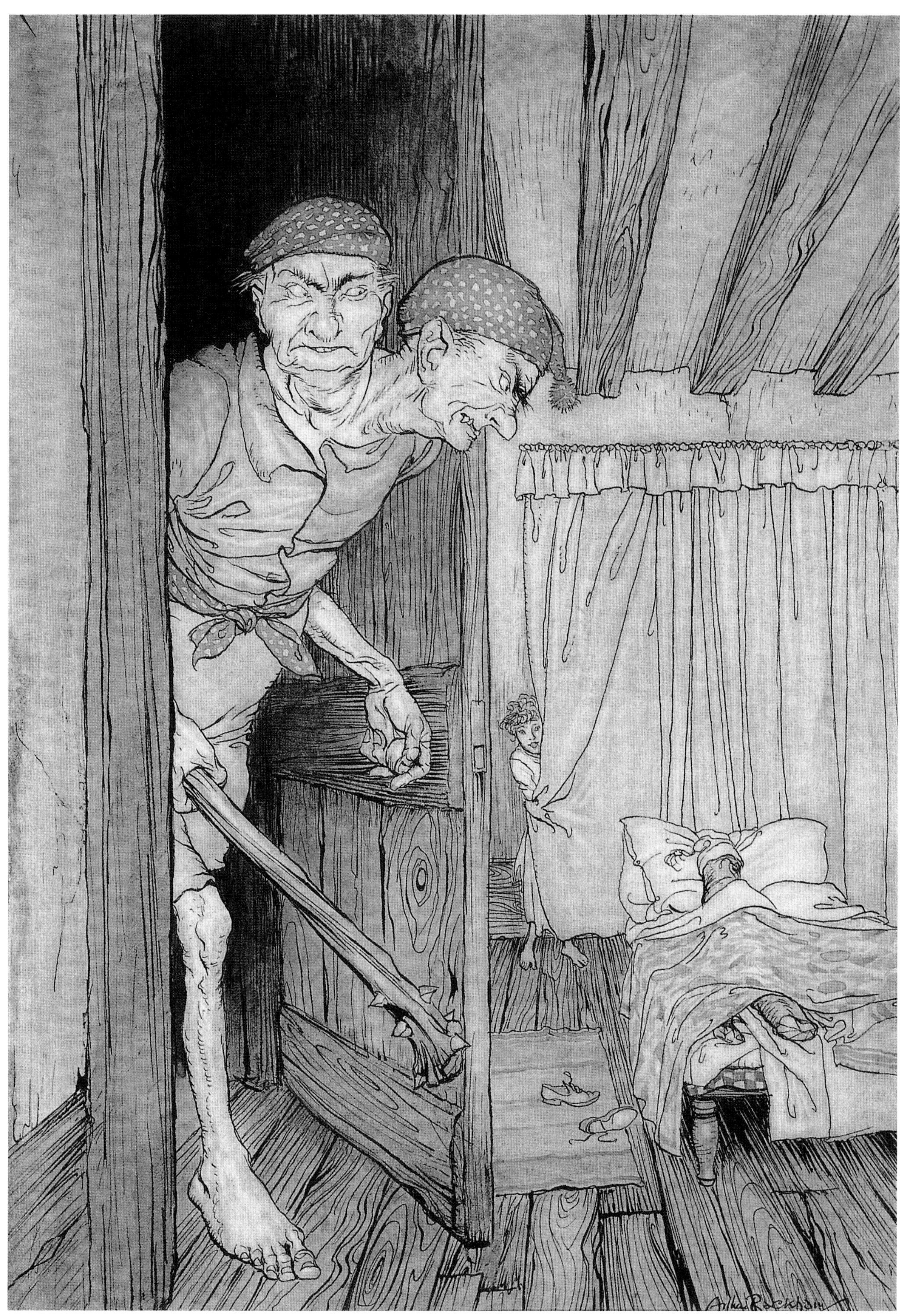

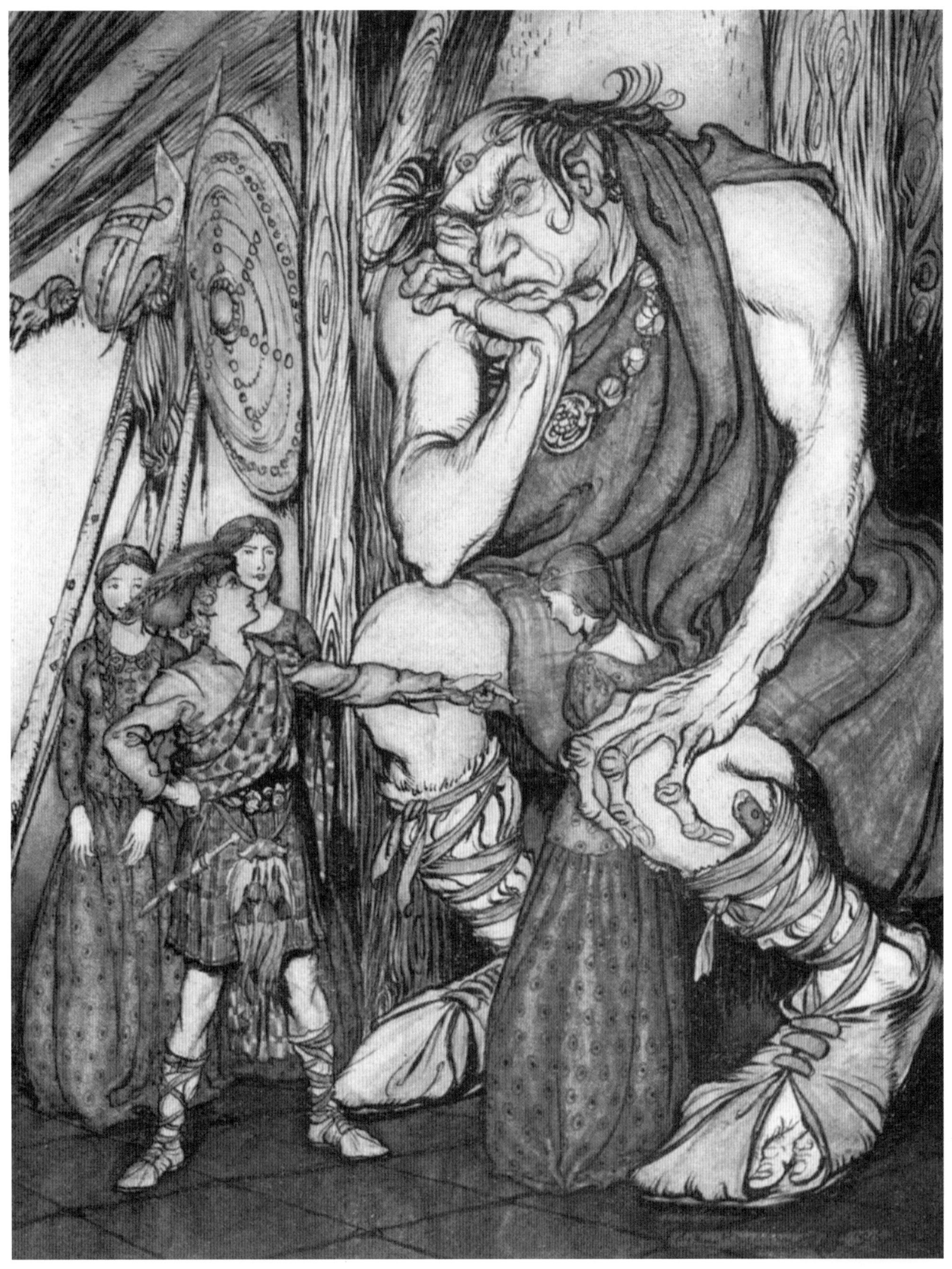

128
새들의 전투: 스코틀랜드 편
"그대가 이 귀엽고 작은 이를 내게 준다면," 왕의 아들이 말했다. "그대 말대로 그대를 받아들이겠노라."

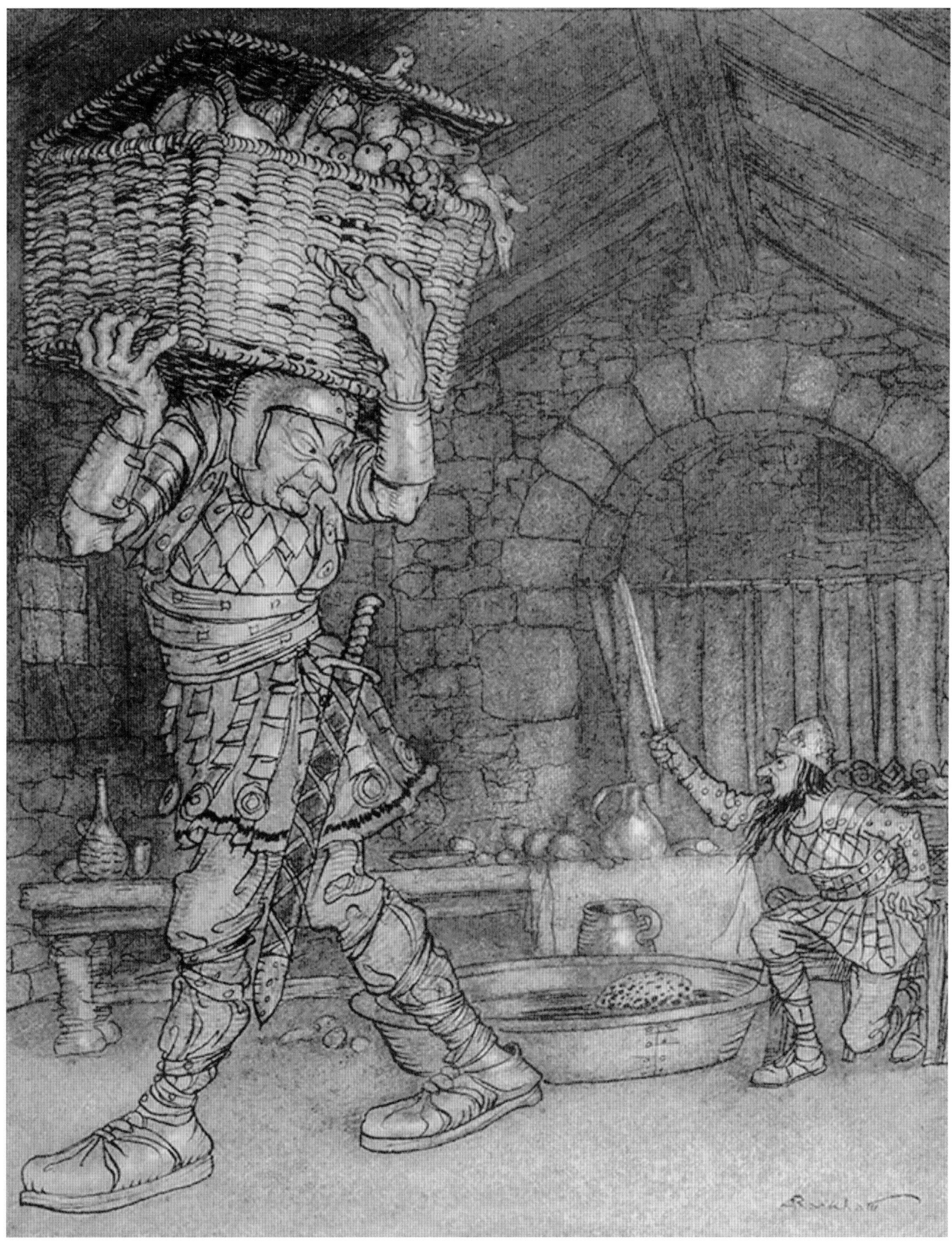

129
루드와 르벨리스: 웨일스 편
루드 왕은 그를 뒤쫓아가 이렇게 말했다. "서라, 거기 서!"

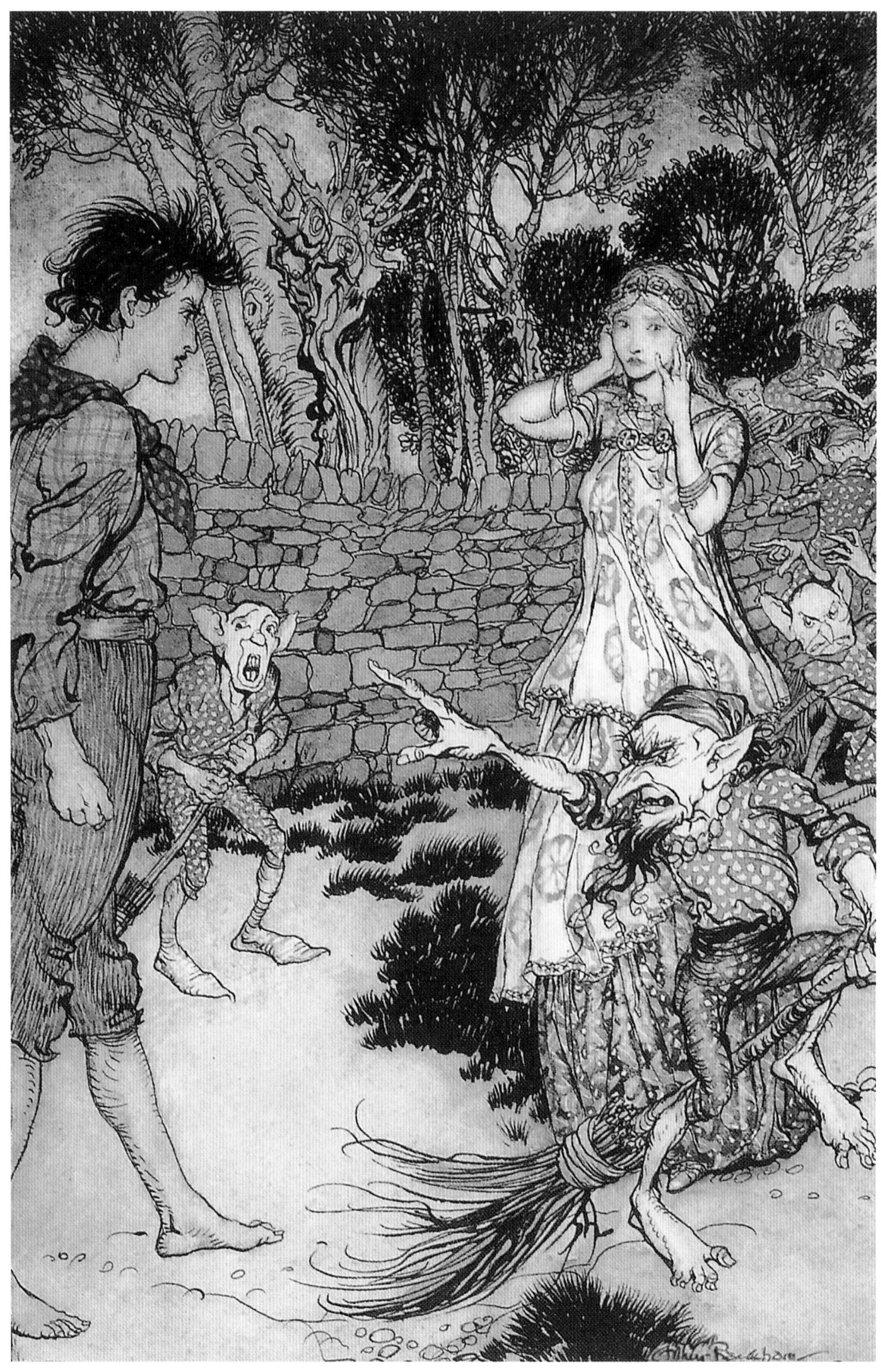

130
굴레쉬: 아일랜드 편
“자, 굴레쉬, 그를 바보로 만든다면 그녀가 네게 무슨 득이 되겠어?
우린 가야 할 시간이 됐어. 하지만 넌 우릴 기억하게 될 거야, 굴레쉬!”

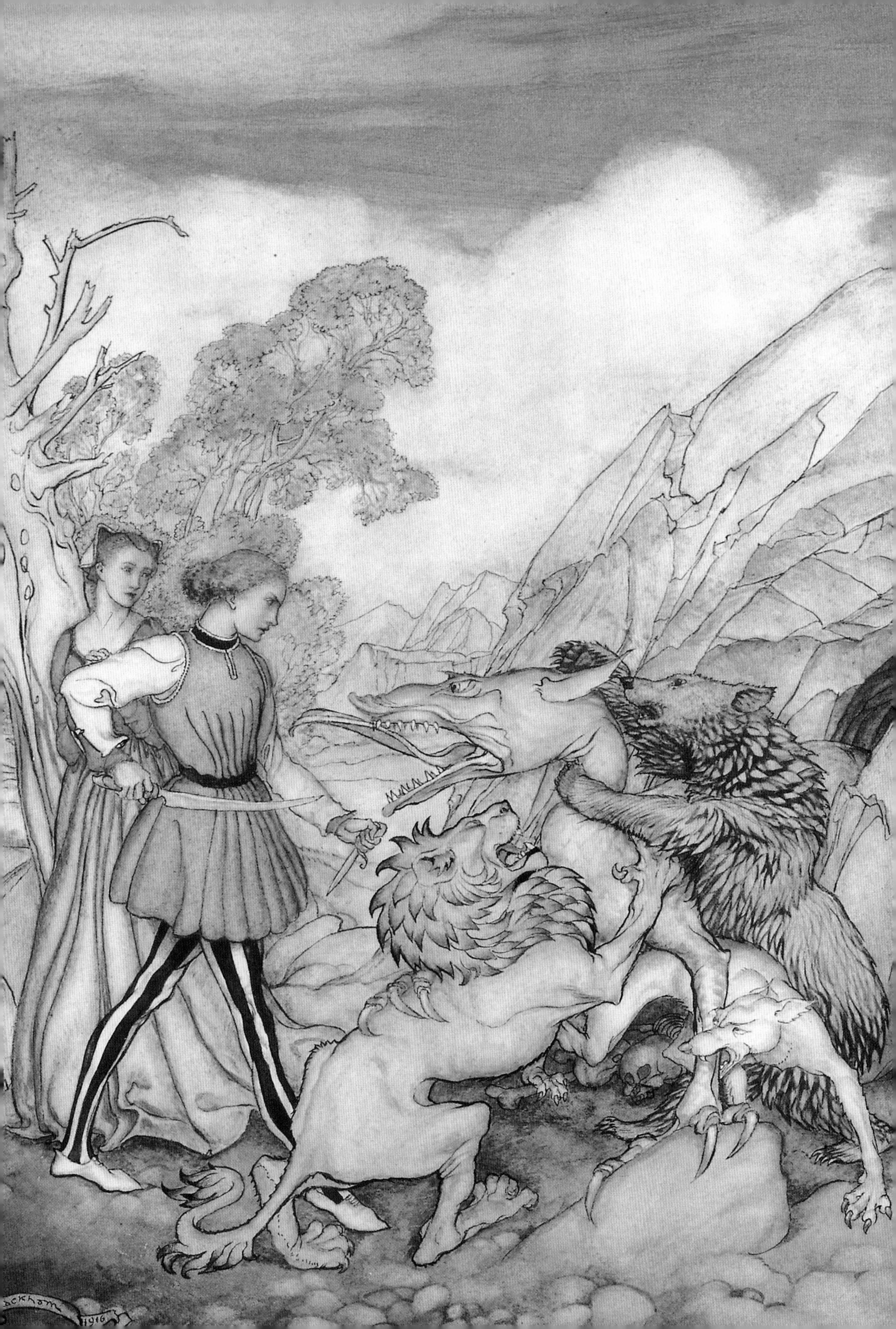
1916

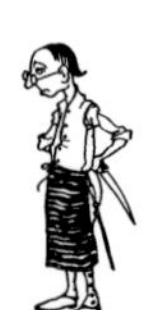

131
체사리노와 용: 이탈리아 편
그토록 용맹하게 싸운 그들은
용을 땅에 쓰러뜨리고는 죽여버렸다.

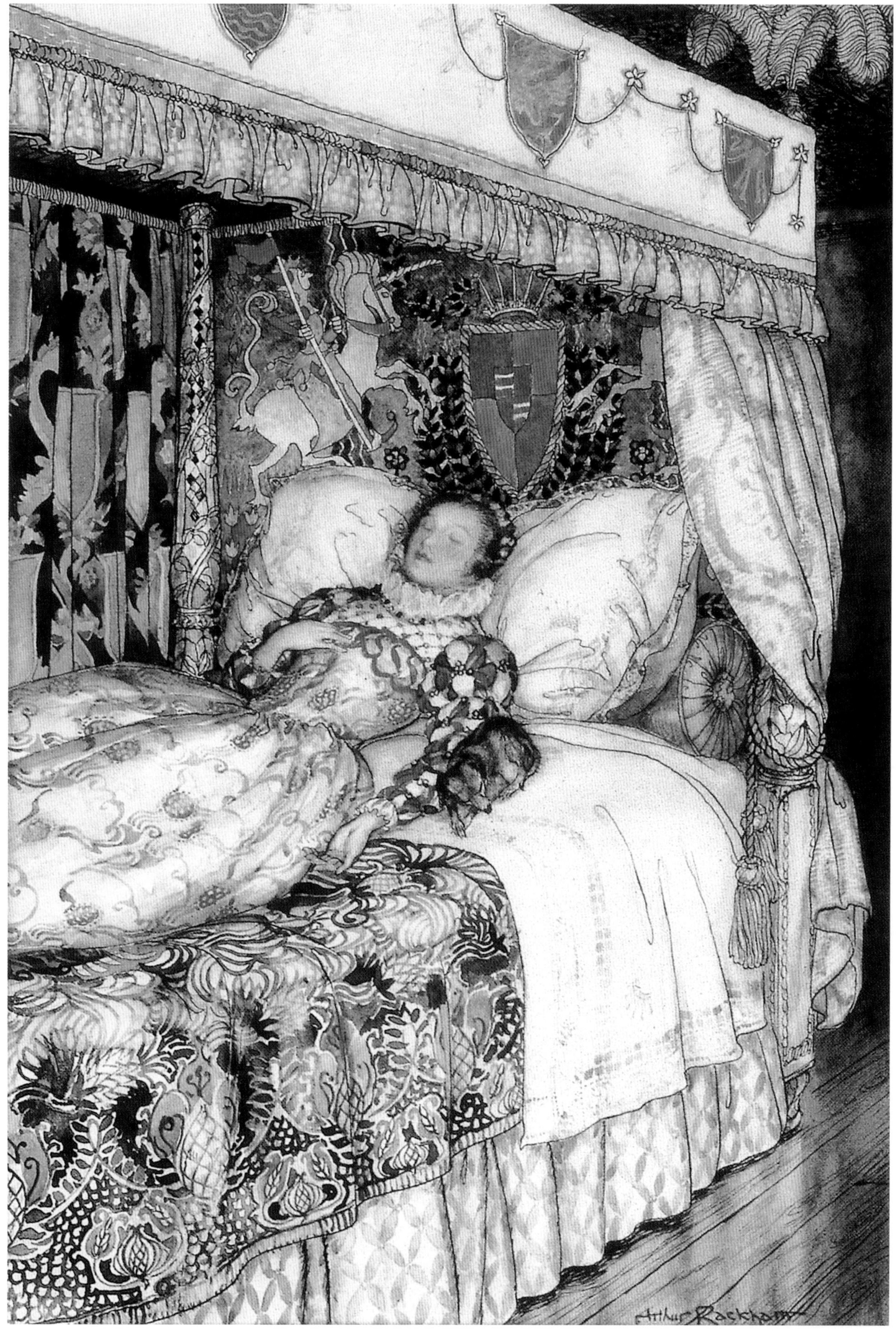

132
잠자는 미녀: 프랑스 편
그녀의 아름다움은 이 세상 것 같지 않은 광채로 빛나는 듯했다.

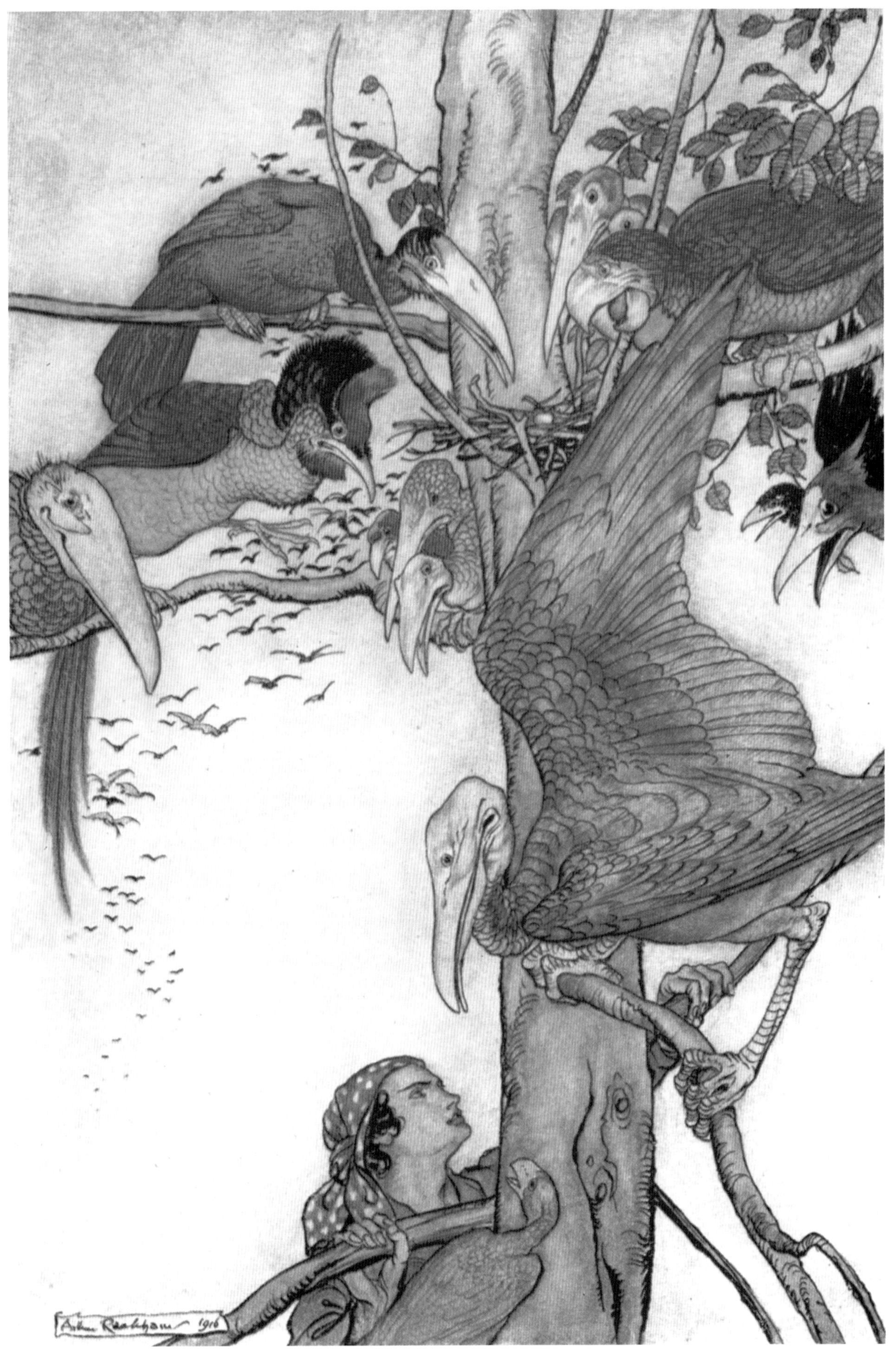

133
꽃을 따 생긴 일: 포르투갈 편
새들은 젊은이에게 흰 비둘기 둥지를 보여줬다.

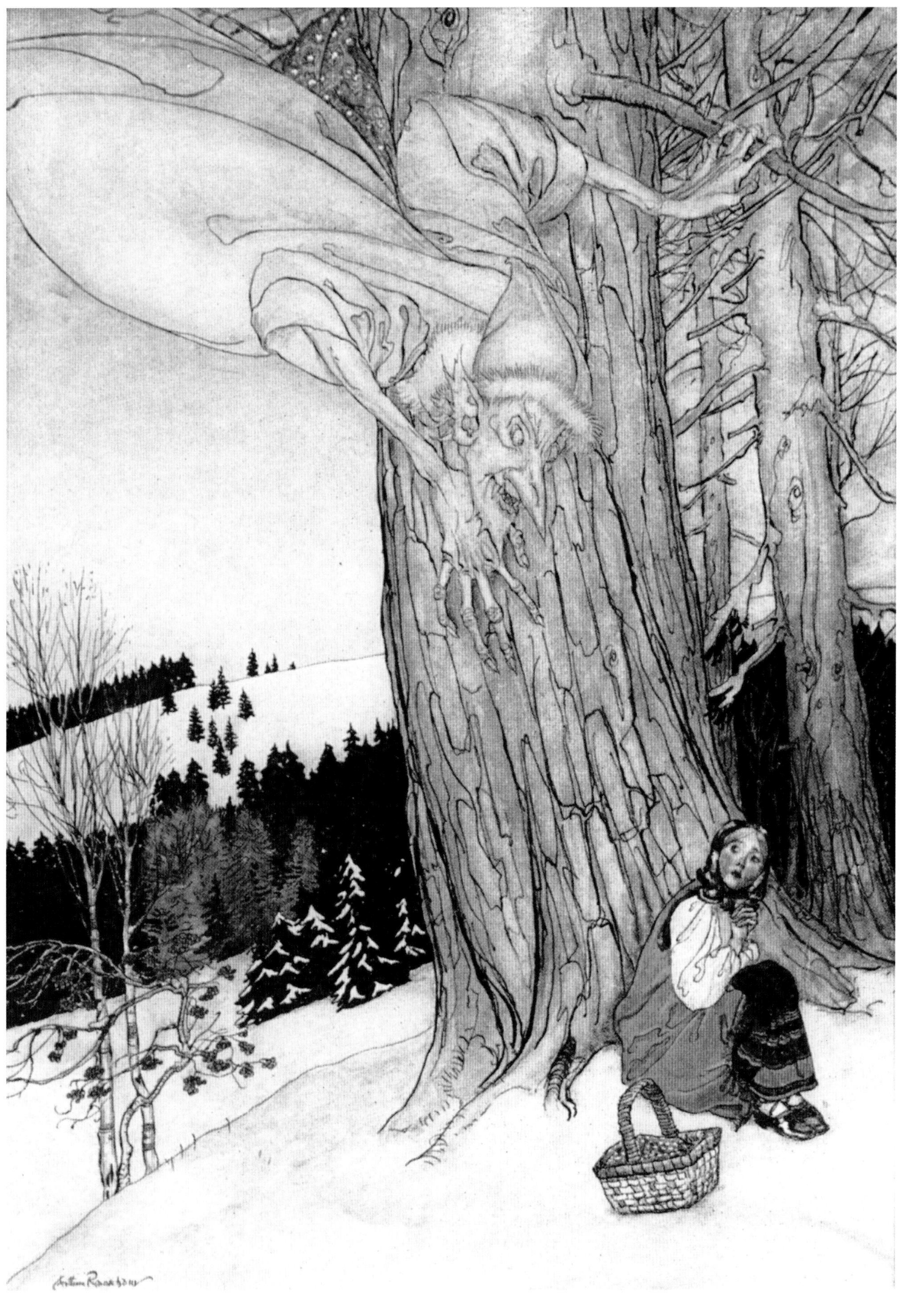

134
프로스트: 러시아 편
“따뜻한가요, 아가씨? 따뜻한가요, 귀여운 아가씨? 따뜻한가요, 내 사랑?”

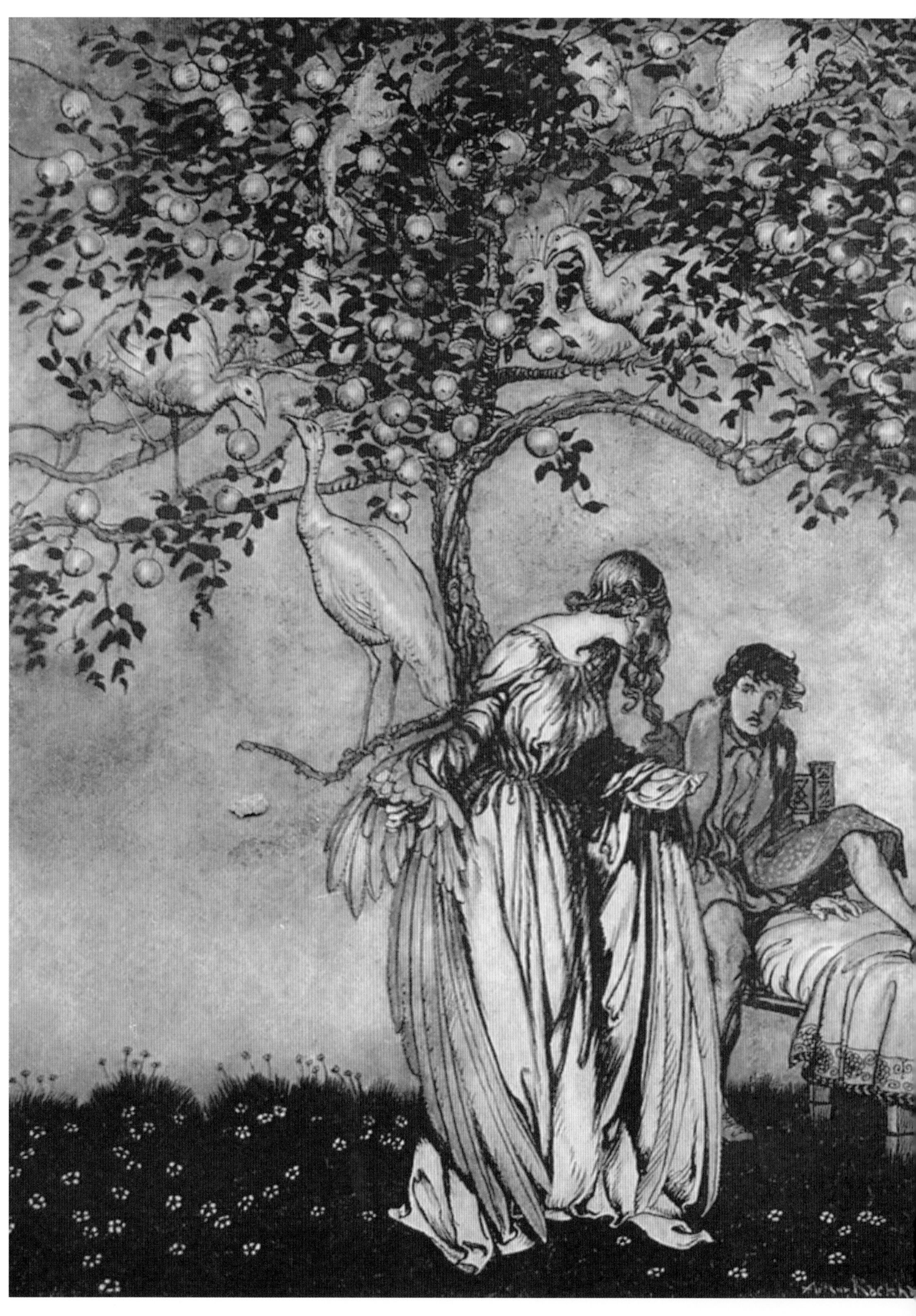

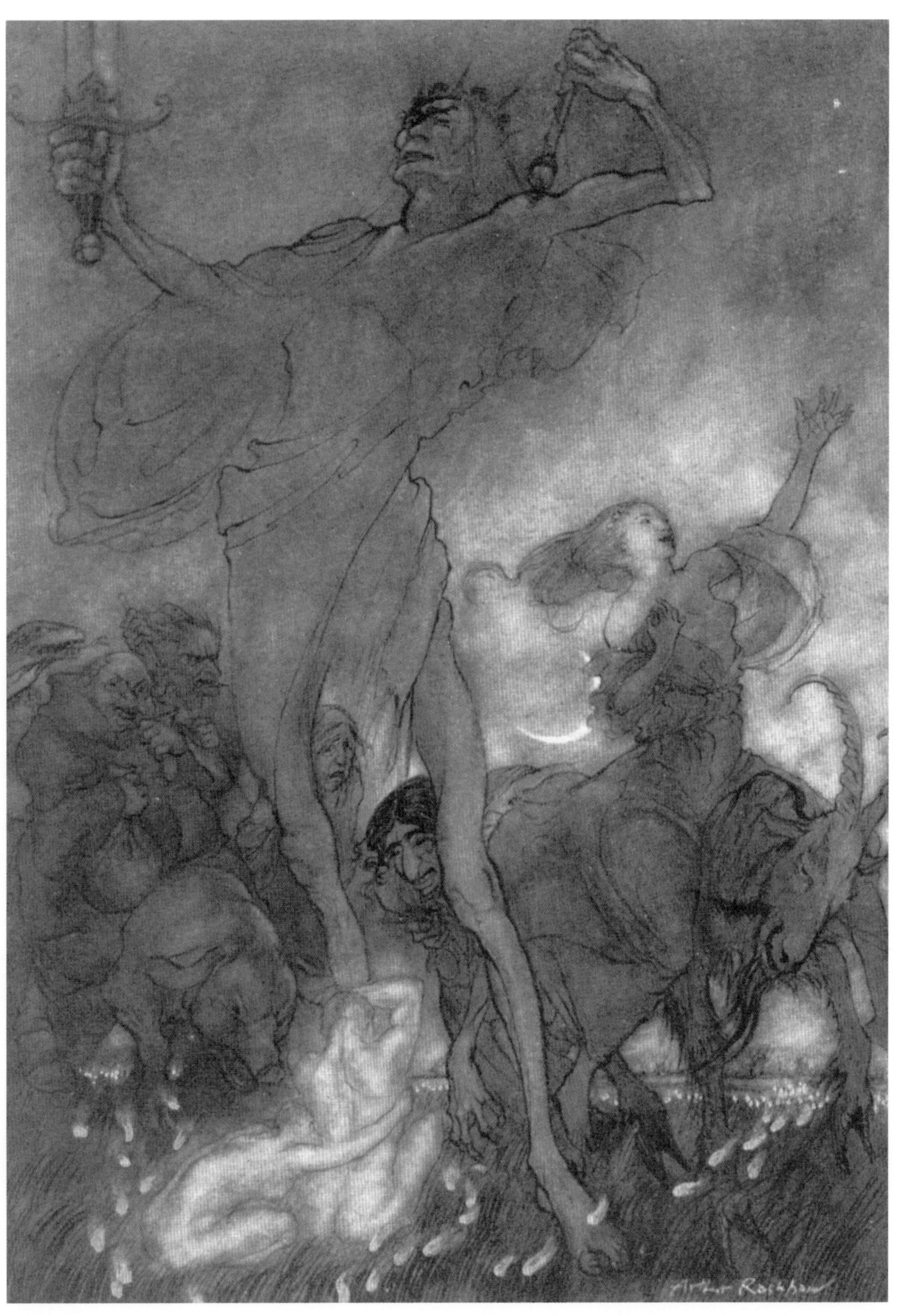

136
틸 울렌슈피겔의 마지막 모험: 벨기에 편
틸 울렌슈피겔과 일곱 신.

135
황금 사과나무와 아홉 마리 암공작: 세르비아 편
아홉 마리 암공작이 나무로 날아와 여덟 마리는 가지에 앉고,
아홉 번째 공작은 남자의 근처로 내려와선
순식간에 아름다운 소녀로 변했다.

아서왕과 원탁의 기사들 이야기

The Romance of King Arthur and His Knights of the Round Table

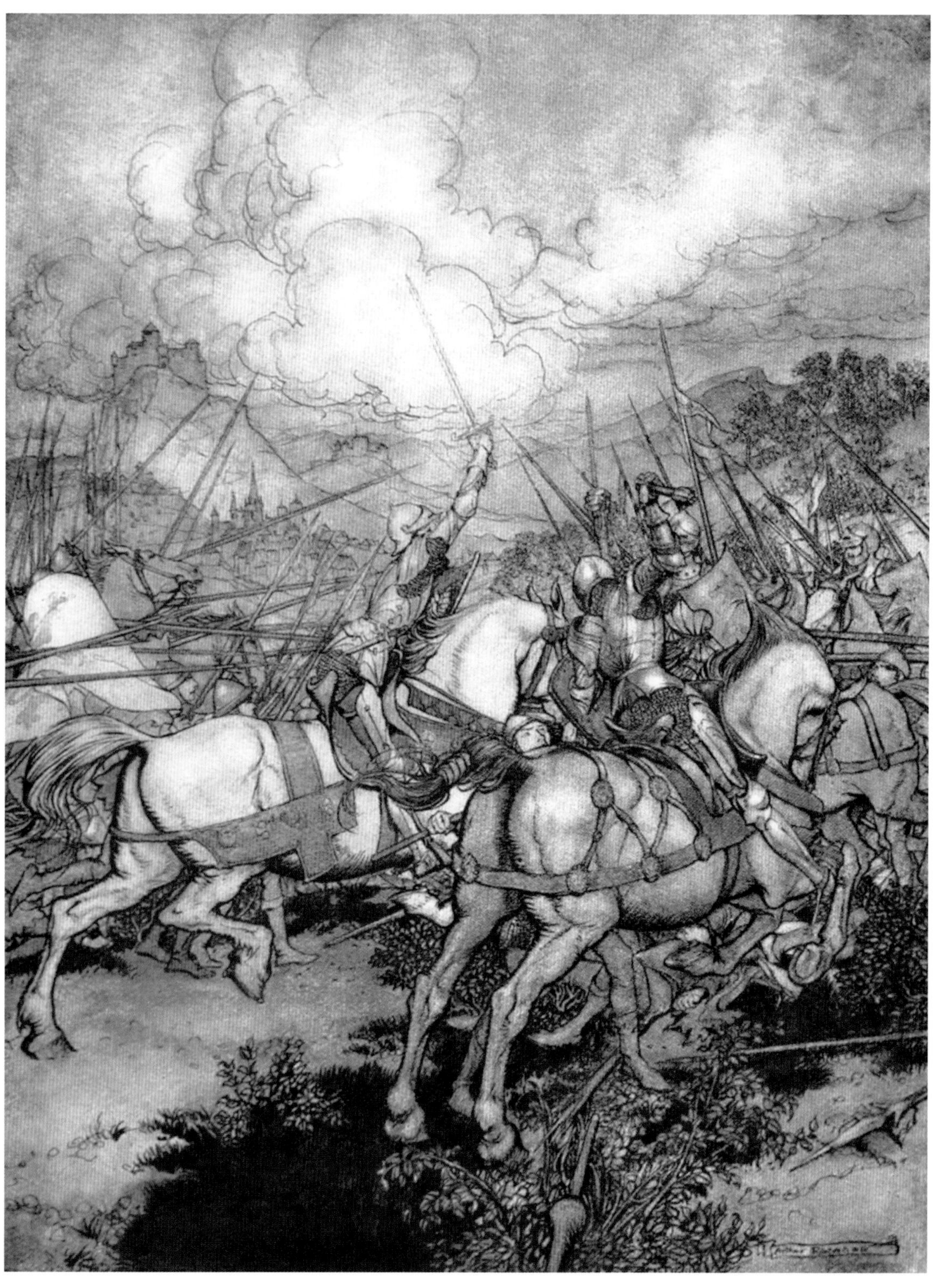

137
아서왕은 어떻게 처음으로 엑스칼리버를 뽑았을까.

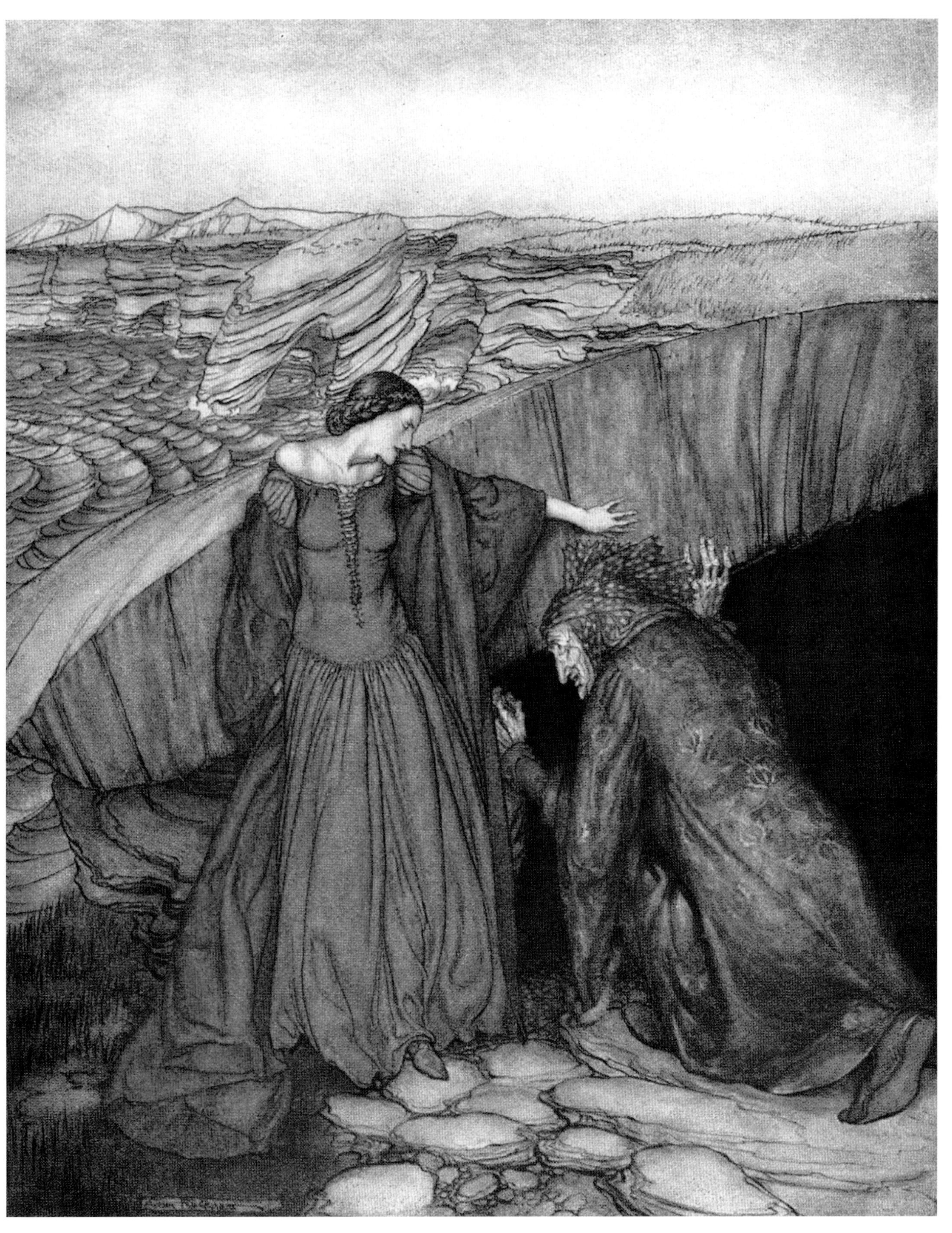

138
멀린과 니뮤에: 그녀의 섬세한 작업은 어떻게 멀린을 그곳의 경이로움을 알 수 있도록 돌 아래로 들어가게 했으며, 그가 할 수 있는 모든 일을 위해 거기서 나오지 않게 할 수 있었을까.

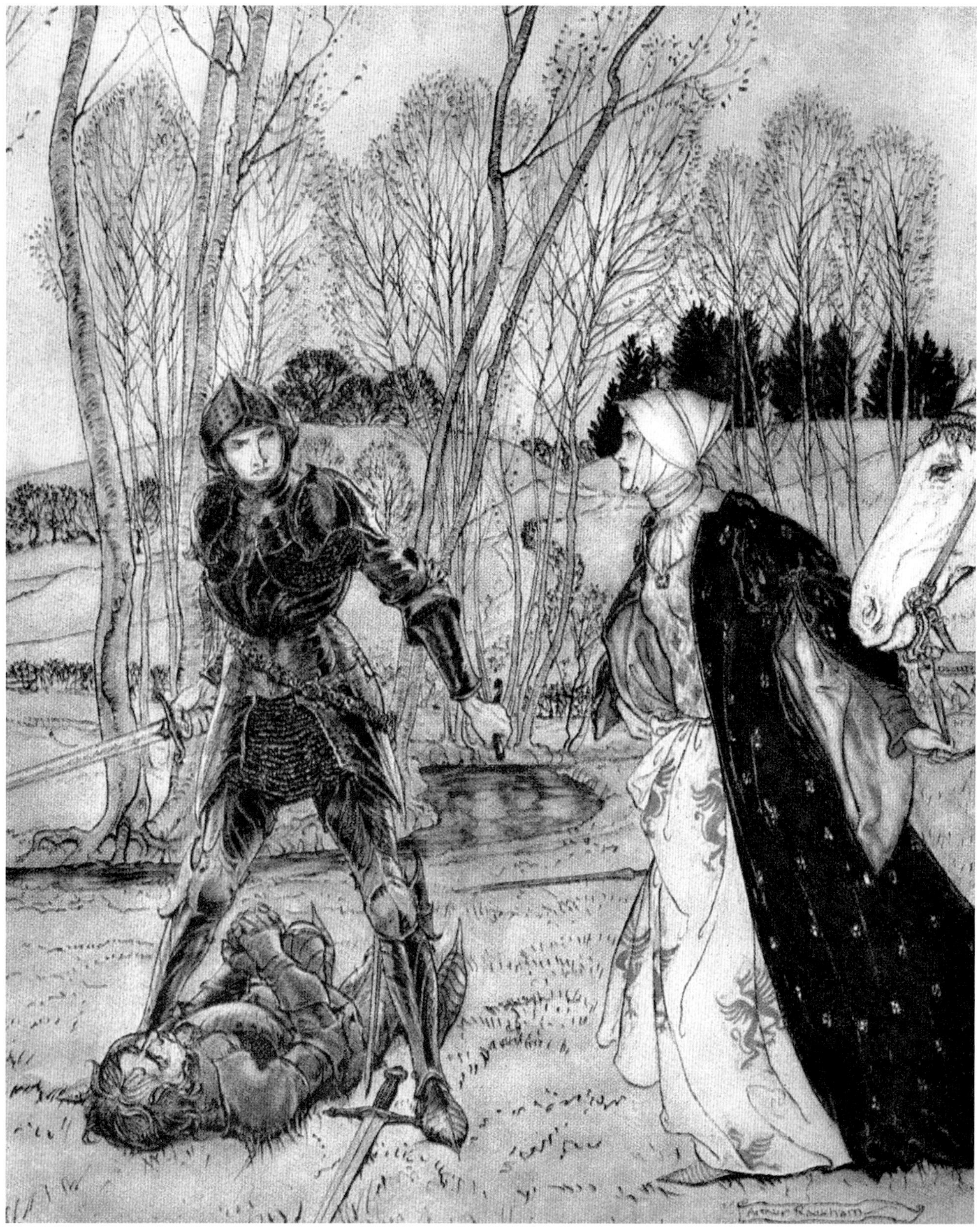

139
보맹은 어떻게 붉은 기사를 물리쳤나. 그리고 다모셀은 어쩜 항시 그에게 그렇게 많은 욕설을 퍼부을까.

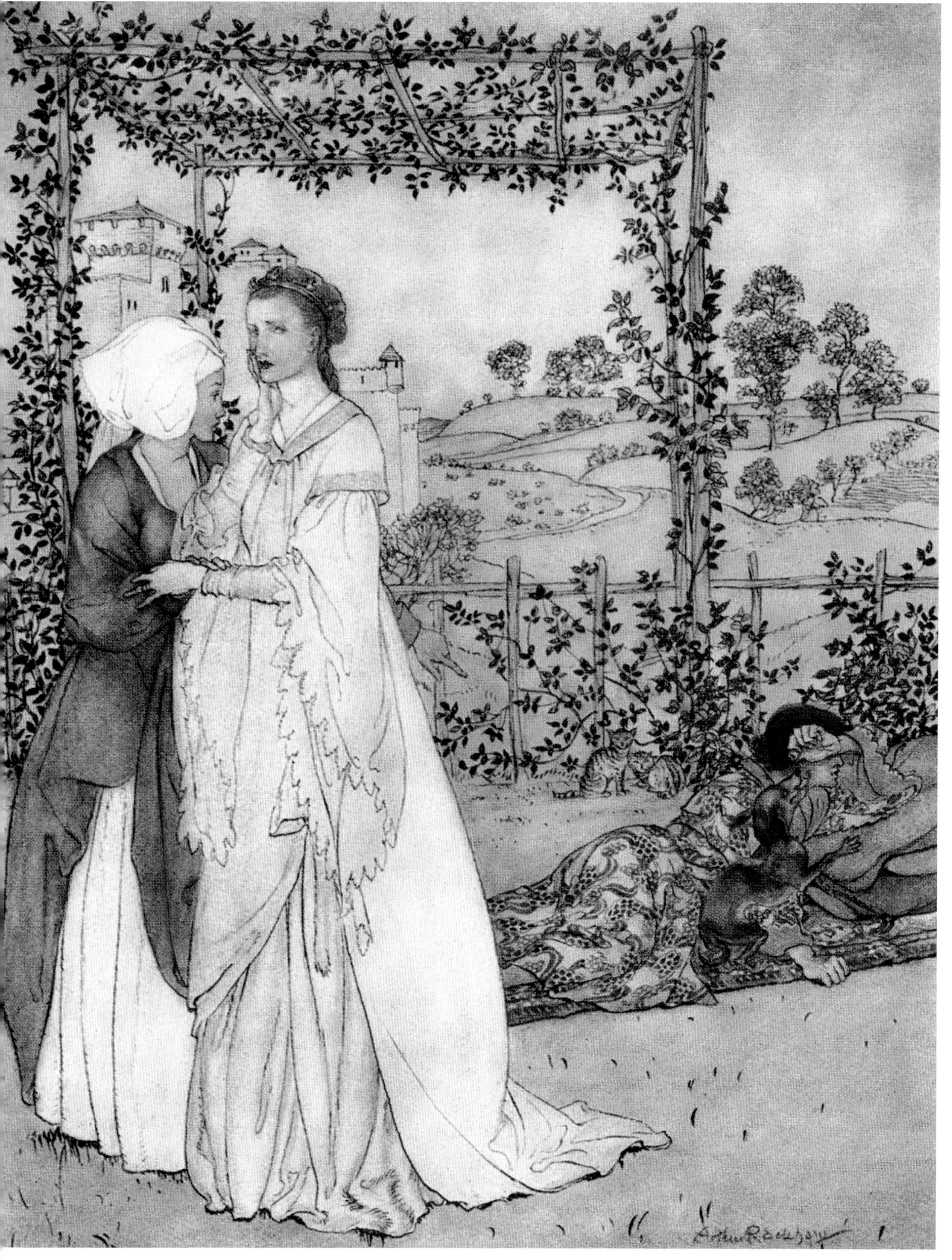

140
마크 왕의 성 정원에 있는 어린 암사냥개가 어떻게 트리스트람을 알까.

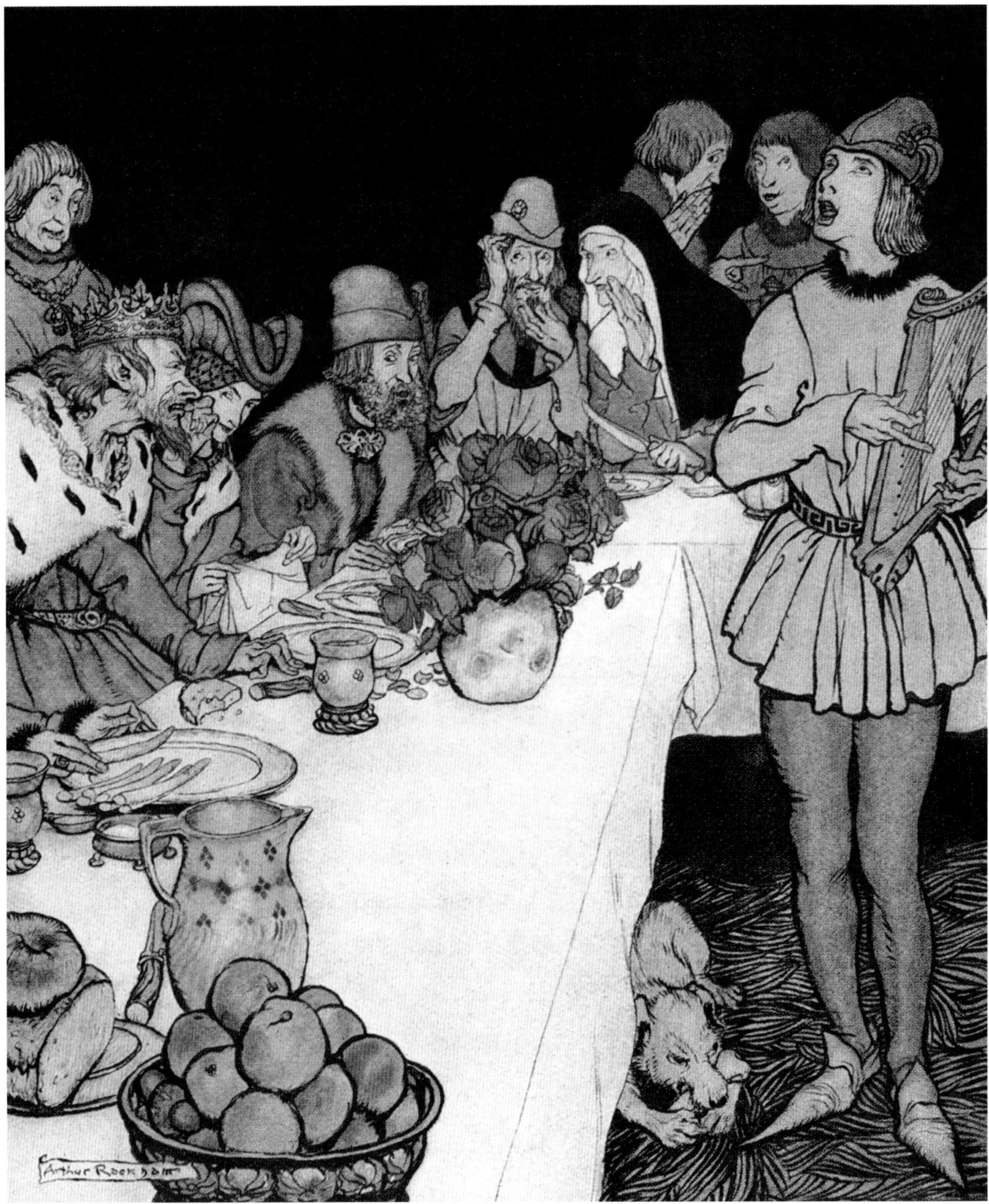

141
왜 마크 왕이 개최한 큰 연회에 하프 연주자 엘리엇이 와 디나단이 쓴 시를 노래했을까.

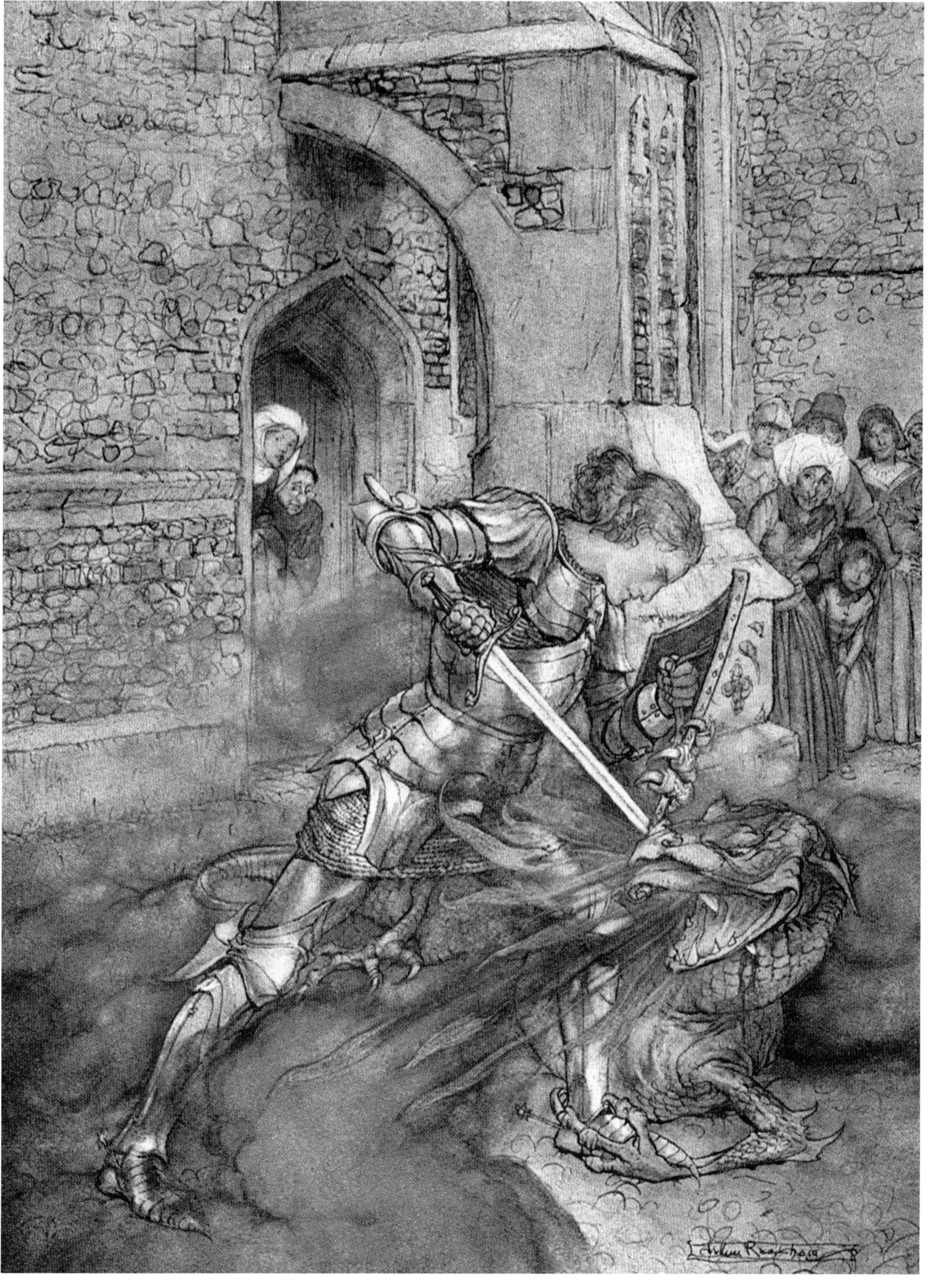

142
랜슬롯 경은 사악한 용과 어떻게 싸웠나.

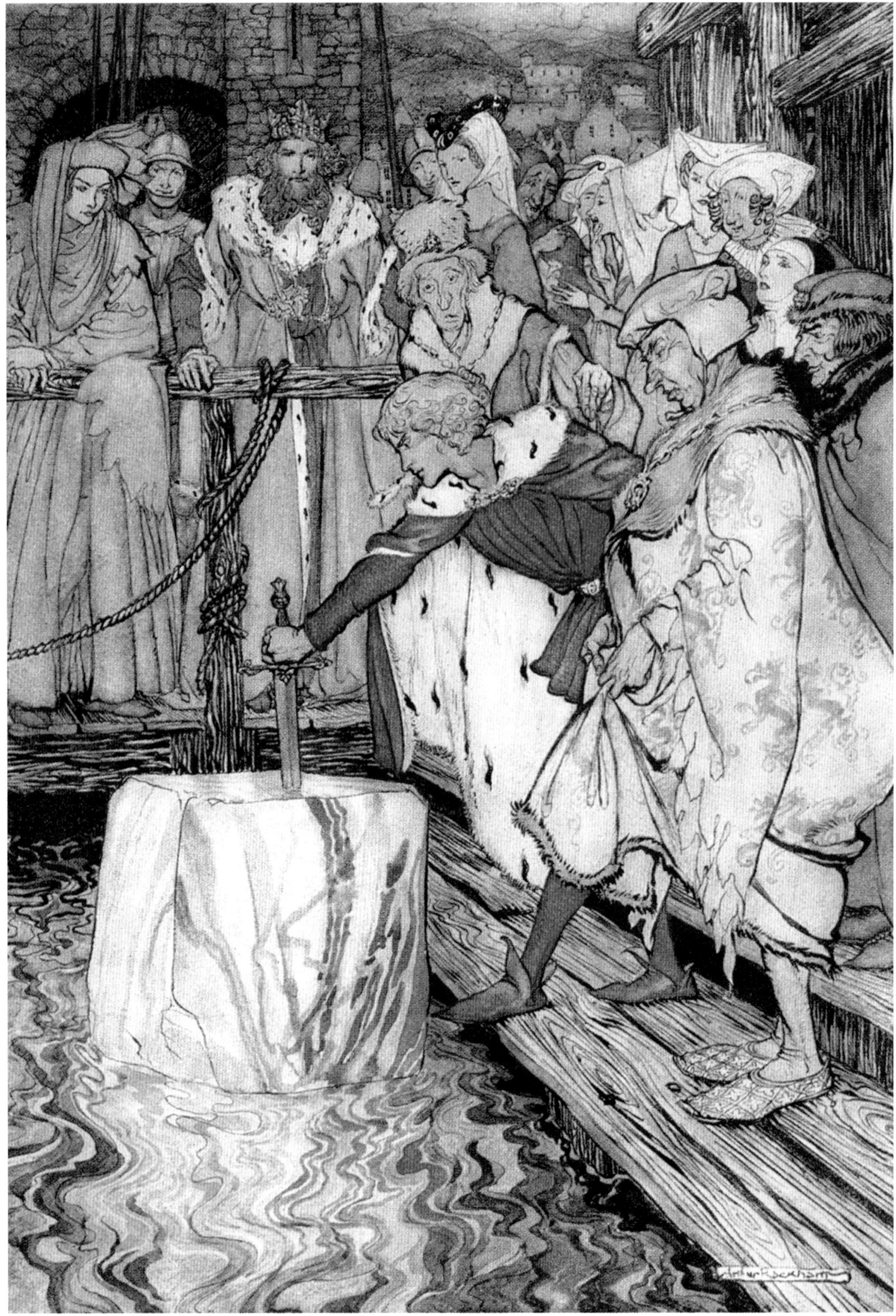

143
갤러해드는 어떻게 카멜롯의 떠 있는 돌에서 검을 뽑았나.

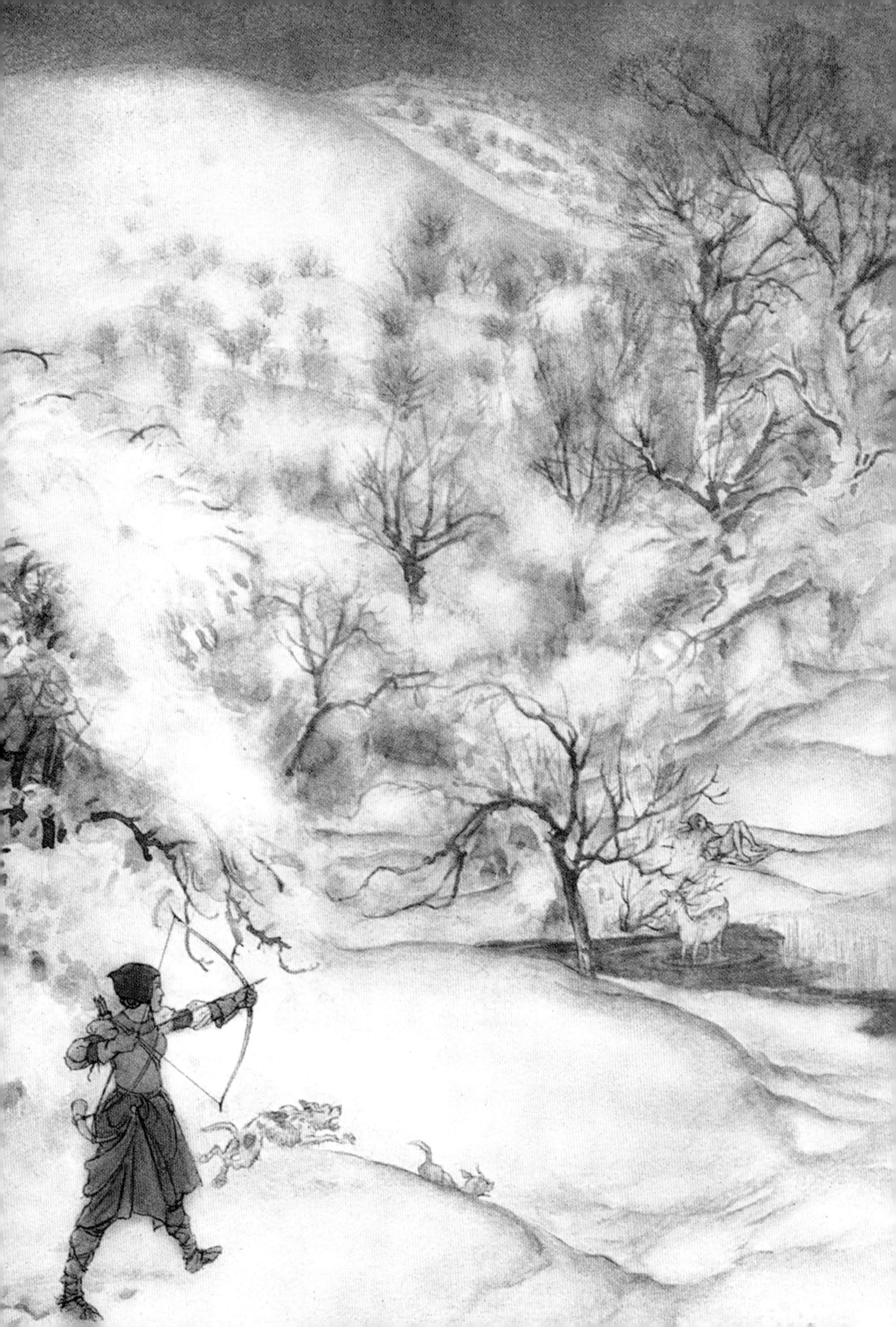

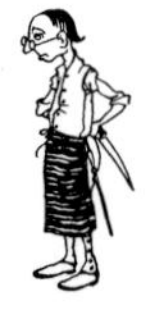

144
랜슬롯 경은 어떻게
사냥하는 귀부인의 활에 맞았나.

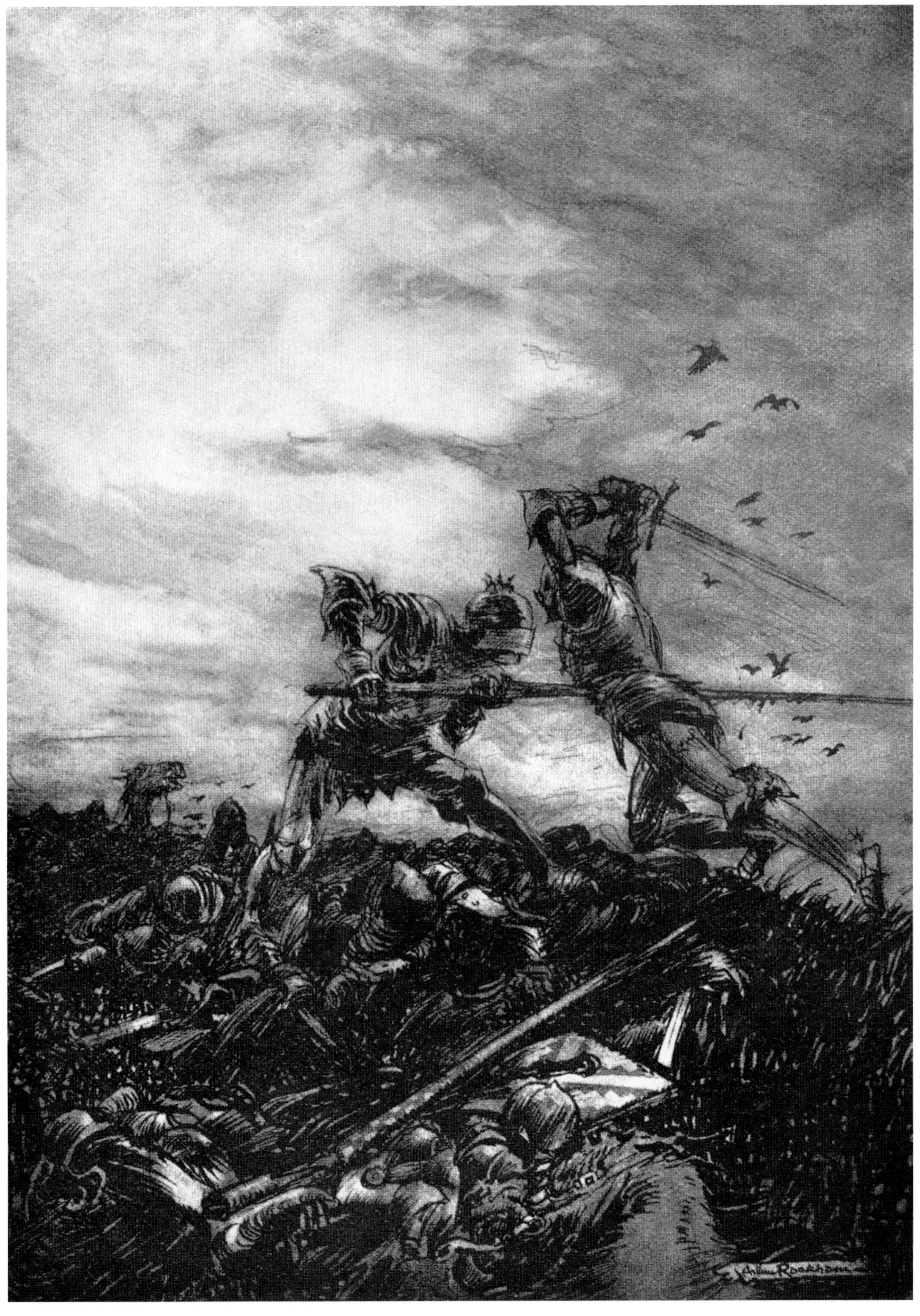

145
모르드레드는 어떻게 아서왕에게 살해당했는가, 그리고 아서왕은 어쩌다 죽음에 이르는 상처를 입었는가.

잉글랜드 동화집

English Fairy Tales

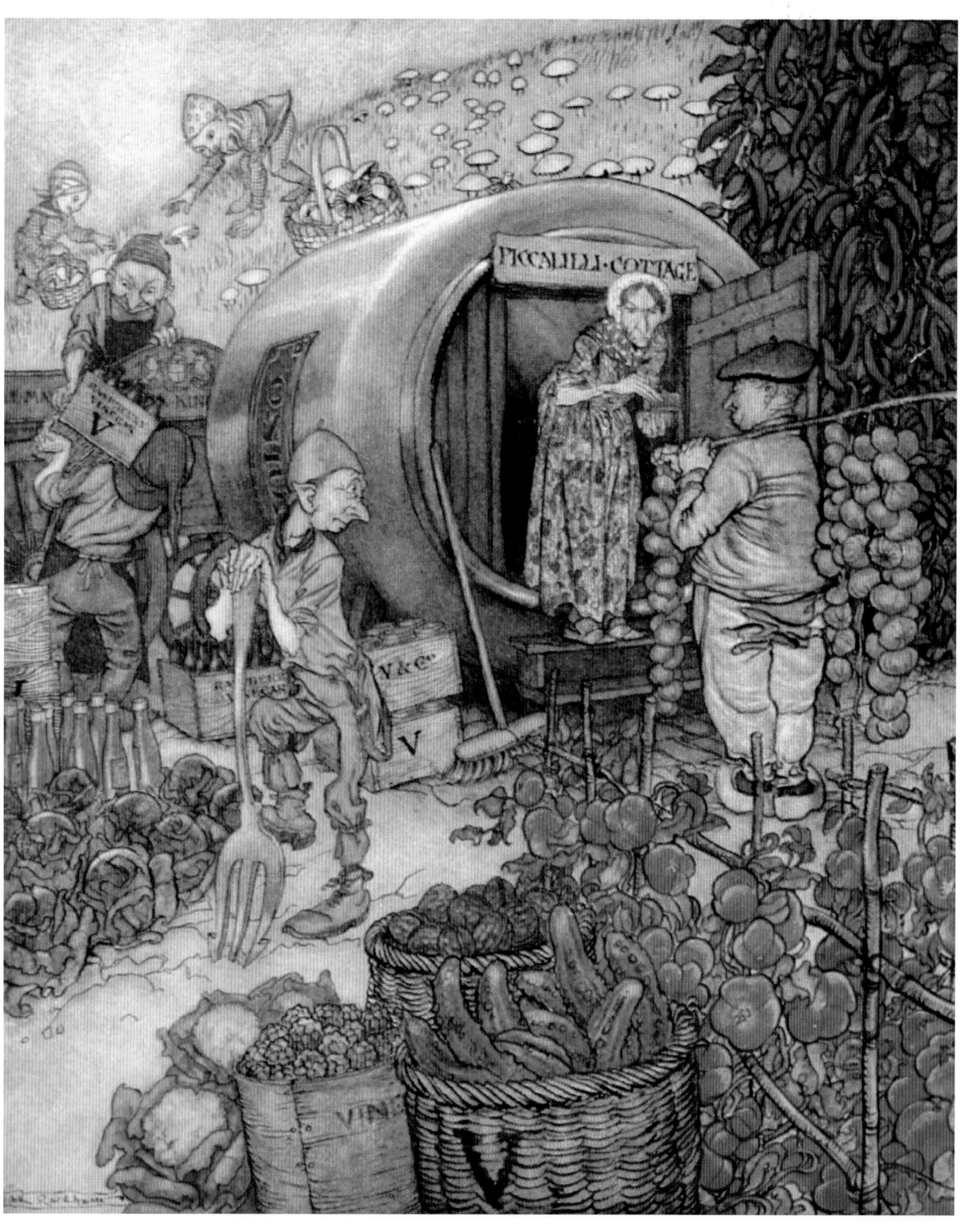

146
심술궂은 부부
집에 있는 심술궂은 부부.

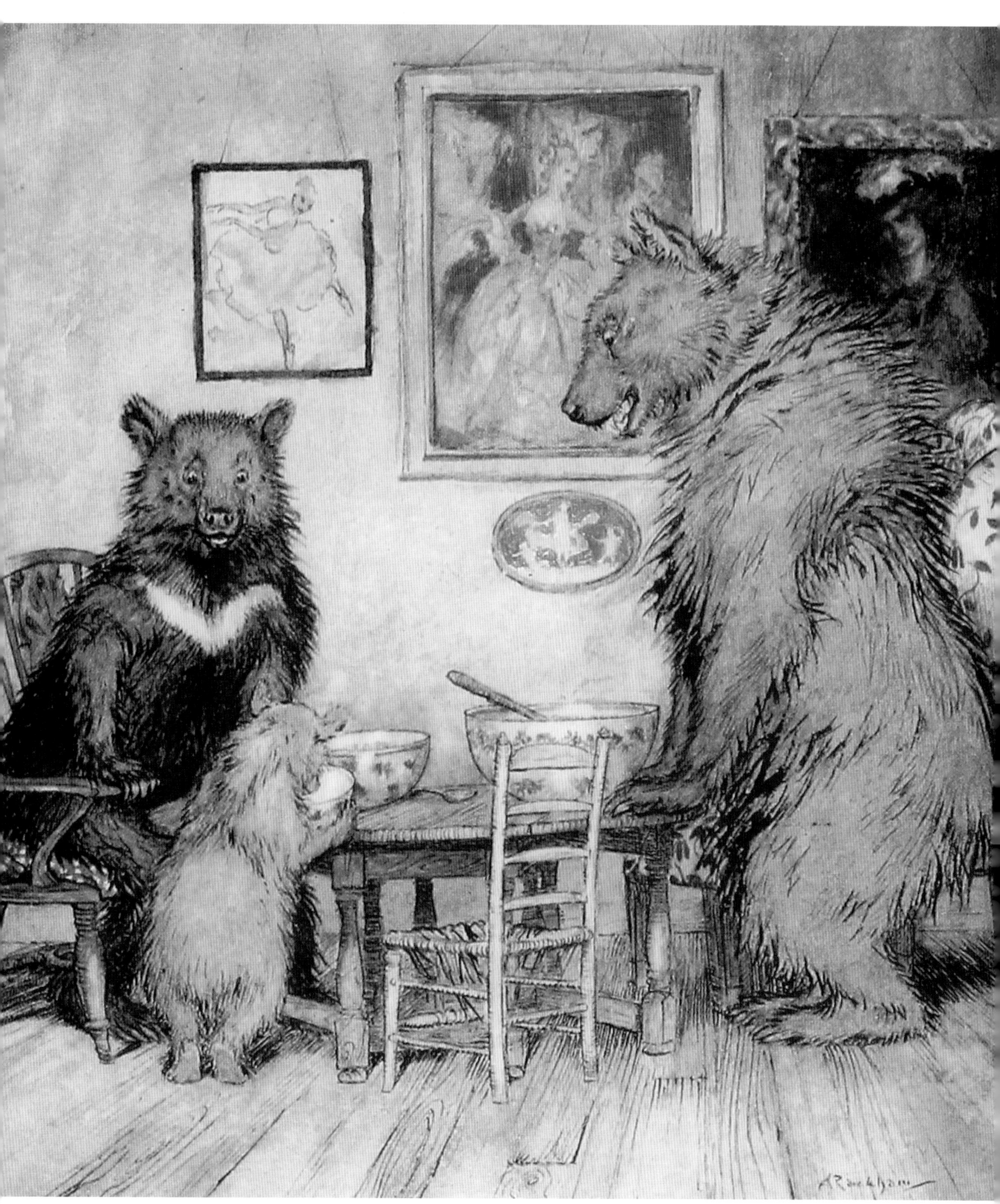

곰 세 마리 이야기
"누가 내 죽에 있었고, 그걸 다 먹어버렸어요."

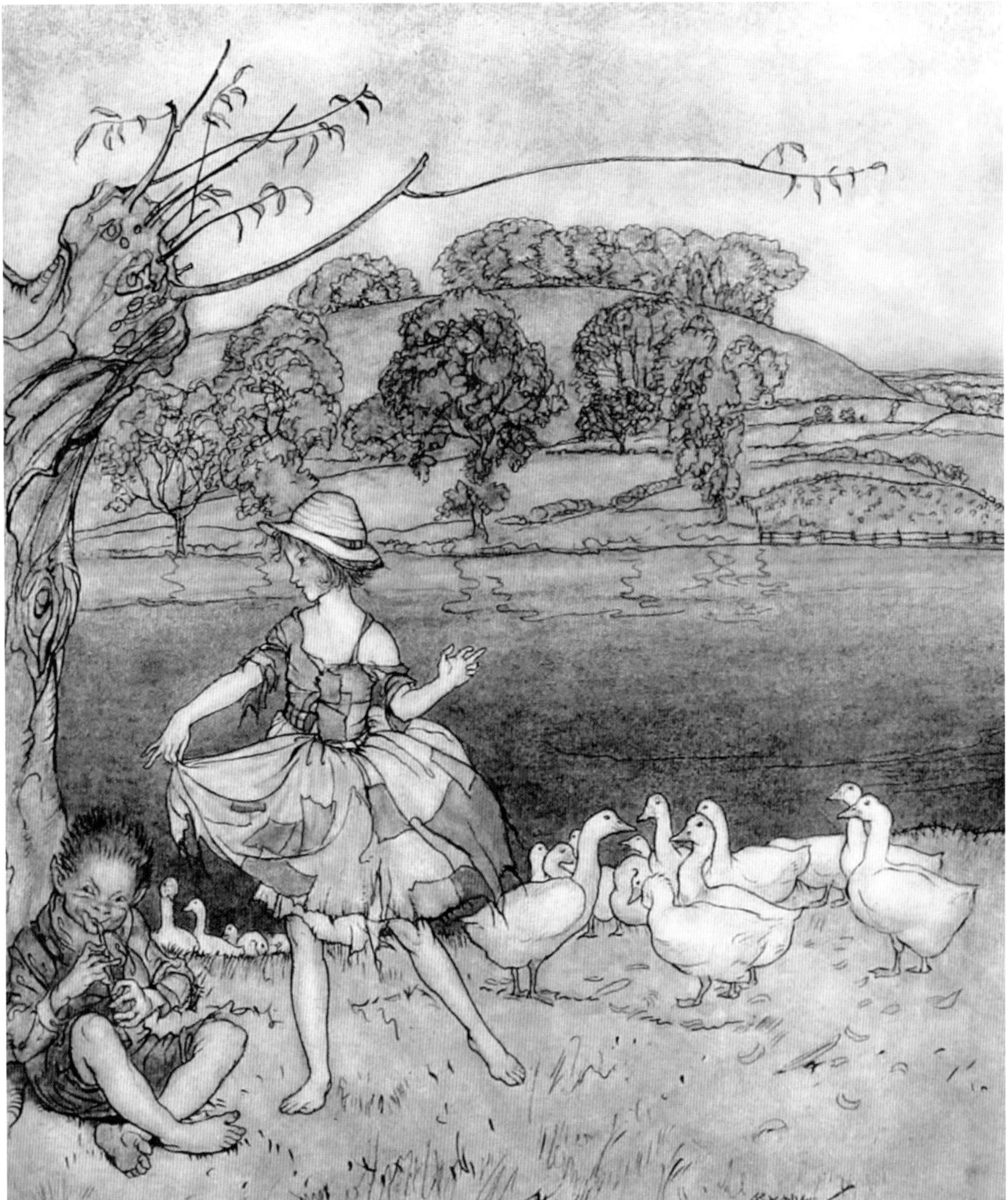

148
누더기 코트
누더기 코트는 거위치기가 피리를 부는 동안 춤을 췄다.

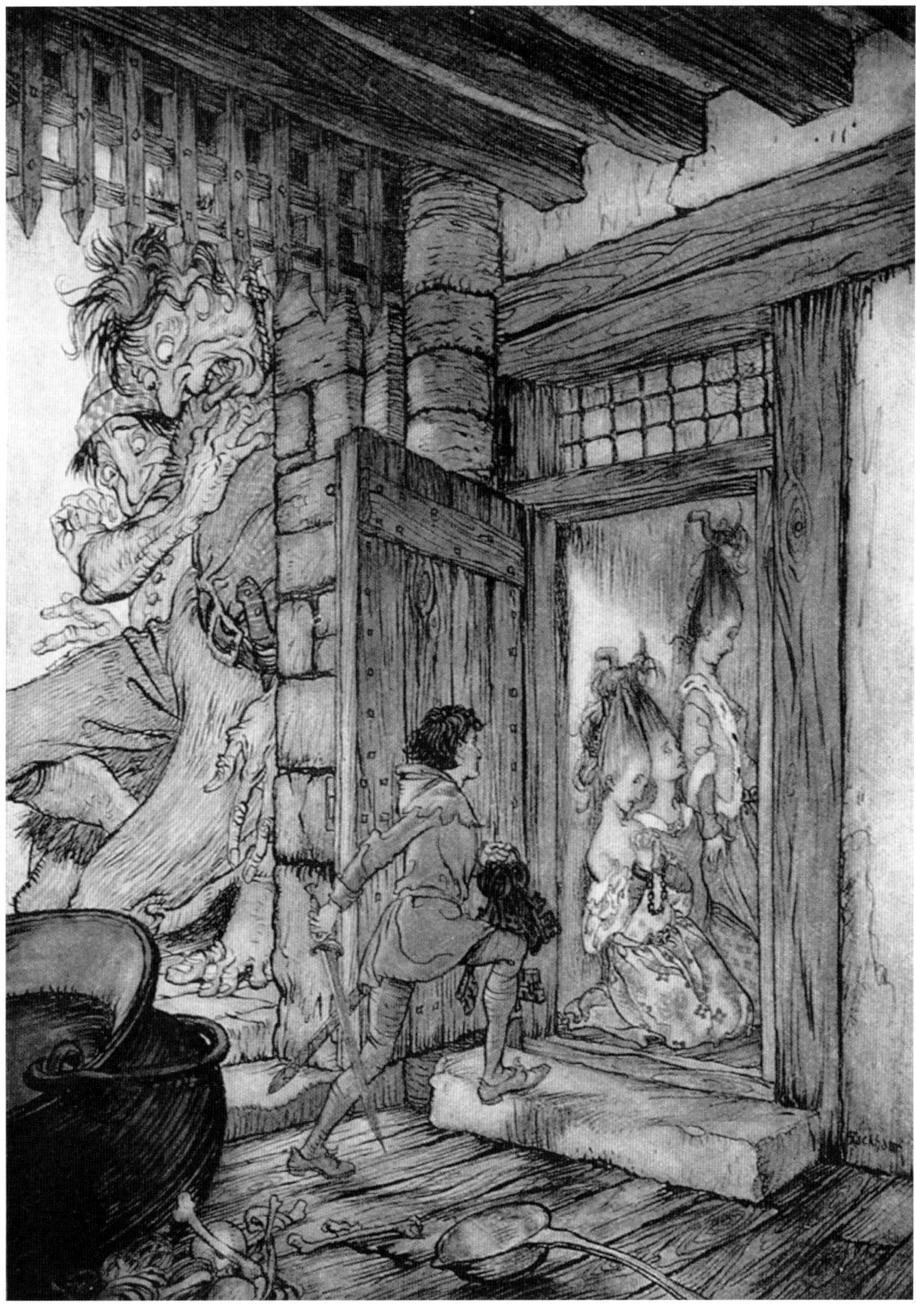

149
거인 사냥꾼 잭
잭은 성의 열쇠를 가져가 모든 문을 열었다.

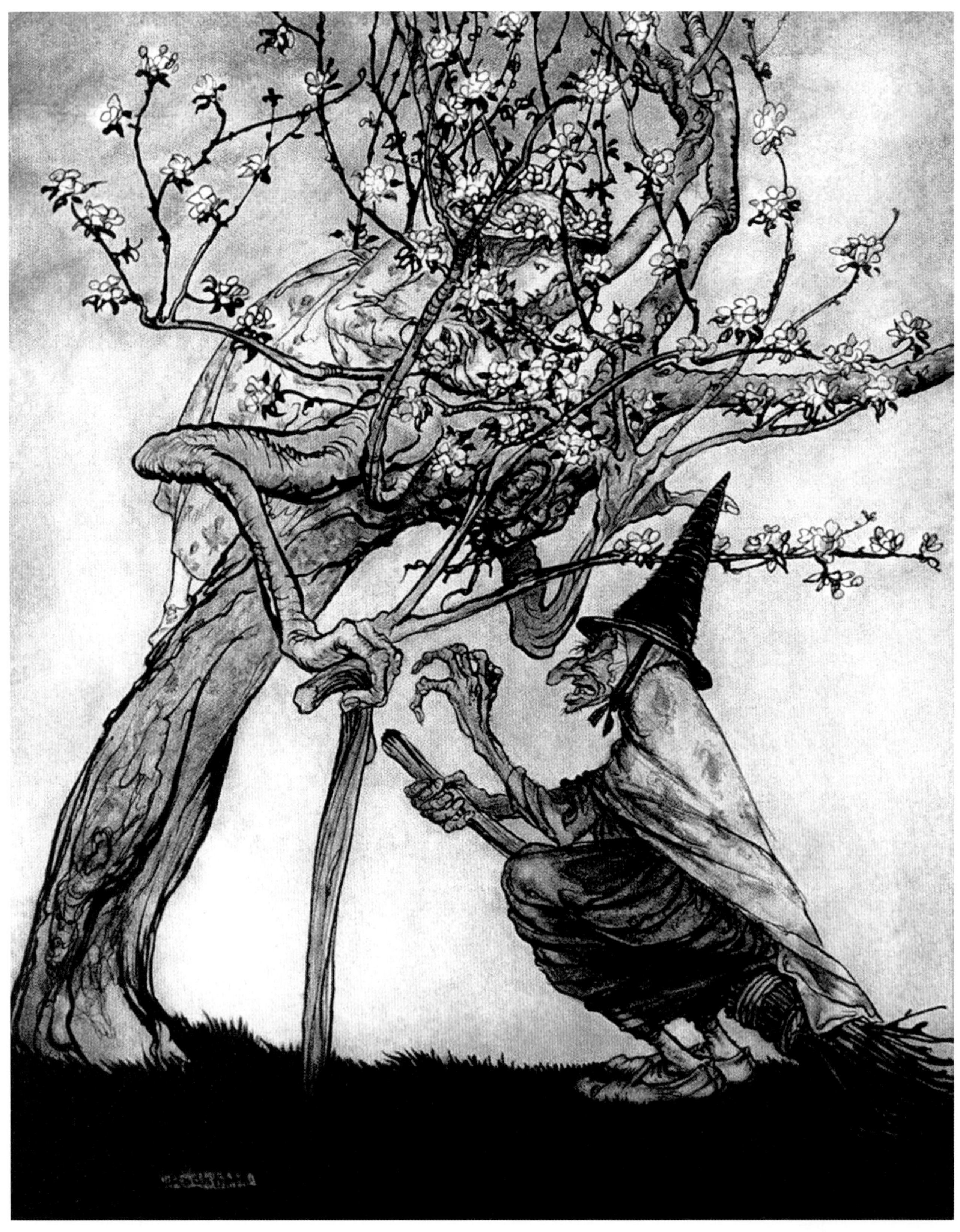

150
두 자매
"나무야! 오 내 나무야! 내 장난꾸러기 어린 하녀 못 봤니?"

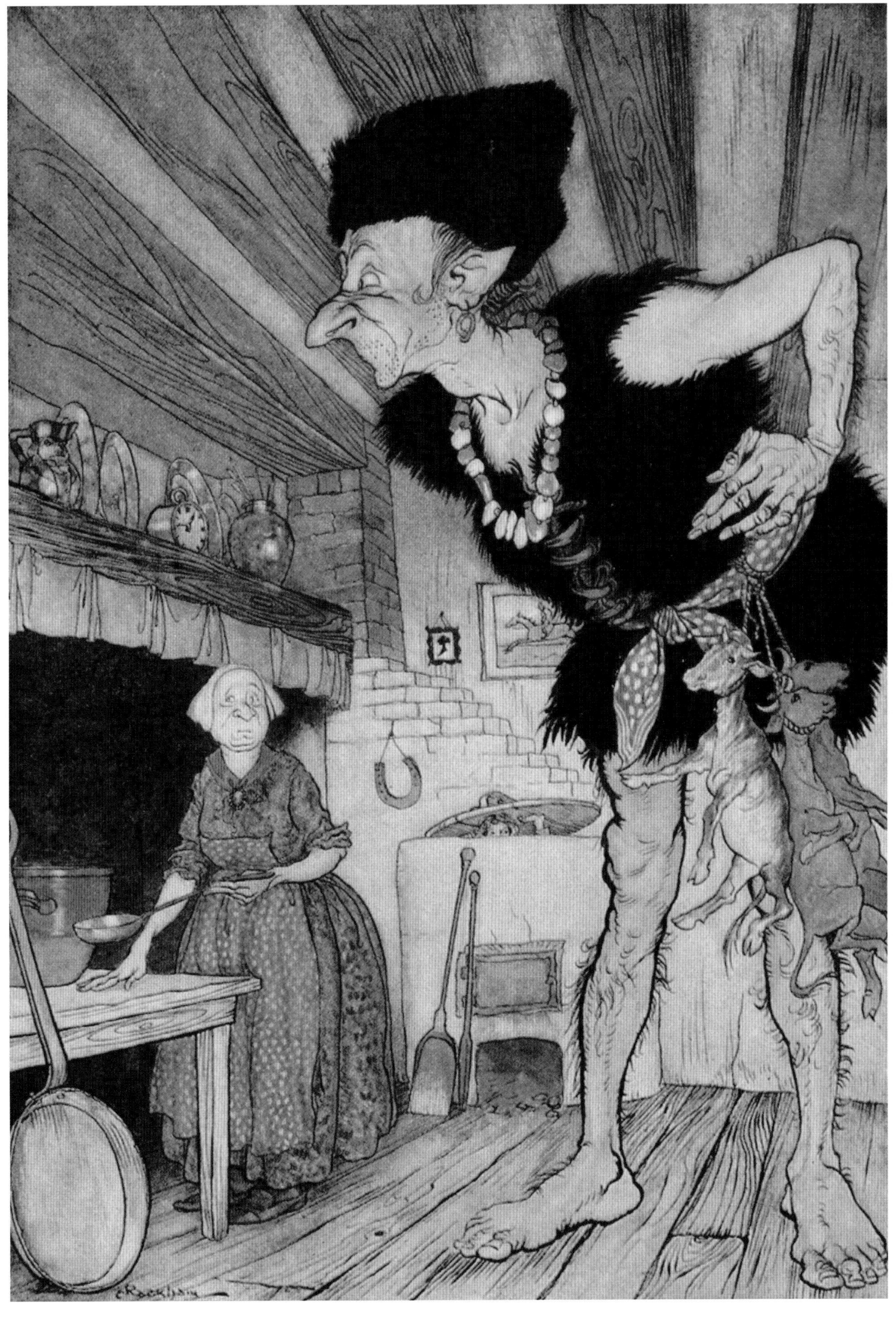

151
잭과 콩나무
"피-피-포-펌, 영국인 피 냄새가 나는군!"

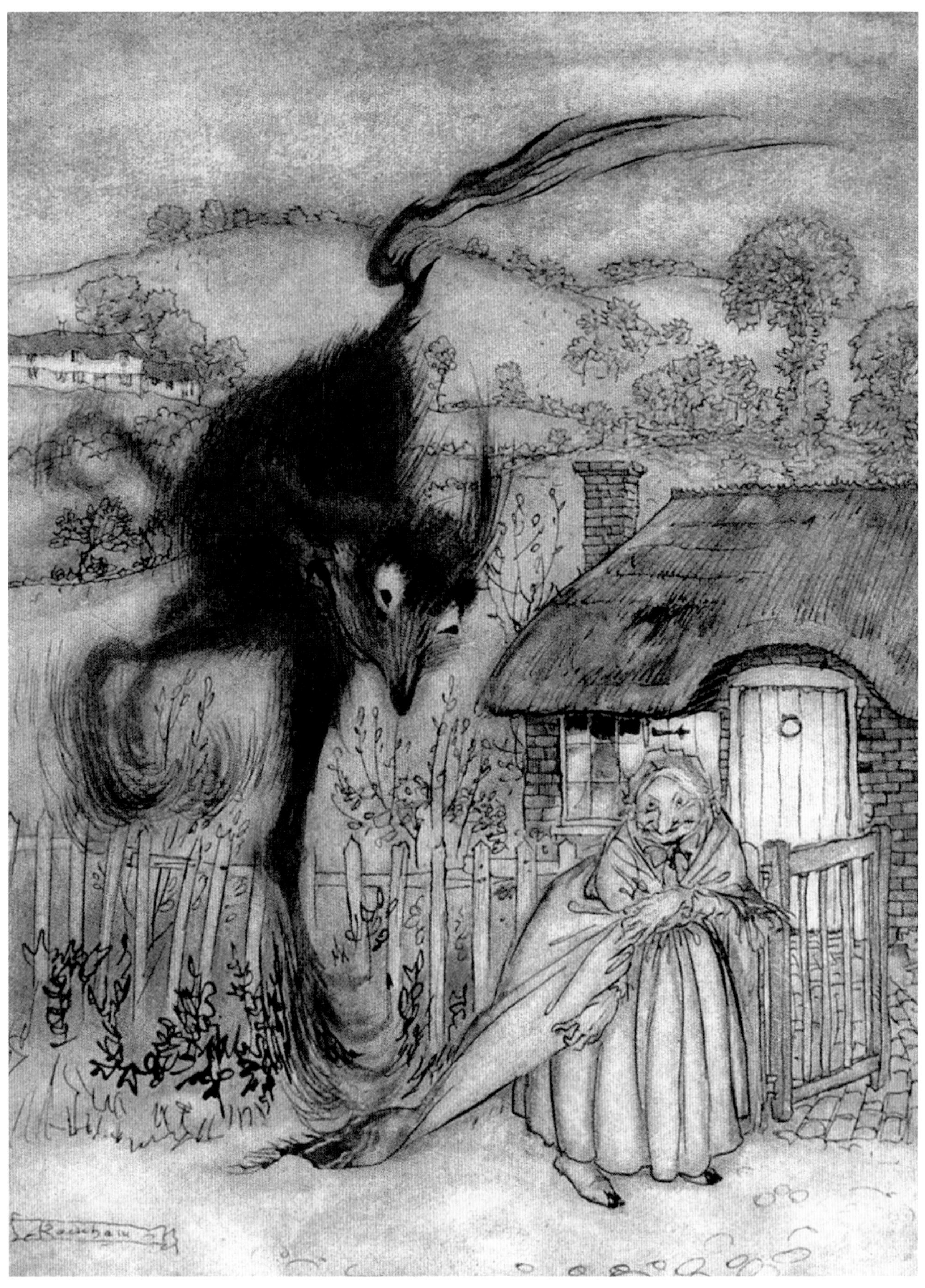

152
보기 야수
"그래요!" 그녀는 낄낄거리며 말했다. "나는 운이 좋아요."

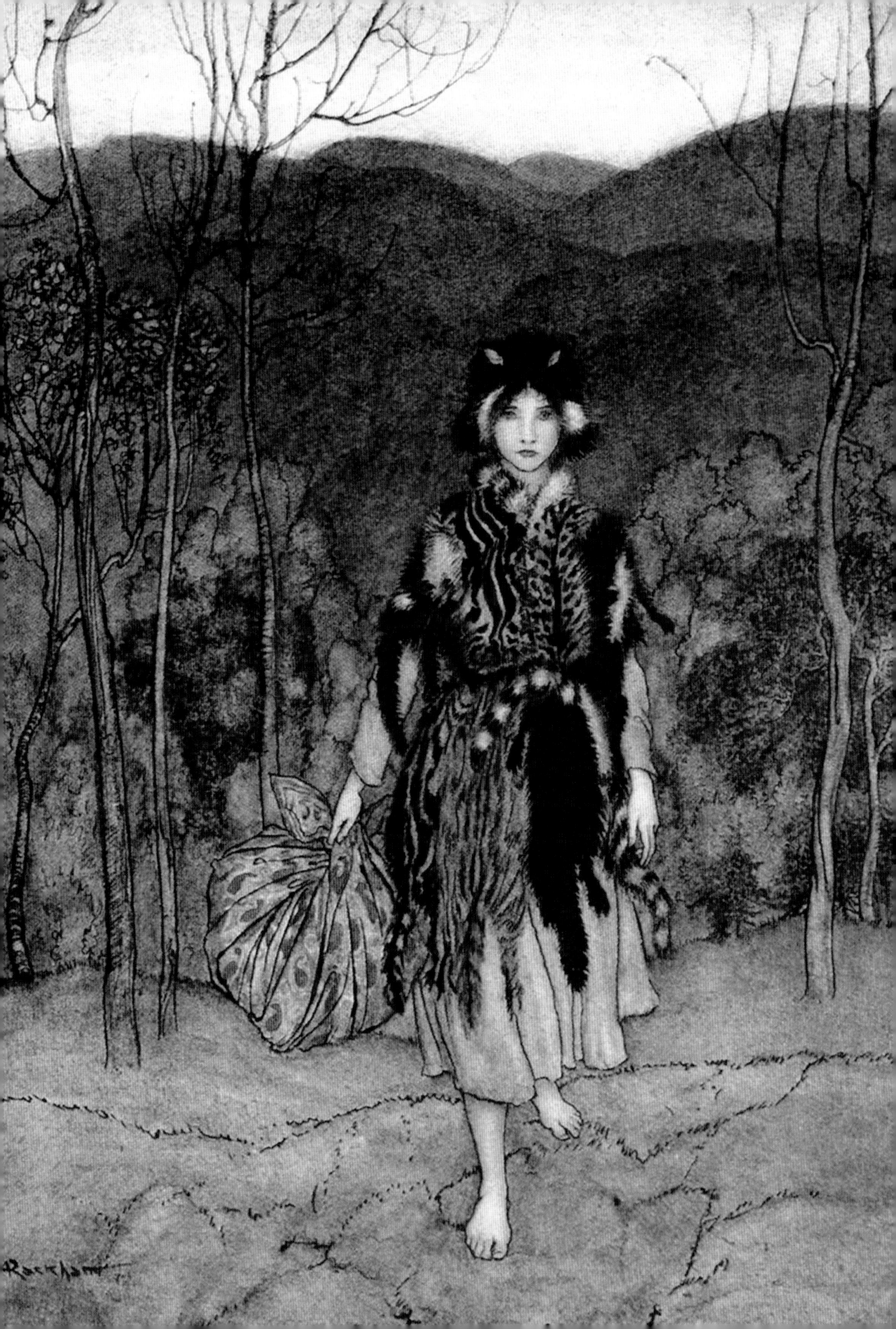
Rackham

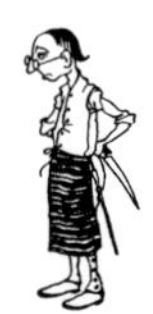

153
고양이 가죽
그녀는 가고, 가고, 또 갔다.

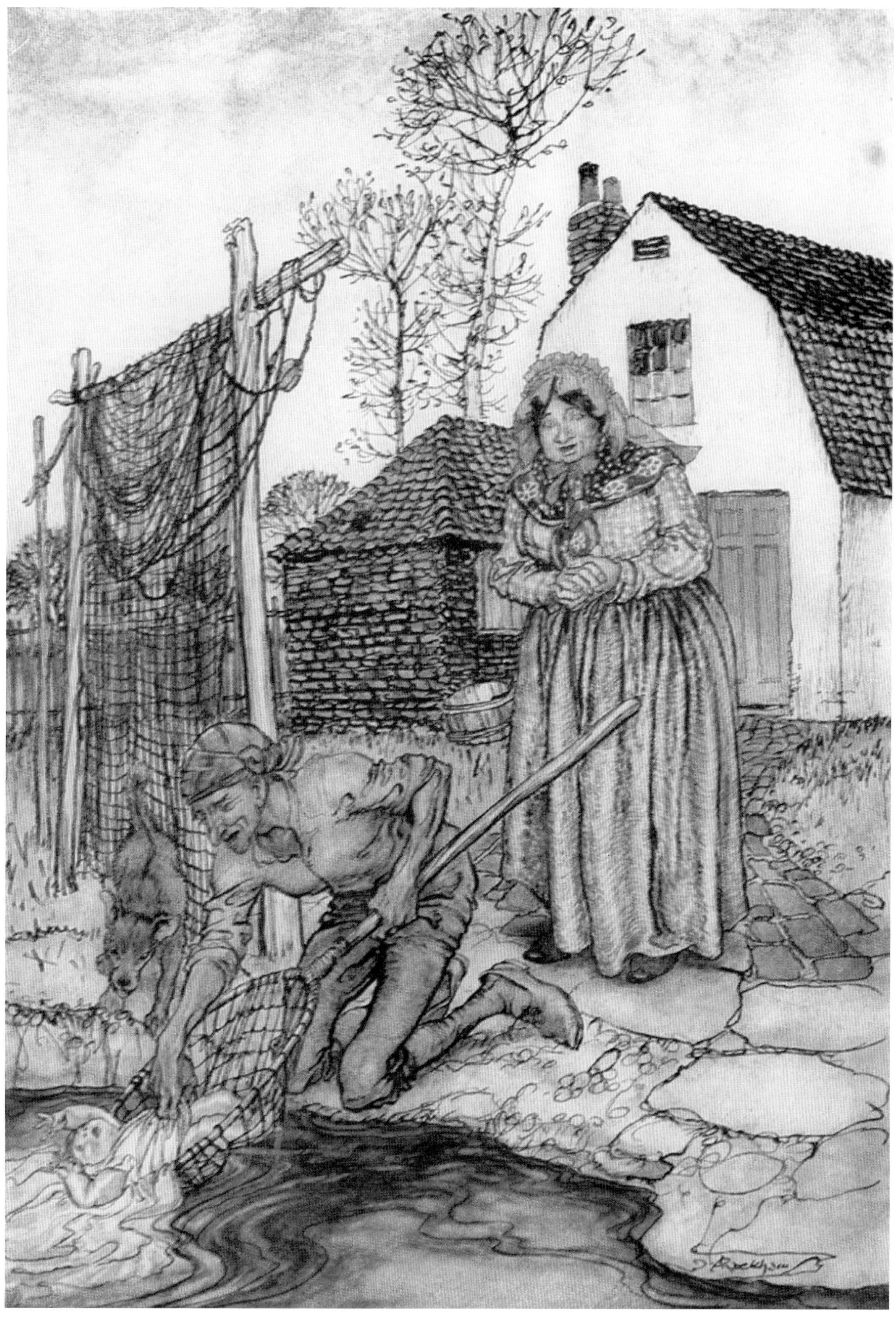

154
엉덩이, 테이블, 그리고 막대기
아이가 없던 어부와 아내는 아기를 간절히 원했다.

아일랜드 동화집

Irish Fairy Tales

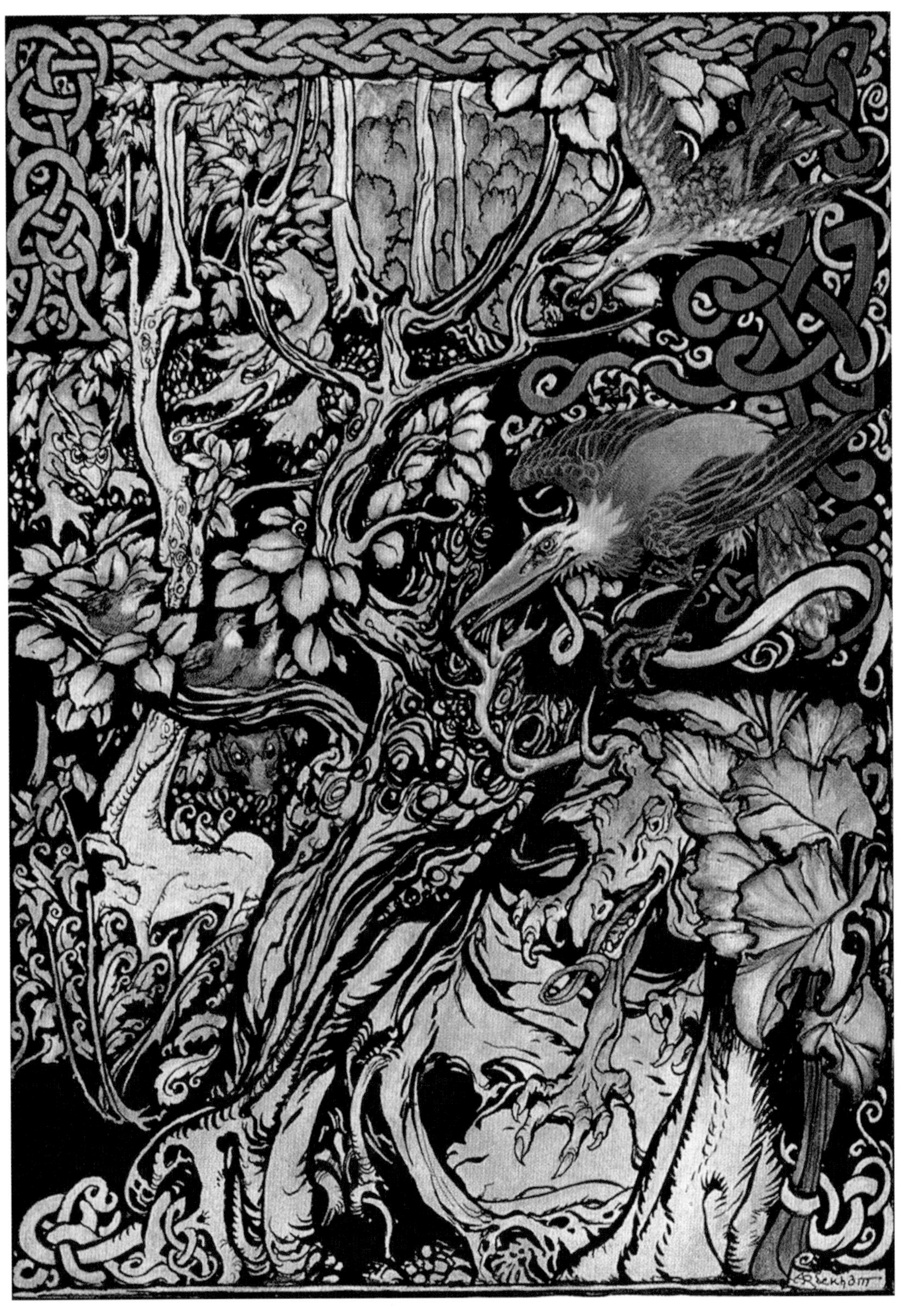

155
투언 막 카릴 이야기
그녀의 평원과 숲에는 사납고 수줍음 많고 괴물 같은 생명체가 널려 있었다.

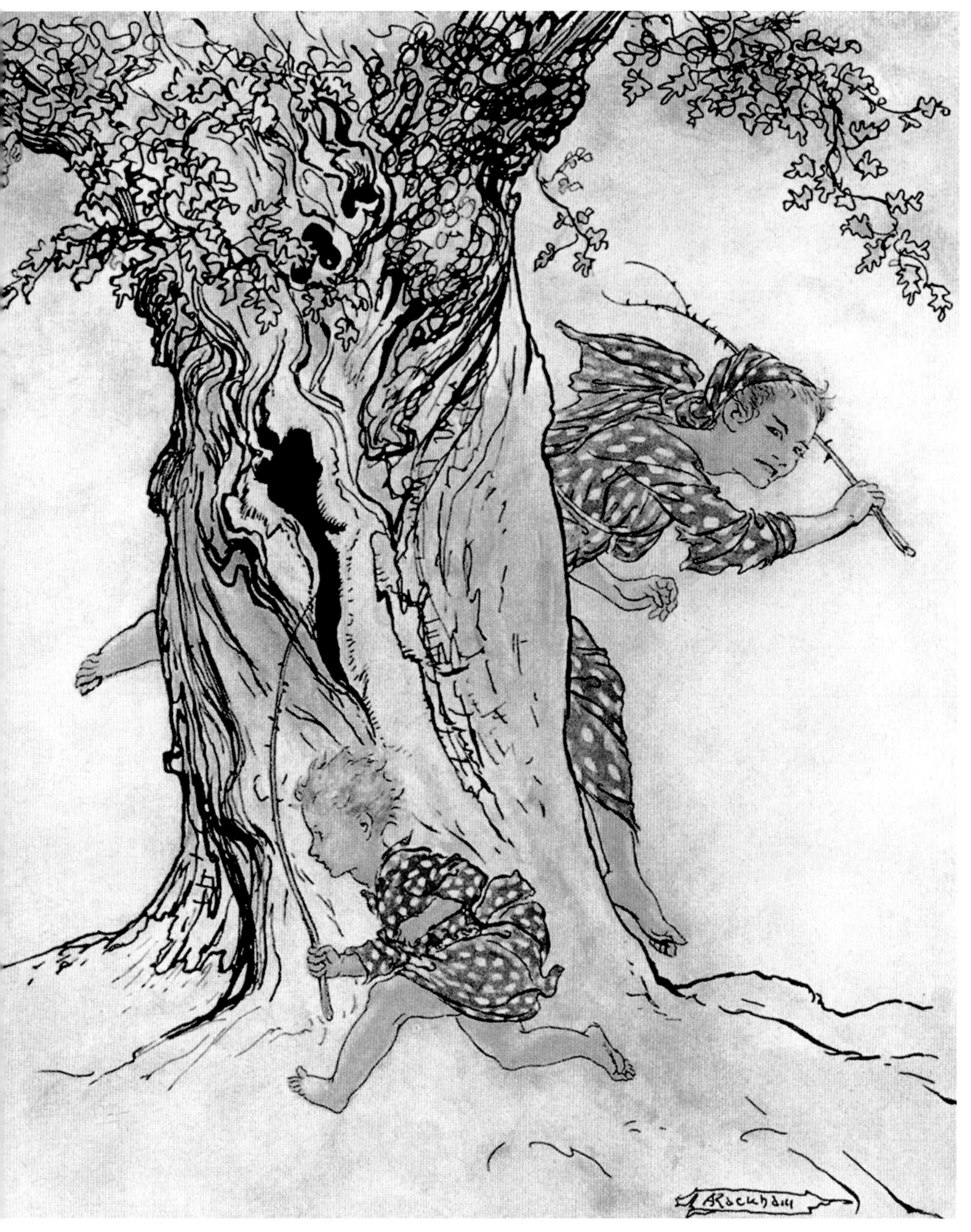

156
핀의 소년기
위치를 바꿔, 쫓는 그녀를 쫓아 붙잡으려 그는 얼마나 긴장하고 애썼는가.

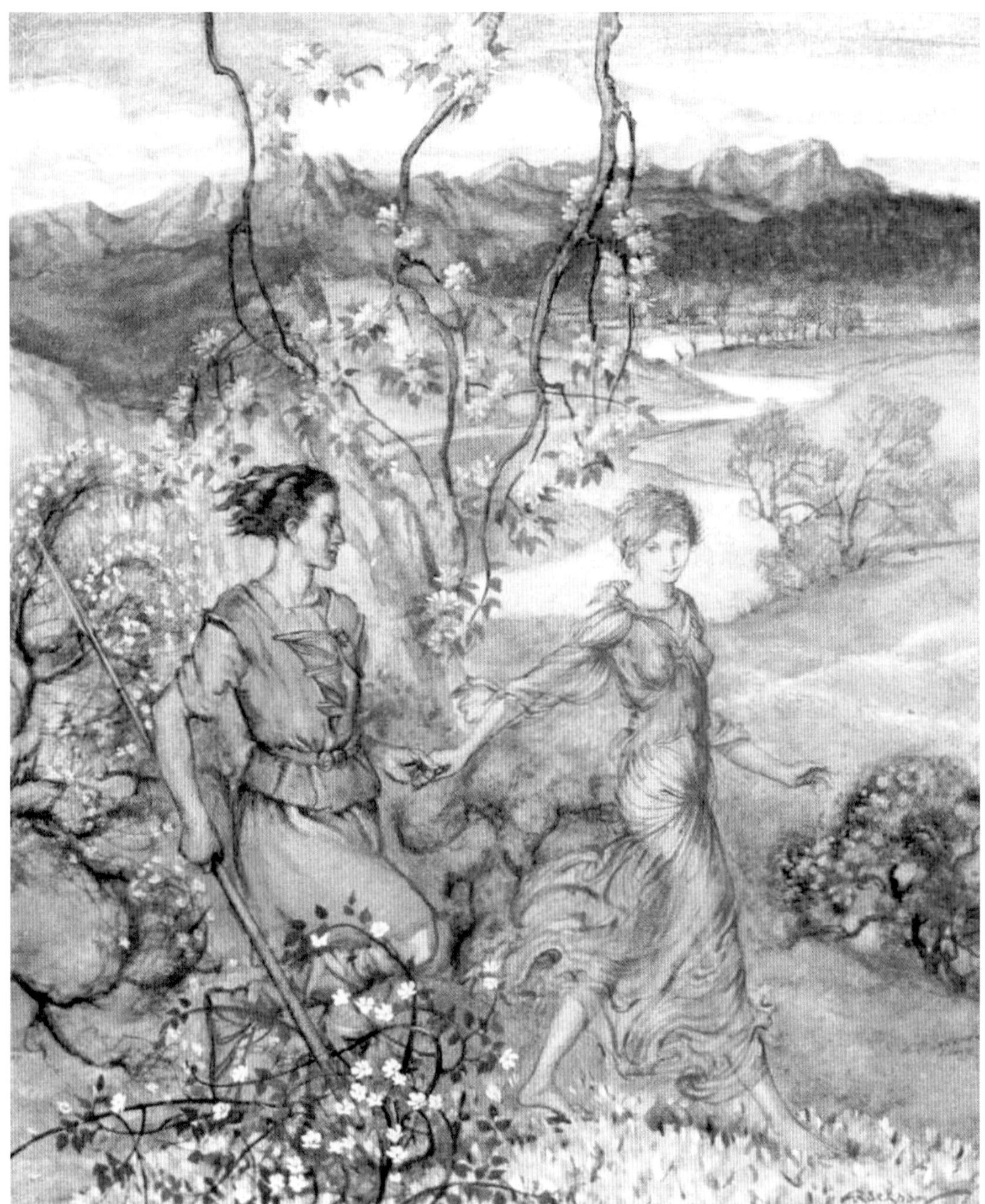

157
브랜의 탄생
그리고 그들은 손을 맞잡고
사과꽃 향과 꿀 내음이 나는 나라로 갔다.

158
베크폴라의 구애
그녀는 눈을 크게 뜬 채
나무 아래 으르렁거리는 무리를
성난 표정으로 바라봤다.

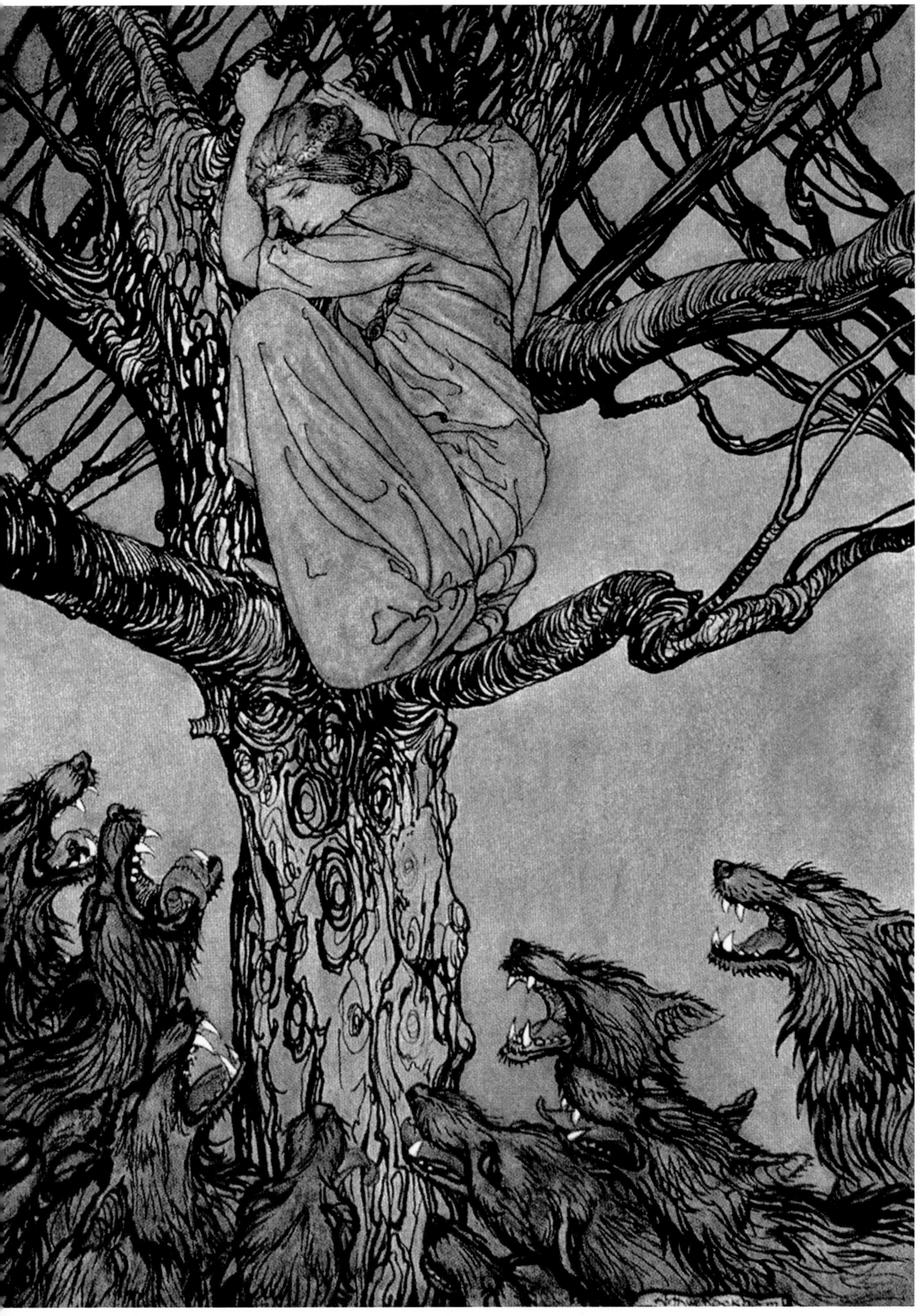

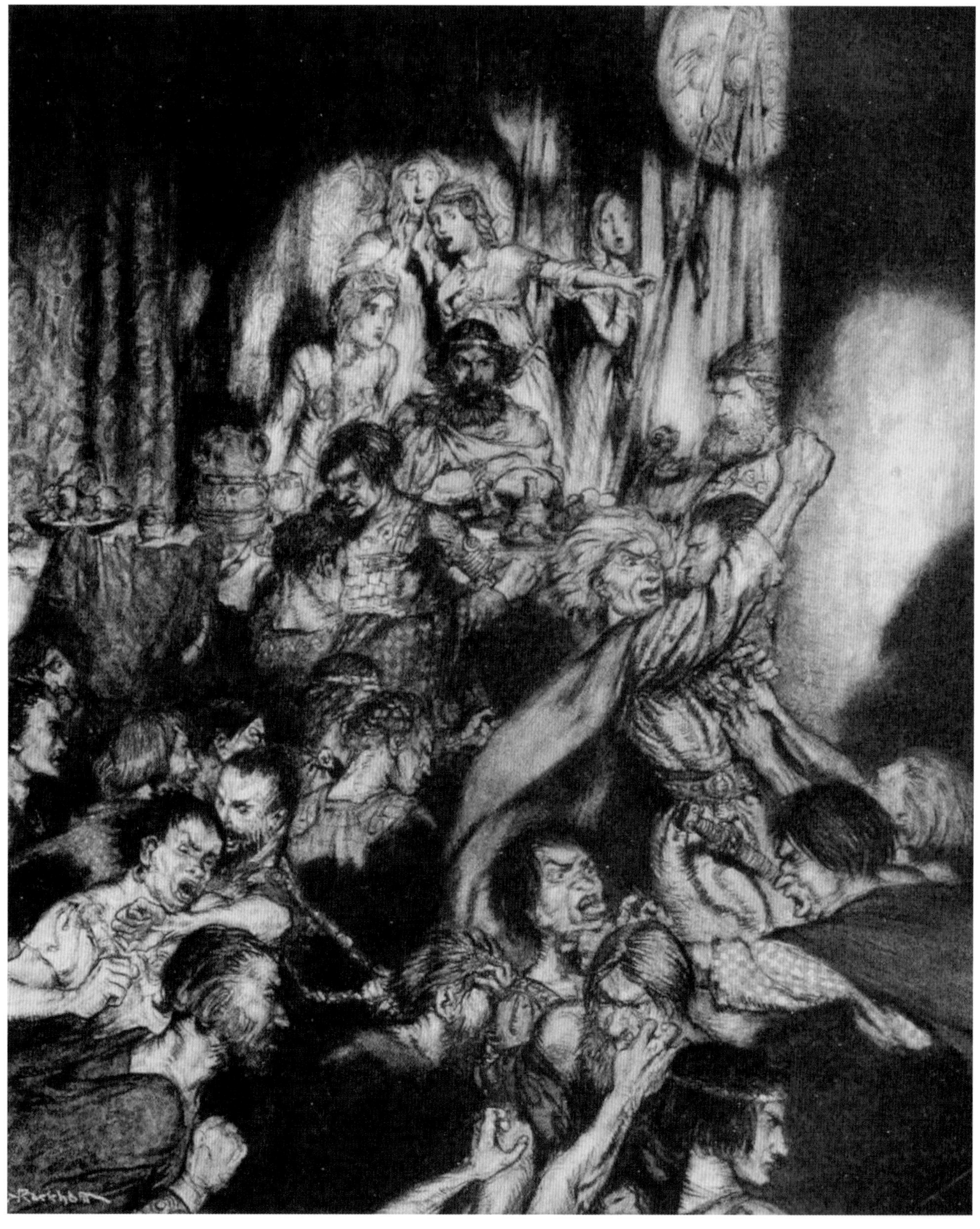

159
앨런에서의 작은 싸움
싸우는 자들의 고함, 부상자들의 울부짖음, 겁에 질린 여자들의 비명으로 연회장은 떠들썩했다.

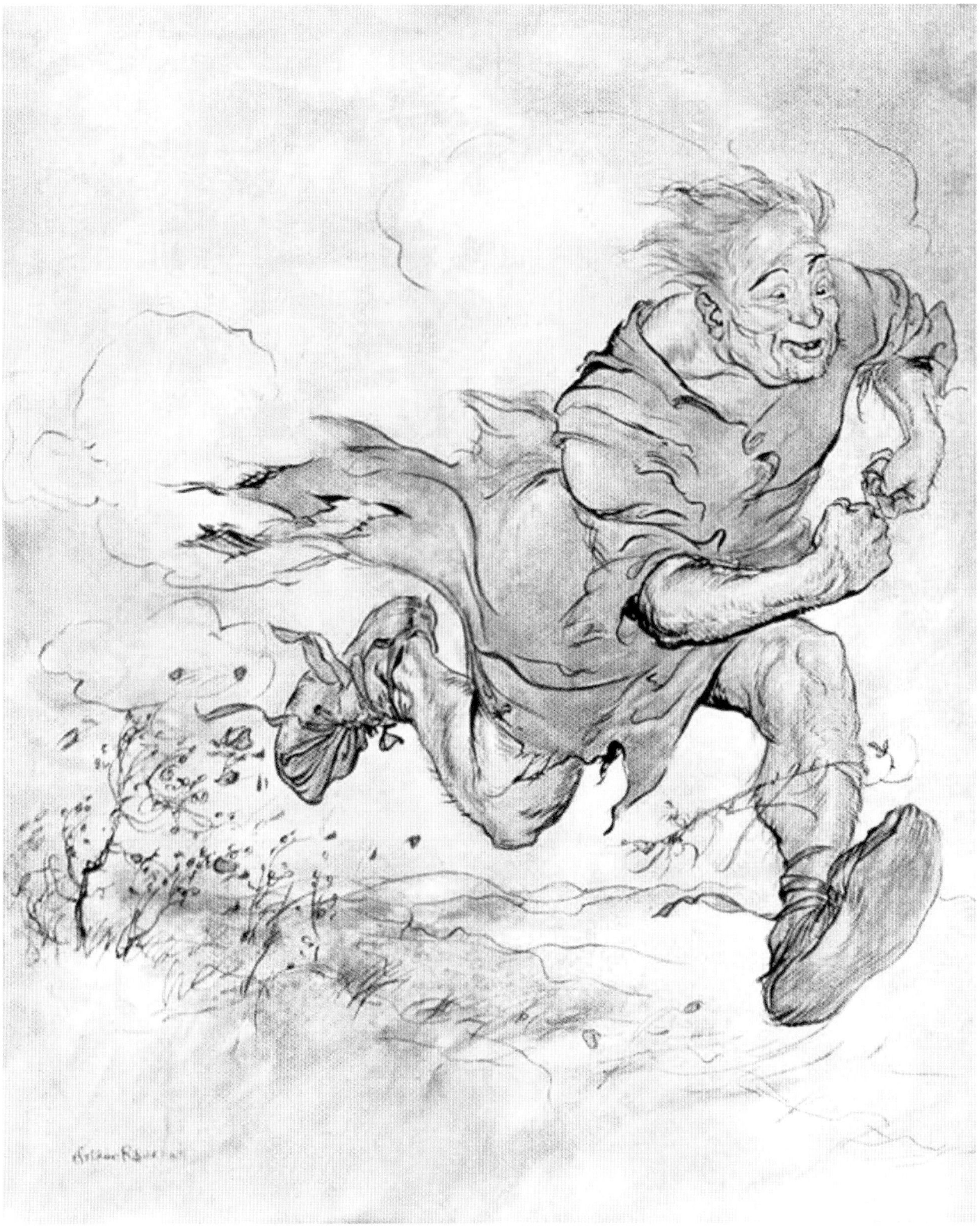

160
칙칙한 코트의 칼
커다란 장화가 쿵쾅거리는 소리는 지붕에 떨어지는 우박 소리처럼 계속해서 커졌고,
그가 지나가며 일으킨 바람은 나무를 쓰러뜨렸다.

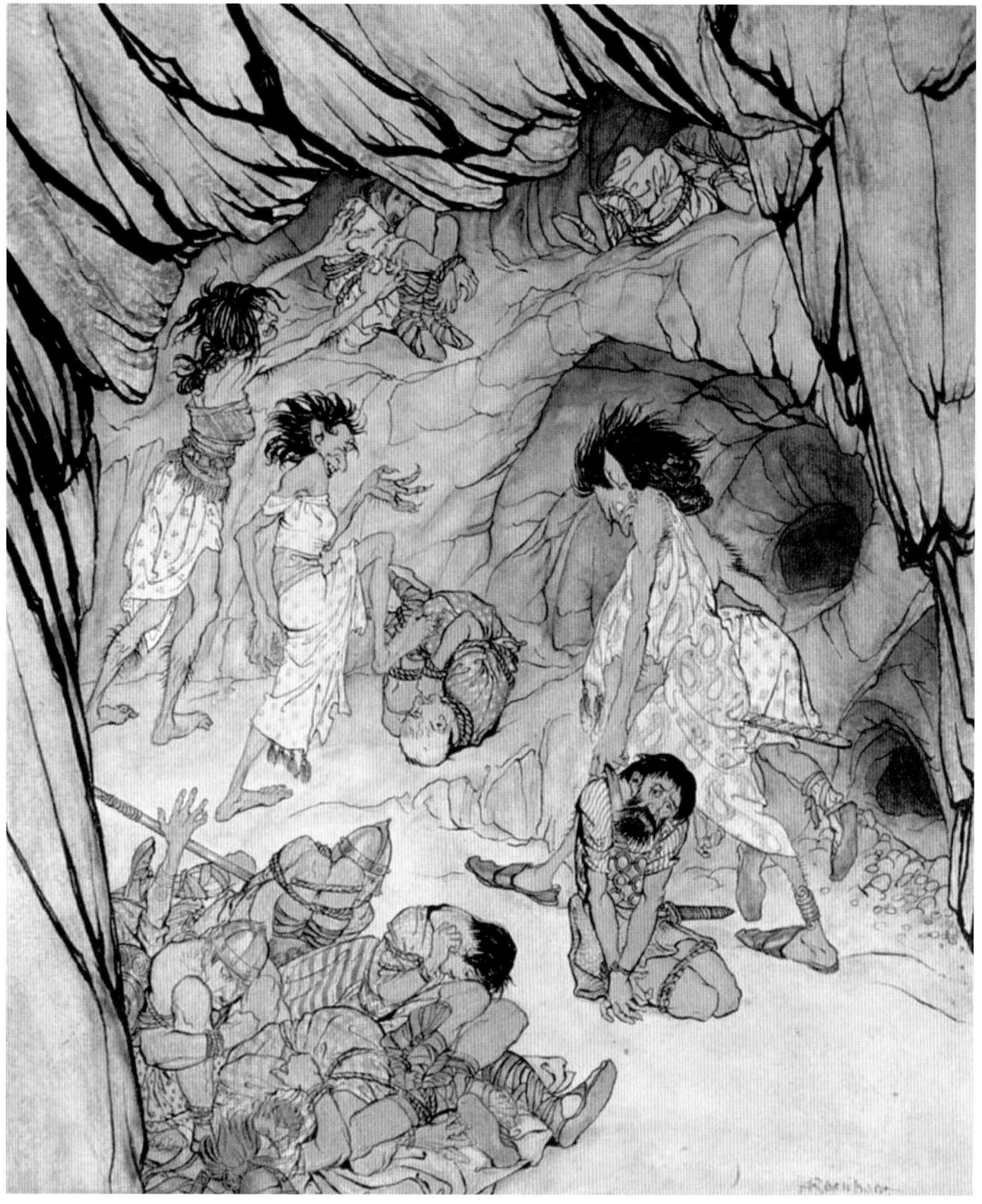

161
세시 코란의 마법에 걸린 동굴
"얘는 뚱뚱해" 하고 말한 쿠일렌은 거대한 페니안을 바퀴처럼 굴렸다.

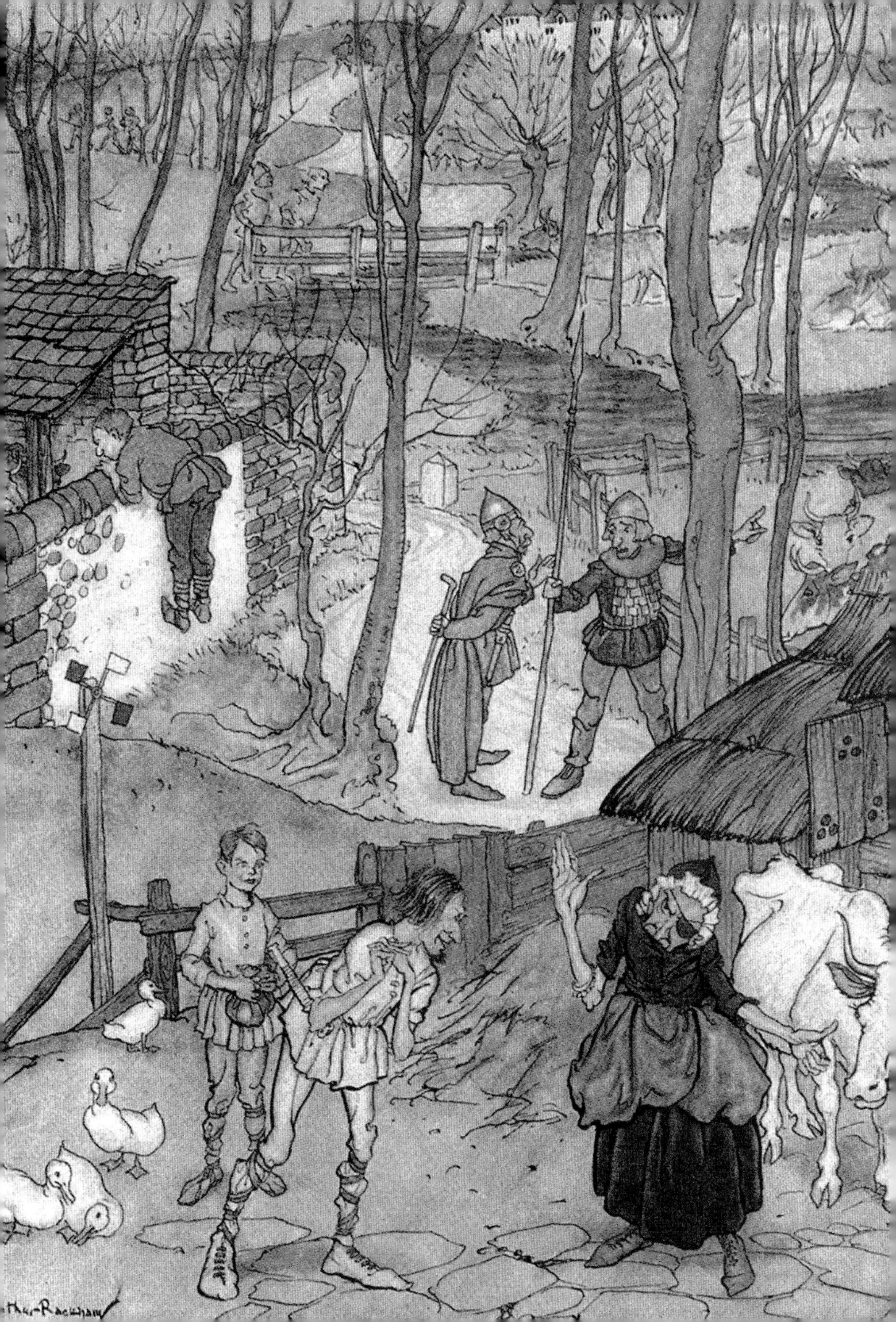
Arthur Rackham

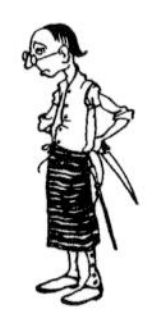

162

몽건의 광란

그들은 그녀 소의 각 다리에 소 한 마리를 바쳤지만,
피아크나가 보석금을 주지 않는 한 그녀는
그 제안을 받아들이지 않을 셈이었다.

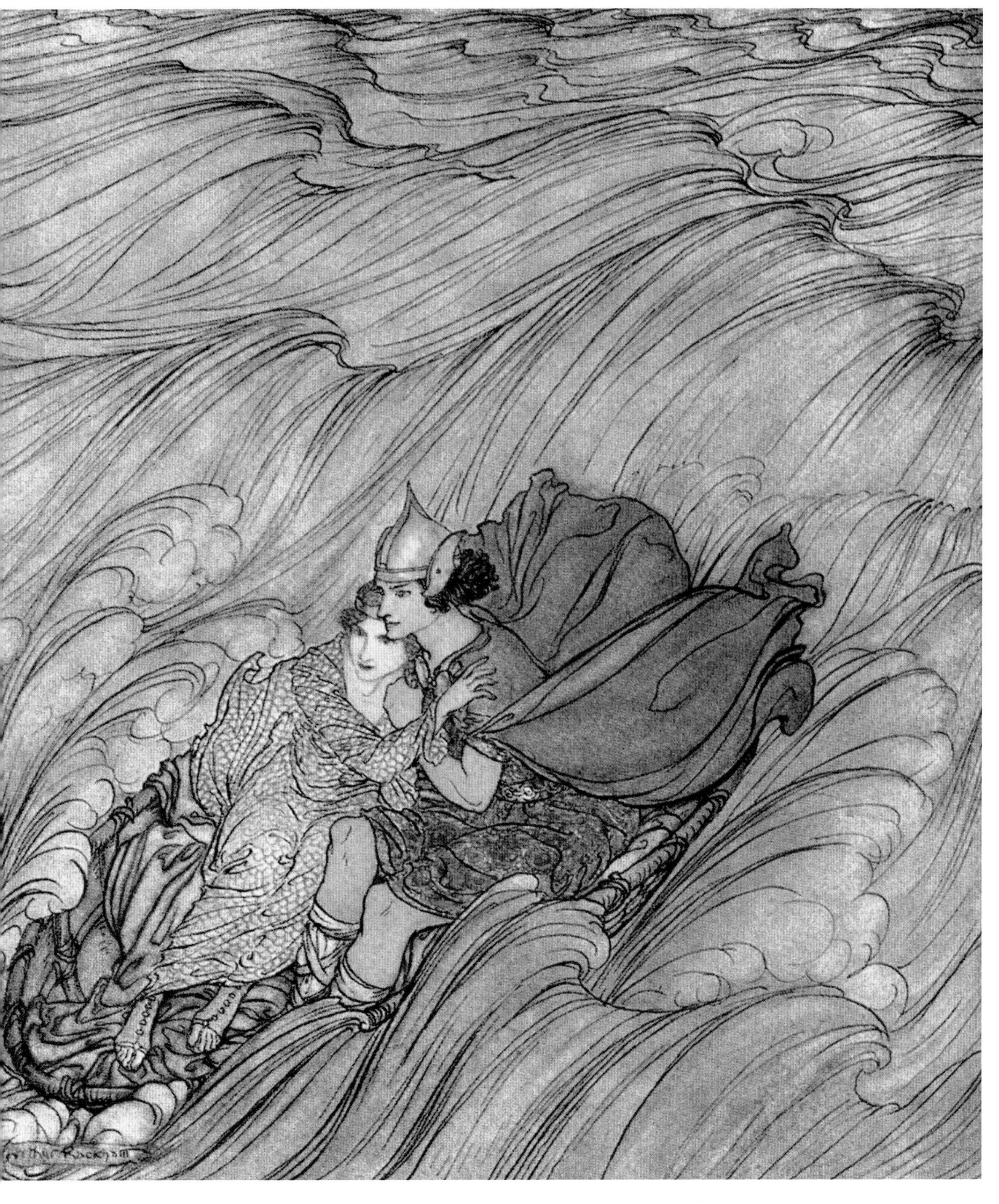

163
흰 피부의 베쿠마
온 세상의 파도가 하나의 거대한 녹색 폭포가 되어 소용돌이치며 그들 옆을 지나는 것처럼 보였다.

코머스

Comus

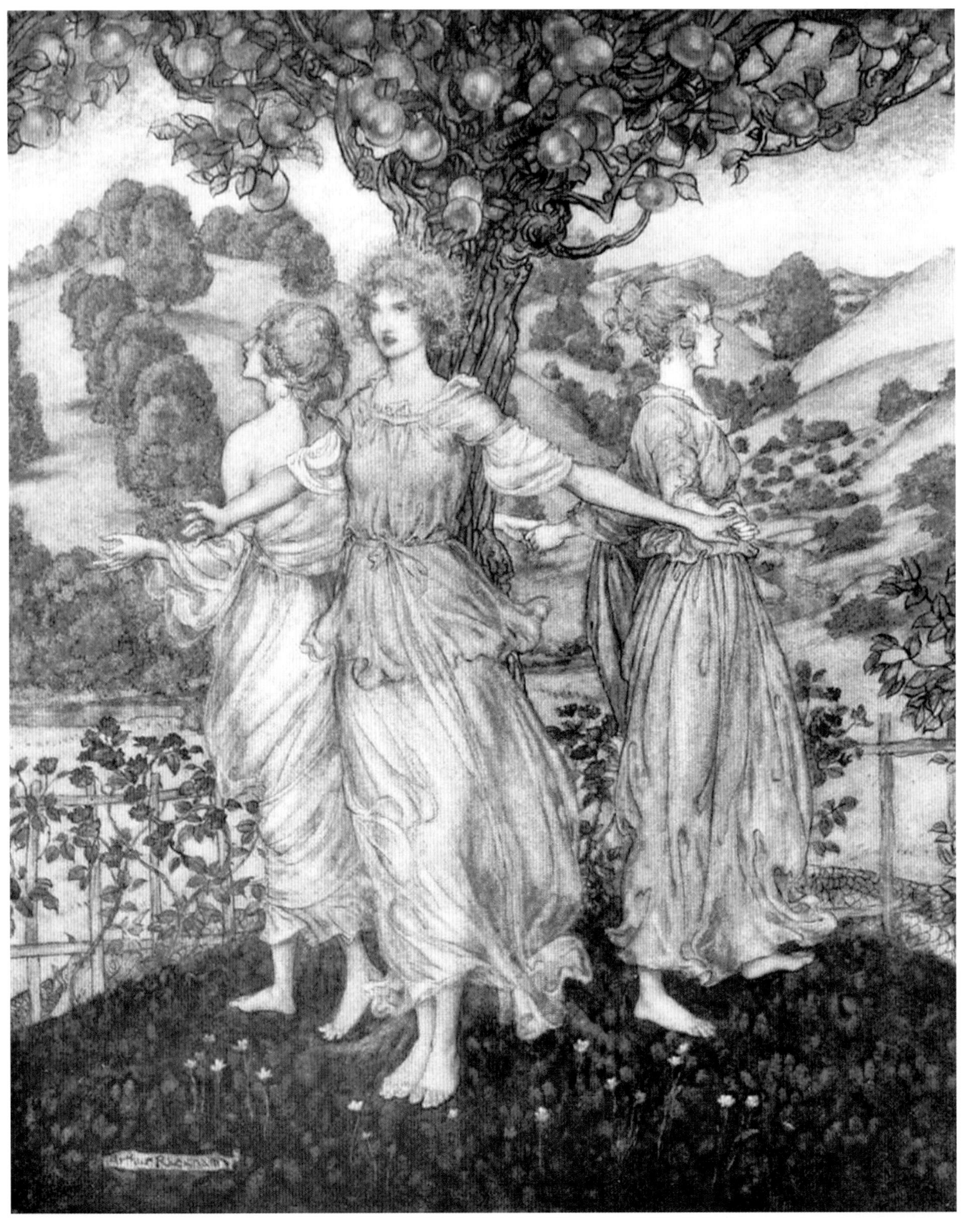

164
헤스페루스의 정원 한가운데에서 황금나무를 노래하는 그의 세 딸.

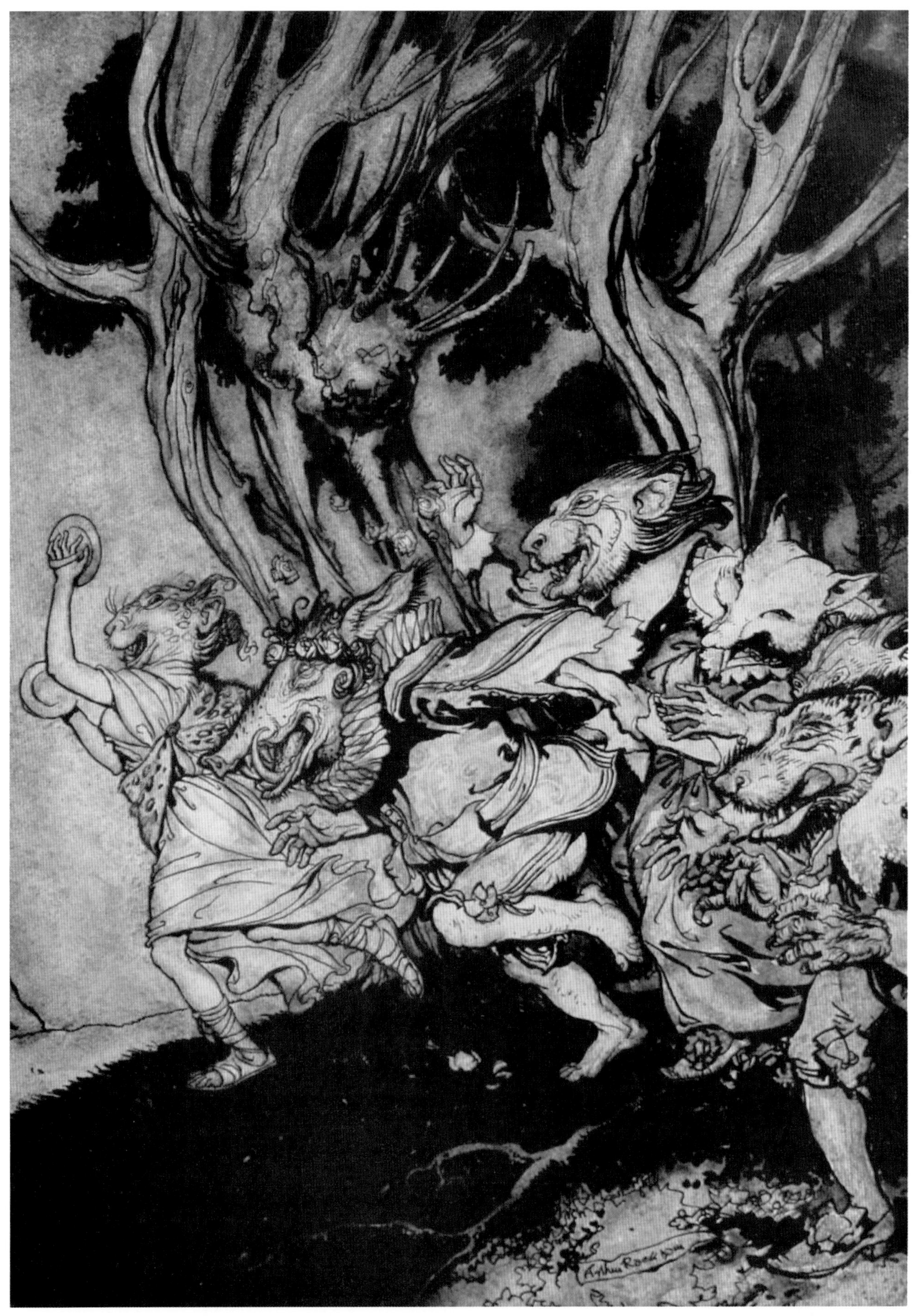

괴물들은 소란스럽고 제멋대로인 소음을 낸다.

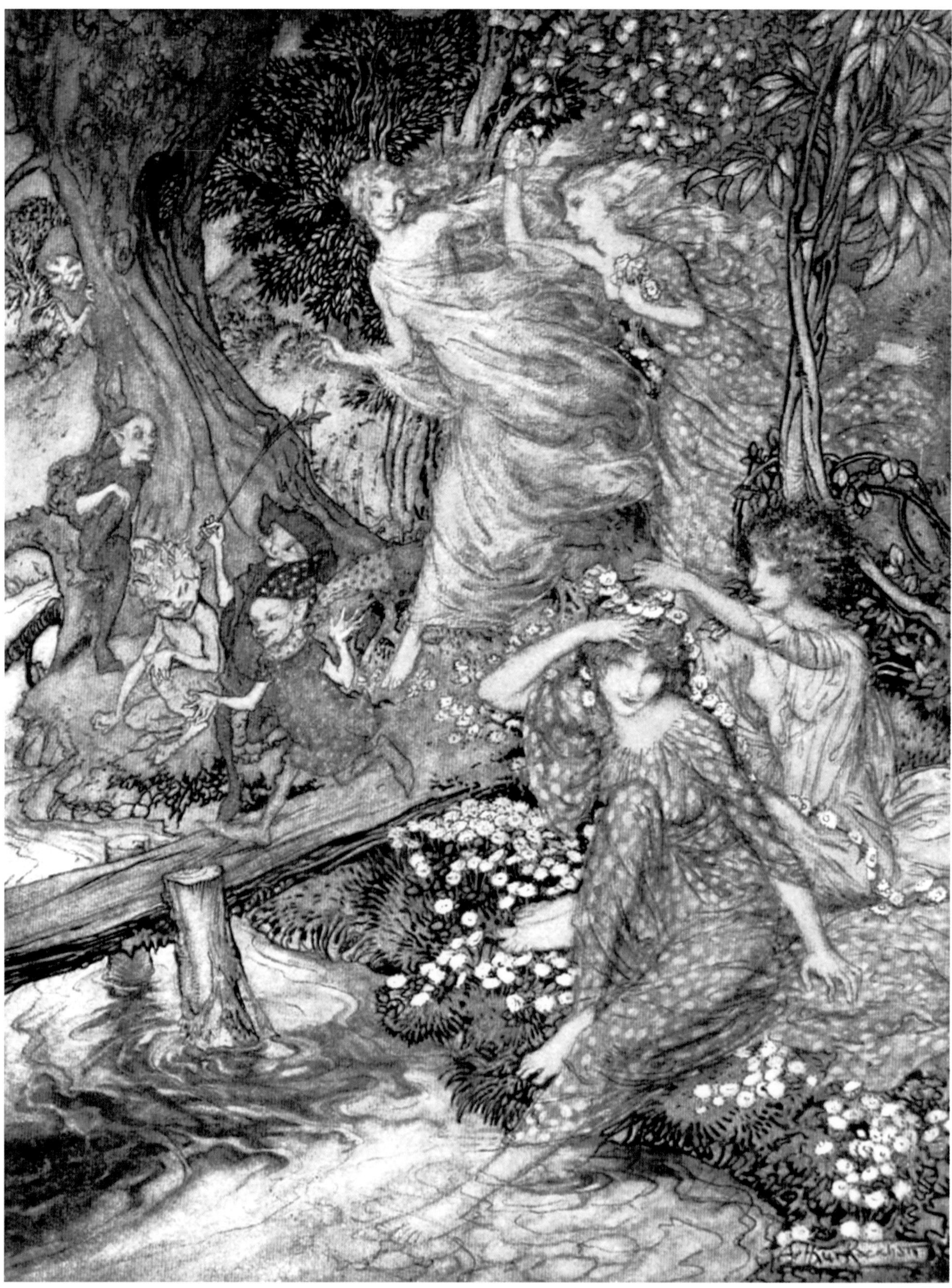

166
잔물결 이는 시내, 그리고 샘 언저리 곁 데이지로 장식한 나무요정들. 그들의 왁자지껄한 밤 연회와 놀이는 계속된다.

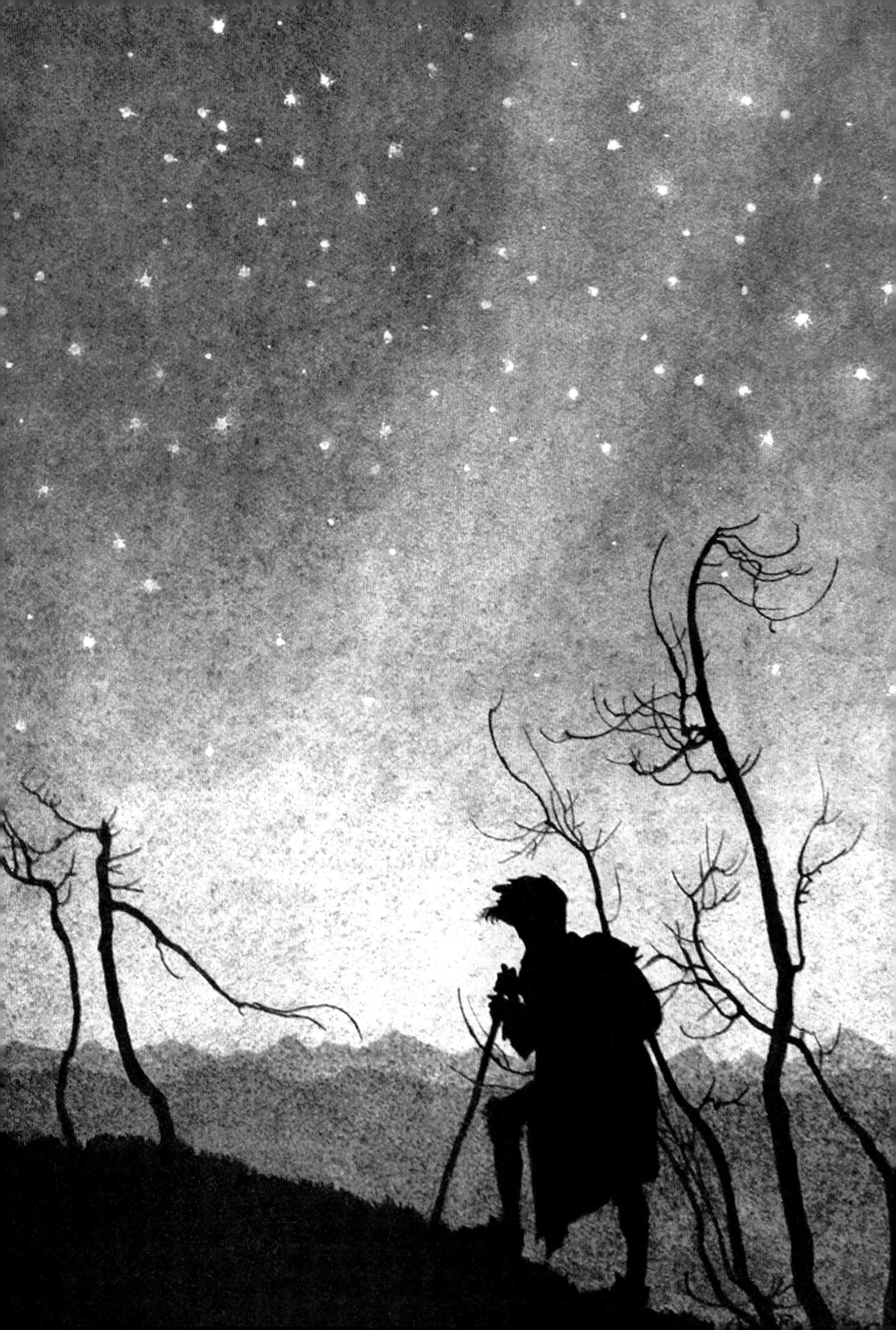

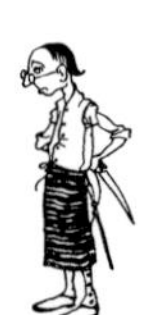

167
길 잃고 외로운 여행자들에게 응당 받아야 할 빛을 주기 위해,
자신의 등잔에 영원한 기름을 채운 채 하늘에 매달린 저 별이여.

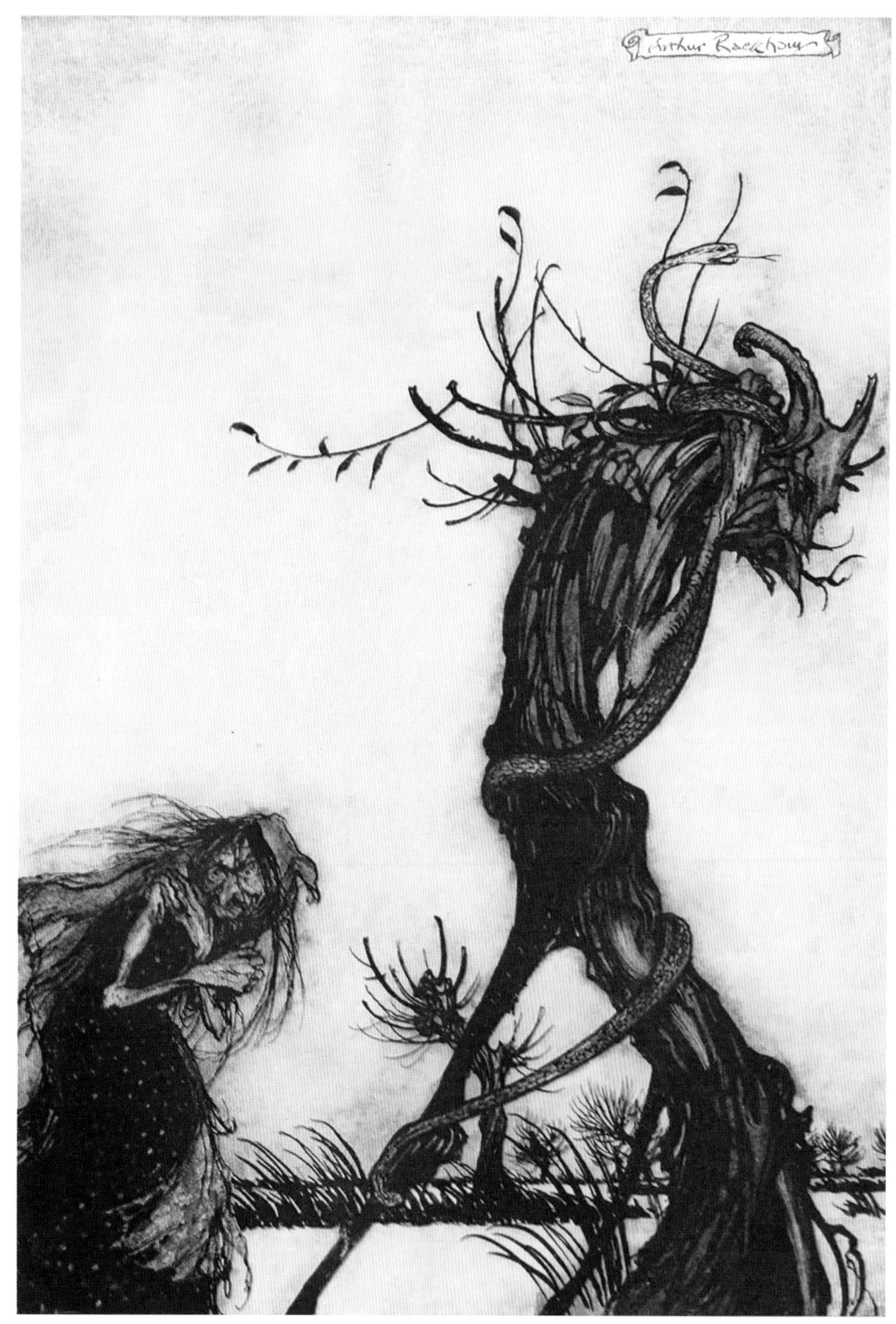

168

어떤 이들은, 안개 혹은 불 속이나 호수나 황야의 늪 곁에서 밤을 거니는,
저주의 시간에 마법 사슬을 깨뜨리는, 바람에 날리는 마른 노파나 고집 센 망령 따윈 없다고 합니다.
마음을 상하게 하는 힘을 가진 고블린도,
진정한 순결함을 가진 광산의 거무스름한 요정도 없다고 하지요.

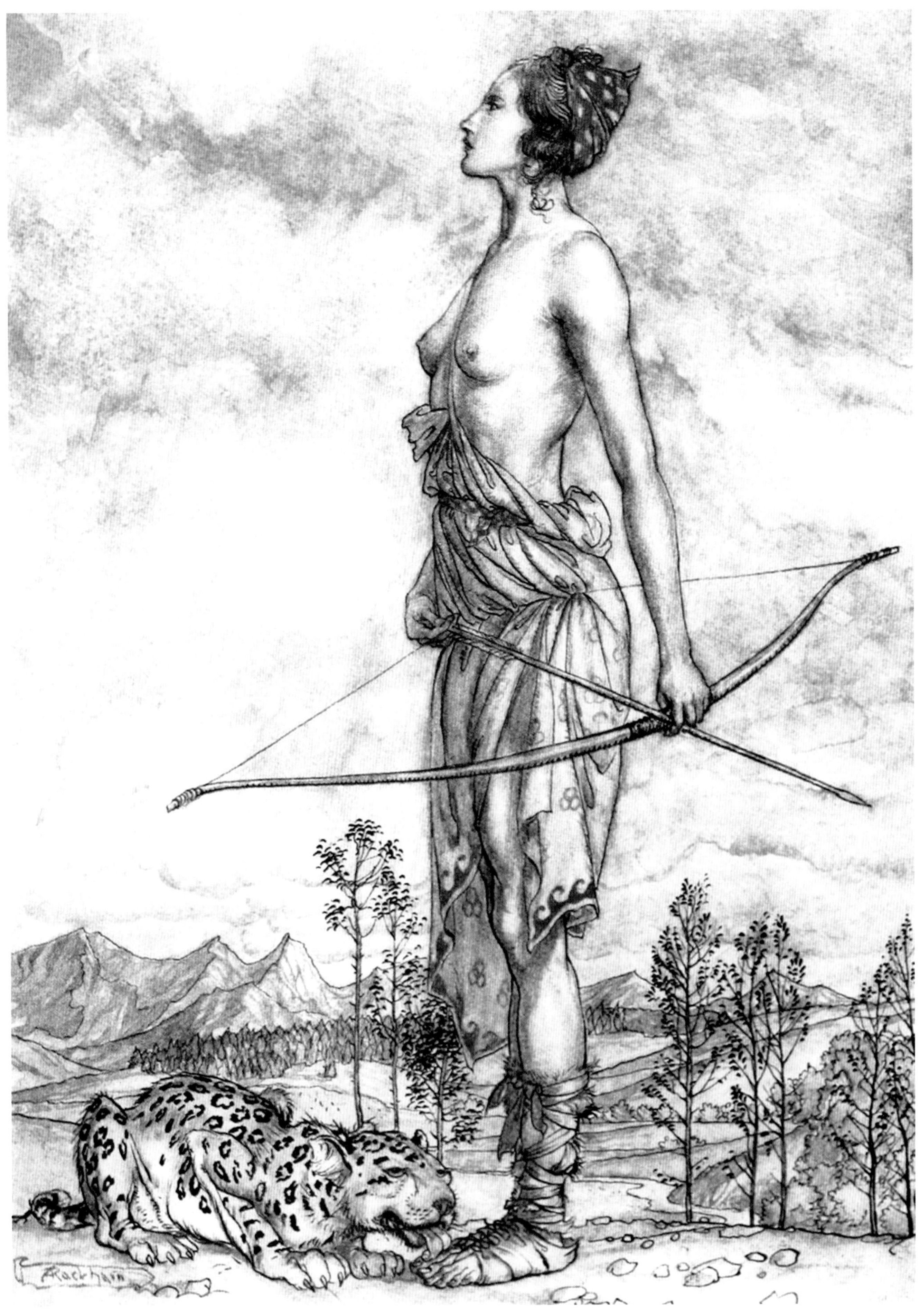

169
여자 사냥꾼 다이언.

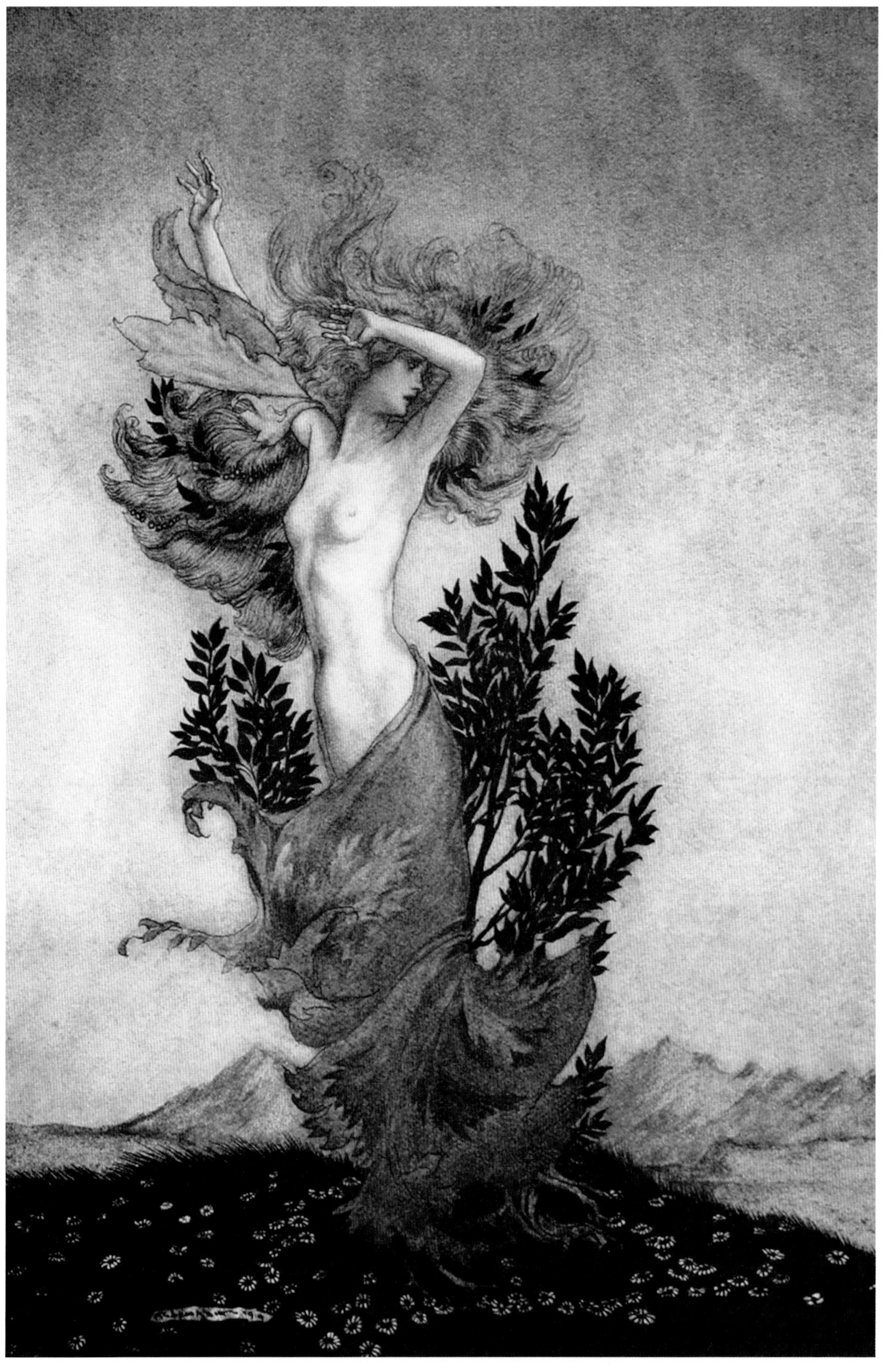

170
그러면 당신은 아폴론에게서 도망친 다프네처럼 뿌리에 묶인 존재가 될 거예요.

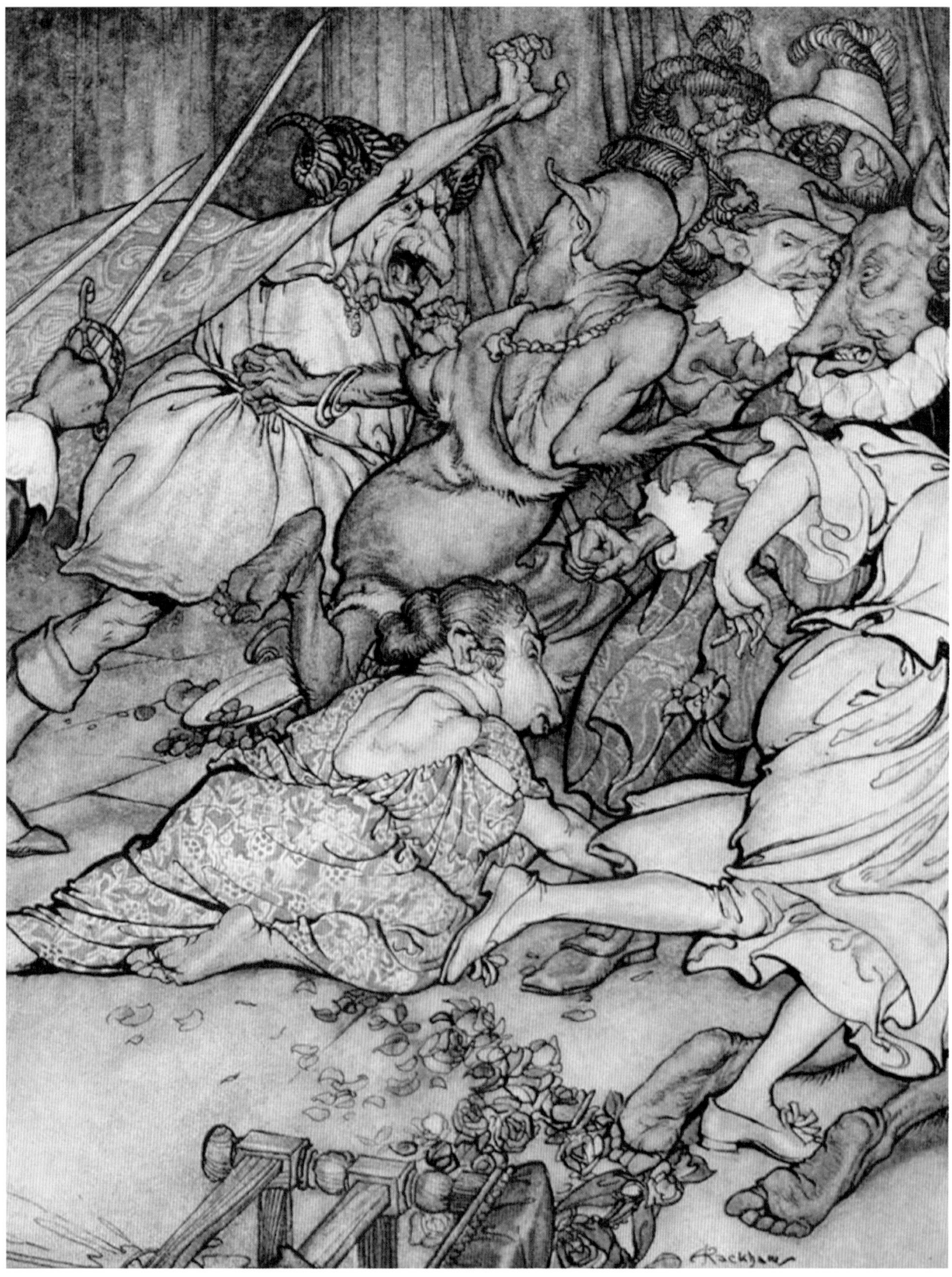

171
형제는 검을 뽑아 들고 달려들었다.

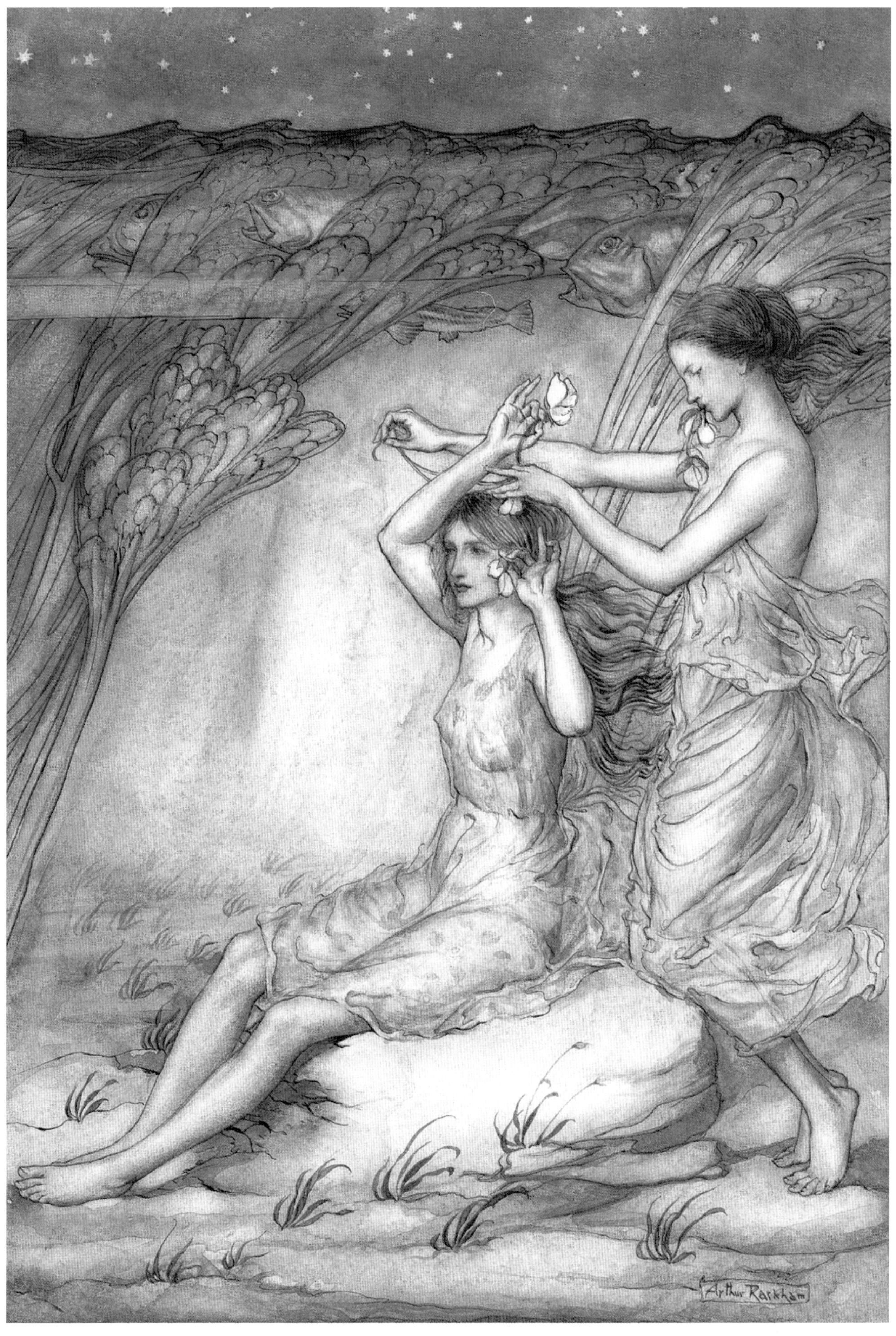

172
사브리나여, 당신이 앉은 곳의 소릴 들어보세요.

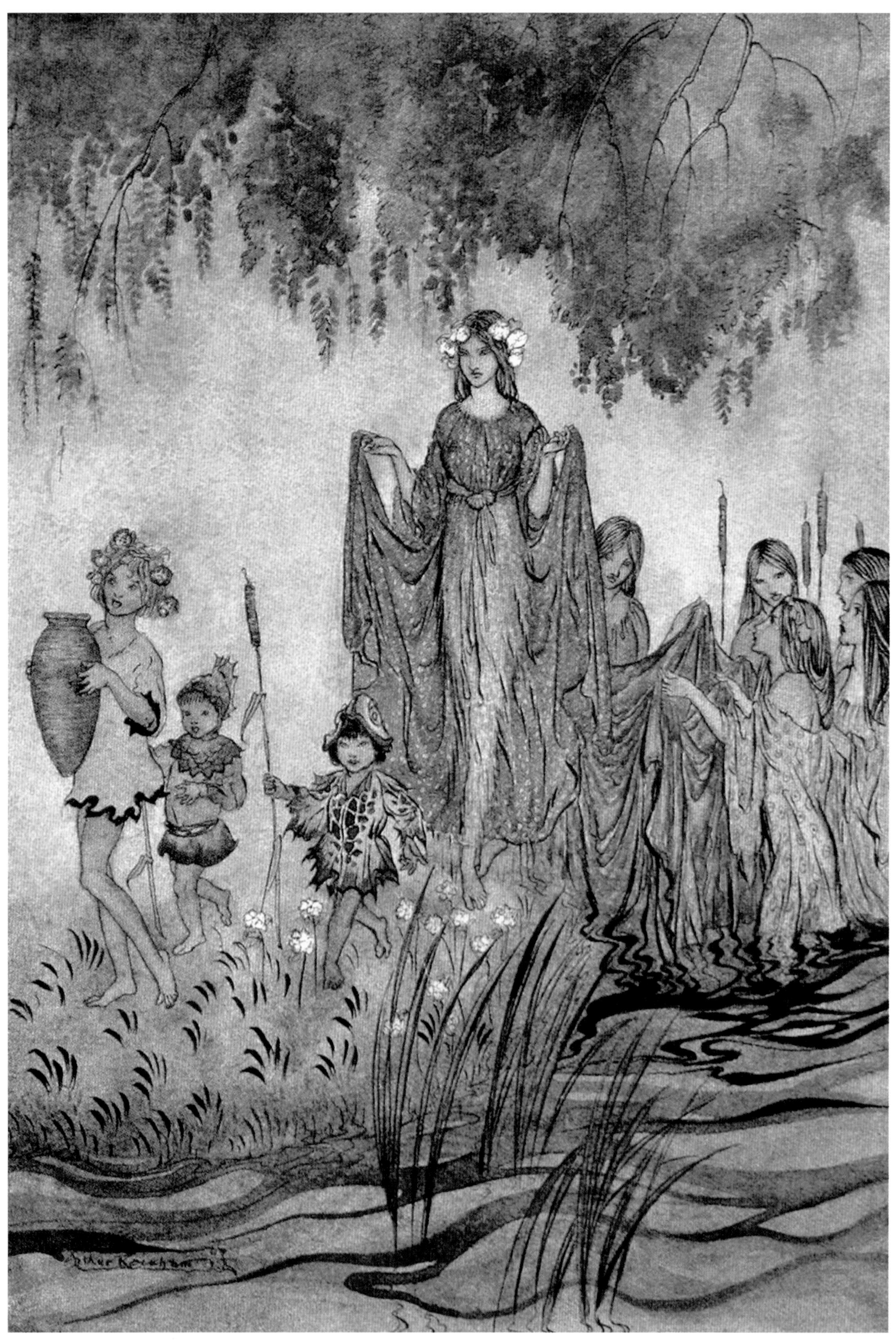

173
물의 요정들 시중을 받으며 사브리나는 일어났다.

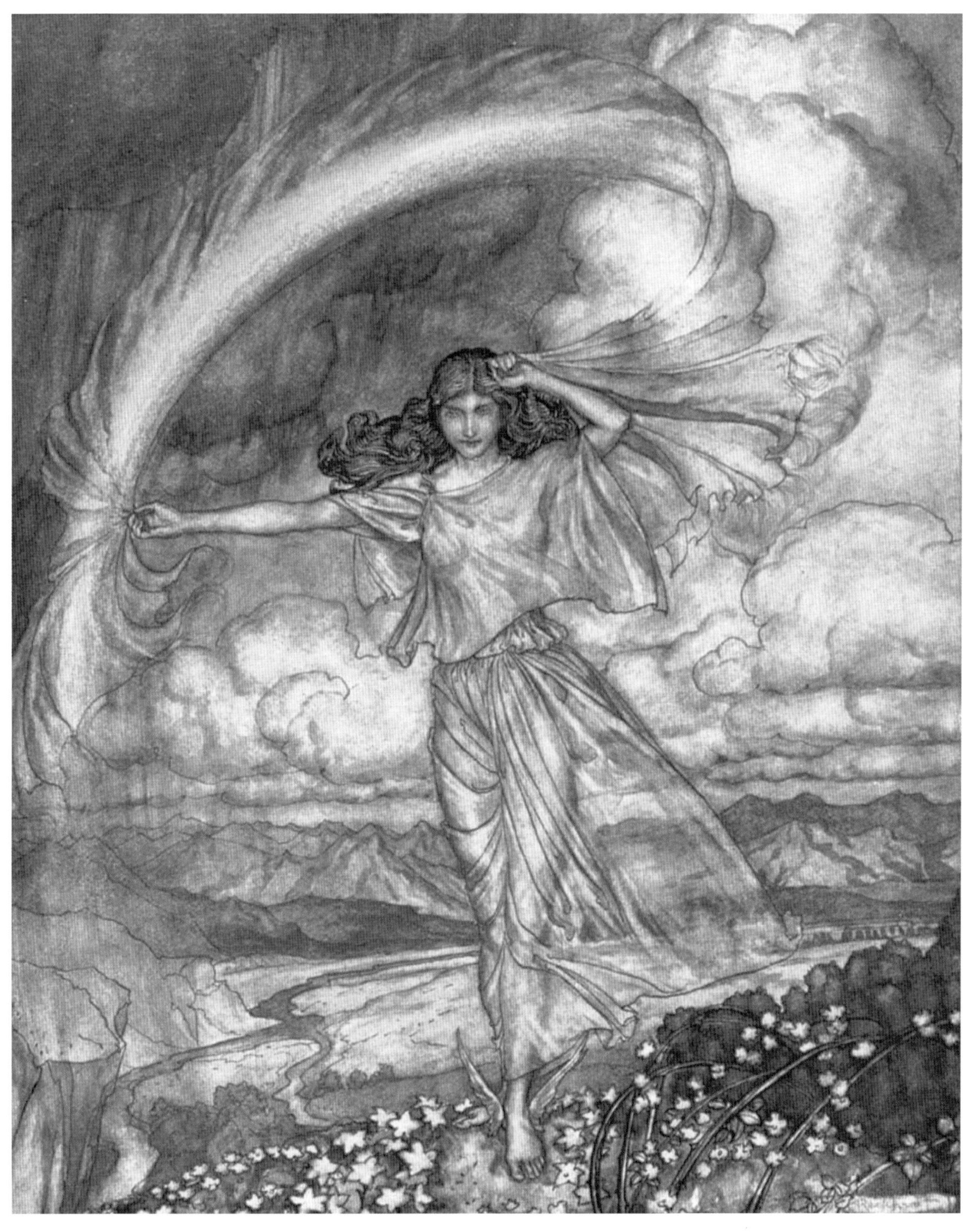

174
물의 활을 든 아이리스.

원더 북

A Wonder Book

「고르곤의 머리」, 「아이들의 낙원」, 「황금 사과 세 알」, 「기적의 주전자」, 「황금의 손길」, 「키메라」 등 총 여섯 편의 이야기가 담긴 『원더 북』은 『주홍글씨』의 작가 너새니얼 호손Nathaniel Hawthorne이 쓴 그리스 신화 선집으로 페르세우스, 에피메테우스, 헤라클레스 등 그리스 신화에 등장하는 신과 영웅들에 관한 이야기를 어린이용으로 각색한 책이다. 이 책의 삽화 중 가장 눈여겨봐야 할 작품은 '산사나무The Hawthorne Tree'로, 이는 래컴의 가장 유명한 모티프인 검고 뒤틀린 형상을 한 인간적 속성의 나무를 가장 완벽하게 구현한 작품이라 할 수 있다.

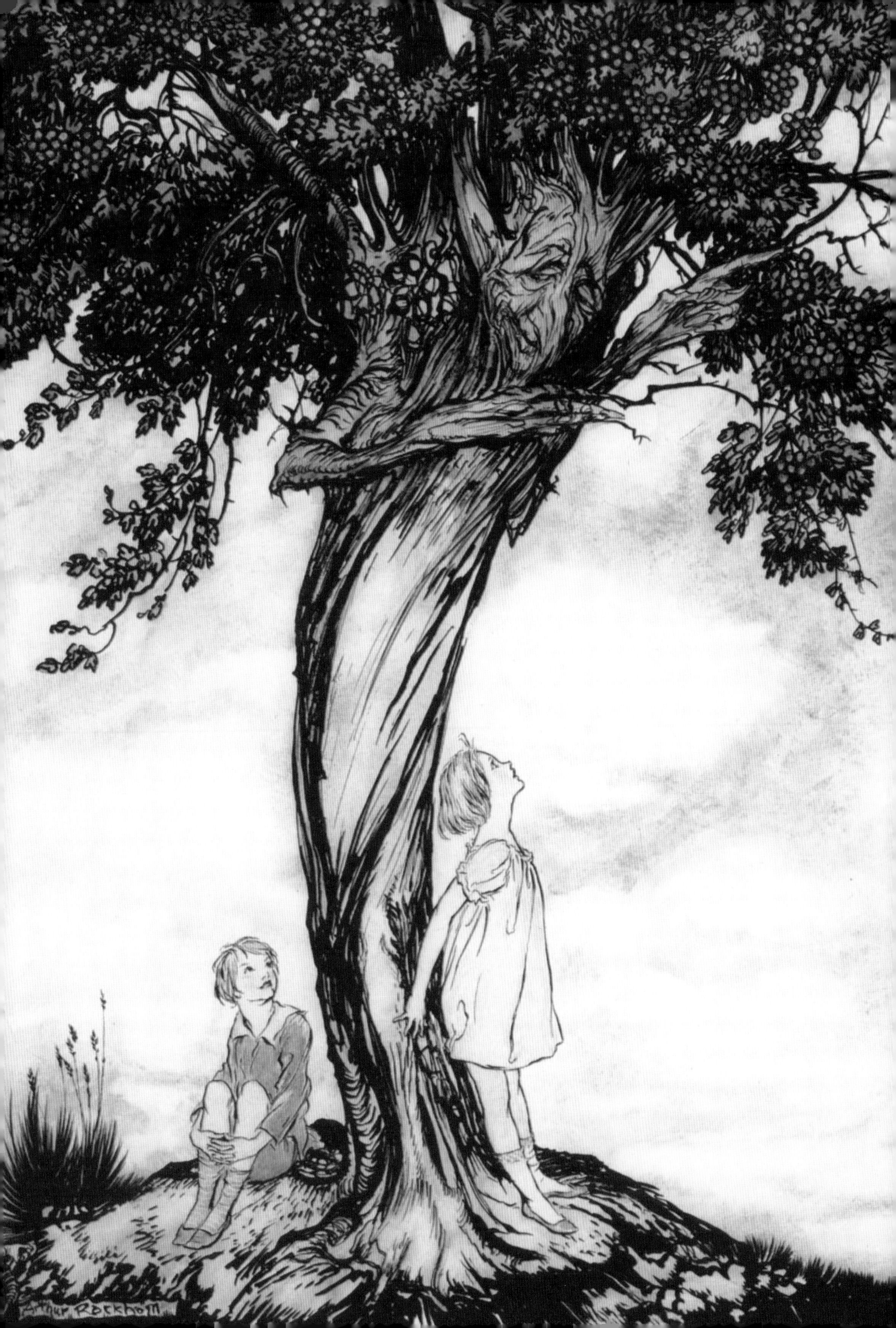
Arthur Rackham

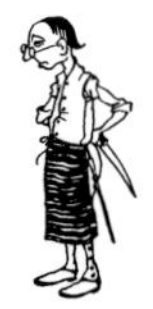

175
고르곤의 머리
산사나무.

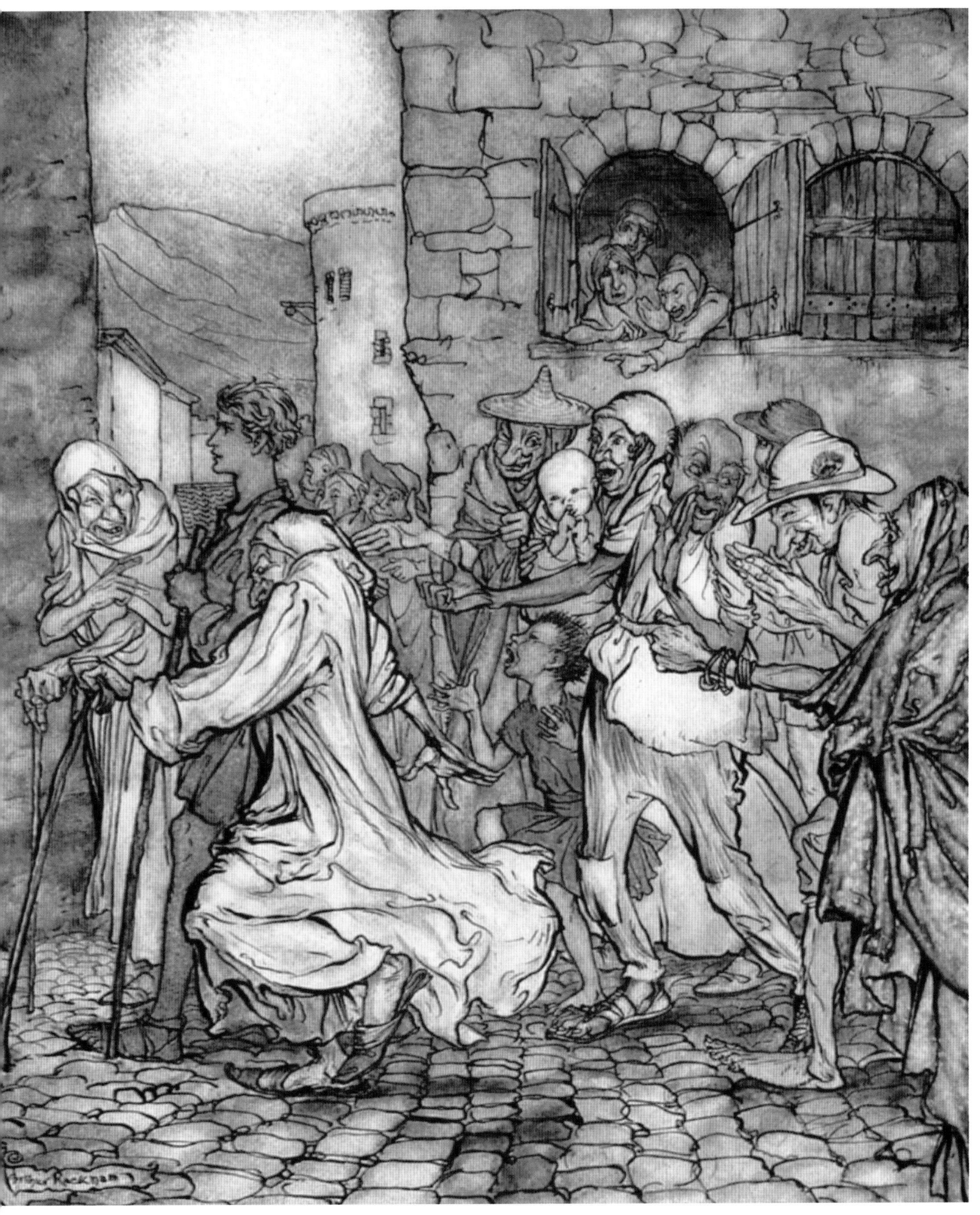

176
고르곤의 머리
페르세우스가 걸어가는 동안 사람들은 뒤에서 그를 손가락질했다.

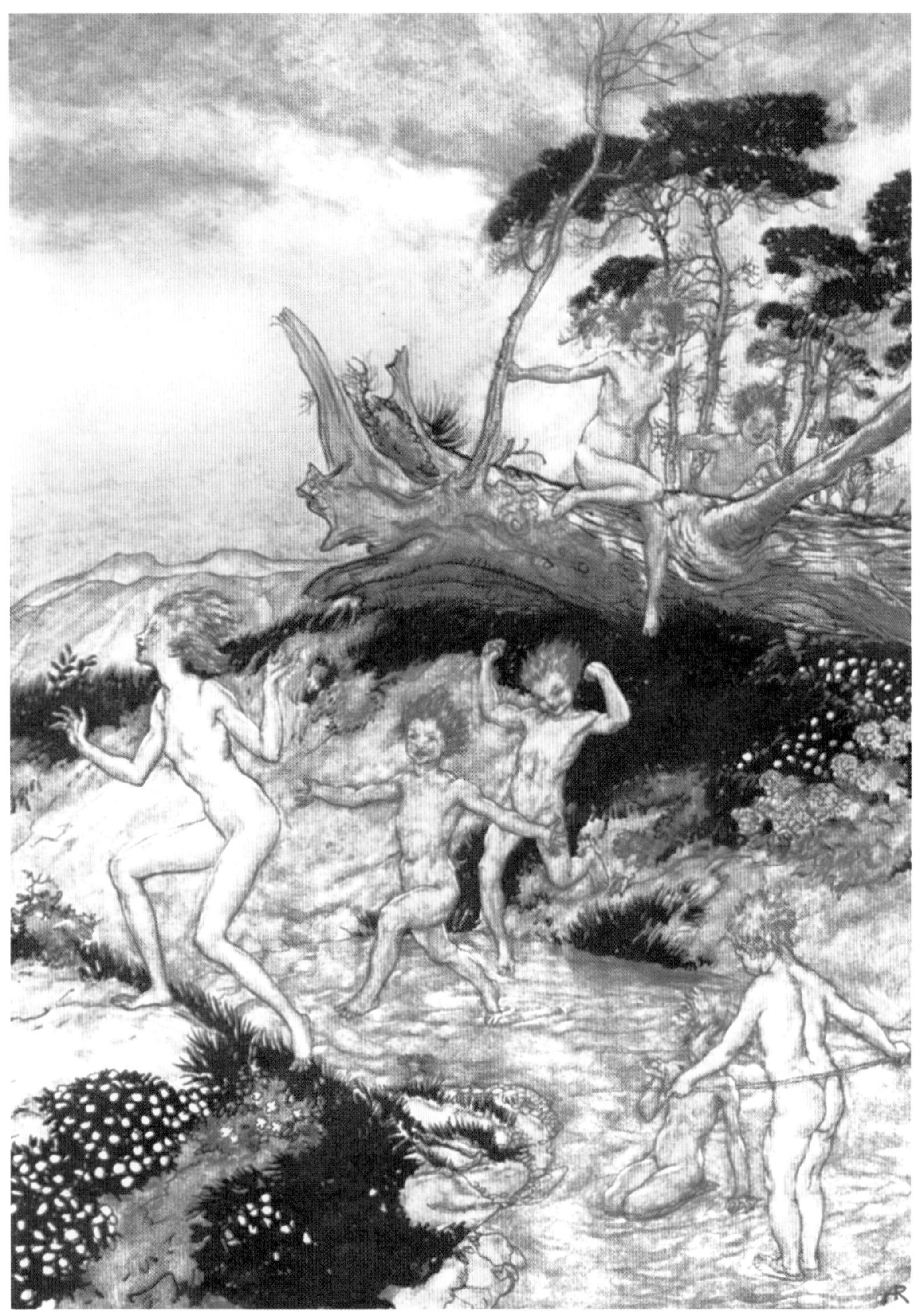

177
아이들의 낙원
"아, 얼마나 살기 좋은 때였나!"

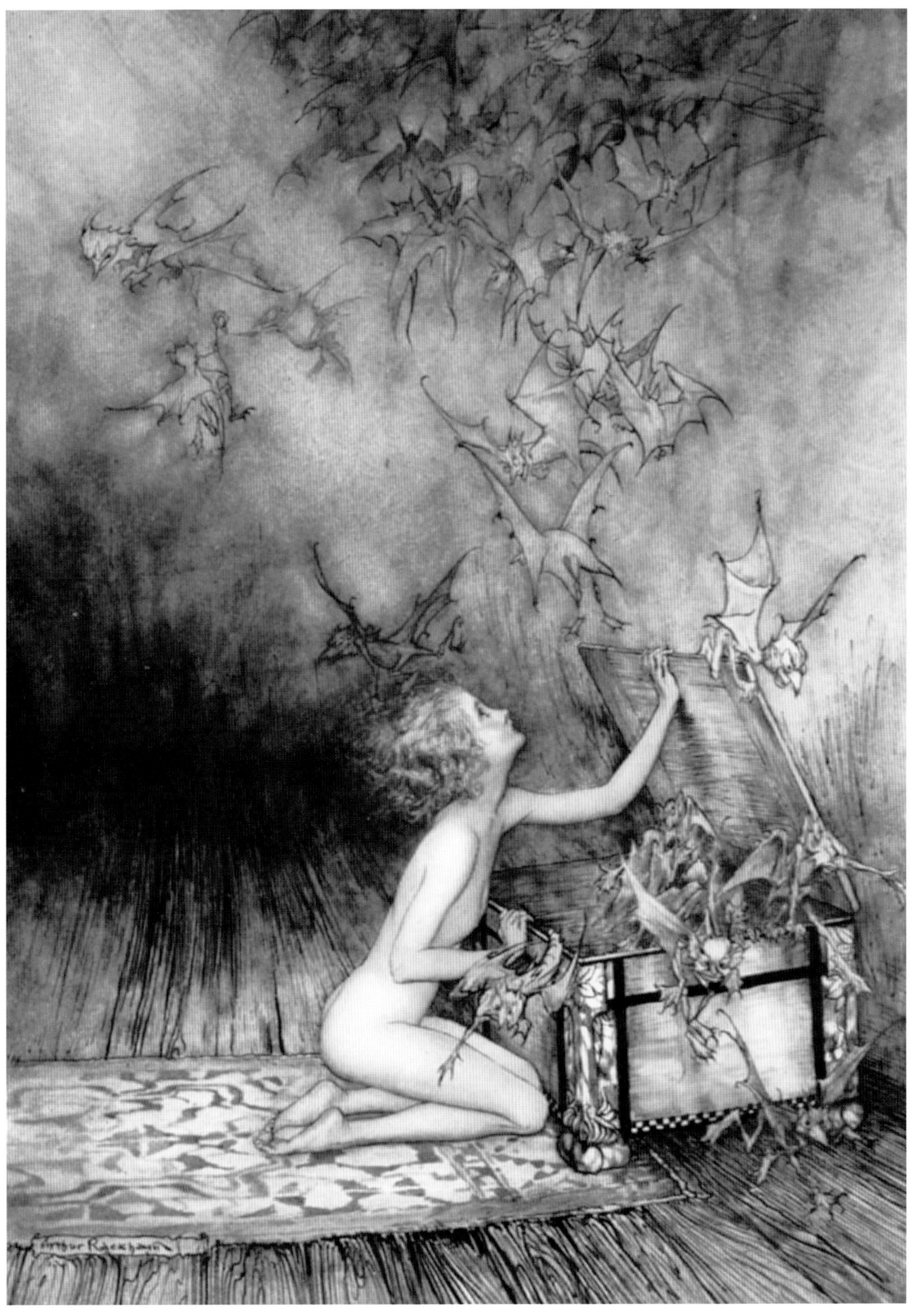

178
아이들의 낙원
갑자기 날개 달린 생명체들이 그녀를 스쳐 지나간 것 같았다.

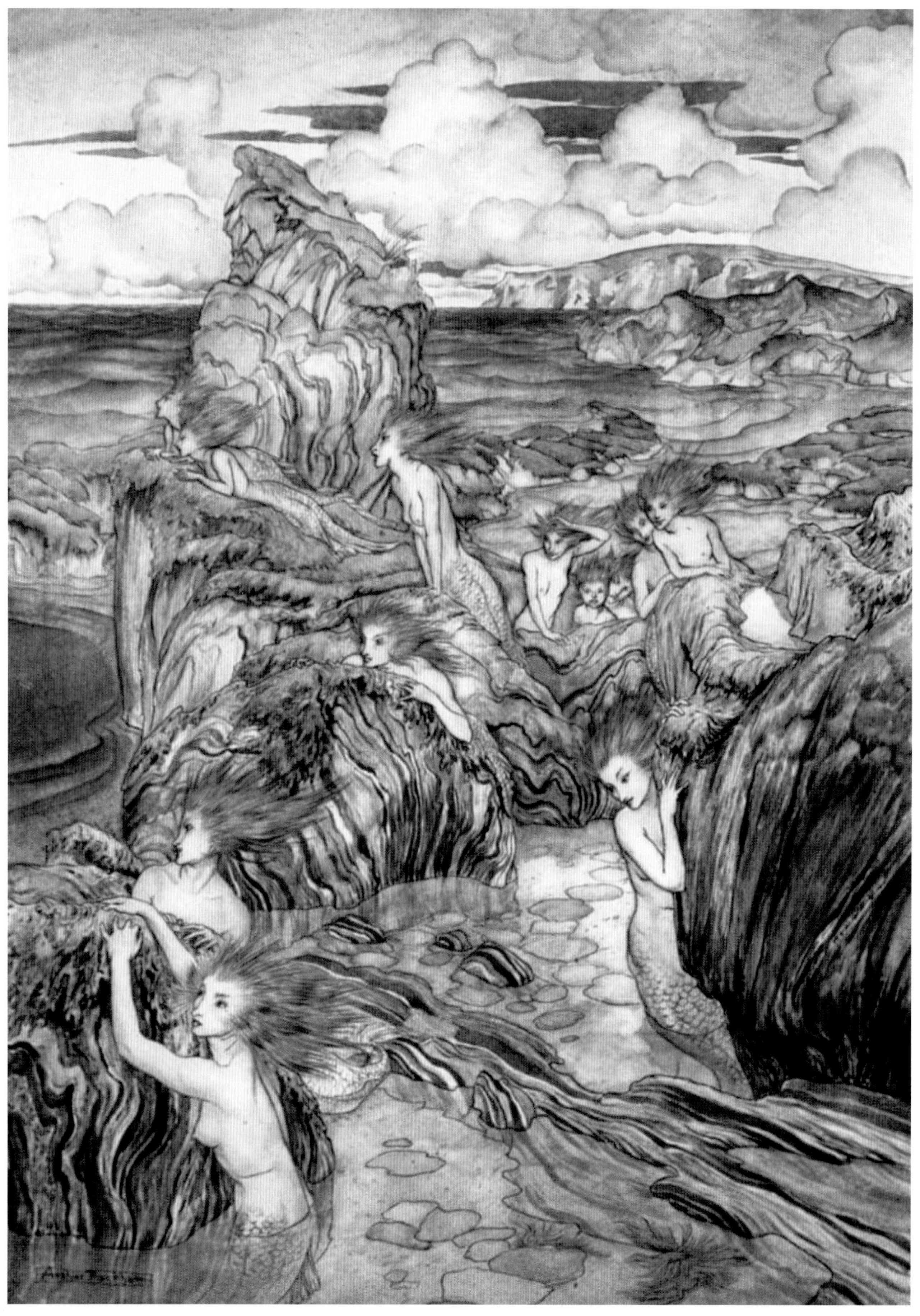

179
황금 사과 세 알
우리는 그들이 해록색 털이 있고 몸이 물고기처럼 가늘어지기에 그들과 친해지는 것이 적절치 않다고 생각한다.

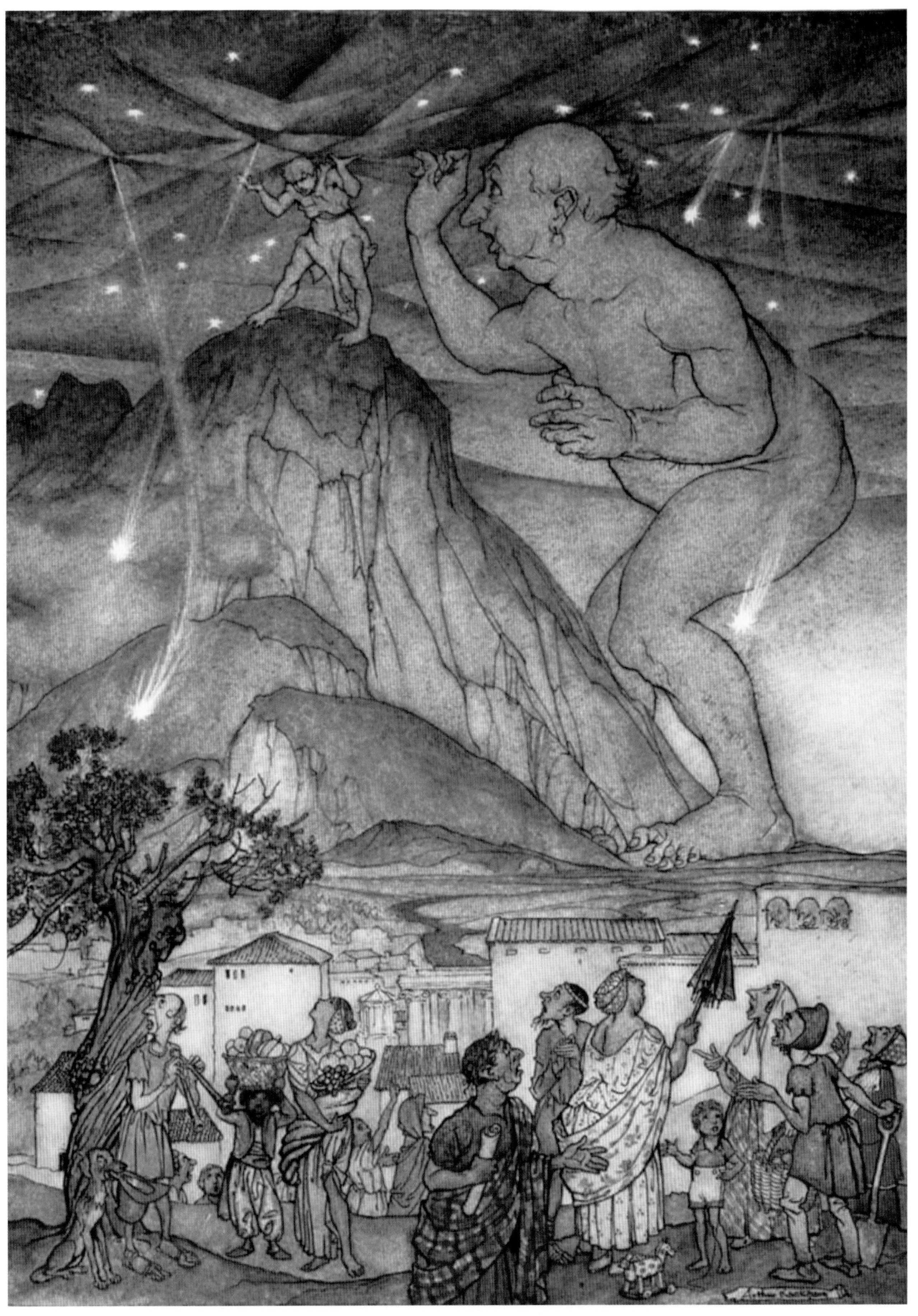

180
황금 사과 세 알
헤라클레스는 어깨를 크게 으쓱했다. 황혼 무렵이었으니,
별 두세 개가 제자리에서 굴러떨어지는 걸 본 사람이 있을 수도….

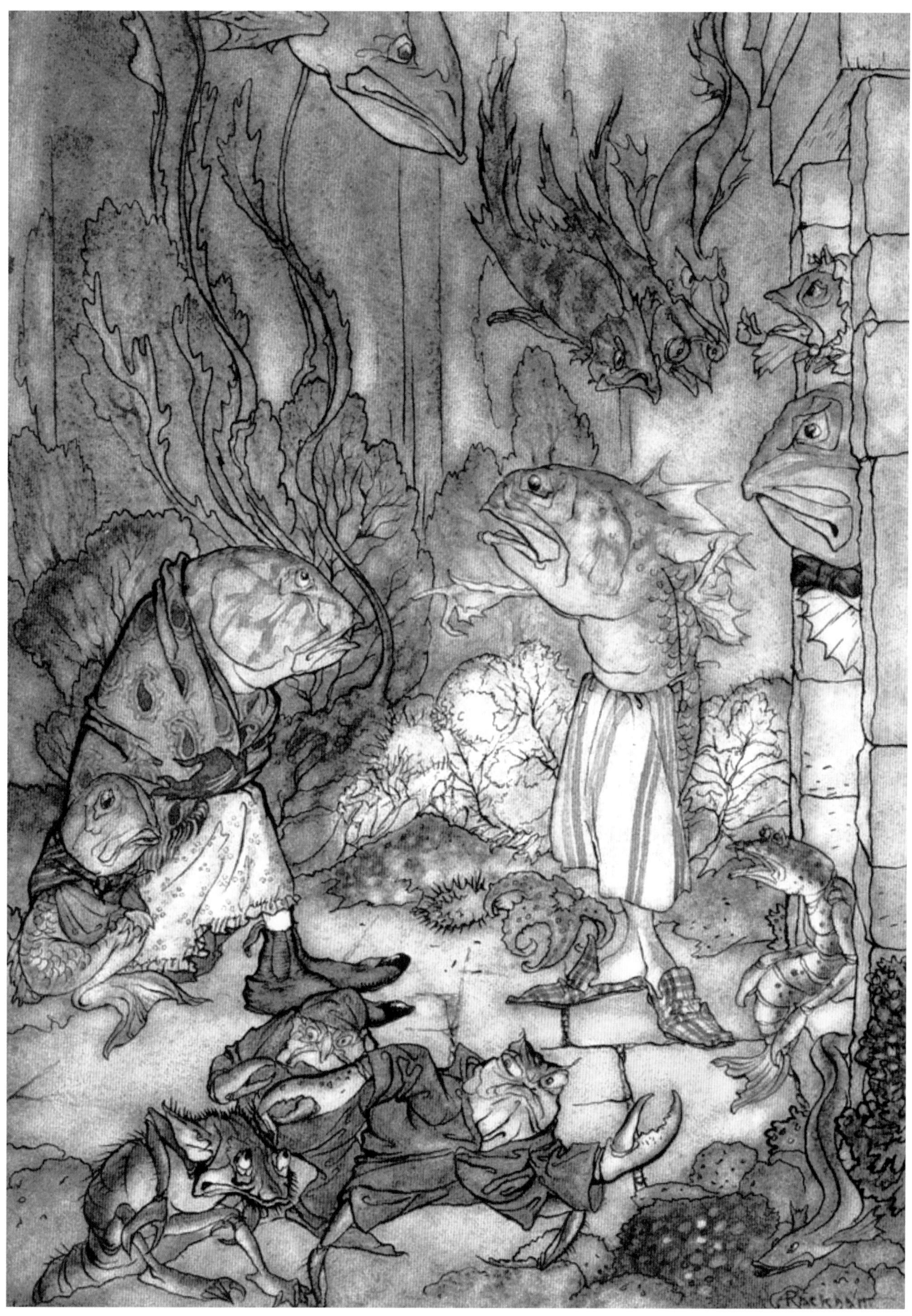

181
기적의 주전자
그들은 이미 비늘로 뒤덮인 악당 무리가 되었던지라 변화가 필요했지만 조금도 변하지 않았다.

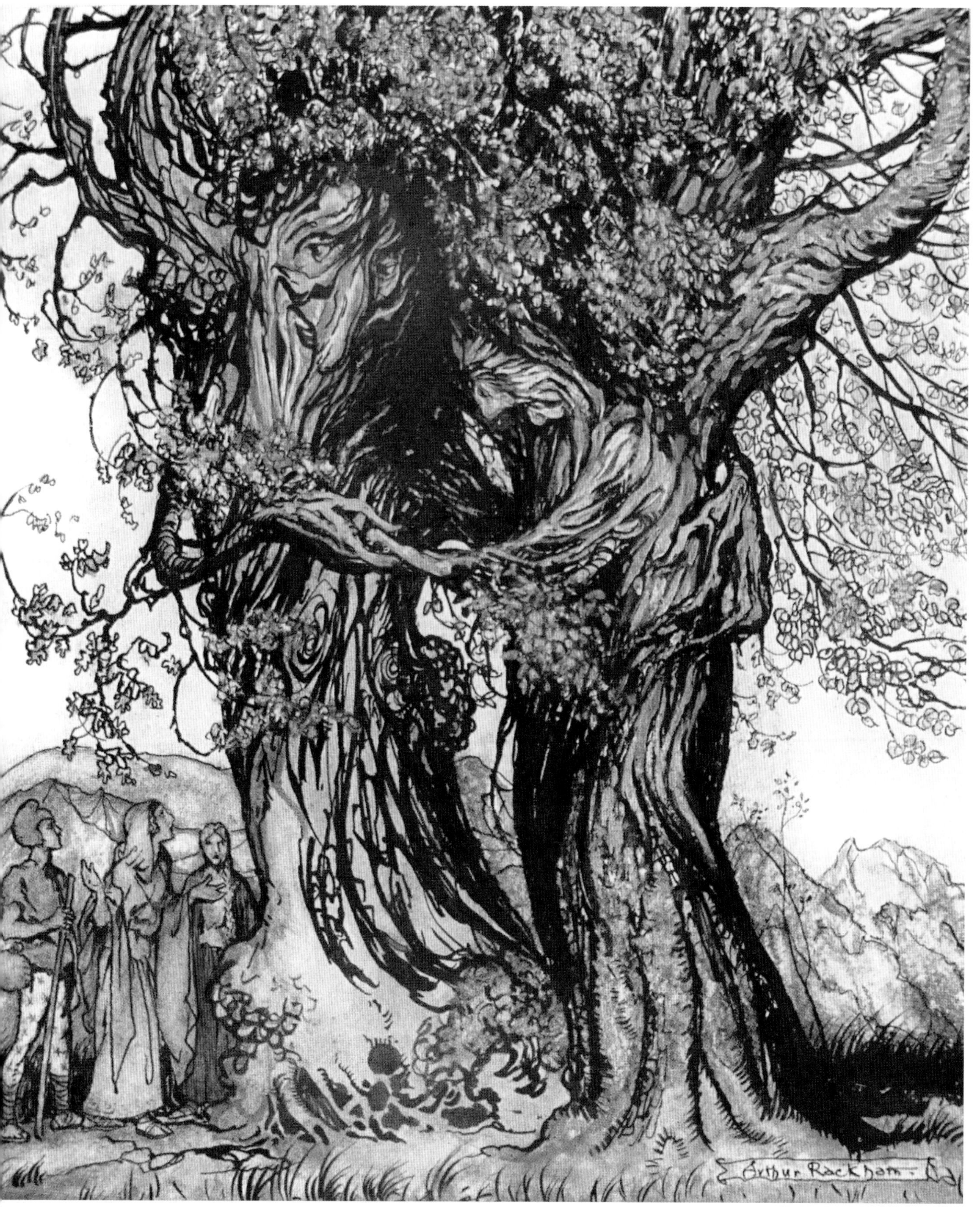

182
기적의 주전자
"나는 늙은 필레몬이다!" 참나무가 속삭이자 "나는 늙은 바우키스다!" 하고 보리수도 속삭였다.

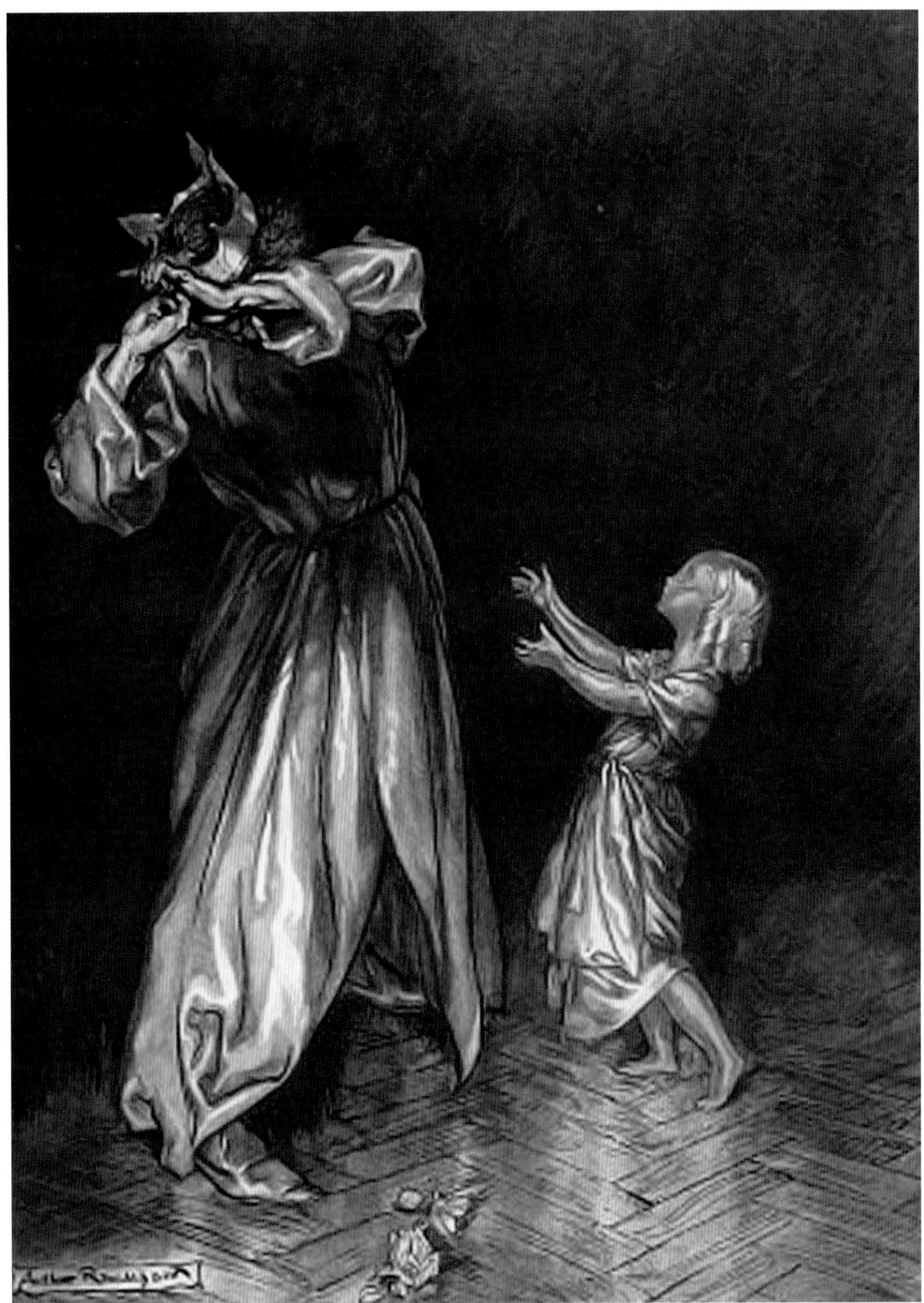

183
황금의 손길
꼬마 메리골드는 더는
인간 아이가 아닌,
황금으로 된 조각상이었다.

184
키메라
머리 세 개가 페가수스와
벨레로폰에게 불을 뿜었다.

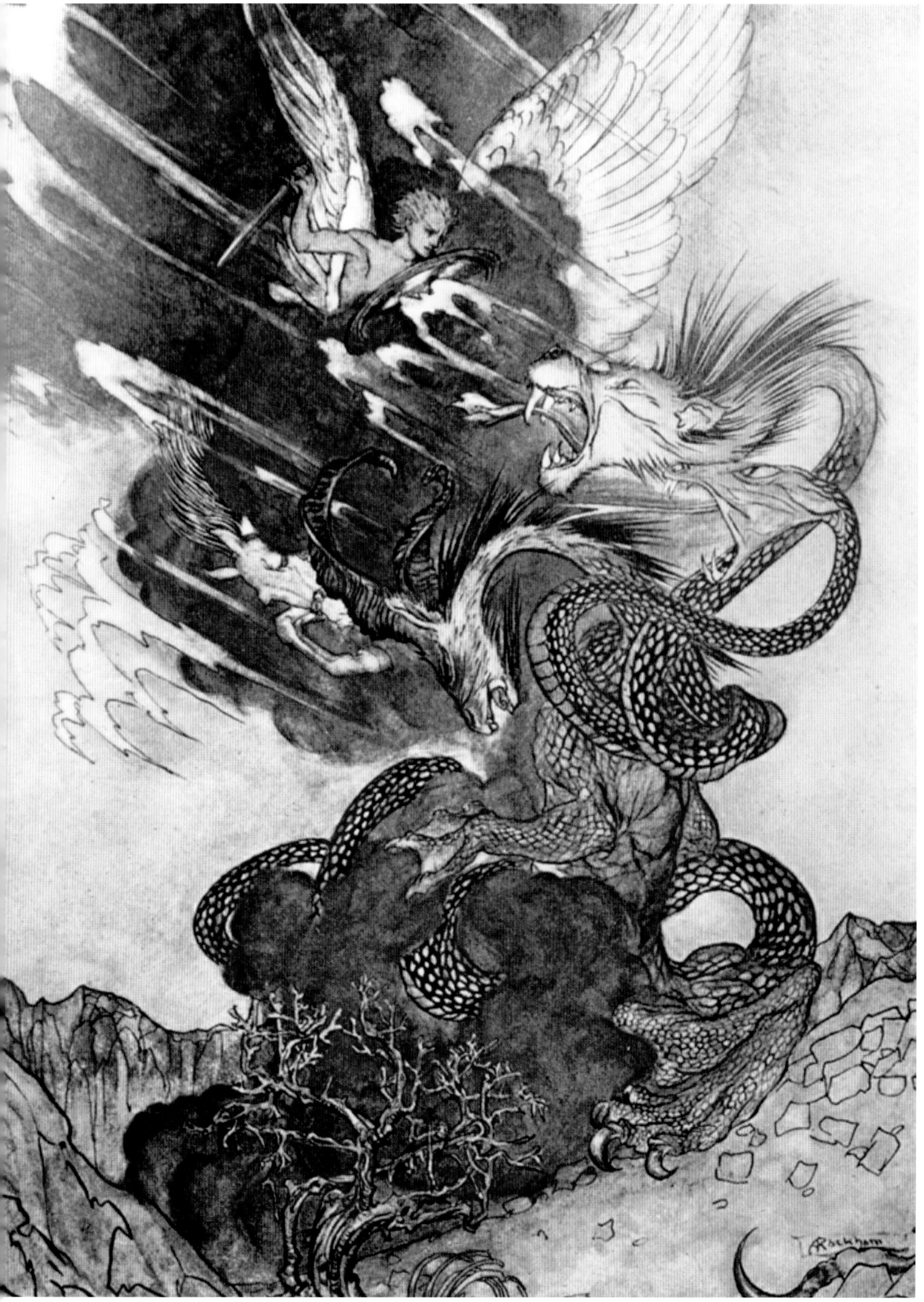

템페스트

The Tempest

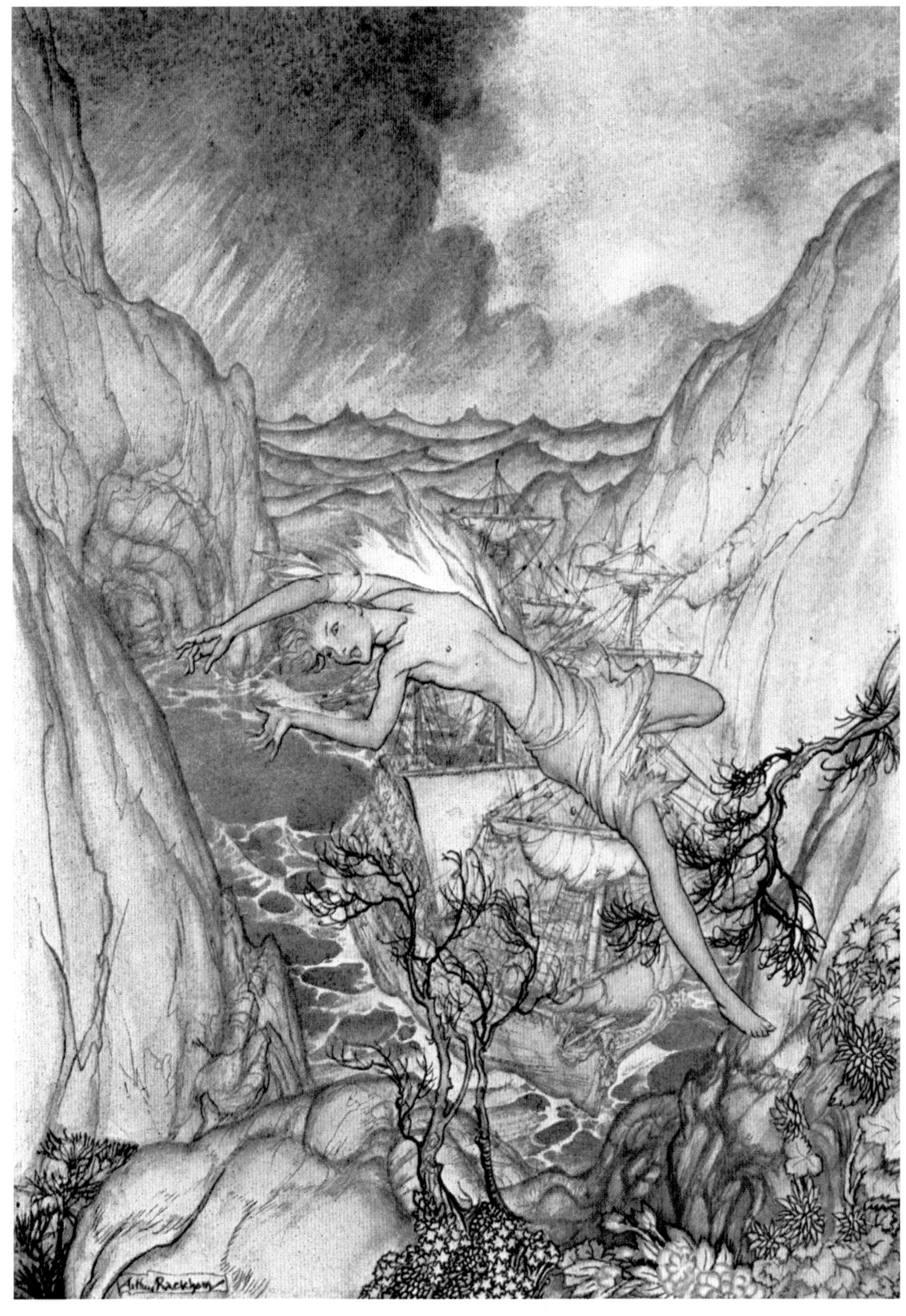

185
“왕의 배가 무사히 항구에 도착했습니다.”

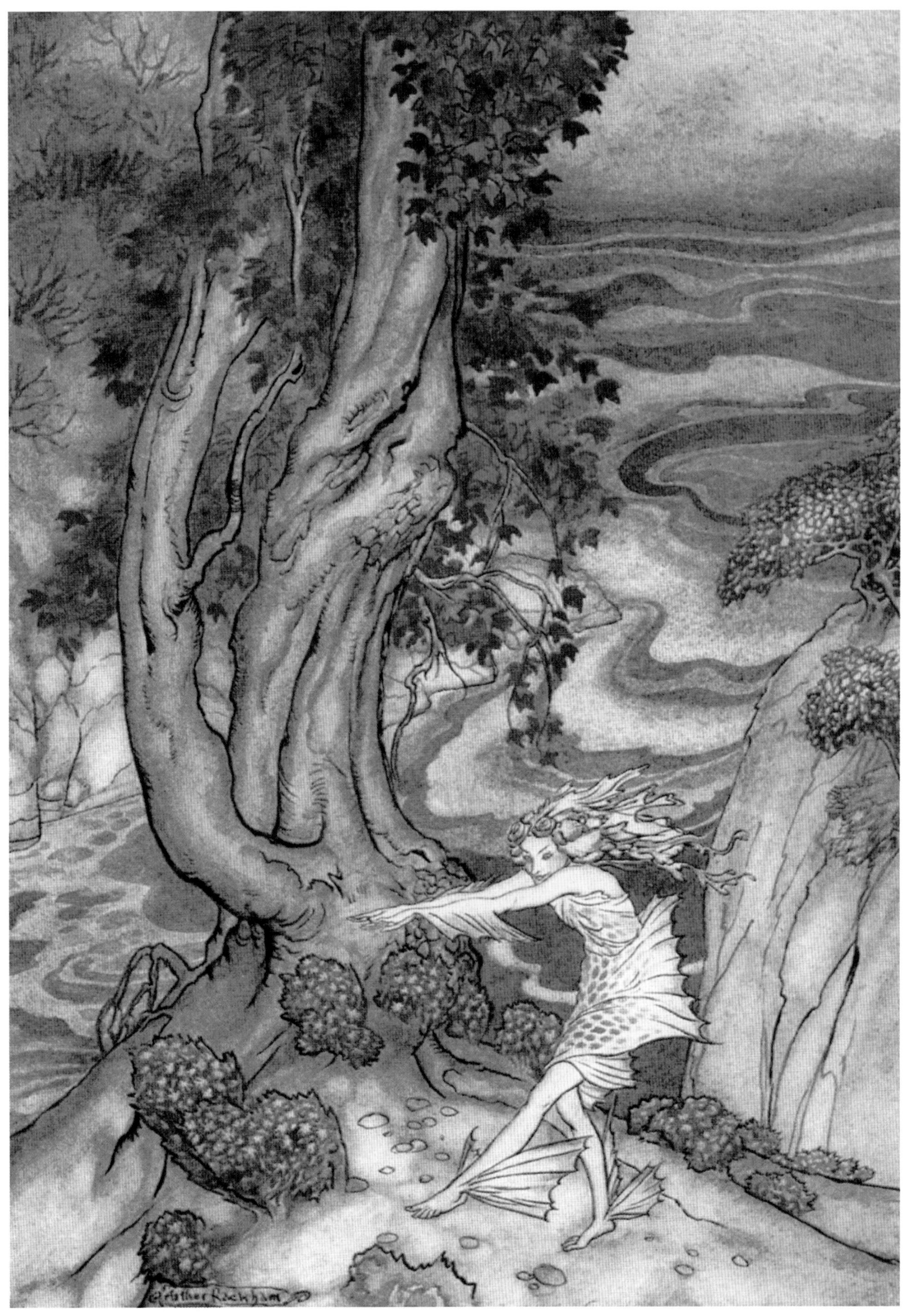

186
“아리엘, 물의 요정답게 다시 들어가세요.”

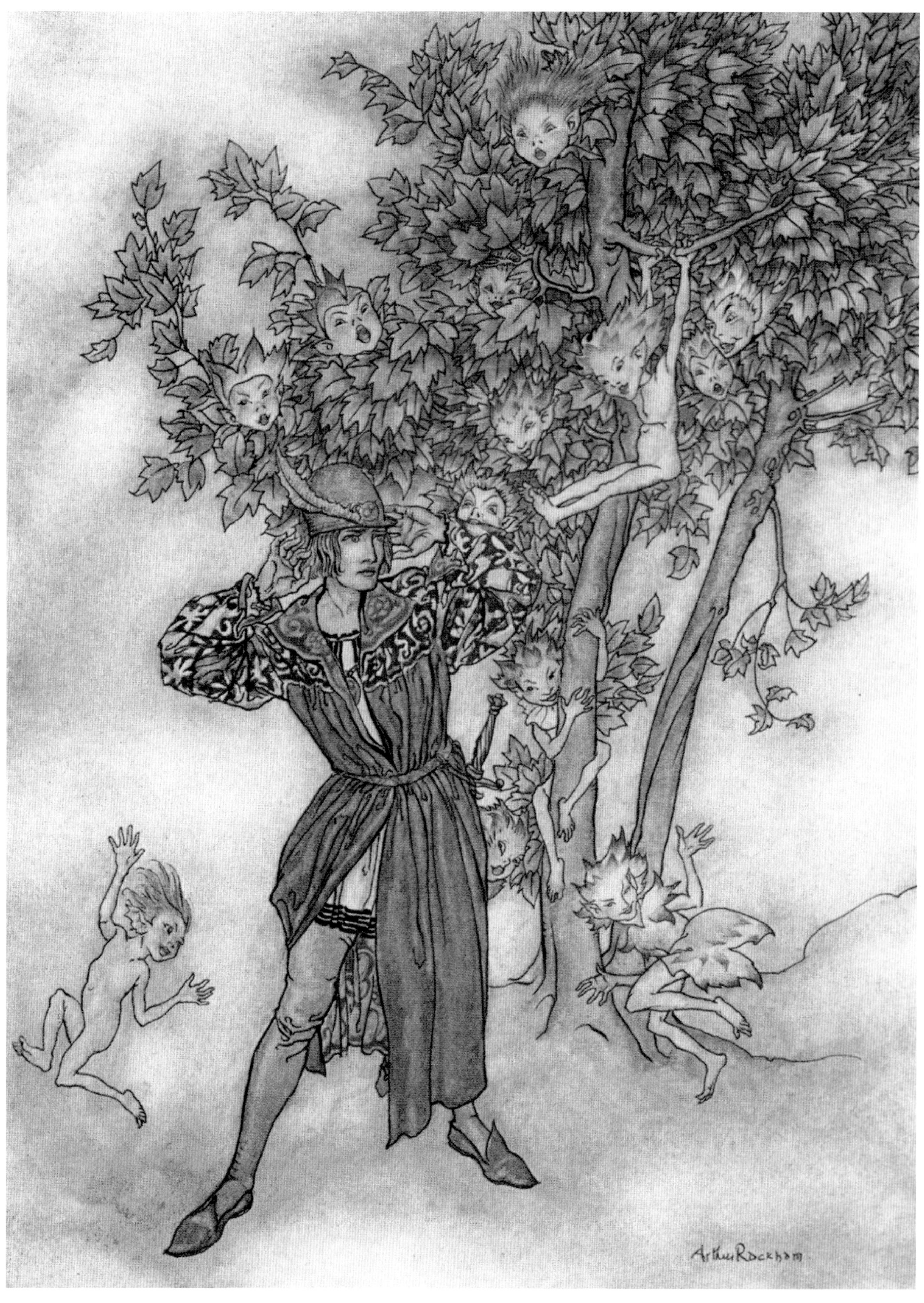

187
"멍, 멍! 컹, 컹! 파수꾼 개들이 짖어요. 컹, 컹!"

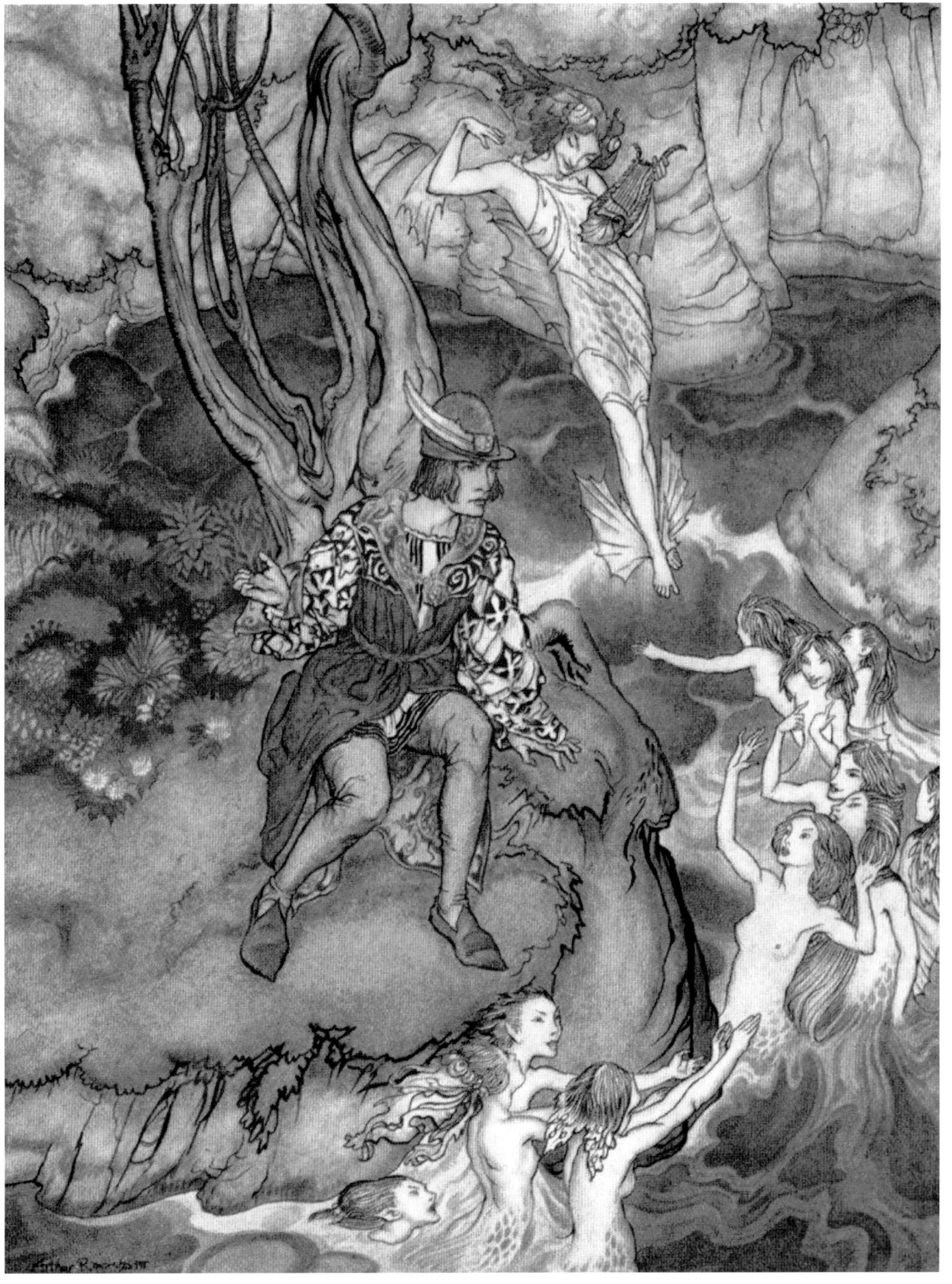

188
“이 음악은 물 밖에 있는 내 곁을 살금살금 지나갔습니다.”

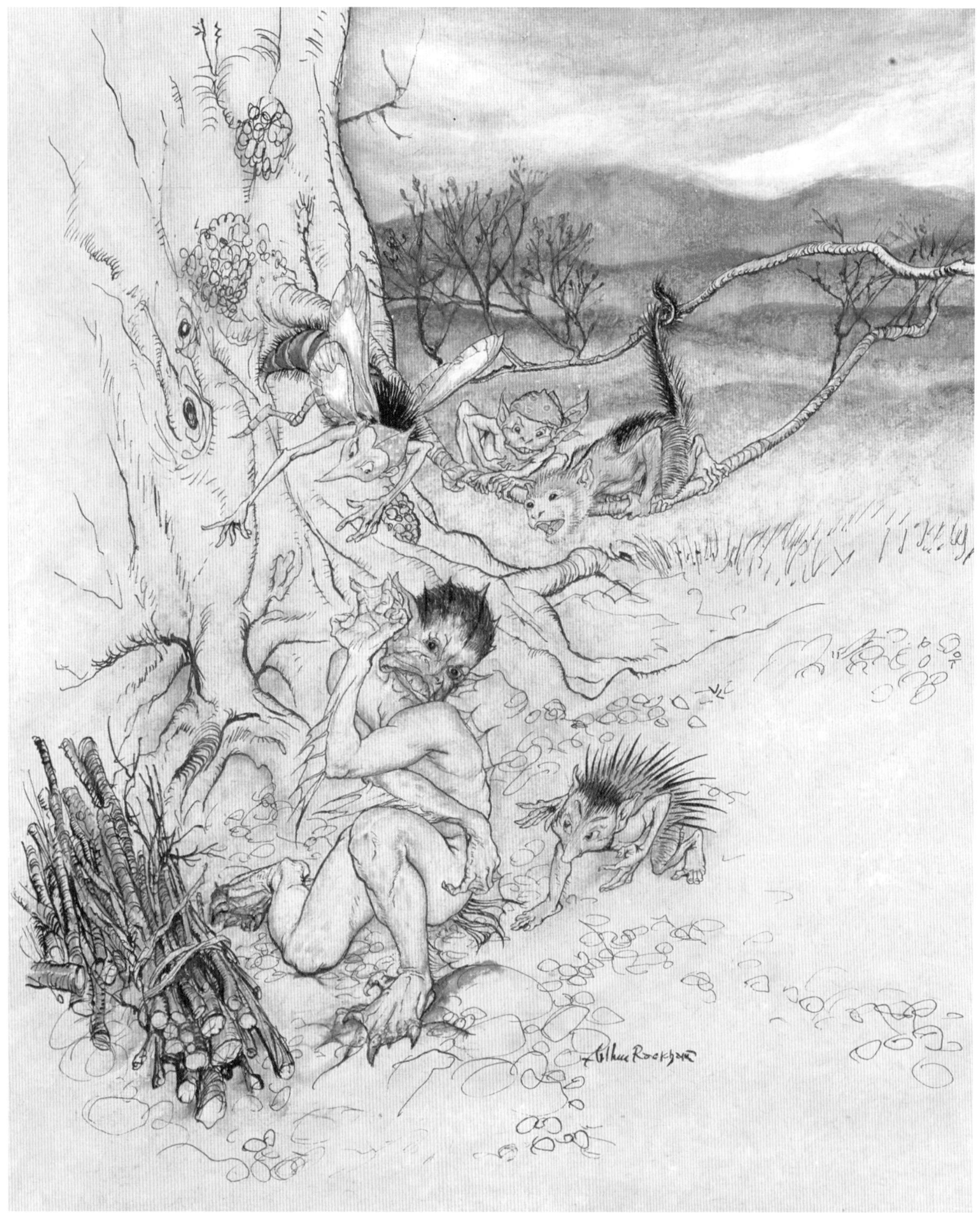

189
“모든 사소한 일에도 그들은 절 못살게 굽니다.”

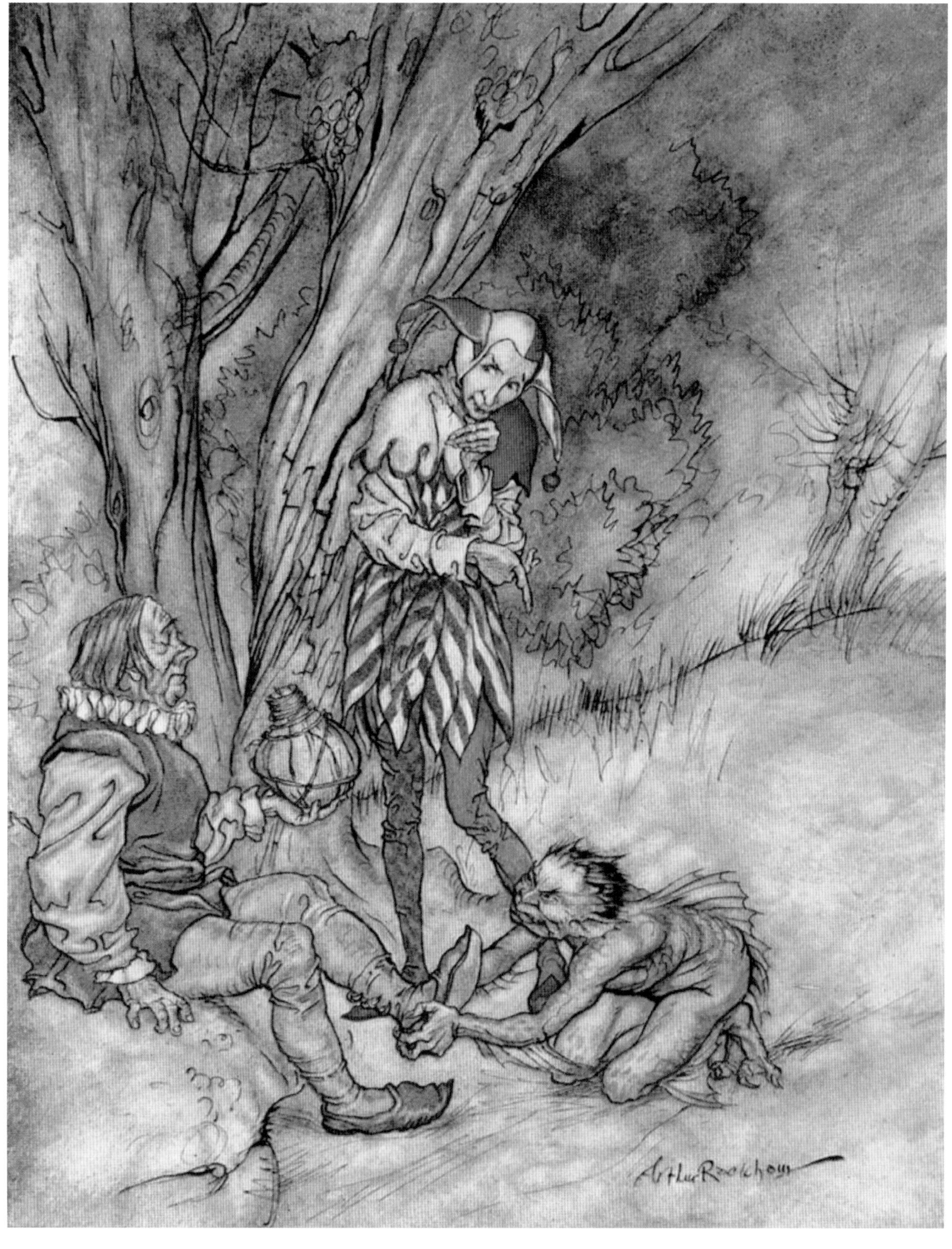

190
“당신의 발에 입맞춤하겠습니다. 당신의 종임을 맹세하겠습니다.”

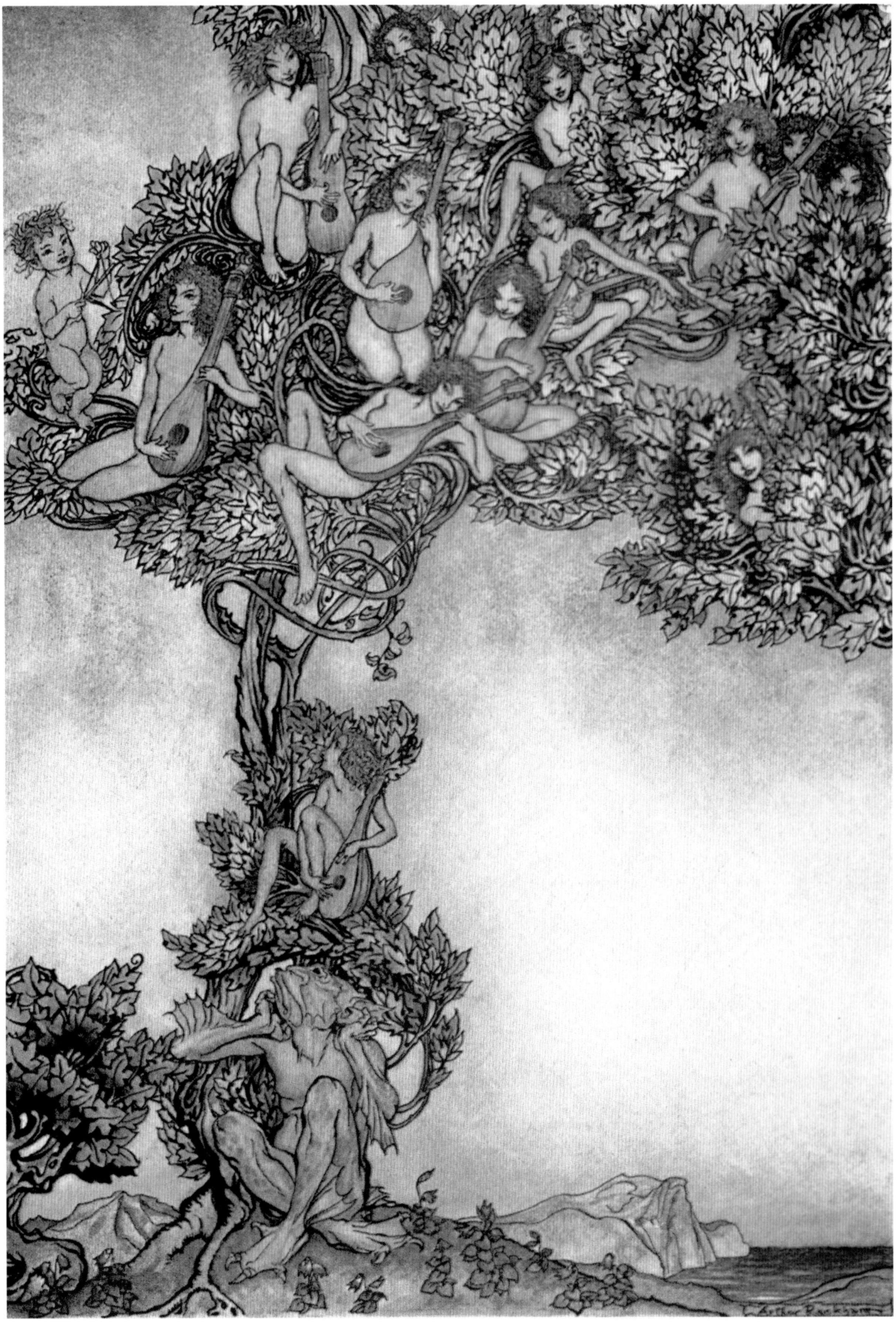

191
"가끔 천 개의 악기 소리가 내 귀를 울릴 거예요."

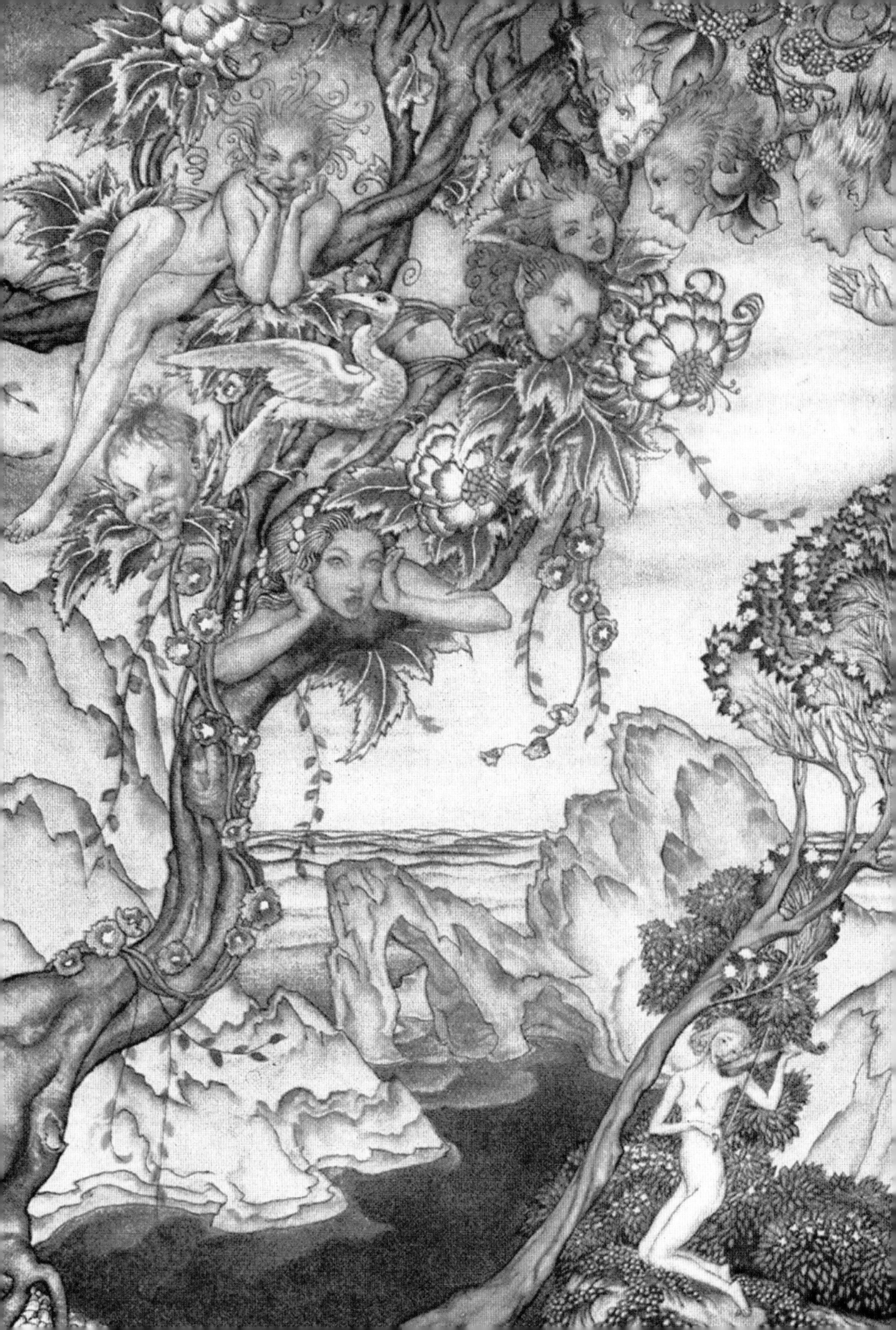

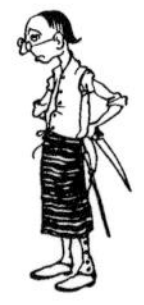

192
섬은 기쁨을 주고 상처는 주지 않는
소리와 달콤한 공기로 가득했다.

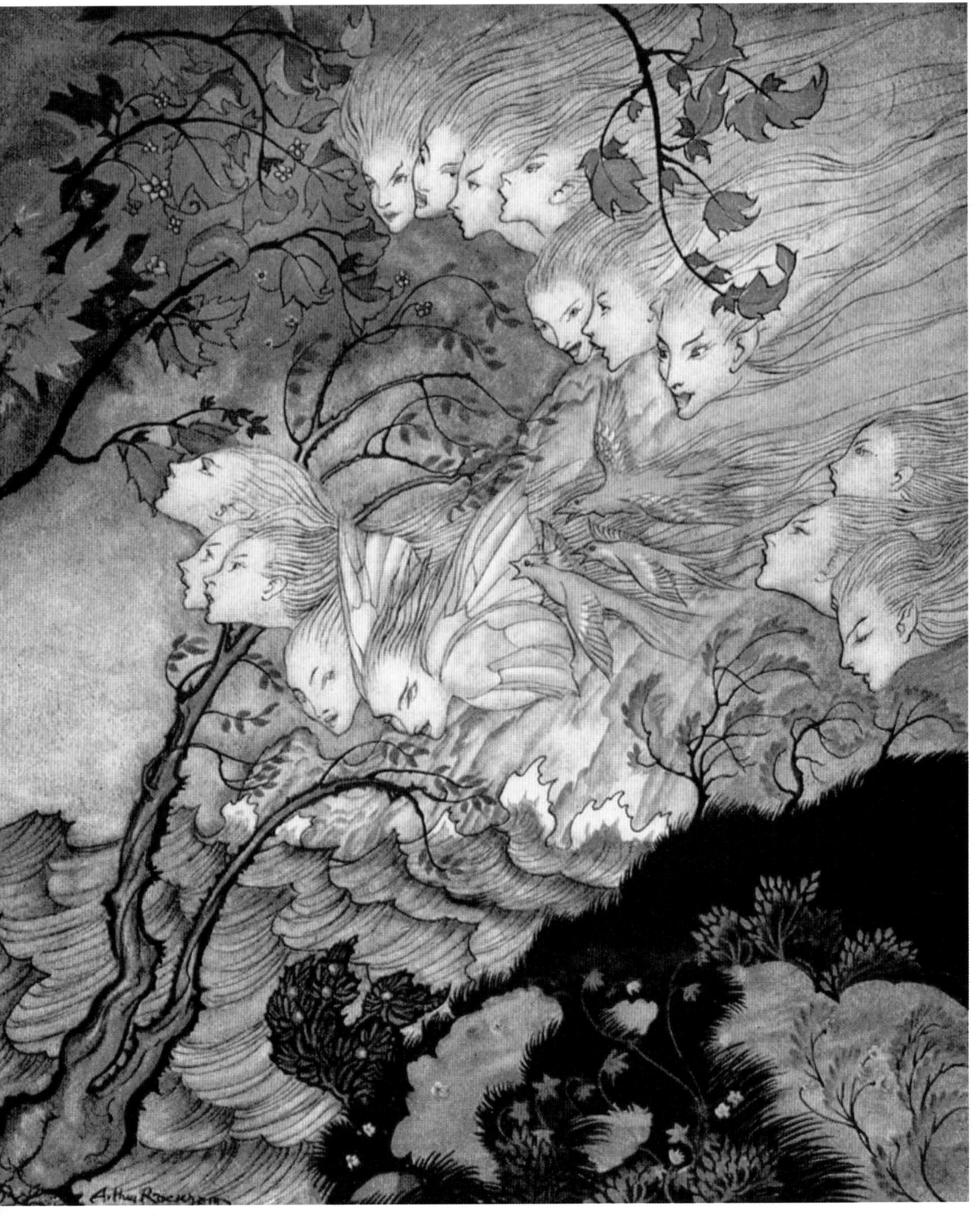

193
"오랜 잠을 자고 난 뒤에도 날 다시 재워줄 목소리가 종종 들릴 테지요."

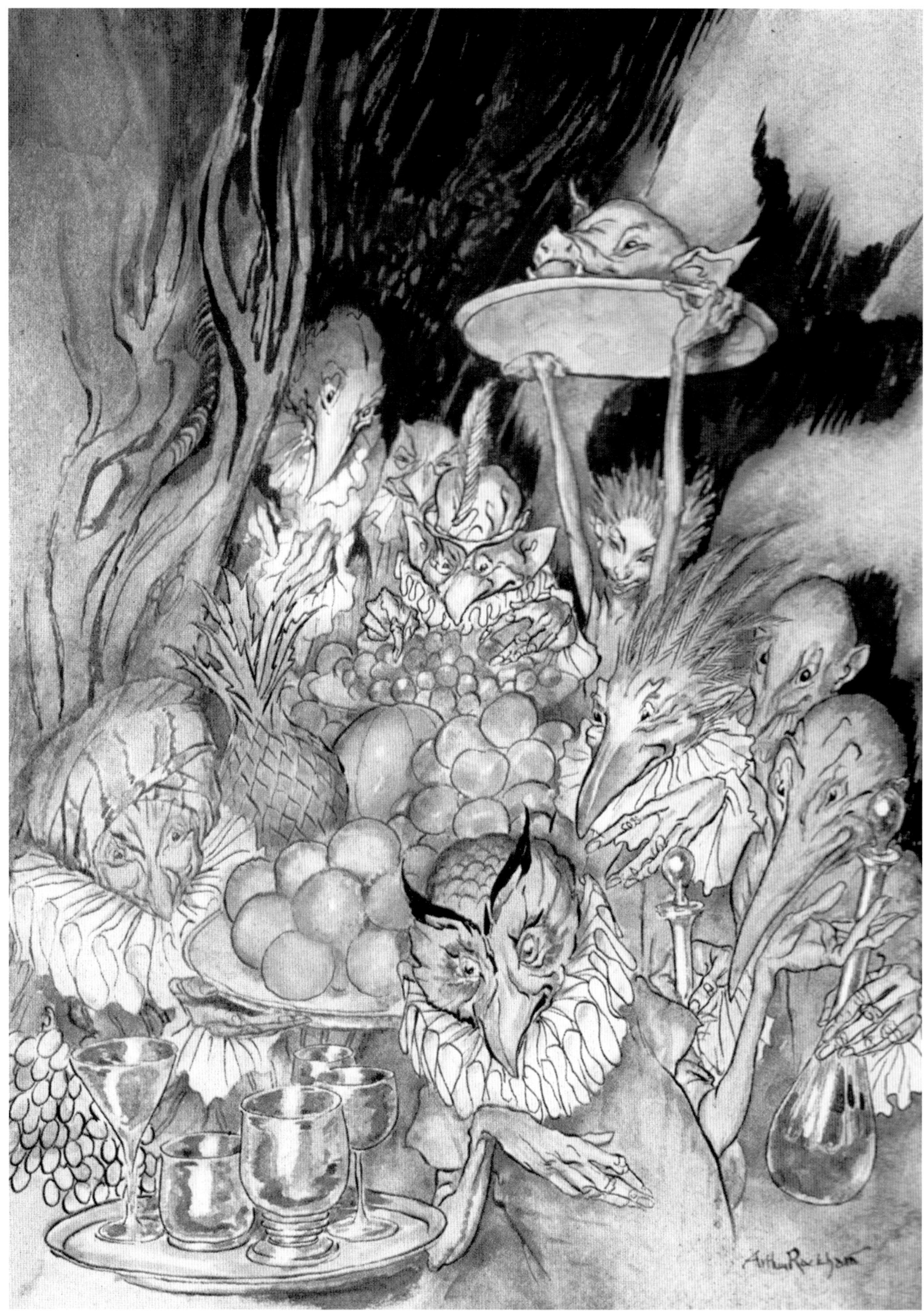

194
“기묘한 형상을 한 몇몇을 연회에 데려와선… 왕과 기타 등등을 초대해 먹고는 자리를 떴습니다.”

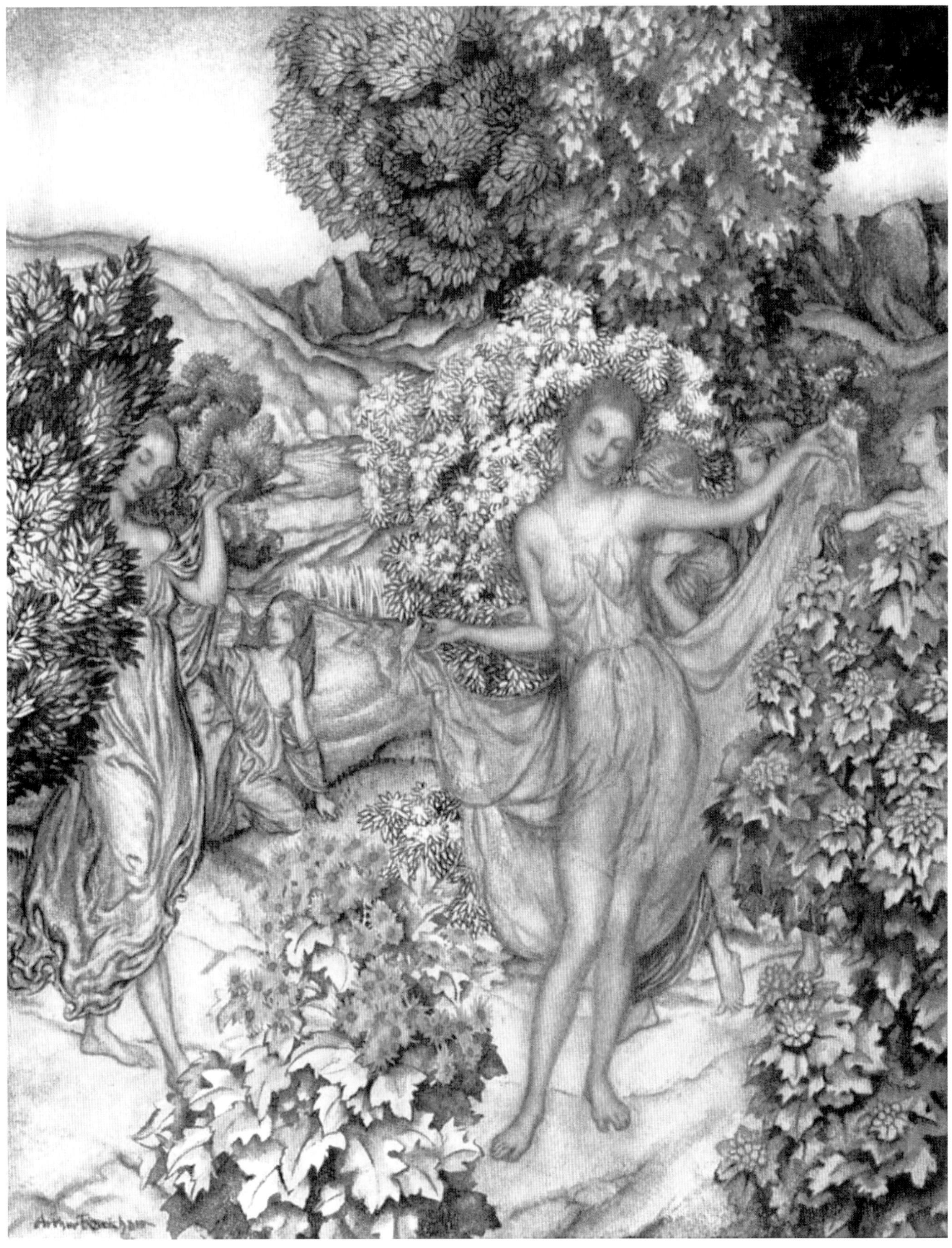

195
“온화한 님프들이여, 오셔서 진정한 사랑의 약속을 축하하는 걸 도우소서.”

안데르센 동화

Fairy Tales by Hans Andersen

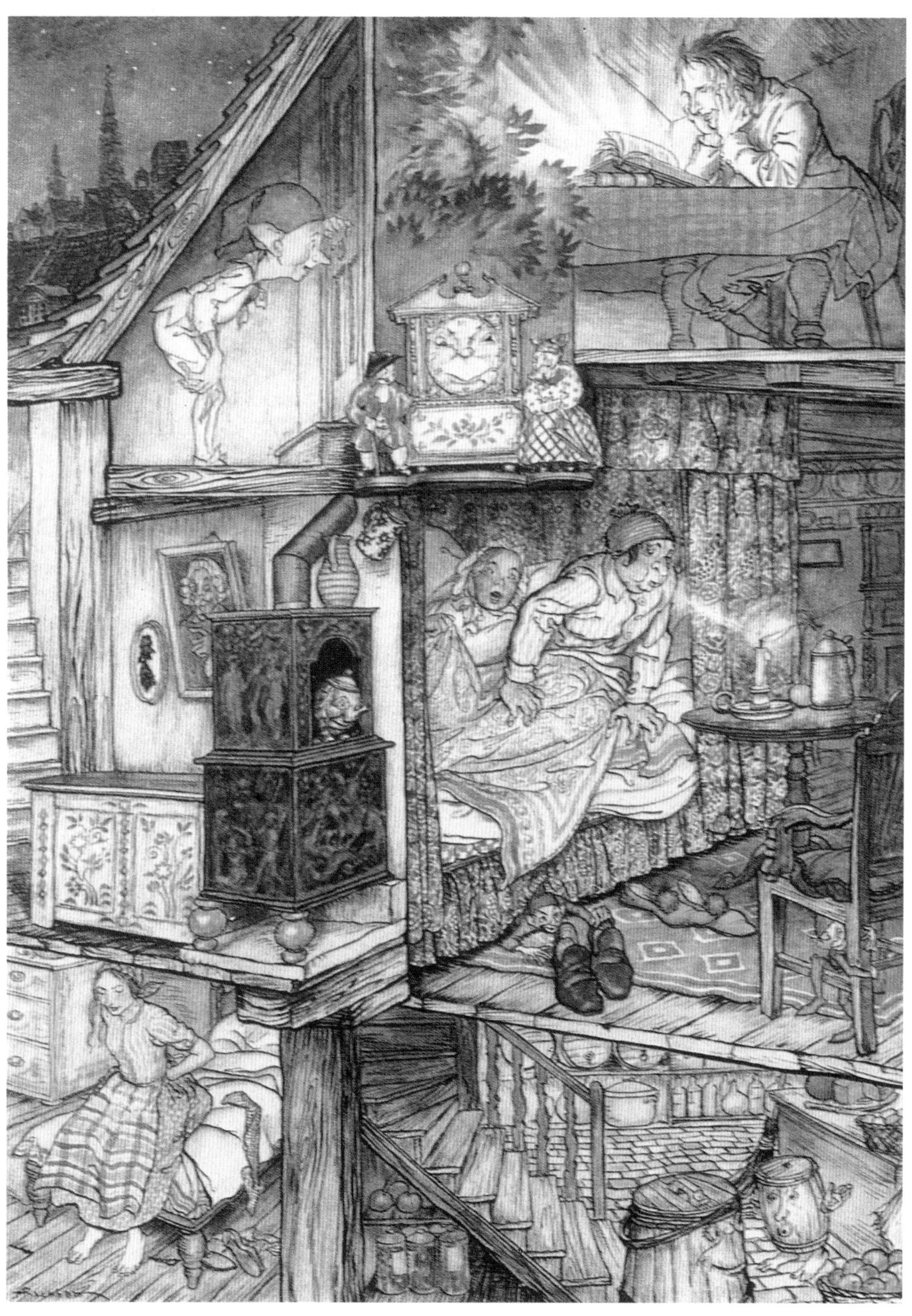

196
집요정과 식료품장수
집요정은 발뒤꿈치를 들고 서선 다락방 불빛이 이슥고 꺼질 때까지 열심히 안을 들여다봤다.

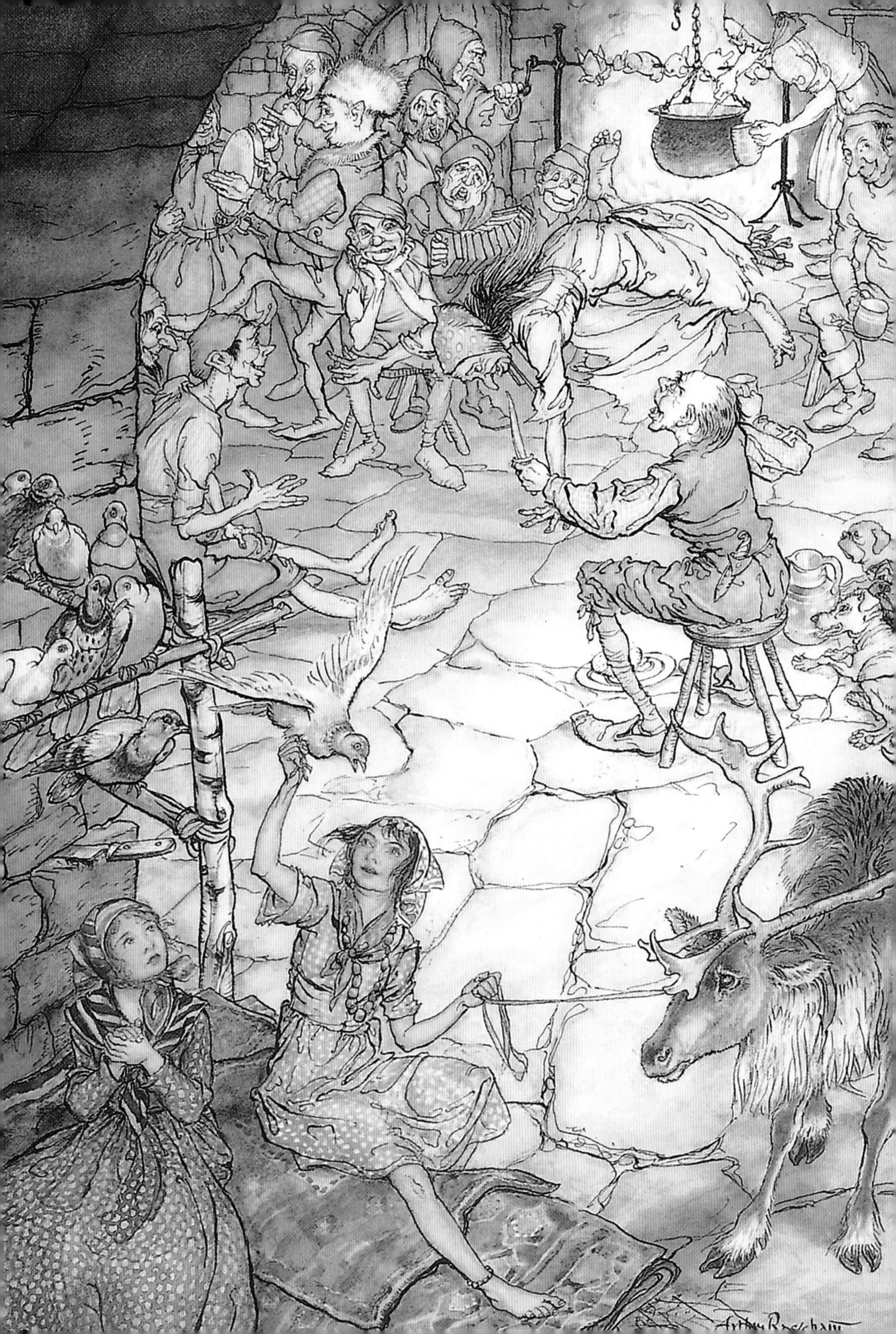
Arthur Rackham

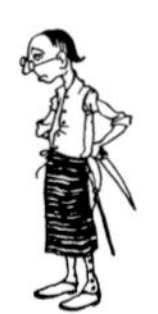

197
눈의 여왕
소녀 도둑은 가장 가까운 데 있던
비둘기의 발을 잡고는
날개를 파닥일 때까지 흔들었다.

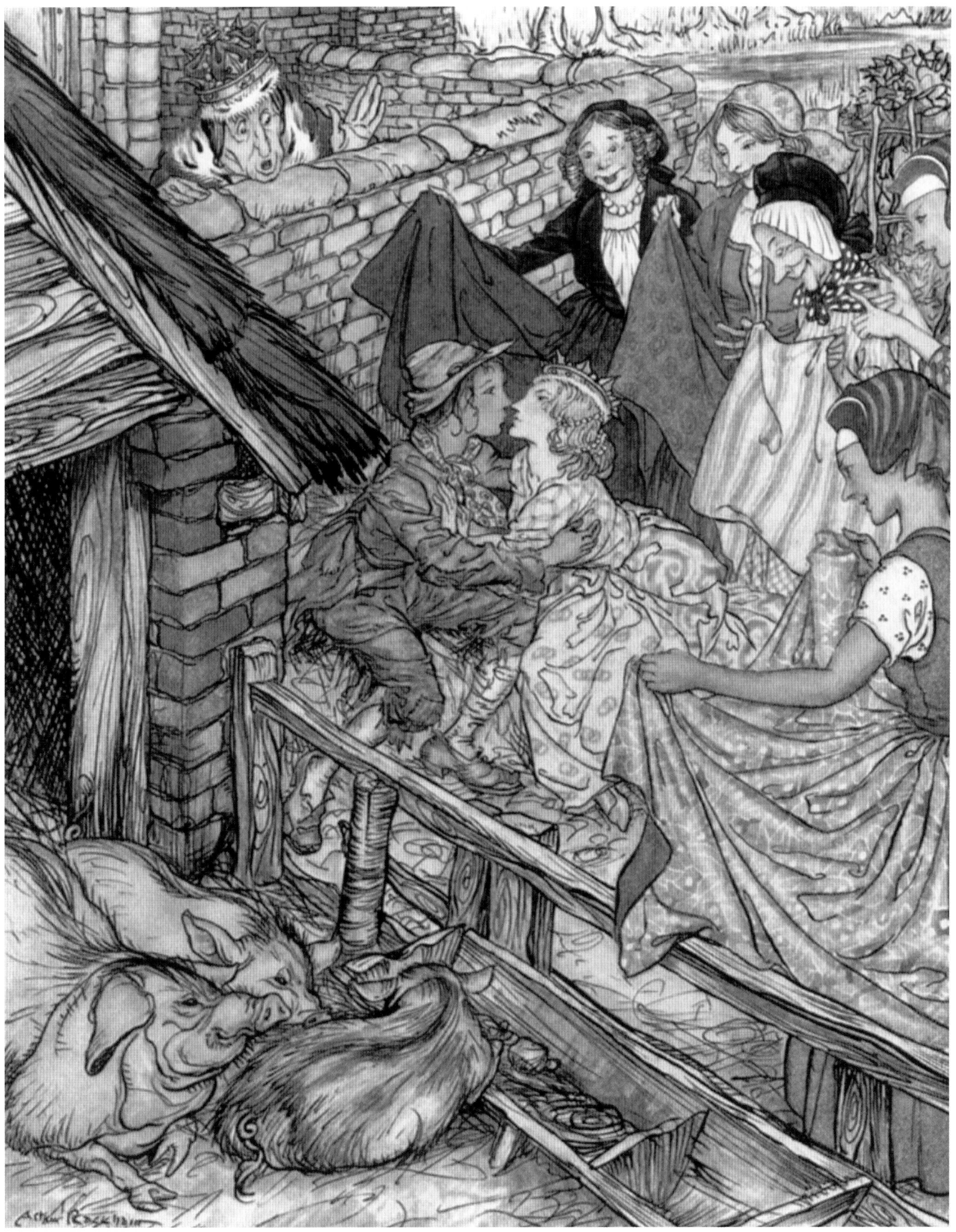

198
돼지치기
돼지치기로 변장한 왕자는 공주를 속여 키스하게 했다.

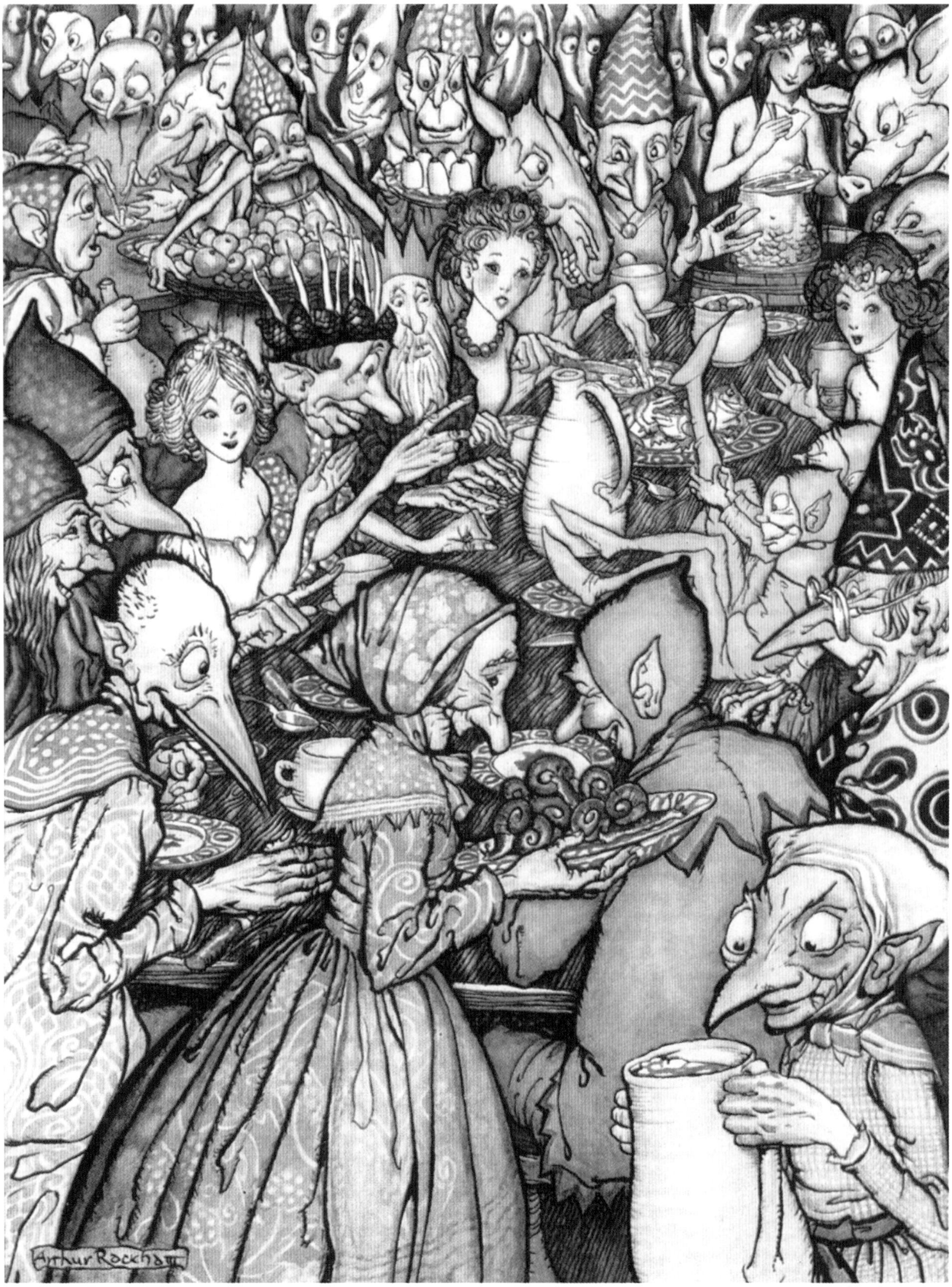

199
엘프의 언덕
연회엔 아주 많은 친구가 모였다.

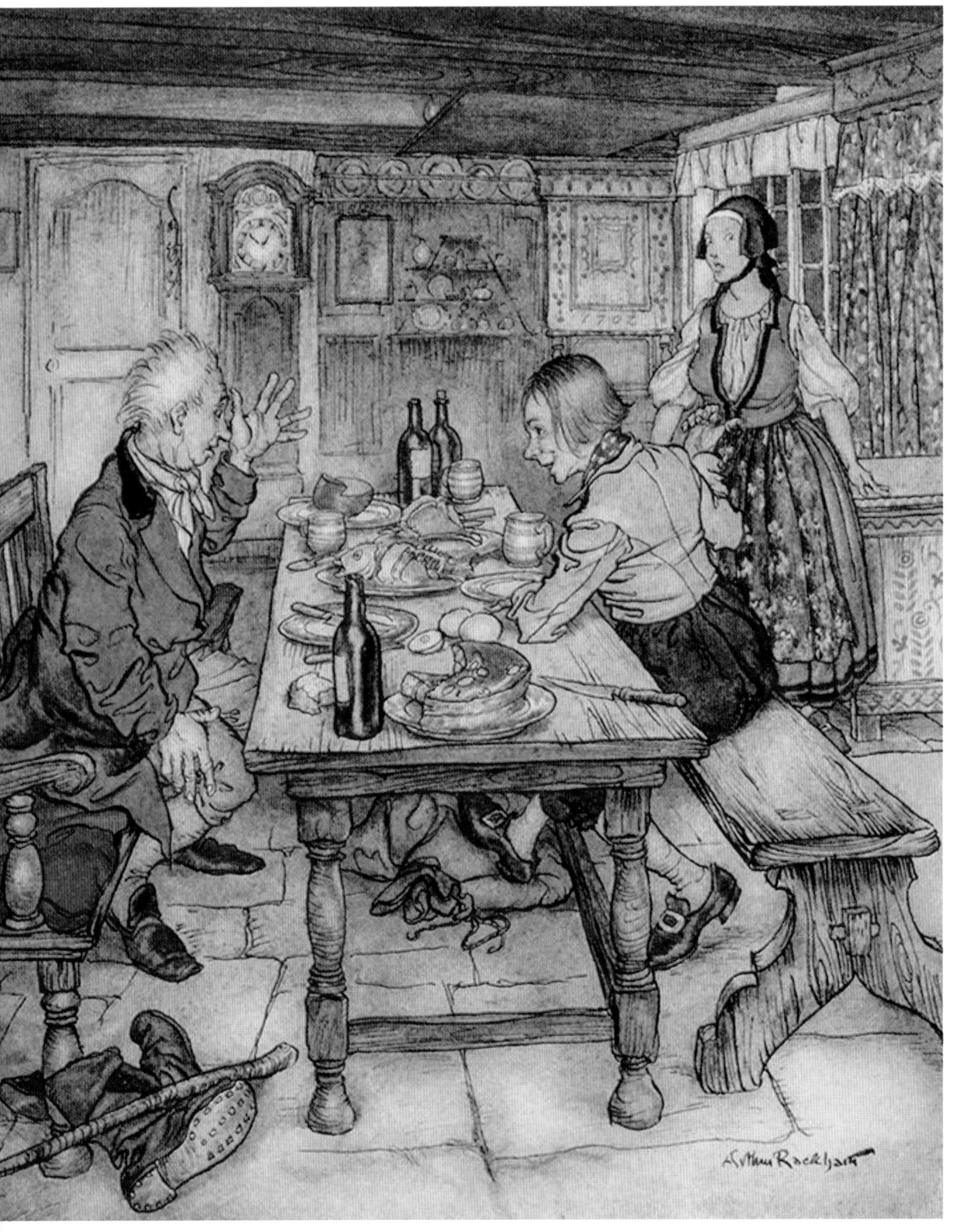

200
작은 클라우스와 큰 클라우스
"그가 말하길, 구석에 있는 상자를 열면 당신은 그 안에 웅크리고 있는 마귀를 볼 수 있을 거라네요."

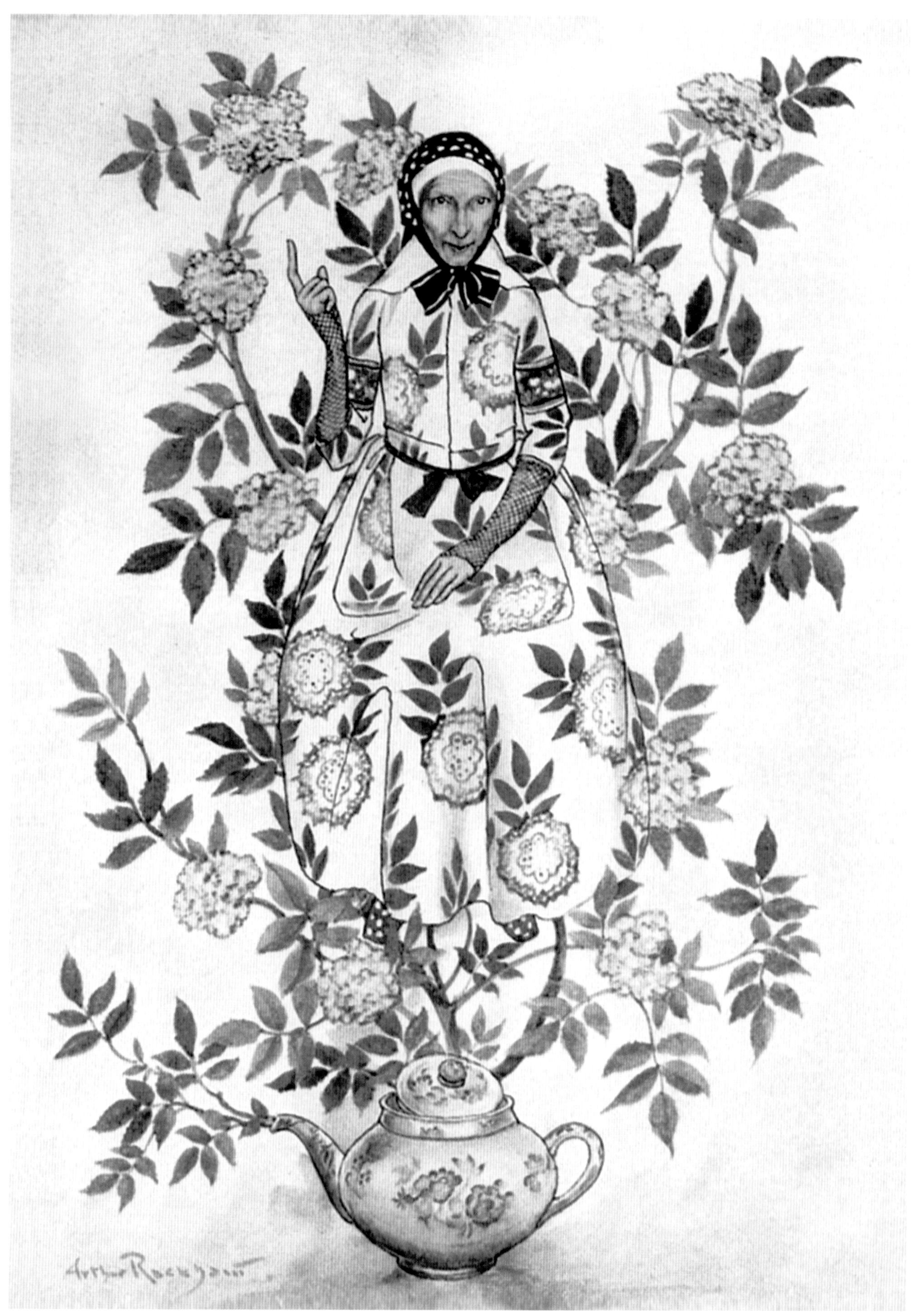

201
딱총나무 어머니
나무 한가운데엔 친절하게 생긴 노파가 앉아 있었다.

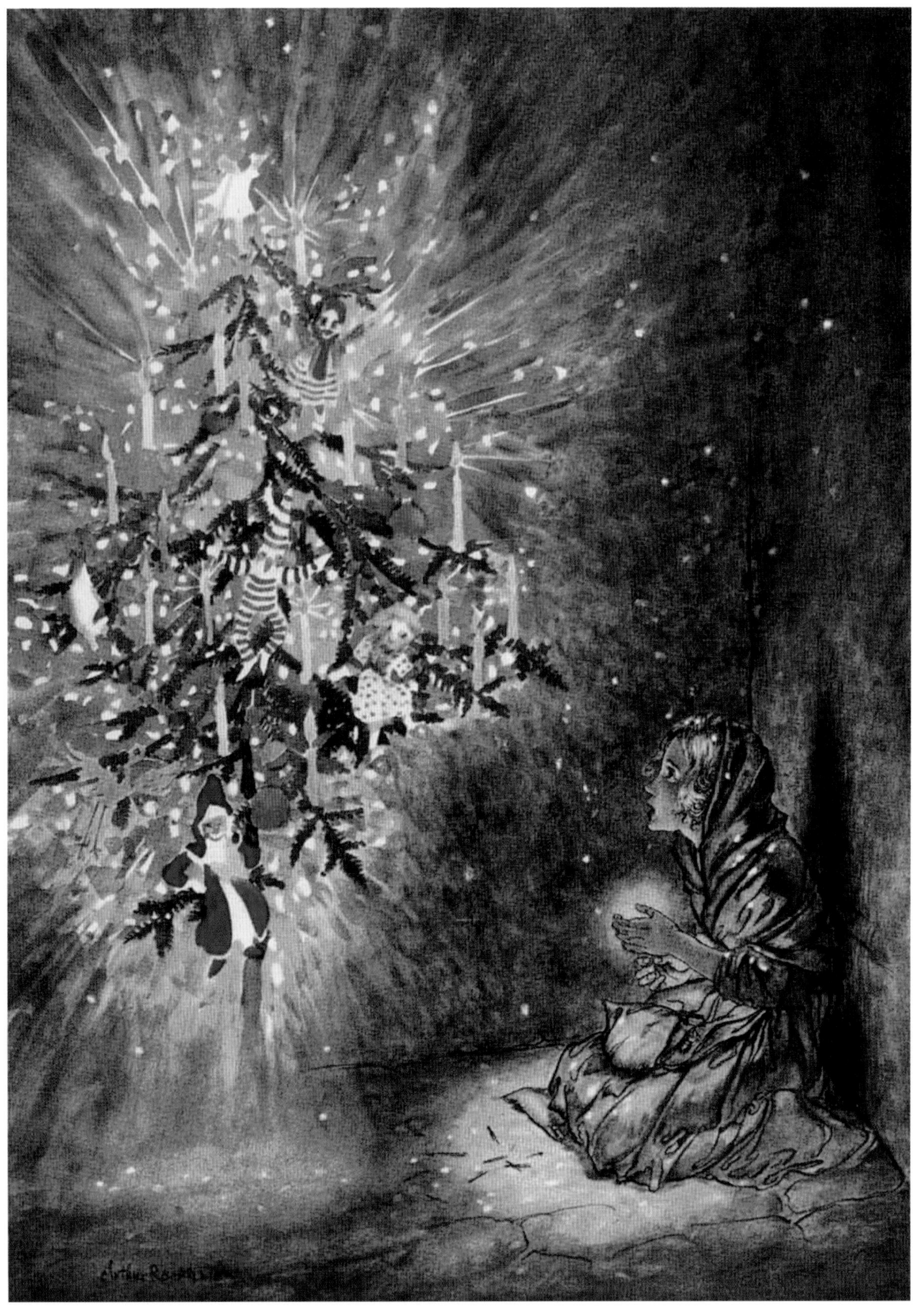

202
성냥팔이 소녀
거기서 소녀는 아름다운 크리스마스트리 아래 앉아 있었다.

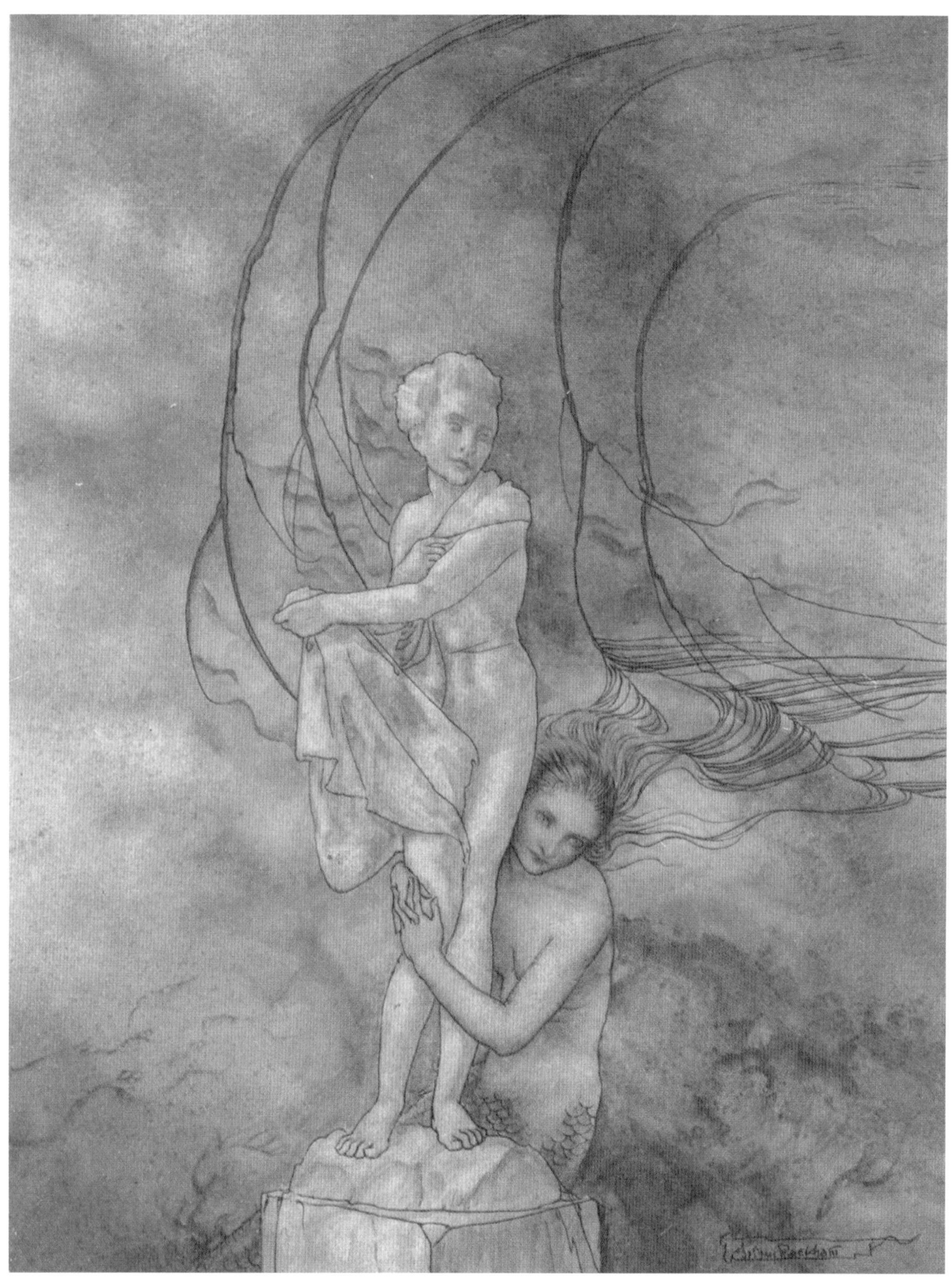

203
인어공주
그녀는 마치 왕자처럼 생긴 대리석상을 두 팔로 감싸 안았다.

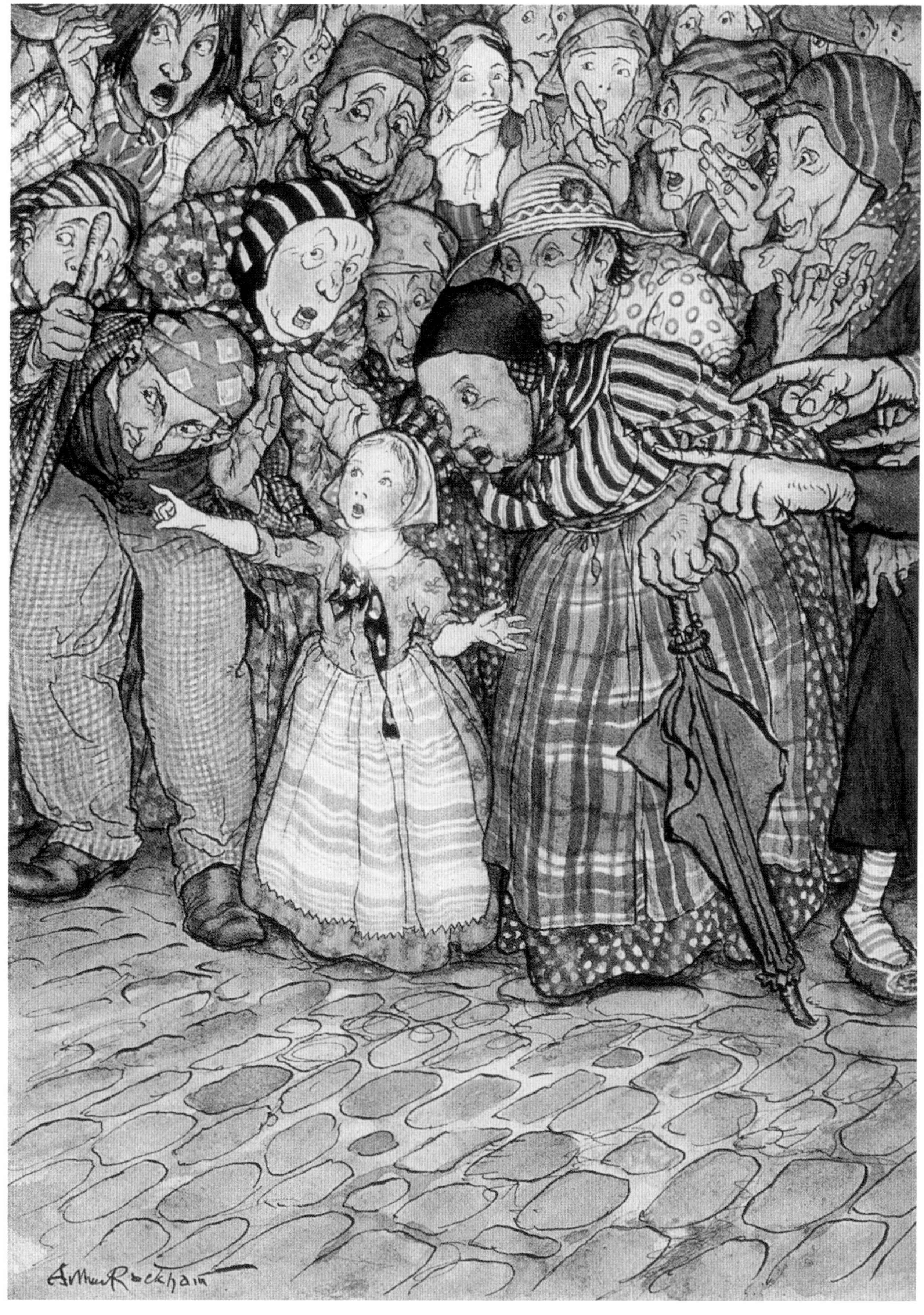

204
벌거벗은 임금님
"하지만 폐하는 아무것도 입지 않았잖아요!" 한 꼬마가 말했다.

포의 신비하고 몽상적인 이야기

Poe's Tales of Mystery and Imagination

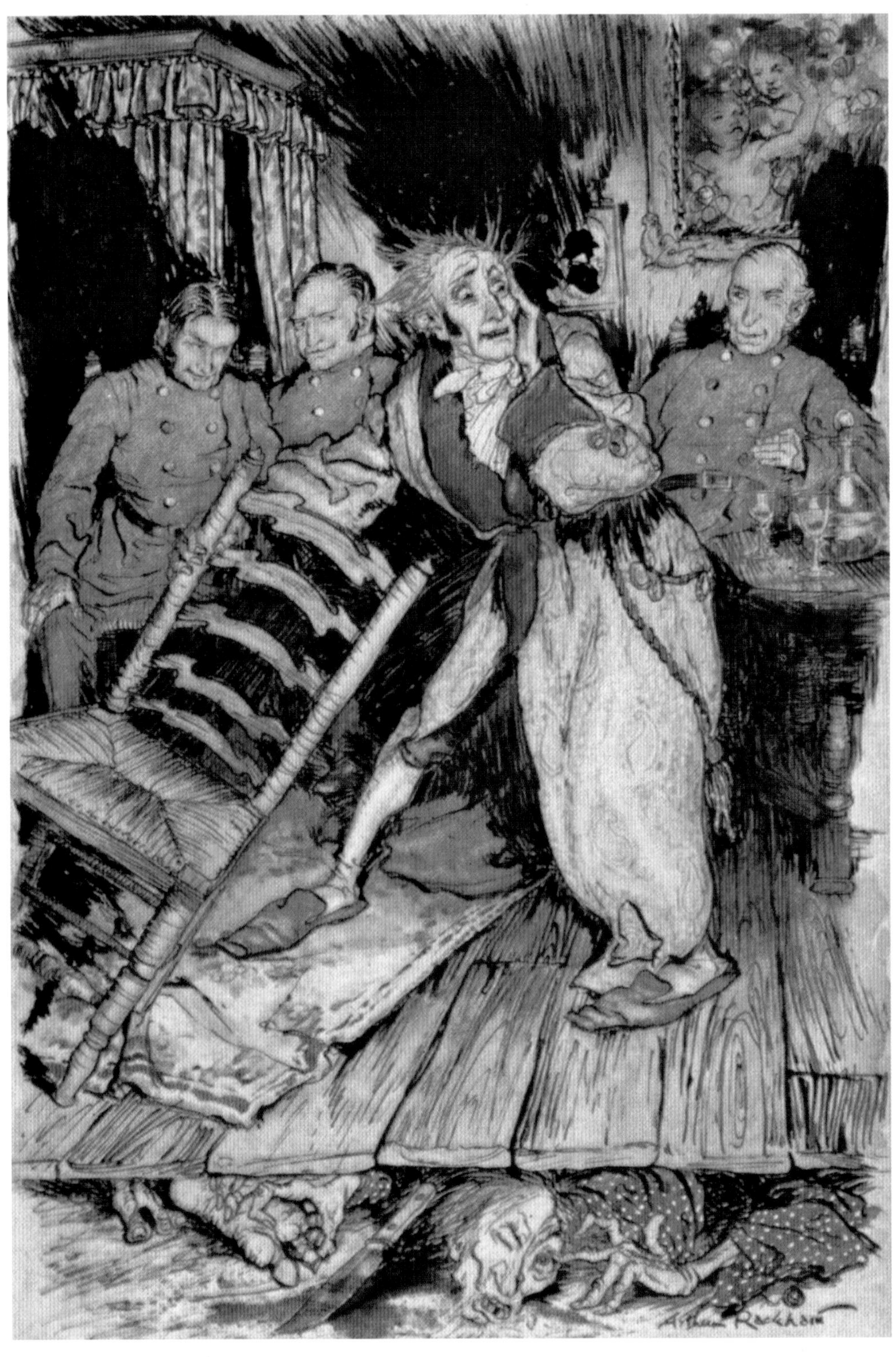

205
일러바치는 심장
귓속에선 종소리가 더, 더, 더 커갔고, 여전히 남자들은 유쾌하게, 미소를 지으며 수다를 떨었다.

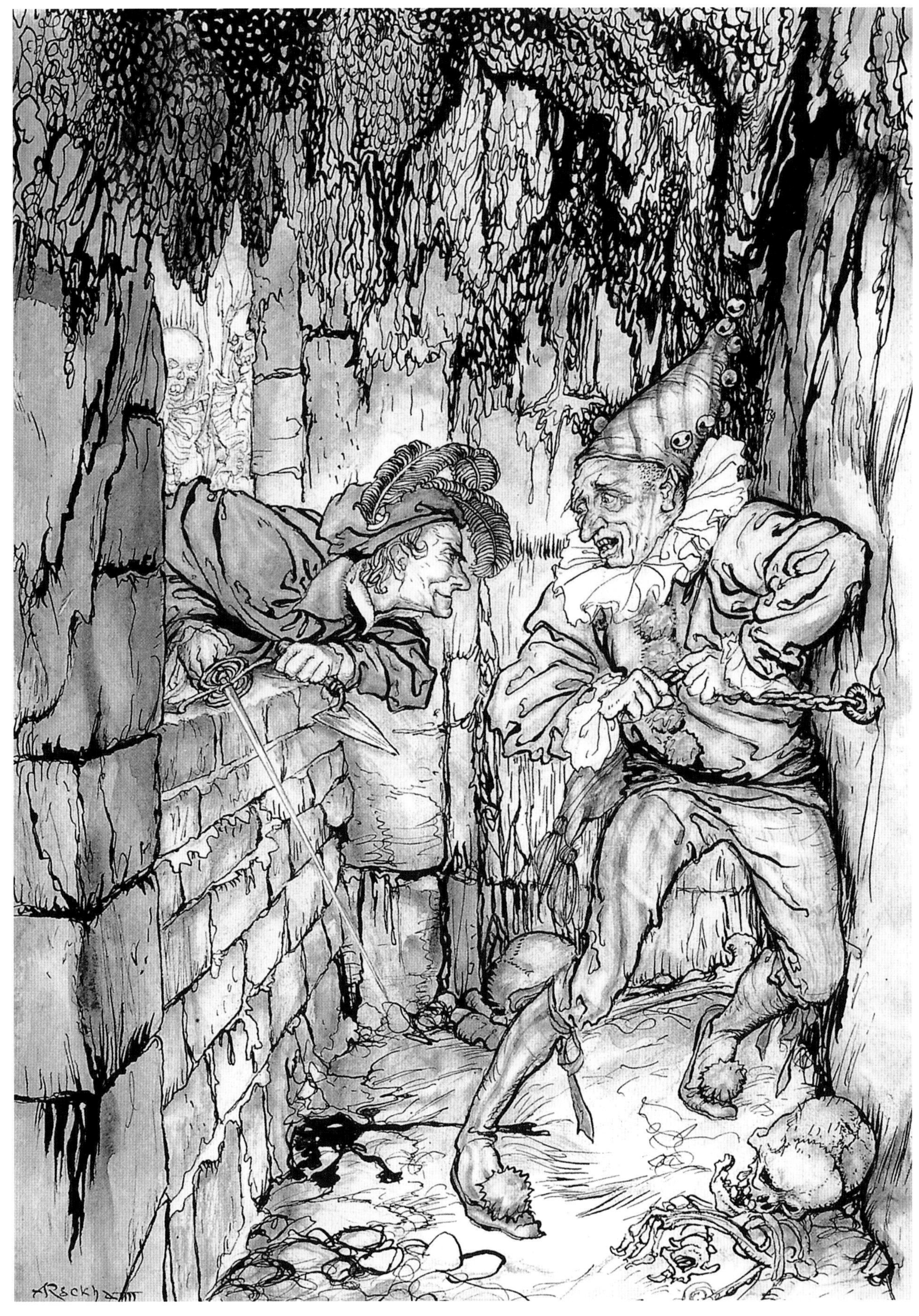

아몬틸라도의 술통

이제 벽은 가슴과 거의 같은 높이가 되었고, 나는 검을 뽑아 벽감을 더듬기 시작했다.

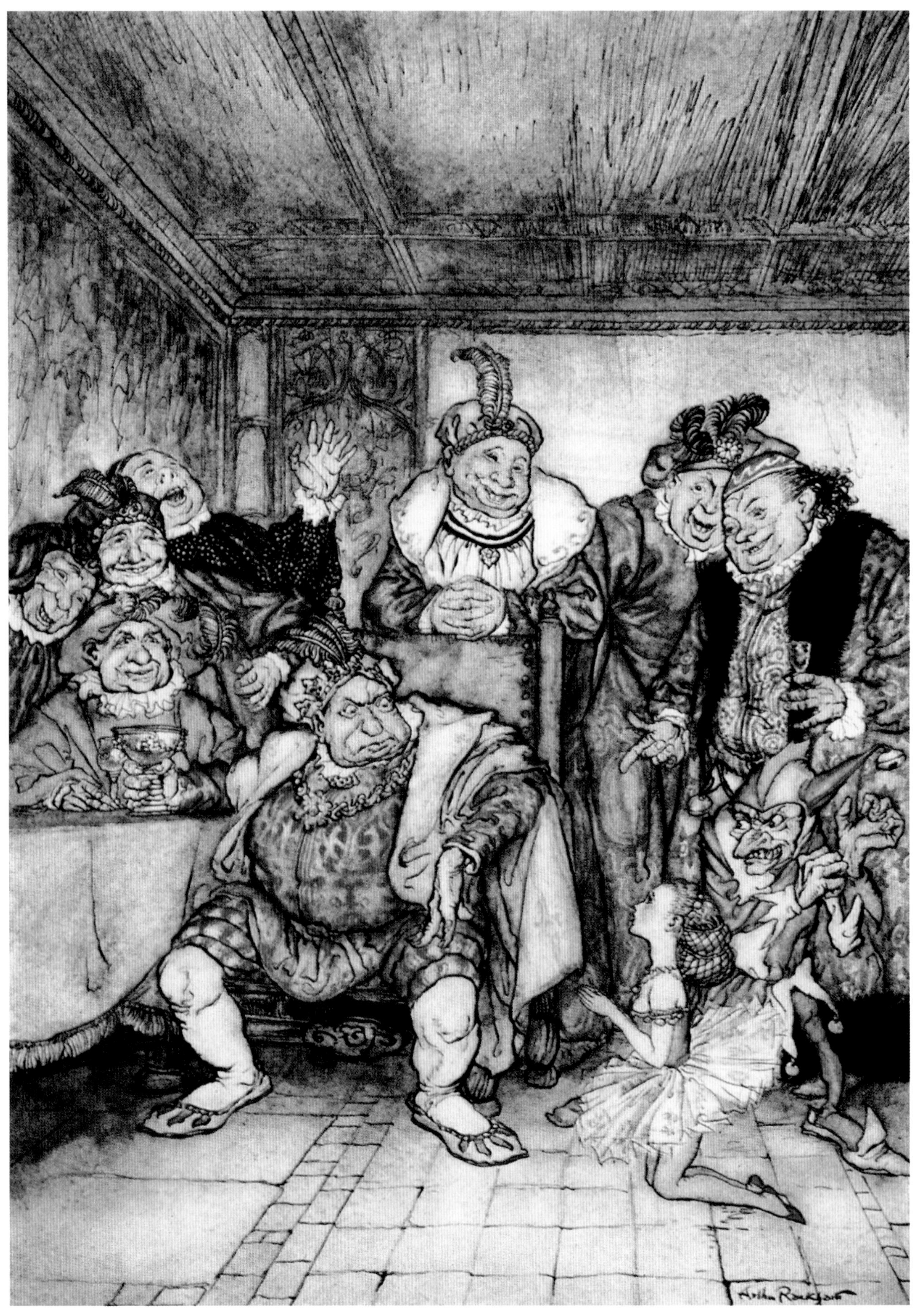

207
깡충개구리
트리페타는 왕좌로 다가가선 왕 앞에 무릎을 꿇고 친구를 용서해달라 애원했다.

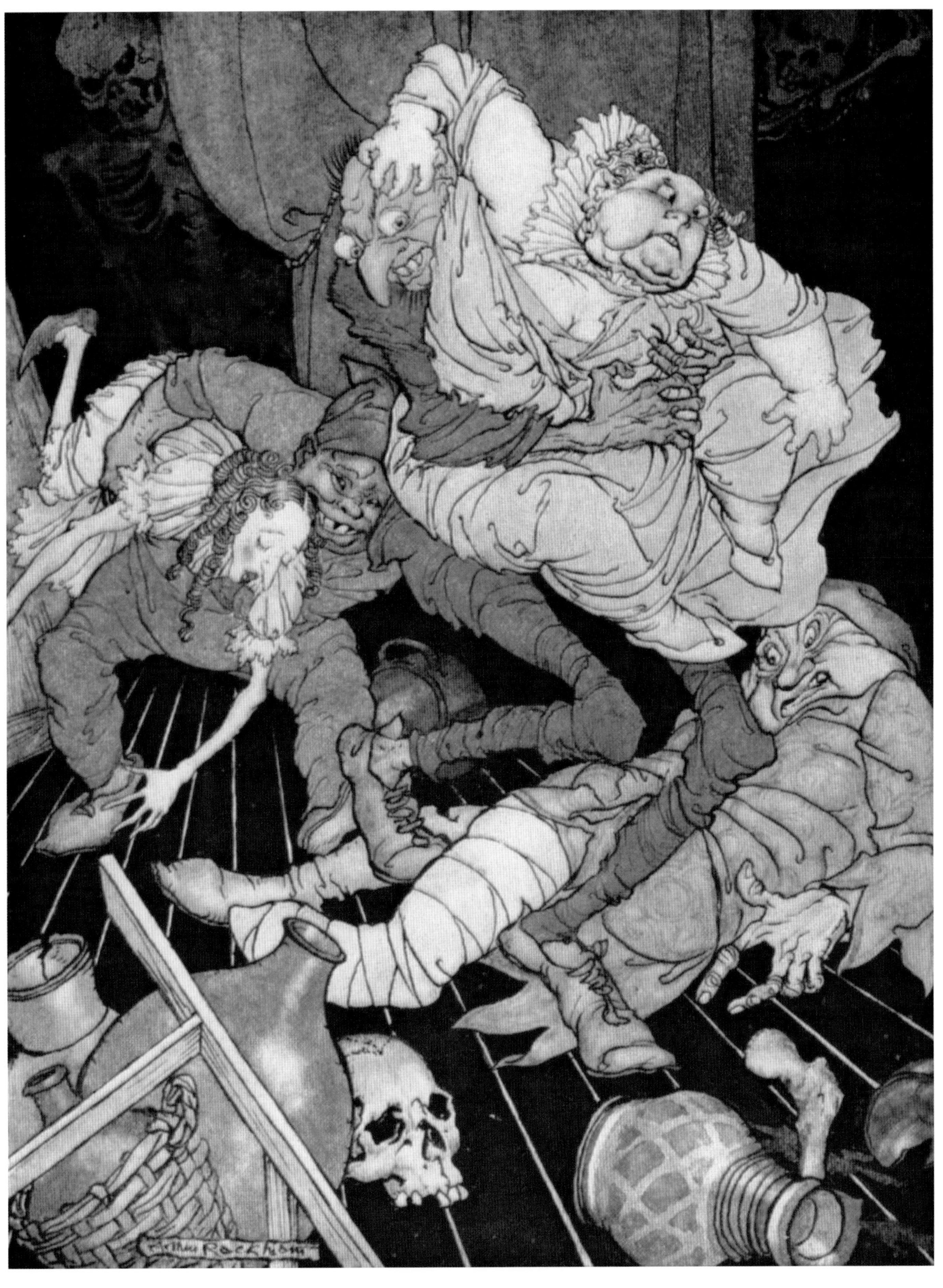

208
페스트 왕
승리자 레그스는 그녀와 함께 거리로 뛰쳐나왔고, 강력한 적수 휴 타폴린은 그 뒤를 따랐다.

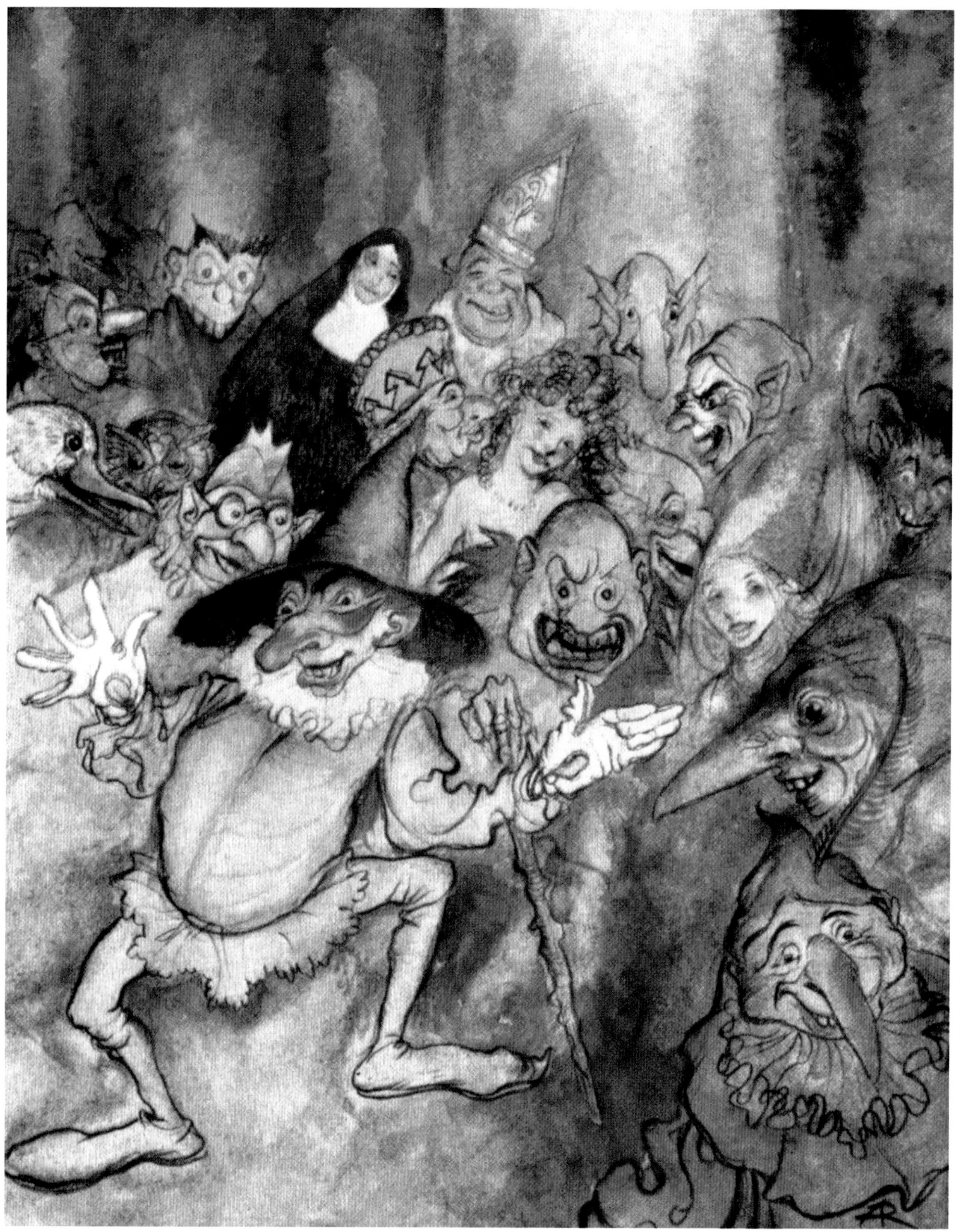

209
붉은 죽음의 가면
가면 쓴 사람들.

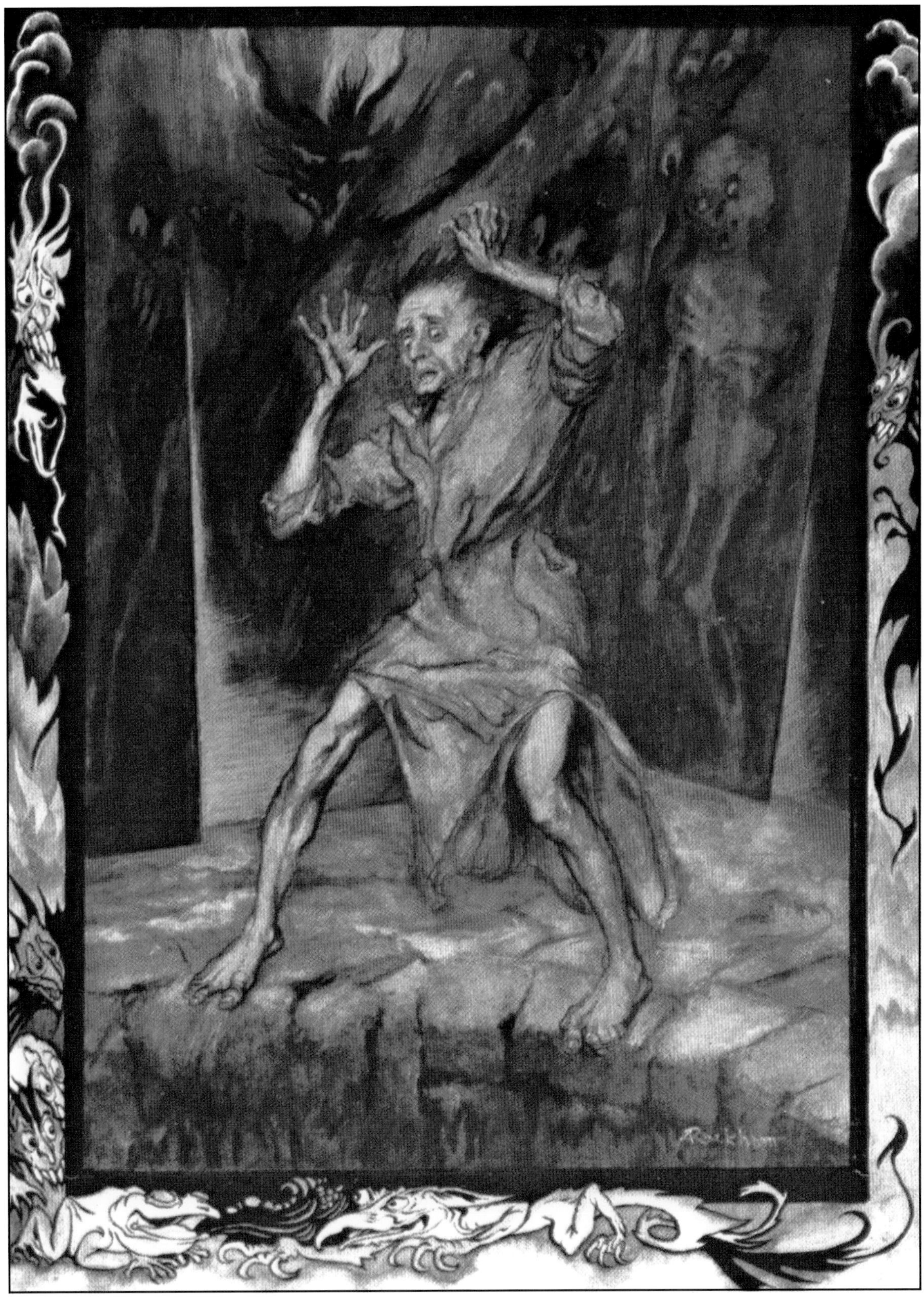

210
구덩이와 추
감옥의 단단한 바닥 위에는 마침내 마르고 뒤틀린 내 몸뚱어리가 디딜 한 치의 공간도 남지 않았다.

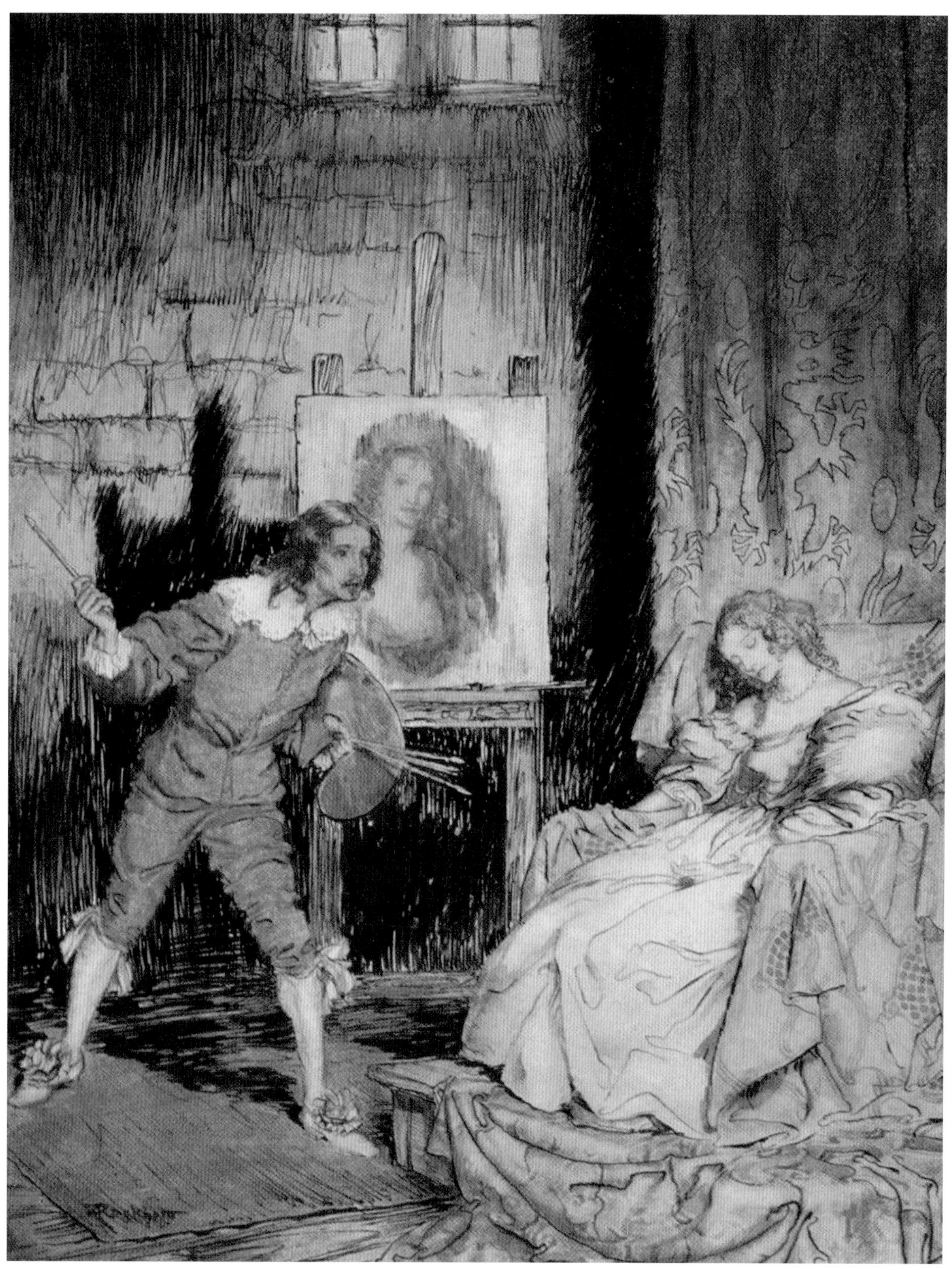

211
타원형 초상화
그는 갑작스레 몸을 돌려 사랑하는 사람을 바라봤고, 그녀는 죽어 있었다.

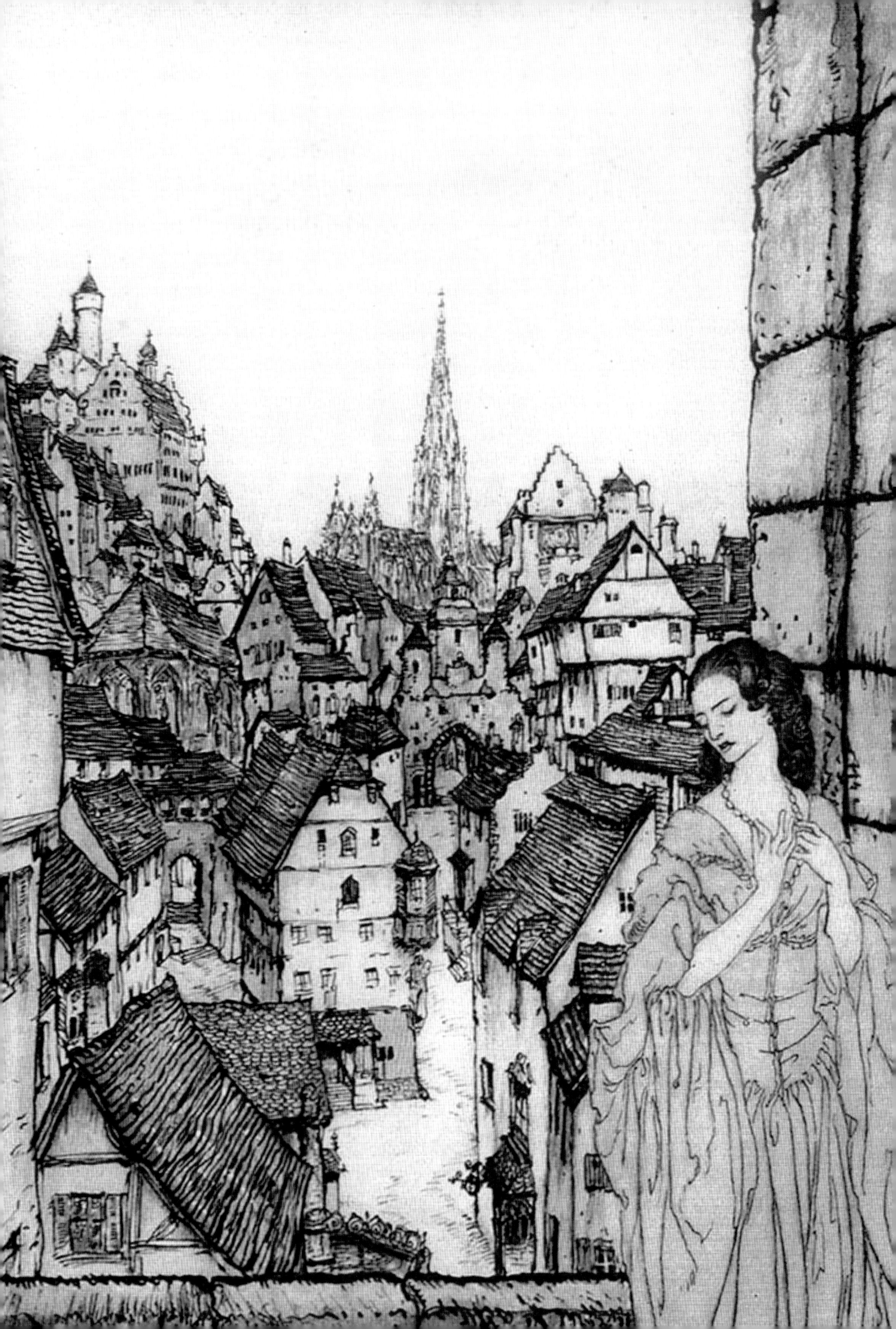

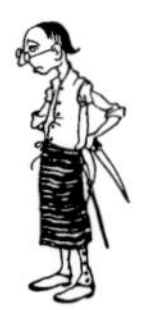

212
리게이아
그녀는 그림자처럼 왔다가 떠났다.

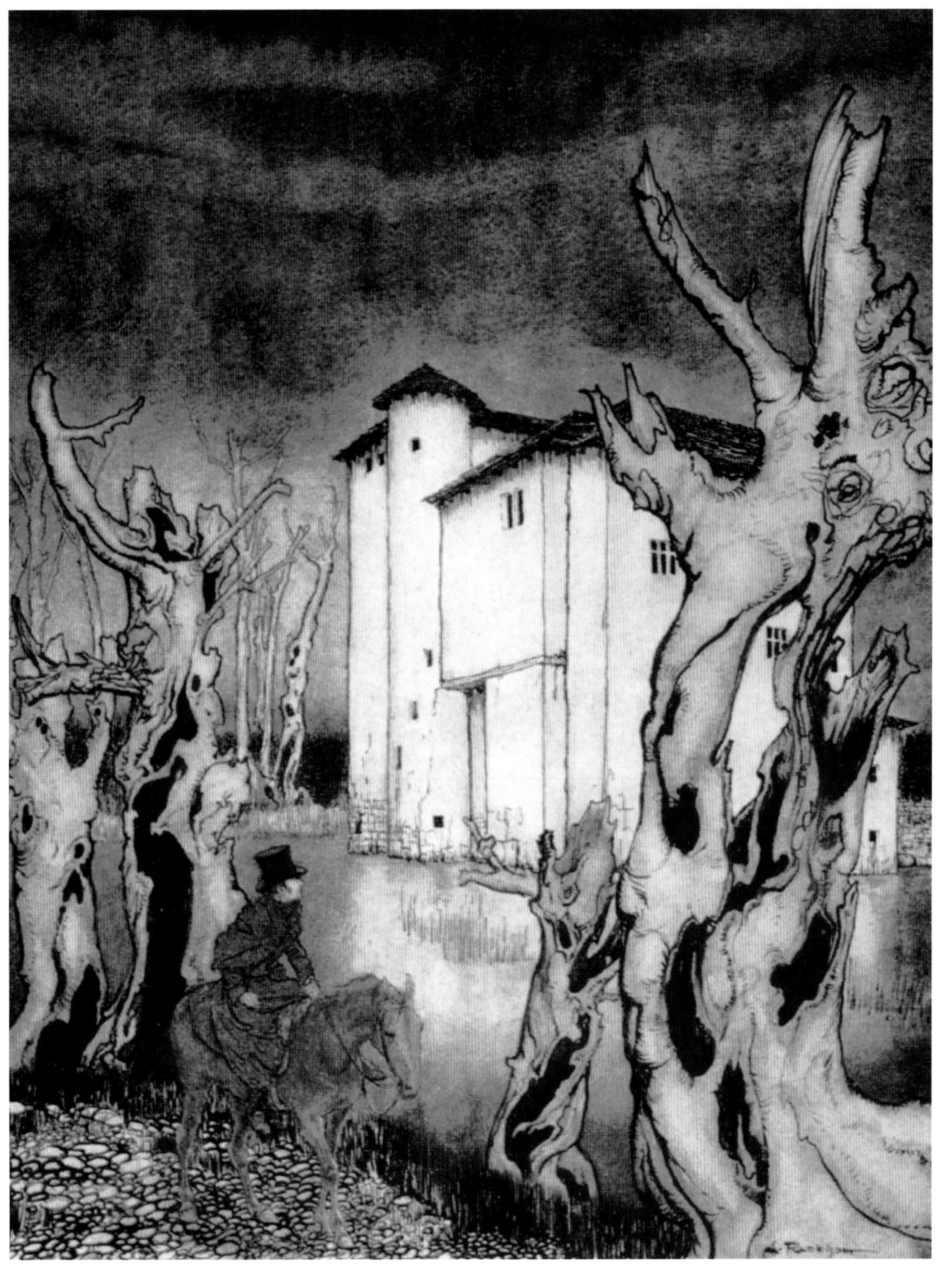

213
어셔가의 몰락
이윽고 나는 어셔가의 음울한 저택 시야 안에 들어와 있는 나를 발견했다.

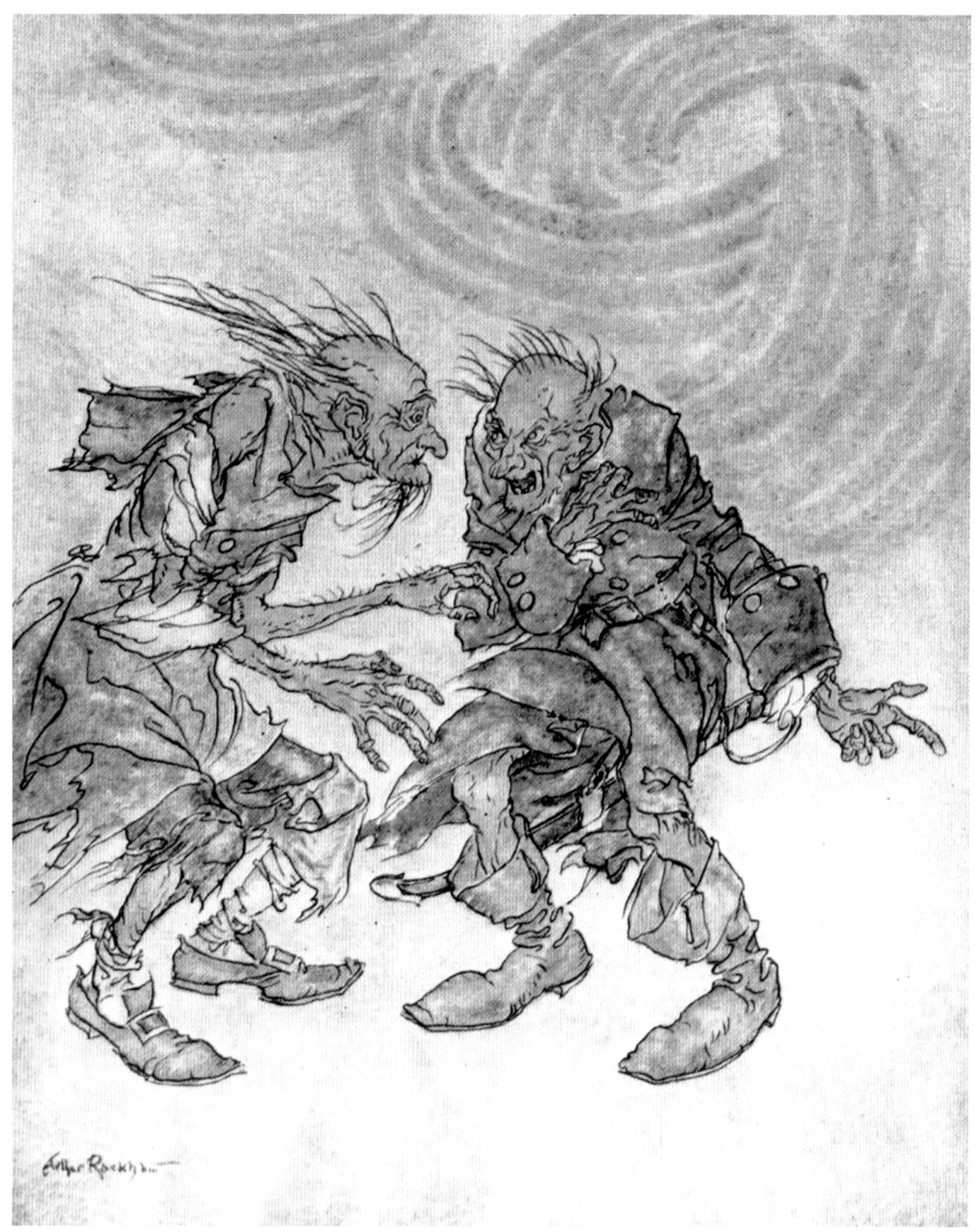

214
병 속에서 발견된 원고
그들의 잿빛 머리는 폭풍우 속에서 심하게 흩날렸다.

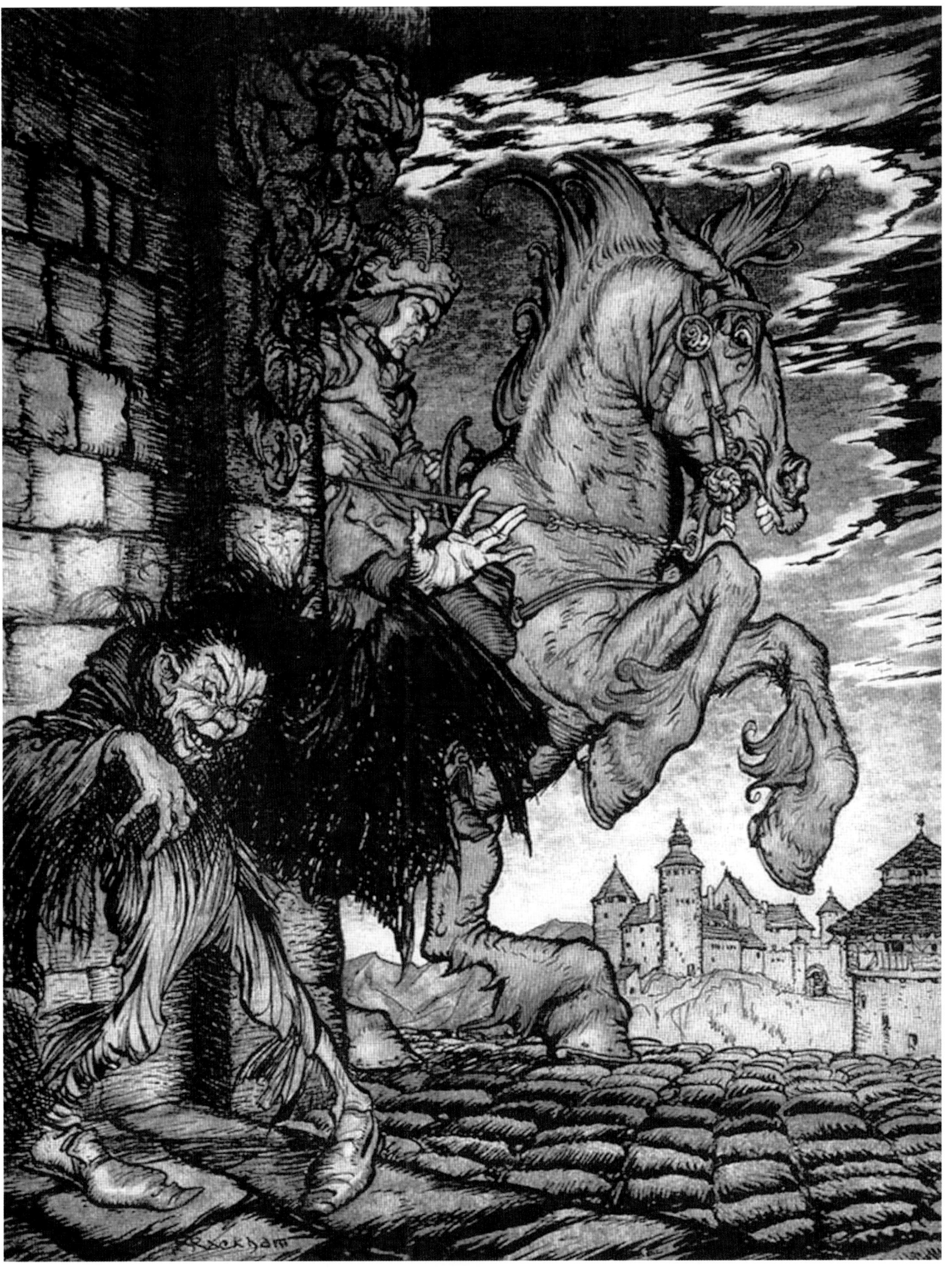

215
메첸거슈타인
젊은 메첸거슈타인은 거대한 말의 안장 위에 고정된 존재처럼 보였다.

버드나무에 부는 바람

The Wind in the Willows

출간 즉시 베스트셀러가 되었고 지금도 전 세계에서 가장 사랑받는 동화 중 하나인 『버드나무에 부는 바람』은 영국 작가 케네스 그레이엄Kenneth Grahame이 선천적으로 시력이 약했던 아들을 위해 잠자리에서 들려주던 이야기를 담은 책이다. 아서 래컴은 오랫동안 이 작품을 그리고 싶어 했다. 하지만 늘 여의치 않았고, 마침내 이 작품을 그릴 수 있게 되었을 땐 병상에 누워 있어야 하는 시간이 많았다.

비록 몇몇 작품은 침대 위에서 그려야 했지만, 래컴의 이 마지막 삽화들은 생동감이 넘친다. 약해진 시력 탓에, 그리고 새로운 복제 기술에 대한 신뢰로 전보다 훨씬 밝고 맑은 색을 사용했기 때문인데, 덕분에 래컴은 잉글랜드 예술의 '황금 같은 오후'를 보여주는 호소력 있는 이미지들을 창조할 수 있었다. 하지만 안타깝게도 그는 생의 마지막 작품들이 담긴 이 책이 출간되는 것을 보지 못하고 세상을 떠났다.

래컴은 당대는 물론 이후 세대 삽화가들에게 압도적인 영향을 끼쳤고, 어린이 독자는 물론 성인 독자들에게도 더없이 큰 사랑을 여전히 받고 있다. 『버드나무에 부는 바람』뿐 아니라 그의 원본 삽화가 담긴 수많은 책은 책으로서의 생명이 다할 때까지 끊임없이 독자들을 유혹했으며, 세월에 바랬음에도 여전히 고가에 거래되고 있다.

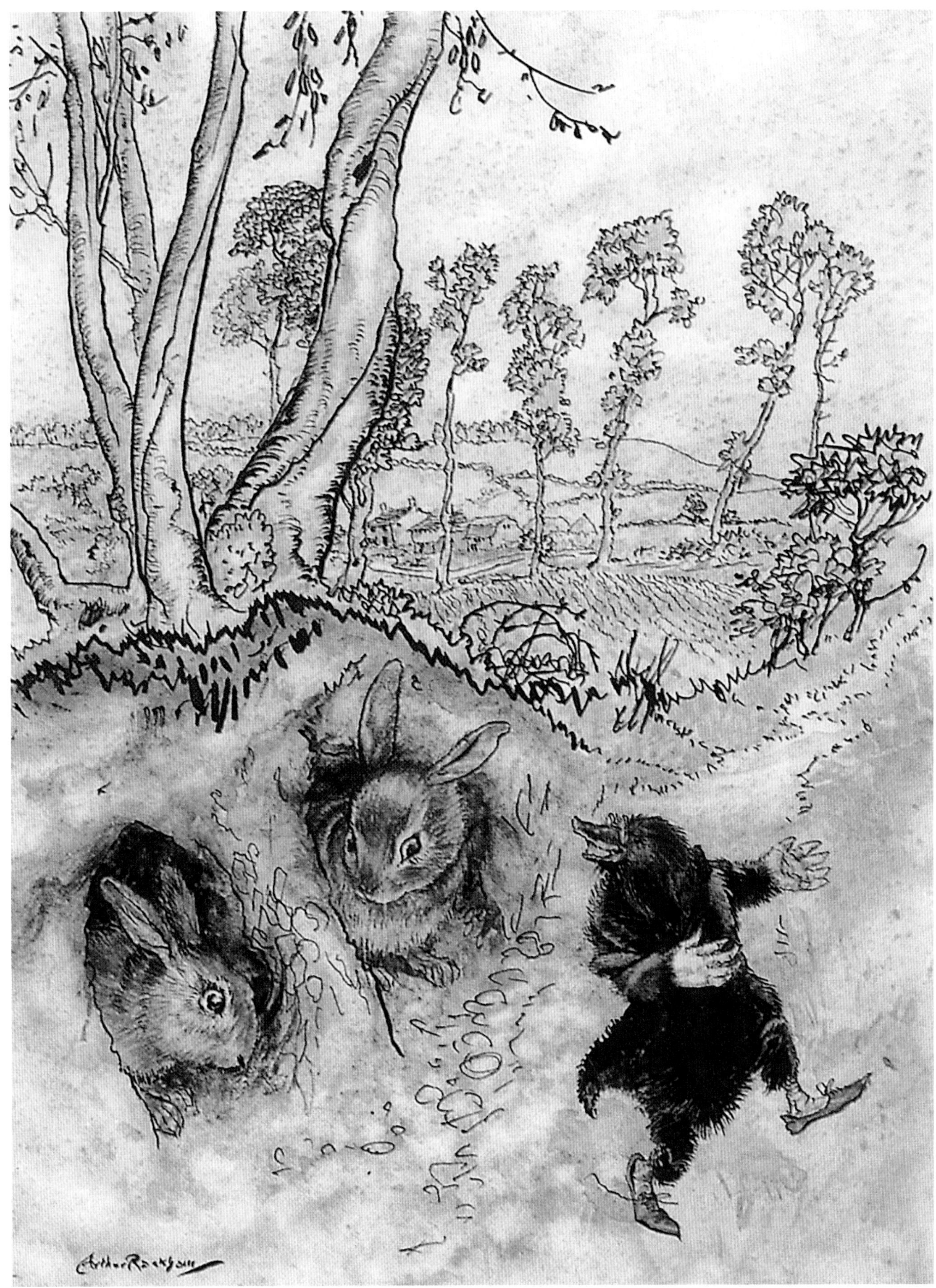

“양파 소스! 양파 소스!” 조롱하듯 외친 두더지는 토끼들이 대답을 생각하기도 전에 떠나버렸다.

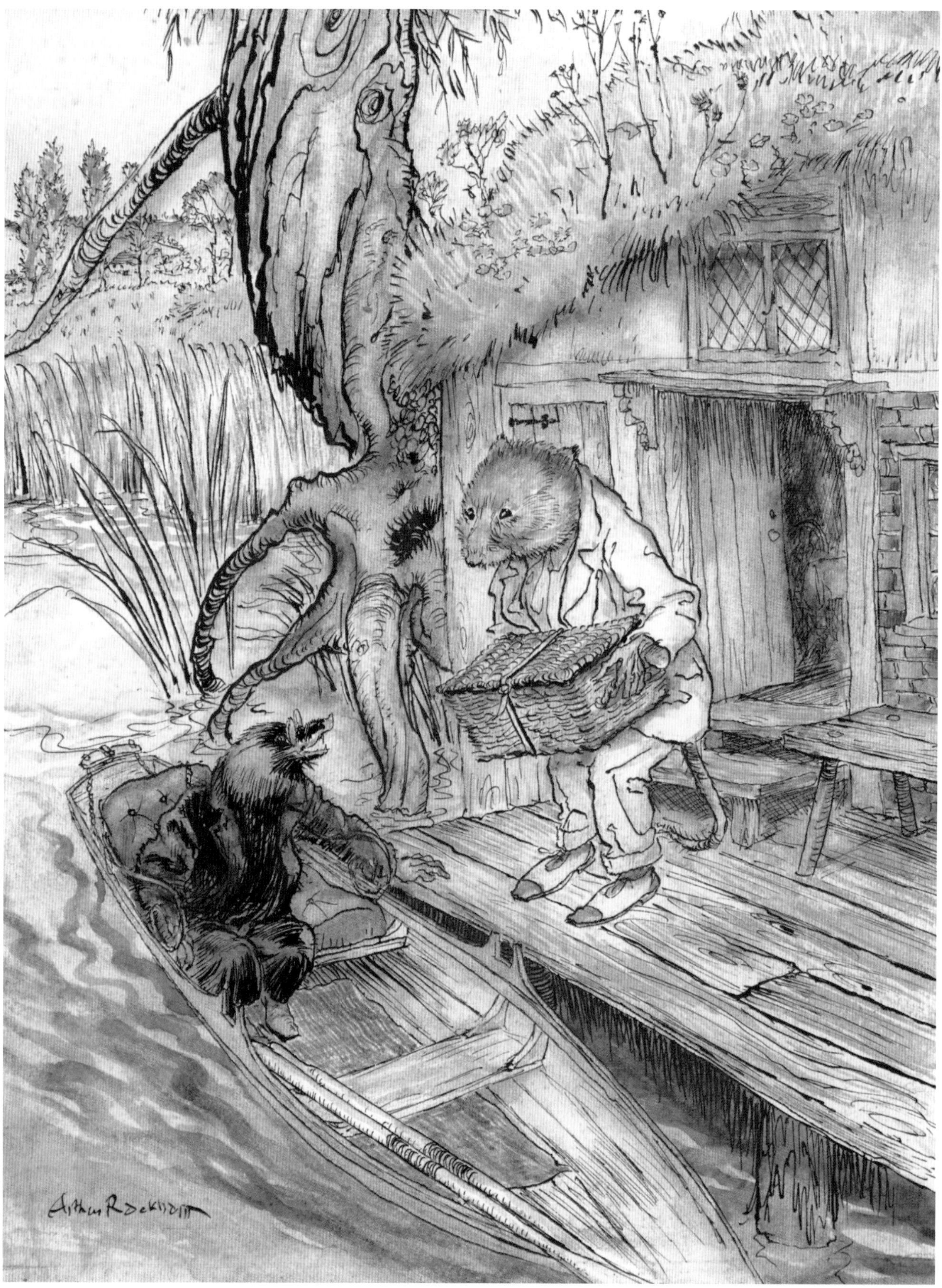

217
쥐는 바구니를 배로 내리며 두더지를 바라보곤 말했다. “발밑에 밀어 넣어.”

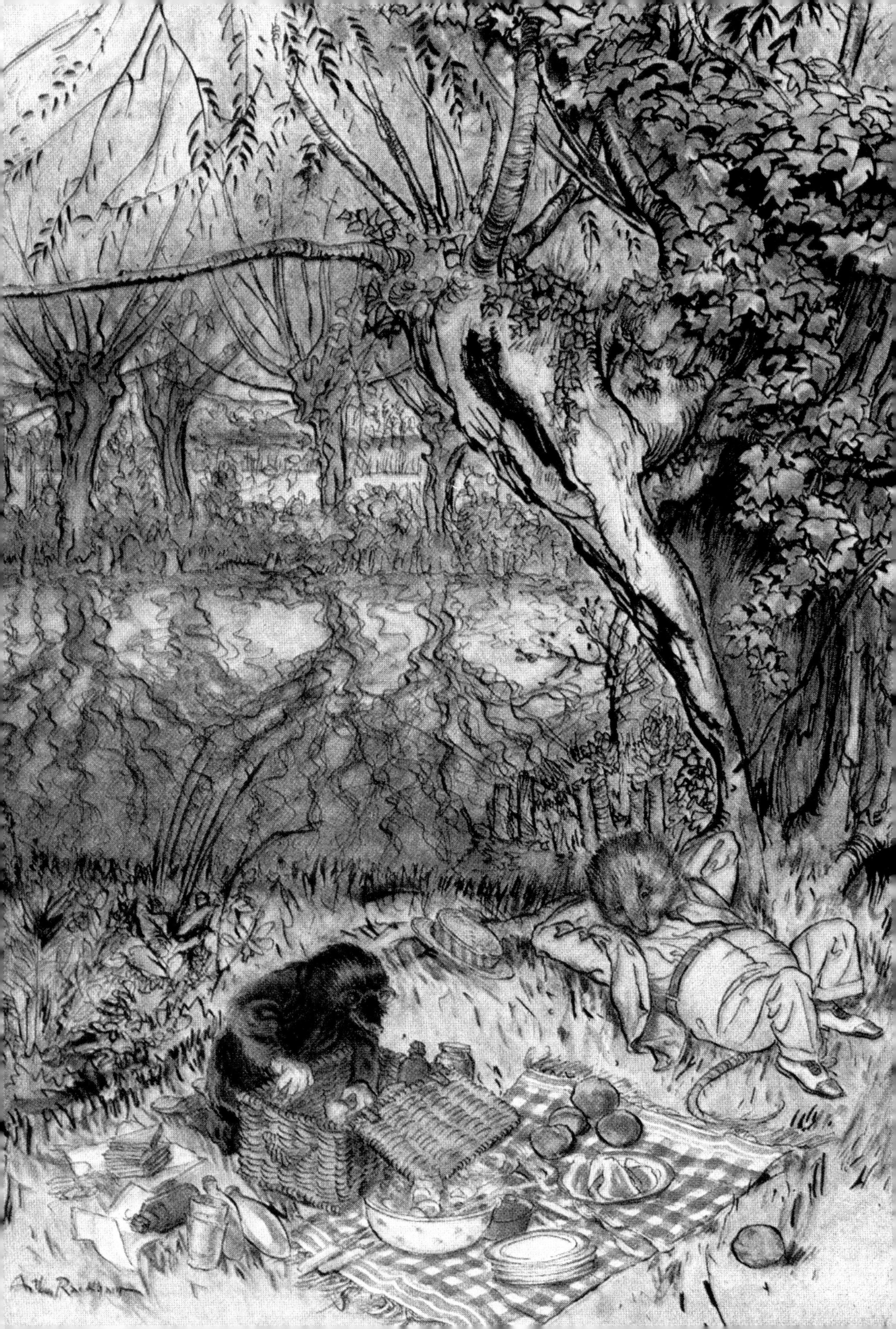

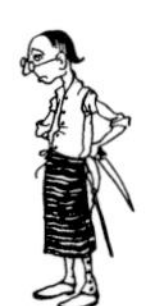

두더지는 모든 걸 혼자
꺼낼 수 있게 해달라고 부탁했고,
쥐는 그런 두더지를 보는 게 즐거웠다.

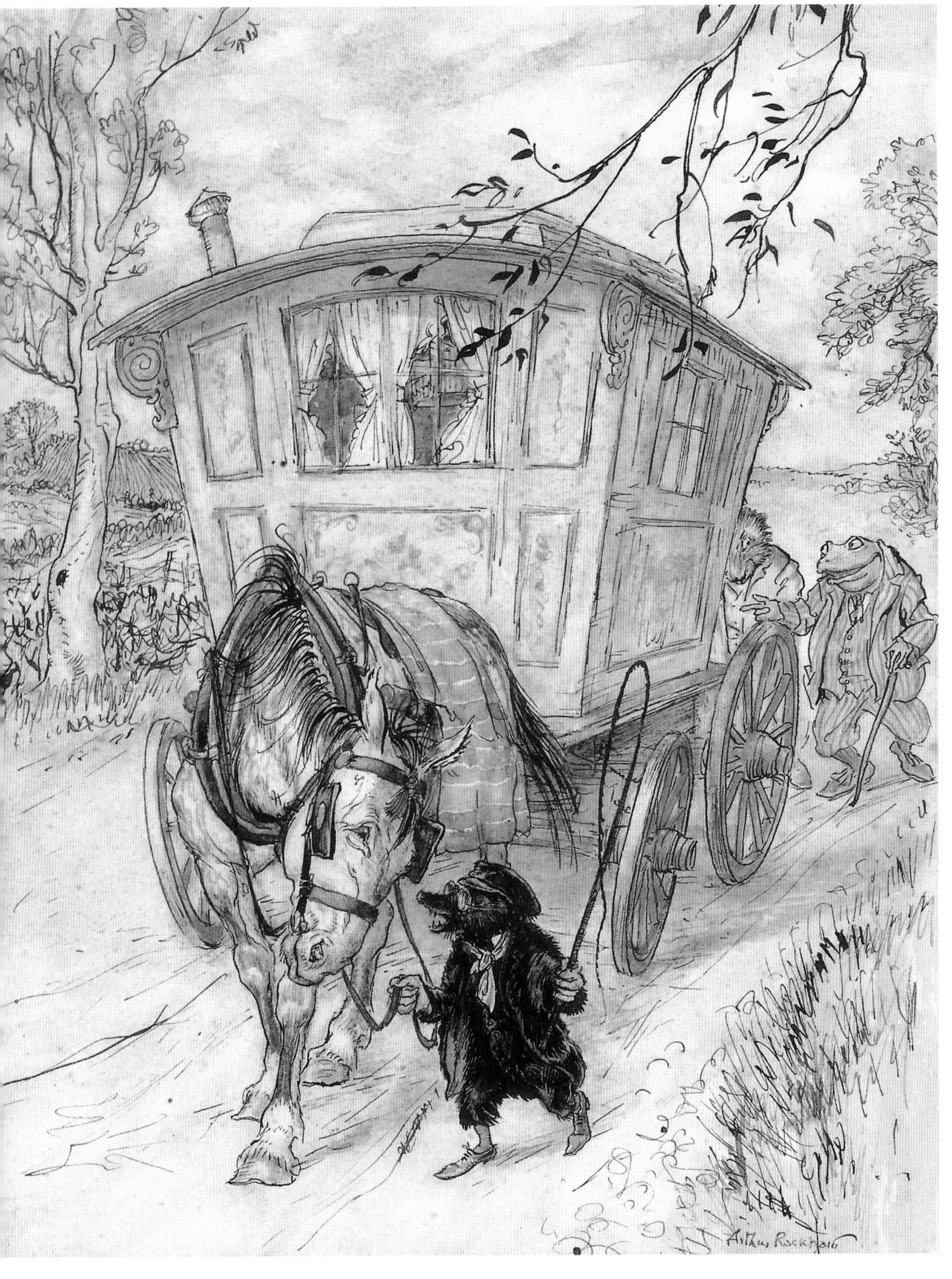

219
그들이 일으킨 먼지 냄새가 풍성하고 만족스러웠던 황금 같은 오후였다.

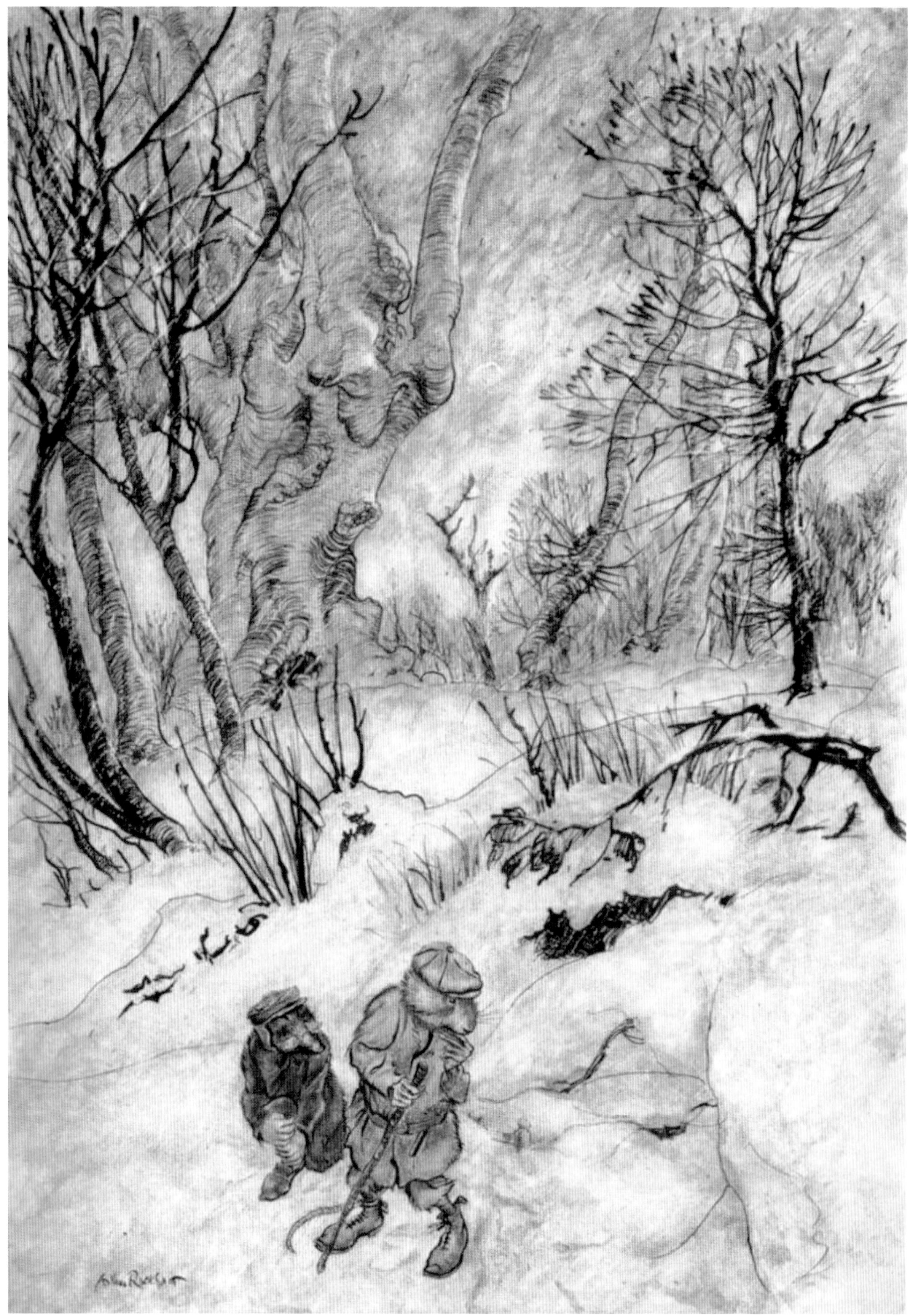

220
잠시 생각한 쥐는 둘을 둘러싼 언덕과 비탈을 찬찬히 살폈다.

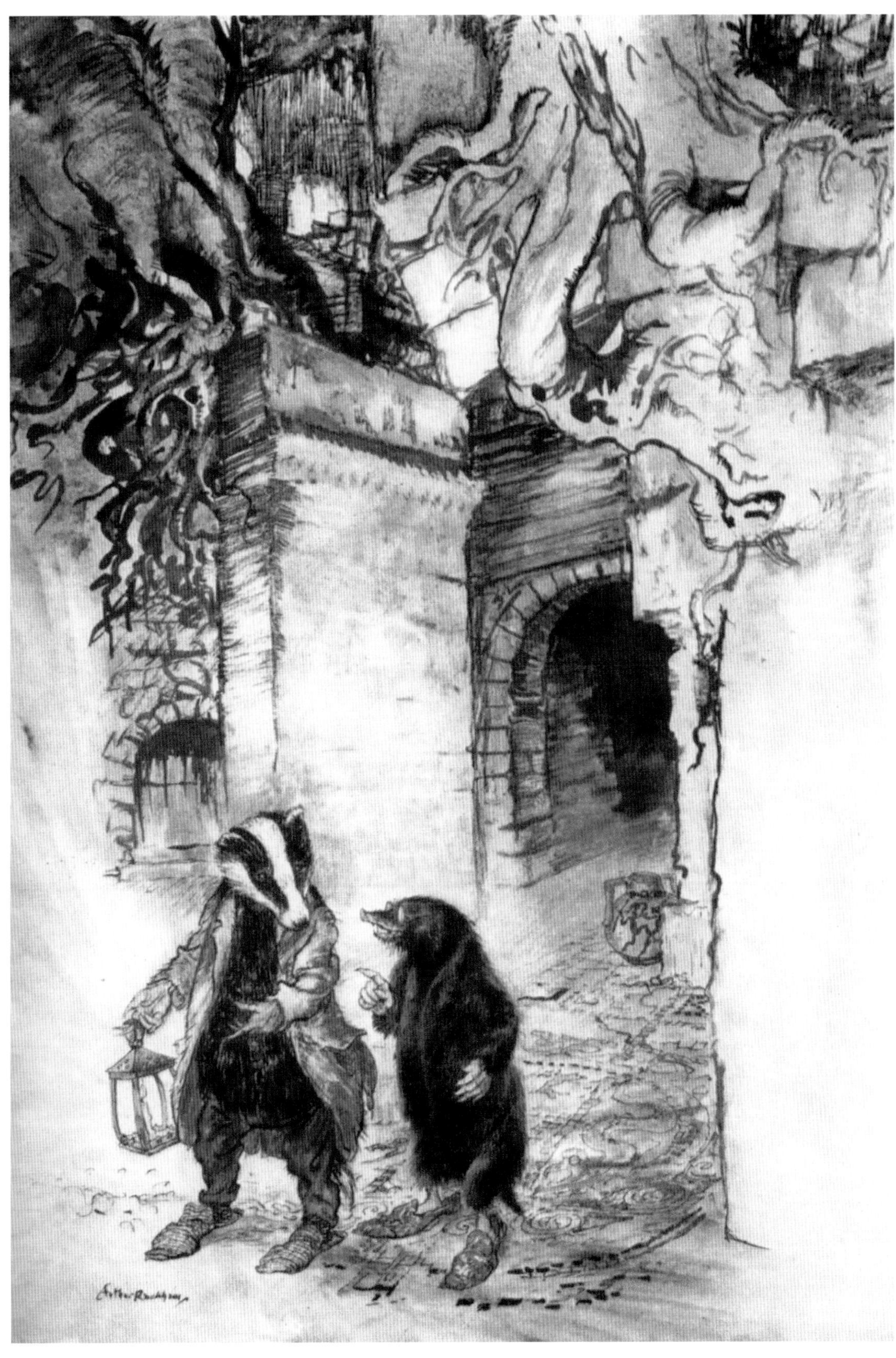

221
둘은 복도를 가로질러 큰 터널 중 하나를 통과했다.

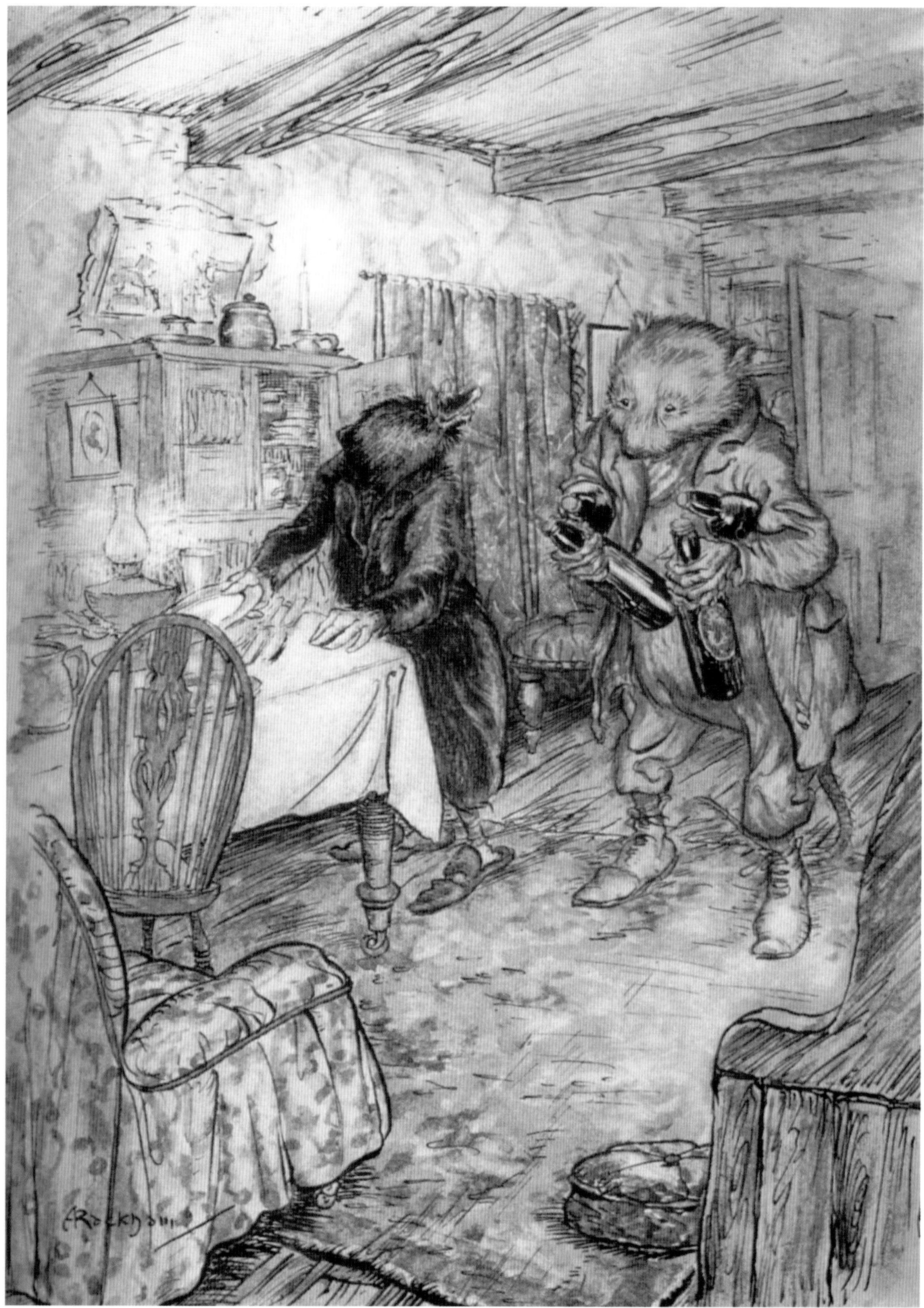

222
쥐는 먼지가 약간 묻은 채 양팔에 맥주를 끼고 다시 나타났다.

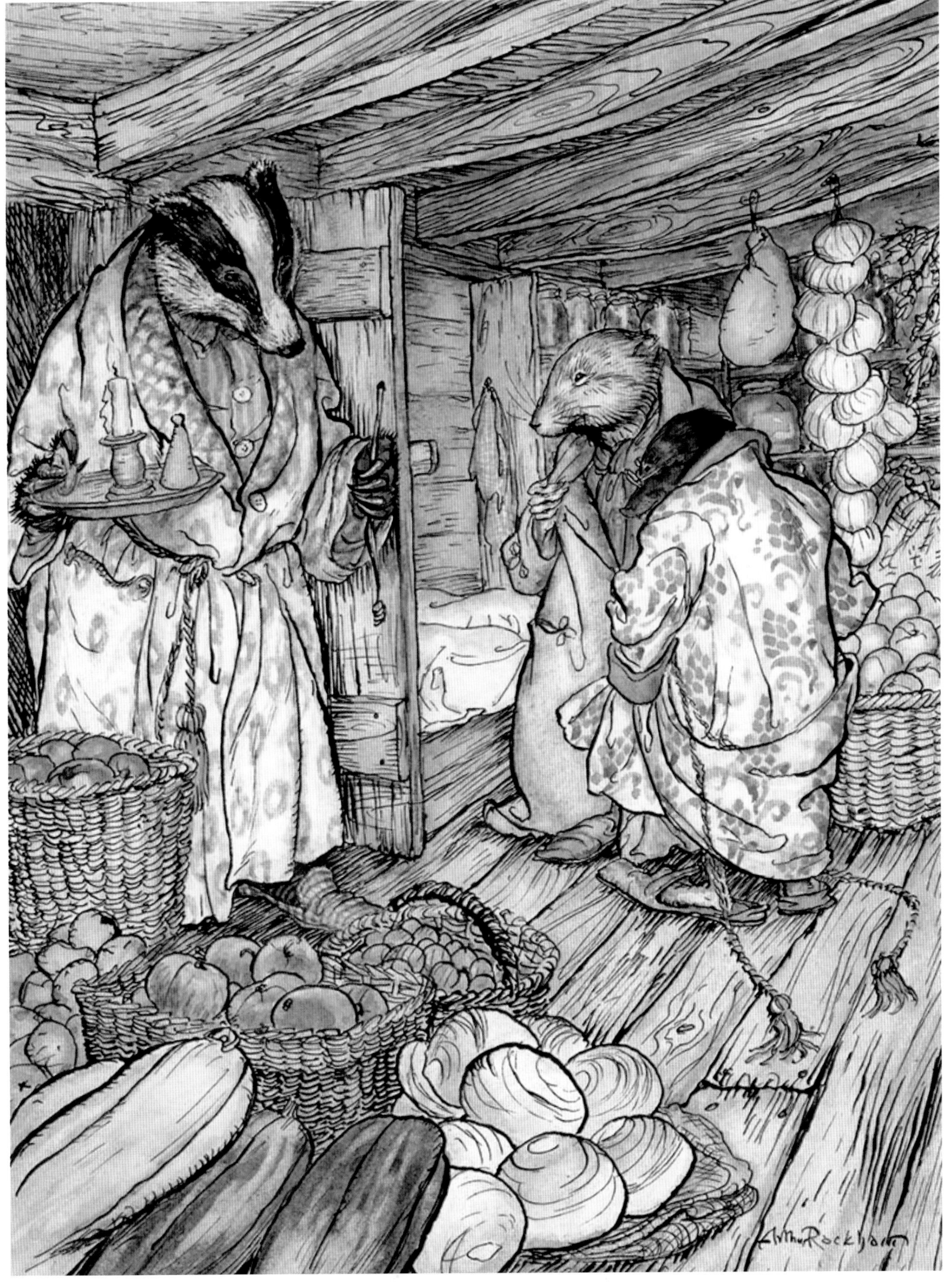

223
실로 어디에서나 볼 수 있는 오소리의 겨울 식량은 방 절반을 채우고 있었다.

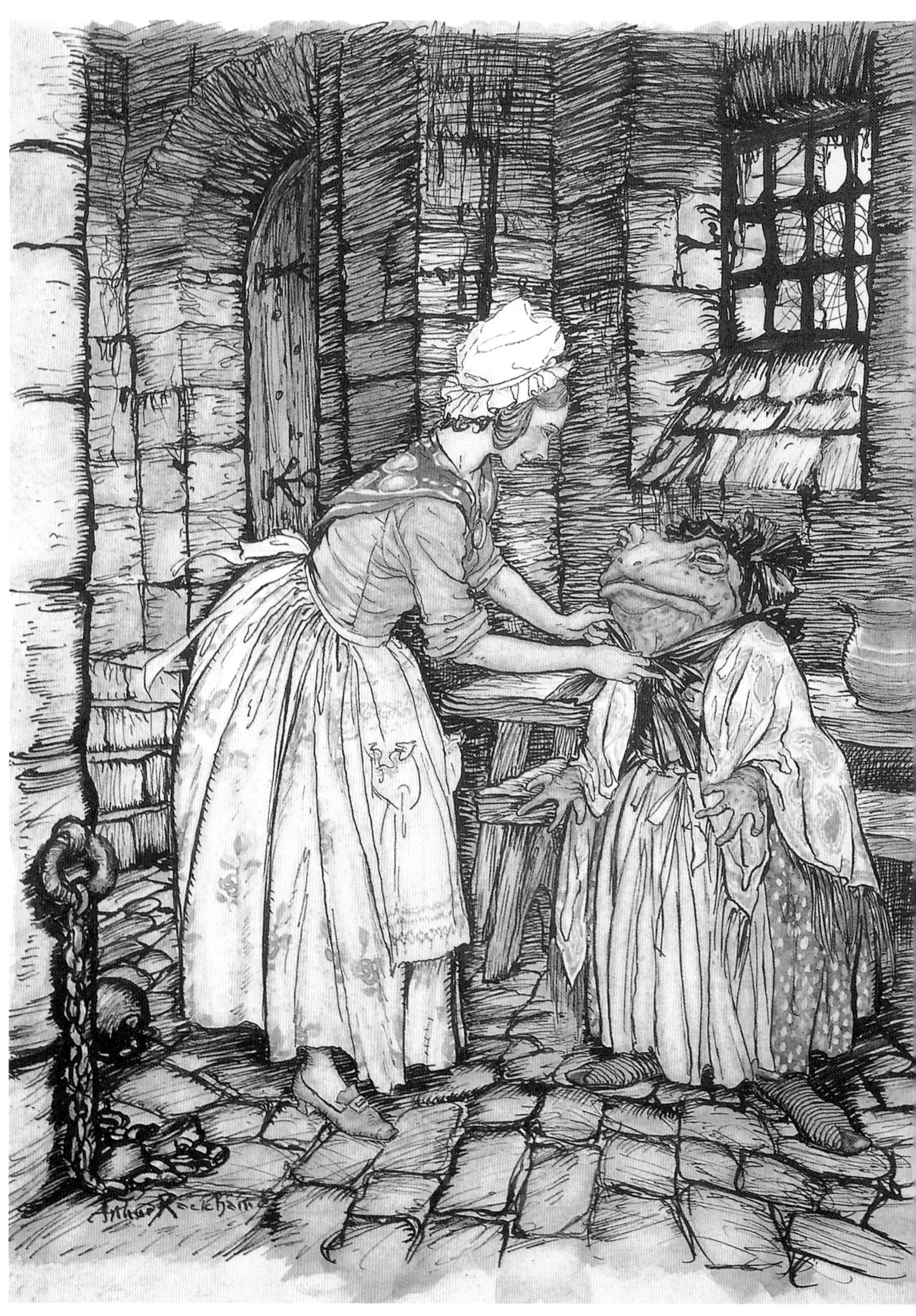
Arthur Rackham

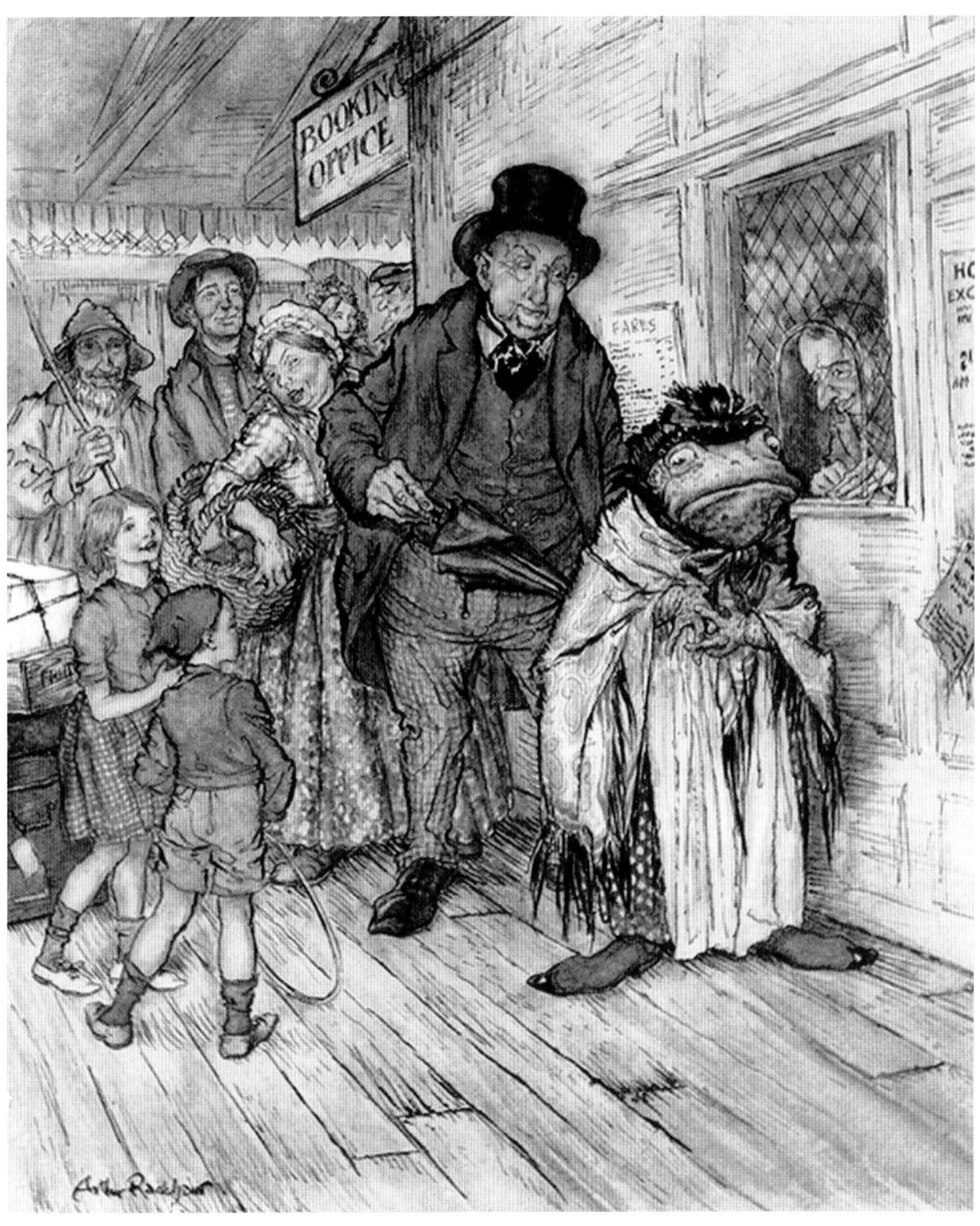

225
기분이 좋아진 두꺼비는
표를 사러 매표소로 갔다.

224
마음씨 고운 아가씨는
최신식 매듭으로 숄을 정리하고는
허름한 모자의 끈을
두꺼비 턱 아래 묶었다.

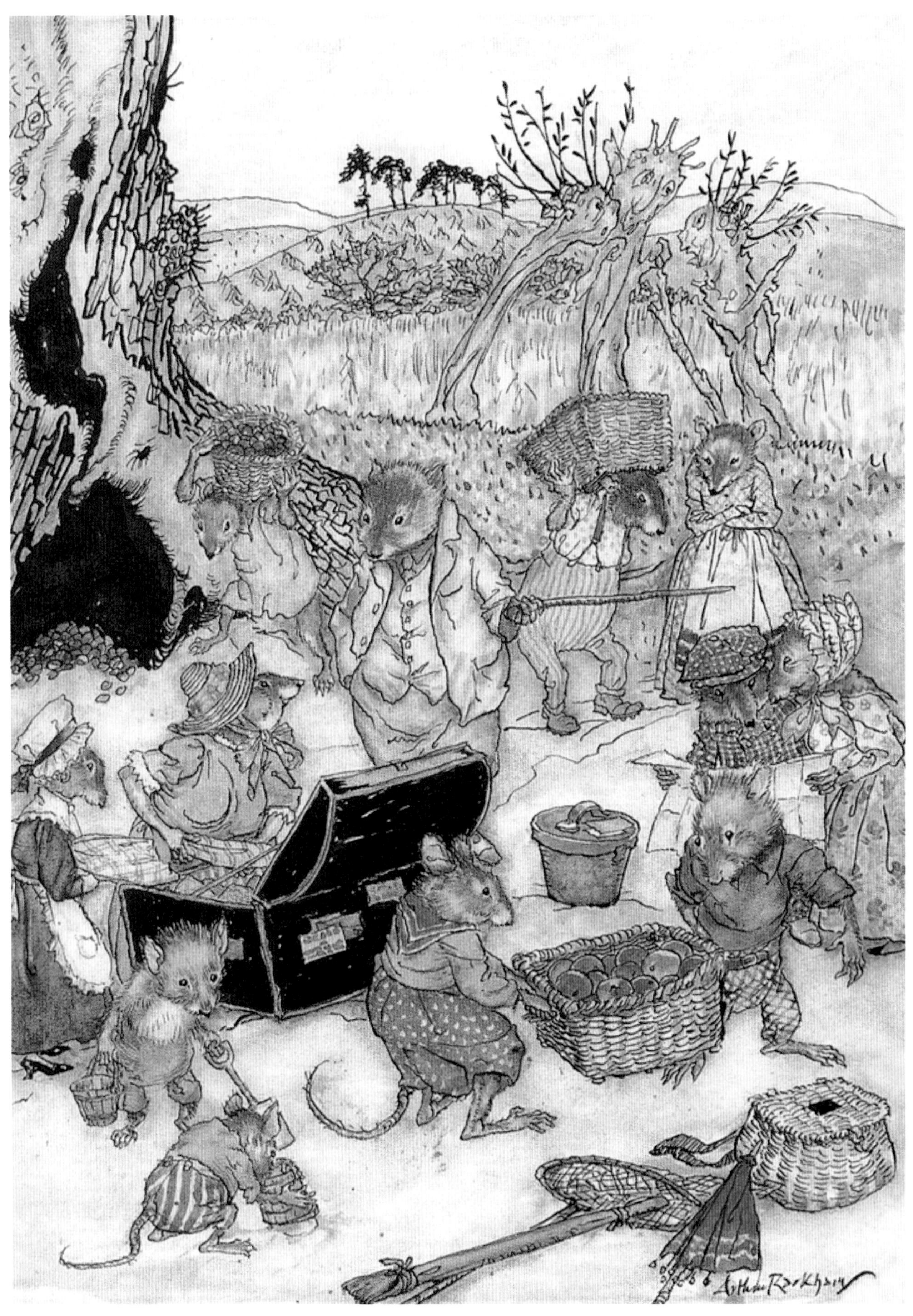

226
오늘, 비록 충분히 예의 바르긴 했지만, 밭쥐와 수확쥐는 다른 데 정신이 팔린 듯했다.

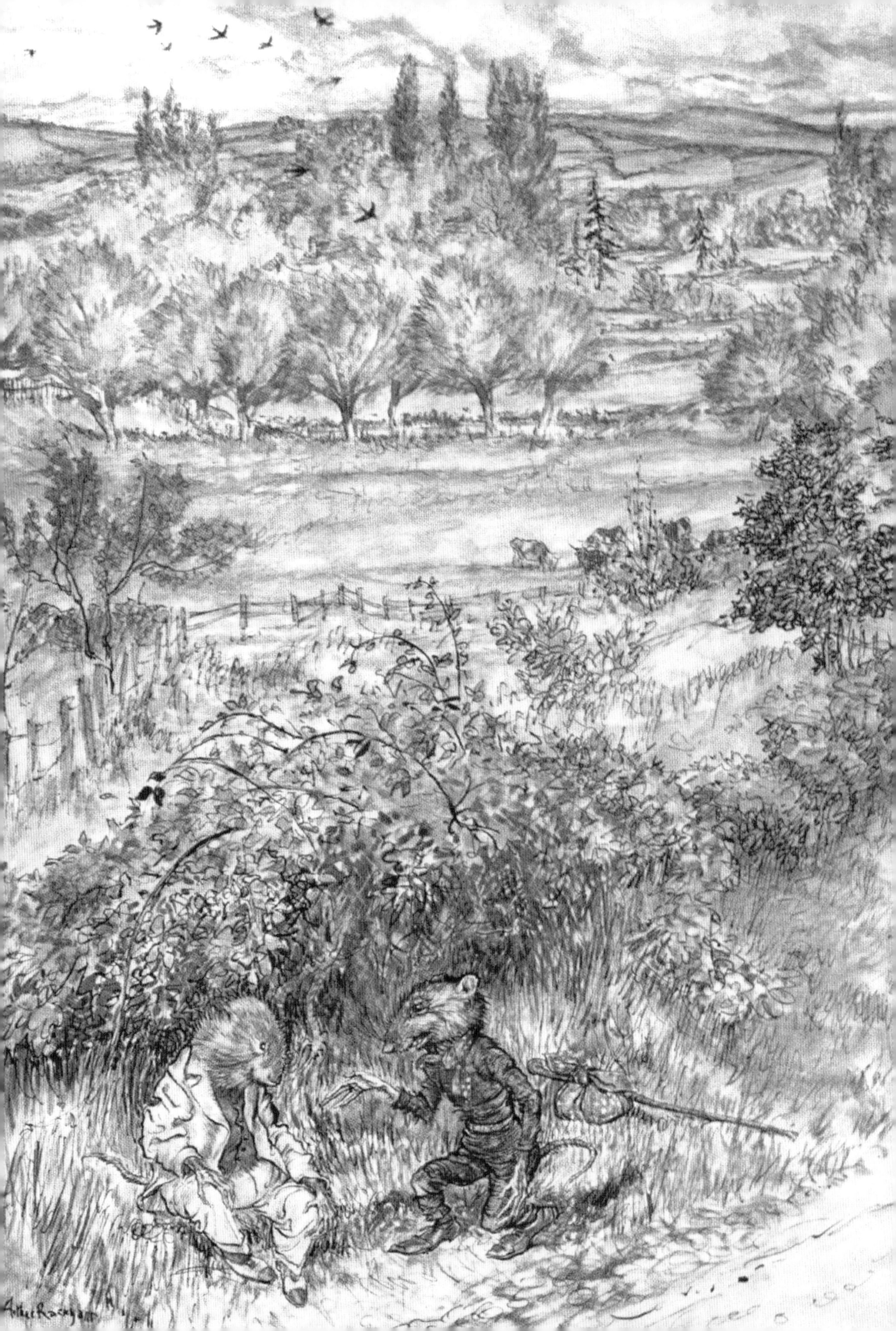

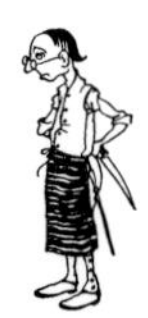

227
나그네는 약간 이국적인 몸짓으로
예를 갖춰 인사했다.

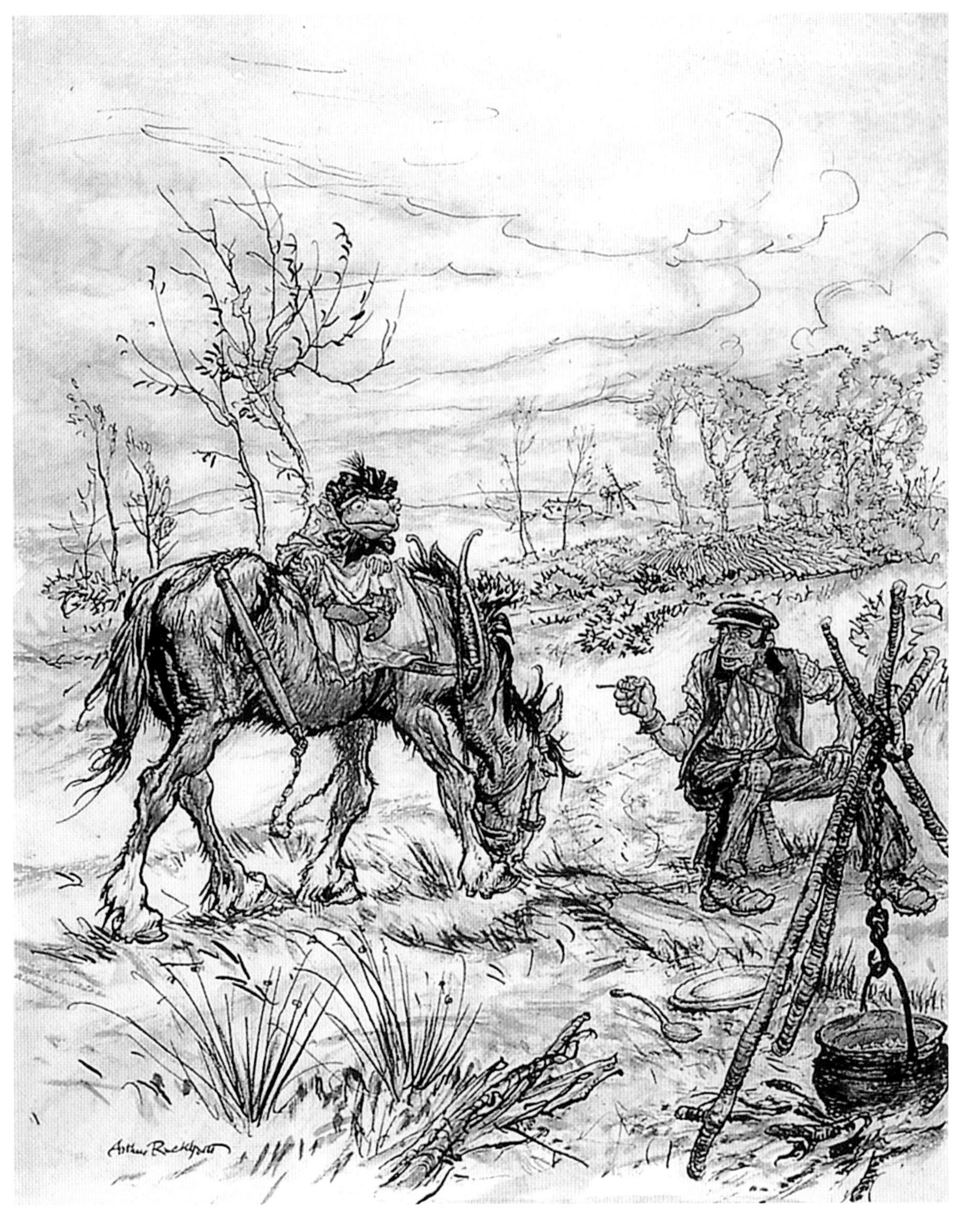

228
집시는 별것 아니라는 듯 물었다. "거기, 그 말 팔려고?"

Illustrations BooK List

FRONTISPIECE 한스 크리스티안 안데르센Hans Christian Andersen, 『안데르센 동화*Fairy Tales by Hans Andersen*』, George G. Harrap & Co., Ltd., London; David McKay Co., Philadelphia, 1932.

INTRODUCTION 워싱턴 어빙Washington Irving, 『립 밴 윙클*Rip Van Winkle*』, William Heinemann, London; Doubleday, Page & Co., New York, 1905.

1-12. 워싱턴 어빙Washington Irving, 『립 밴 윙클*Rip Van Winkle*』, William Heinemann, London; Doubleday, Page & Co., New York, 1905.

13-23. 제임스 매튜 배리James Matthew Barrie, 『켄싱턴 공원의 피터 팬*Peter Pan in Kensington Gardens*』, Hodder & Stoughton, London; Charles Scribner's Sons, New York, 1906.

24-34. 루이스 캐럴Lewis Carroll, 『이상한 나라의 앨리스*Alice's Adventures in Wonderland*』, William Heinemann, London; Doubleday, Page & Co., New York, 1907.

35-44. 윌리엄 셰익스피어William Shakespeare, 『한여름 밤의 꿈*A Midsummer Night's Dream*』, William Heinemann, London; Doubleday, Page & Co., New York, 1908.

William Shakespeare, (The text designed by) 그레일리 휴잇Graily Hewitt, 『*A Midsummer Night's Dream*』, Spencer Collection of New York Public Library, New York, 1929(Manuscript); Weidenfeld and Nicolson Ltd, London, 1977(Published).

William Shakespeare, 『*A Midsummer Night's Dream*』, The Limited Editions Club, New York, 1939.

45-55. 프리드리히 드 라 모테 푸케Friedrich De la Motte Fouque, 『운디네*Undine*』, (Adapted from the German by W.L. Courtney) William Heinemann, London; Doubleday, Page & Co., New York, 1909.

56-65. 조너선 스위프트Jonathan Swift, 『걸리버 여행기*Gulliver's Travels into Several Remote Nations of the World*』, J. M. Dent & Co., London, 1900.

Jonathan Swift, 『*Gulliver's Travels into Several Remote Nations of the World*』, J. M. Dent & Co., London; E. P. Dutton & Co., New York, 1909.

66-76. 야콥 그림·빌헬름 그림Jacob Ludwig Carl Grimm and Wilhelm Carl Grimm, (Trans by) 에드거 루이스Mrs. Edgar Lewis, 『그림 동화*Fairy Tales of the Brothers Grimm*』, Freemantle & Co., 1900.

Jacob Ludwig Carl Grimm and Wilhelm Carl Grimm, (Trans by) 에드거 루카스Mrs. Edgar Lucas, 『*Fairy Tales of the Brothers Grimm*』, Constable & Co., Ltd., London; Doubleday, Page & Co., New York, 1909.

Jacob Ludwig Carl Grimm and Wilhelm Carl Grimm, 『*Little Brother & Little Sister*』, Constable & Co., Ltd., London; Dodd, Mead & Co., New York, 1917.

Jacob Ludwig Carl Grimm and Wilhelm Carl Grimm, 『*Snowdrop and Other Tales*』, Constable & Co., Ltd., London; E. P. Dutton & Co., New York, 1920.

Jacob Ludwig Carl Grimm and Wilhelm Carl Grimm, 『*Hansel and Gretel and Other Tales*』, Constable & Co., London; E. P. Dutton & Co., New York, 1920.

77-86. 리하르트 바그너Richard Wagner, (Trans by) 마가렛 아무르Margaret Armour, 『라인의 황금 / 발키리*The Rhinegold & The Valkyrie*』, William Heinemann, London; Doubleday, Page & Co., New York, 1910.

87-96. 리하르트 바그너Richard Wagner, (Trans by) 마가렛 아무르, 『지크프리트 / 신들의 황혼*Siegfried & The Twilight of the Gods*』, William Heinemann, London; Doubleday, Page & Co., New York, 1911.

97-106. 이솝Aesop, (Intro by) G. K. 체스터턴G. K. Chesterton, 『이솝 우화*Aesop's Fables*』, William Heinemann, London; Doubleday, Page & Co., New York, 1912.

107-117. 아서 래컴Arthur Rackham, 『마더구스*Mother Goose, The Old Nursery Rhymes*』, William Heinemann, London: The Century Co., New York, 1913.

118-126. 찰스 디킨스Charles Dickens, 『크리스마스 캐럴*A Christmas Carol*』, William Heinemann, London; J. B. Lippincott Co., Philadelphia, 1915.

127-136. (Intro by) 에드먼드 고스Edmund Gosse, 『연합국 동화집*The Allies' Fairy Book*』, William Heinemann, London; J. B. Lippincott Co., Philadelphia, 1916.

137-145. 토마스 맬러리Thomas Malory, (Abridged by) 알프레드 폴라드Alfred W. Pollard, 『아서왕과 원탁의 기사들 이야기*The Romance of King Arthur and his Knights of the Round Table*』, Macmillan & Co., Ltd., London and New York, 1917.

146-154. (Retold by) 플로라 애니 스틸Flora Annie Steel, 『잉글랜드 동화집*English Fairy Tales*』, Macmillan & Co., Ltd., London and New York, 1918.

155-163. 제임스 스티븐스James Stephens, 『아일랜드 동화집*Irish Fairy Tales*』, Macmillan & Co., Ltd., London and New York, 1920.

164-174. 존 밀턴John Milton, 『코머스*Comus*』, William Heinemann, London; Doubleday, Page & Co., New York, 1921.

175-184. 너새니얼 호손Nathaniel Hawthorne, 『원더 북*A Wonder Book*』, Hodder & Stoughton Ltd., London & New York & Toronto, 1922.

185-195. 윌리엄 셰익스피어William Shakespeare, 『템페스트*The Tempest*』, William Heinemann Ltd., London; Doubleday, Page & Co., New York, 1926.

196-204. 한스 크리스티안 안데르센Hans Christian Andersen, 『안데르센 동화*Fairy Tales by Hans Andersen*』, George G. Harrap & Co., Ltd., London; David McKay Co., Philadelphia, 1932.

205-215. 에드거 앨런 포Edgar Allen Poe, 『포의 신비하고 몽상적인 이야기*Poe's Tales of Mystery and Imagination*』, George G. Harrap & Co., Ltd., London; J. B. Lippincott Co., Philadelphia, 1935.

216-228. 케네스 그레이엄Kenneth Grahame, 『버드나무에 부는 바람*The Wind in the Willows*』, The Limited Editions Club, New York; The Heritage Press, New York, 1940.
Kenneth Grahame, 『*The Wind in the Willows*』, Methuen & Co., Ltd., London, 1950.

Vintage Illust Book _ 01

Arthur Rackham

아서 래컴 일러스트북

초판 1쇄 펴낸날 2024년 2월 26일

그린이 아서 래컴 **편역** 꽃피는책 편집부

펴낸이 원미연 **기획편집** 이명연

디자인 이수정 **제작** 세걸음

펴낸곳 꽃피는책 **등록번호** 691-94-01371

전화 02-858-9917 **팩스** 0505-997-9917

E-mail blossombky@naver.com

Instagram @ blossombook_publisher

Facebook blossombookpublisher